21世纪大学文科教材 复旦博学·哲学系列
超星尔雅和学银在线慕课《逻辑学导论》同步教程

熊明辉 ◎ 著 | 逻辑学导论 第二版
LUOJIXUEDAOLUN

复旦大学出版社
www.fudanpress.com.cn

第一版序言

　　无论是提出主张还是采取行动,人们都必须给出一定理由来说服自己和他人。换句话说,人们的任何行动都必须在某种程度上符合理性。那么,什么是理性呢?大致说来,理性是由三个层次组成的。第一个层次是说理理性,又称"理由",相当于英文单词"reason",即为所提出的主张提供支持理由;第二个层次是推理理性,又称"合理性",相当于英文单词"reasonableness",即作为前提的理由要足以推导出作为结论的主张;第三个层次是价值理性,即哲学理性,相当于英文单词"rationality",他追求的是一种价值平衡。很显然,第一个层次与论证有关,第二个层次与推理有关,而第三个层次与哲学有关,并且后一个层次都离不开前一层次。而第一个层次正是逻辑学研究的对象。由此可见,逻辑是理性的基础。

　　推理和论证都是逻辑学导论教科书所讨论的主要对象。在二十世纪八十年代至九十年代初期,"推理"曾一度成为我国逻辑学导论教科书的主要研究对象。二十世纪九十年代后期以来,我国逻辑学导论教科书的主要蓝本是美国学者柯匹(Irving M. Copi)和柯恩(Carl Cohen)合写的《逻辑学导论》(*Introduction to Logic*)一书。可能是因为该书对美国逻辑学导论教科书影响重大的缘故,该书现已经再版到第14版。不过,稍有不同的是:柯匹和柯恩把"论证"作为其教科书的研究对象,而我国现行逻辑学教科书基本上是把"推理形式"或"思维形式、思维规律以及简单逻辑方法"作为研究对象,也就是把"推理"作为研究对象。柯匹和柯恩的教科书的一个主要缺点是,没有很好地整合当代非形式逻辑研究成果,因为他们的非形式逻辑思想在当代西方主流非形式逻辑家眼中基本上被忽略了。相应地,我国当前流行的逻辑学导论教科书也存在同样的不足。把非形式逻辑的理论成果有机地整合到逻辑学导论教科书当中,正是本书的主要目标之一。

就我国目前大多数逻辑学导论教科书来讲,主要内容包括词项逻辑、命题逻辑、谓词逻辑、模态逻辑、归纳逻辑、谬误理论等,有的教科书还包括非经典逻辑、科学逻辑等。现实情况是,要想在54课时甚至36课时之内完成这些教学工作是不可能的。针对当前我国高校教学改革中逻辑学导论课时量的实际情况,我们在此并不想把当前大多数逻辑学分支都介绍给学生,而是选择了"演绎逻辑"(包括词项逻辑、命题逻辑和谓词逻辑)、"归纳逻辑"和"非形式逻辑"(主要是谬误理论)三大板块构成本书的基本框架。在编写本书时,我们特别强调"导论性",命题逻辑和谓词逻辑重在讲基础部分,公理系统不在我们的介绍范围之内,模态逻辑也未被写进教科书。当然,为了开阔学生的视野,同时引导有潜力的学生进一步探索逻辑学理论,我们在第一章引论中对逻辑学的整体情况作了介绍,这一章的主要内容来自维基百科全书英文版和"Word IQ 网络百科全书"上的"逻辑"词条。

本书是在使用多年的逻辑学导论讲义基础上扩充而成的,主要参照的英文逻辑教科书是巴克尔的《逻辑学基础》(*The Elements of Logic*)第 6 版。自 2007 年开始,该讲义就用于中山大学逻辑学本科专业的专业基础课"逻辑学导论"的教学,每年使用一次;2008 年开始,此讲义用于面向中山大学全校一年级本科生的通识课"逻辑学概论"的教学,两方面的教学都取得了良好的效果。本书的主要特点在于,把传统演绎逻辑与现代形式逻辑、传统归纳逻辑与现代归纳逻辑有机地结合在一起,并且较好地整合了当代非形式逻辑研究的成熟成果。鉴于逻辑学是一门非常国际化的学科,我们对逻辑学关键术语都标注出了相对应的英文术语。

本书既适合哲学专业作为专业基础课教材,也适合其他专业作为基础课教材,还适合作为全校性通识课"逻辑学概论"的教材。

2011 年 4 月 30 日于加拿大温莎

第二版序言

自亚里士多德创立逻辑学科以来,逻辑学的演进经历了四个阶段:实践开端、科学转向、数学转向和实践回归。自诞生伊始,逻辑学作为分析学的实践目的就非常明确,在《工具论·前分析篇》中,亚里士多德提出,三段论分析方法就是要与那些时称"智者"的"诡辩家"(Sophist)的诡辩技巧划清界限。在那之后,三段论分析方法一直被人们奉为求真的哲学方法。

1620年,弗朗西斯·培根的《新工具》问世,标志着逻辑学的第一次转向——科学转向,但建立在亚氏三段论方法之上的演绎方法仍然是主流逻辑分析方法。1879年,弗雷格在《概念文字》一书中提出了一种面向数学的谓词逻辑演算,实现了逻辑学的第二次转向——数学转向,这次转向导致逻辑学研究忽略甚至远离了论证实践。十九世纪后期直至二十世纪上半叶,"符号逻辑"或"数理逻辑"在逻辑学领域占据了绝对优势地位,"数理逻辑"几乎成了"逻辑学"的代名词,"形式逻辑"或"演绎逻辑"似乎就是逻辑学的全部,逻辑学家们断言"逻辑都是形式的"。直到1958年,图尔敏在《论证的运用》一书中提出"那些从事实践推理研究的逻辑学家们应当从数学那里离开,转而去研究法学",从而掀起了逻辑学家关注日常推理论证的高潮,开启了逻辑学的实践回归之路,促成了非形式逻辑的兴起以及论证学的产生。

作为导论性逻辑学教材,本书延续了2011年第一版"回归实践"和"导论性"两个基本理念,既包括了逻辑学简史(第一章)、逻辑哲学(第一章)、三段论逻辑(第三章和第五章)和传统归纳逻辑(第六章),又包括了现代逻辑之命题逻辑(第四章)和谓词逻辑(第五章)以及非形式逻辑(第二章和第七章)的基本思想。本次修订主要是为了适应"互联网+"和"人工智能+"时代的教育发展,进一步落实导论性课程的教学目标,满足作者在超星尔雅慕课"逻辑学导论"翻转课堂教学的需要。为便于读者充分利用碎片化时间在互联网平台系统学习逻辑理论知识，作者将逻辑基础理论知识进行碎片化处理，补充了大量的客观习题，具体包括单项选择题、多项选择题和判断题。通过在线训练和测试，学生可以更为系统地夯实最基本的逻辑知识并磨炼逻辑技能。

  为帮助读者拓展非形式逻辑学视野，更好地满足日常论证的需要，本次修订还补充了附录，其一为安东尼·韦斯顿（Anthony Weston）于2017年出版的《论证规则手册》（*A Rulebook for Arguments*，5th edition）中给出的"50条论证规则"，其二为范爱默伦和斯诺克·汉克曼斯在《论证：分析与评价》（熊明辉、赵艺译，中国社会科学出版社，2018年第2版）中重新凝练的"批判性讨论的10条规则"，以供读者进行论证分析、评价与建构能力训练的参考。

熊明辉

2019年8月23日于锡昌堂

目 录

第一章 引论 ... 1

第一节 逻辑学是什么 ... 1
一、逻辑学研究的对象 ... 2
二、逻辑学简史 ... 4

第二节 逻辑学的本质 ... 8
一、逻辑形式 ... 9
二、演绎推理与归纳推理 ... 11
三、逻辑系统的四大定理 ... 11
四、逻辑学的竞争性概念 ... 14

第三节 逻辑学的范围 ... 15
一、逻辑学的常见区分 ... 15
二、逻辑学的范例 ... 17

第四节 逻辑学的主要争论 ... 22
一、二值原则与排中律问题 ... 23
二、三种蕴涵 ... 24
三、逻辑是经验的吗？ ... 26
四、不一致性能够容忍吗？ ... 27
五、逻辑真理可拒斥吗？ ... 28

思考与练习 ... 29
【客观题|线上作业】 ... 29
【主观题|线下作业】 ... 42

第二章　论证 …… 43
第一节　与论证有关的几个概念 …… 43
　　一、几个关键概念 …… 43
　　二、命题、陈述与语句 …… 46
　　三、经验命题与必然命题 …… 48
第二节　论证的含义、类型与功能 …… 50
　　一、论证的含义 …… 50
　　二、论证的类型 …… 51
　　三、论证的功能 …… 53
第三节　识别论证 …… 55
　　一、论证三要素 …… 55
　　二、论证结构 …… 56
　　三、论证与解释 …… 58
　　四、前提与结论的识别 …… 59
　　五、无标识词论证识别 …… 61
第四节　论证评价的标准 …… 63
　　一、逻辑标准 …… 63
　　二、论辩标准与修辞标准 …… 66
思考与练习 …… 69
　　【客观题｜线上作业】 …… 69
　　【主观题｜线下作业】 …… 79

第三章　直言命题逻辑 …… 82
第一节　直言命题概述 …… 82
　　一、什么是直言命题 …… 82
　　二、周延性 …… 86
　　三、文恩图 …… 87
　　四、欧拉图 …… 89
第二节　对当关系论证 …… 90

一、何谓对当方阵 …………………………………… 90
  二、两种观点 ……………………………………… 91
  三、矛盾关系 ……………………………………… 92
  四、反对关系 ……………………………………… 93
  五、下反对关系 …………………………………… 93
  六、蕴涵关系 ……………………………………… 94
  七、对当关系论证 ………………………………… 95
 第三节 直言命题运算论证 ………………………… 96
  一、什么是直言命题运算 ………………………… 96
  二、换位法 ………………………………………… 97
  三、换质法 ………………………………………… 98
  四、对换法 ………………………………………… 99
  五、混合运算 ……………………………………… 100
  六、直言命题运算论证 …………………………… 101
 第四节 三段论概述 ………………………………… 101
  一、三段论的定义 ………………………………… 101
  二、小项、大项和中项 …………………………… 102
  三、三段论的式 …………………………………… 104
  四、三段论的格 …………………………………… 105
  五、文恩图检验 …………………………………… 107
 第五节 三段论的规则 ……………………………… 110
  一、三段论规则与有效性 ………………………… 110
  二、项规则 ………………………………………… 110
  三、前提规则 ……………………………………… 112
 第六节 三段论的重构 ……………………………… 115
  一、什么是三段论重构 …………………………… 115
  二、非标准直言命题重构 ………………………… 115
  三、非标准三段论重构 …………………………… 121
思考与练习 …………………………………………… 123

【客观题|线上作业】……………………………………………… 123
　　【主观题|线下作业】……………………………………………… 139

第四章　真值函项逻辑 …………………………………………… 144
第一节　复合命题论证 ………………………………………… 144
　　一、复合命题论证 ……………………………………………… 144
　　二、否定论证 …………………………………………………… 145
　　三、合取论证 …………………………………………………… 146
　　四、析取论证 …………………………………………………… 148
　　五、条件论证 …………………………………………………… 150
　　六、二难论证 …………………………………………………… 153
第二节　真值函项 ……………………………………………… 155
　　一、概述 ………………………………………………………… 155
　　二、逻辑联结词 ………………………………………………… 156
　　三、翻译成符号形式 …………………………………………… 158
　　四、逻辑技术符号 ……………………………………………… 159
第三节　真值表 ………………………………………………… 161
　　一、概述 ………………………………………………………… 161
　　二、构造真值表 ………………………………………………… 162
　　三、检验蕴涵式 ………………………………………………… 164
　　四、检验有效性 ………………………………………………… 165
　　五、检验逻辑等值 ……………………………………………… 166
　　六、检验重言式与矛盾式 ……………………………………… 167
第四节　形式演绎 ……………………………………………… 168
　　一、基本规则 …………………………………………………… 169
　　二、构造方法 …………………………………………………… 174
　　三、等值规则 …………………………………………………… 175
　　四、重言规则 …………………………………………………… 179
第五节　间接证明与简便证明 ………………………………… 180

一、证明有效性的间接方法 ································ 180

　　二、无效性的简便证明法 ·································· 181

第六节　逻辑与计算机 ·· 183

　　一、电路图 ··· 183

　　二、电路设计 ··· 184

思考与练习 ··· 186

　【客观题｜线上作业】······································ 186

　【主观题｜线下作业】······································ 206

第五章　量化逻辑 ··· 210

第一节　量词符号化 ·· 210

　　一、存在量化 ··· 210

　　二、全称量化 ··· 211

　　三、等值命题 ··· 212

第二节　直言命题符号化 ····································· 213

　　一、A 命题量化 ·· 213

　　二、E 命题量化 ·· 214

　　三、I 命题量化 ·· 214

　　四、O 命题量化 ·· 214

第三节　论证有效性证明 ····································· 215

　　一、归谬法 ··· 215

　　二、全称例示 ··· 216

　　三、存在例示 ··· 217

　　四、量化等值 ··· 217

　　五、证明的一般策略 ······································ 218

第四节　直言命题论证有效性证明 ···························· 221

　　一、对当关系论证的有效性证明 ··························· 221

　　二、直言运算论证的有效性证明 ··························· 223

　　三、三段论的有效性证明 ································· 224

第五节　归谬法的其他应用 ·················· 226
　一、蕴涵检验 ························· 226
　二、重言式与矛盾式检验 ················ 227
　三、等值式检验 ······················· 228

第六节　一般量化理论 ······················ 229
　一、关系命题的符号化 ·················· 229
　二、一般量化演绎 ····················· 232

思考与练习 ································ 234
　【客观题｜线上作业】 ···················· 234
　【主观题｜线下作业】 ···················· 250

第六章　归纳逻辑 ···························· 256

第一节　归纳法与可能性 ···················· 256
　一、什么是归纳法 ····················· 256
　二、归纳强度 ························· 257
　三、可能性 ··························· 258

第二节　归纳概括 ·························· 259
　一、什么是归纳概括 ··················· 260
　二、归纳概括的强弱 ··················· 261
　三、归纳概括中容易出现的三种错误或谬误 ··· 263

第三节　归纳类比 ·························· 265
　一、什么是归纳类比 ··················· 265
　二、归纳类比的好与坏 ················· 266

第四节　因果假设 ·························· 267
　一、什么是因果假设 ··················· 267
　二、弥尔方法 ························· 268

第五节　数值概率 ·························· 274
　一、什么是概率 ······················· 275
　二、可能度 ··························· 275

三、数值概率·· 276
第六节　解释性假设·· 280
　　一、什么是解释性假设·· 280
　　二、概率与解释力·· 281
　　三、解释性假设的评价步骤·· 281
思考与练习·· 283
　　【客观题｜线上作业】·· 283
　　【主观题｜线下作业】·· 289

第七章　谬误·· 296
　第一节　什么是谬误·· 296
　　一、谬误的定义·· 296
　　二、谬误的分类·· 298
　第二节　前提谬误·· 299
　　一、不一致谬误·· 299
　　二、前提不可接受·· 300
　　三、乞题谬误·· 302
　第三节　相干谬误·· 303
　　一、不相干结论·· 304
　　二、不相干前提·· 306
　第四节　支持谬误·· 312
　　一、支持谬误概述·· 312
　　二、合成谬误·· 313
　　三、分解谬误·· 315
　　四、以先后定因果谬误·· 316
　思考与练习·· 317
　　【客观题｜线上作业】·· 317
　　【主观题｜线下作业】·· 325

主要参考文献……………………………………………………… 327
附录一：韦斯顿的 50 条论证规则 ……………………………… 328
附录二：语用论辩学的批判性讨论 10 规则 …………………… 330
附录三：部分练习题参考答案 …………………………………… 331

第一章　引　论

> **【内容提要】**　每一门学科首先要回答的问题就是其研究对象是什么,逻辑学也不例外。逻辑学是研究论证的分析或评价的科学,其历史可追溯到古希腊亚里士多德的《工具论》、古印度的《吠陀经》、波斯的阿维森纳逻辑以及中国古代的《墨经》等。一般说来,逻辑形式是逻辑学的核心概念,演绎推理与归纳推理是逻辑学研究中两种最常见的推理类型,一致性定理、有效性定理、可靠性定理和完全性定理是逻辑系统的四大定理。逻辑学类型的常见区分是演绎逻辑与归纳逻辑、形式逻辑与非形式逻辑,像亚里士多德逻辑、符号逻辑、命题逻辑、谓词逻辑、模态逻辑、哲学逻辑、论辩逻辑等都是逻辑学的经典范例。然而,逻辑学中有许多问题至今仍然存在争论,主要有"二值原则与排中律问题""严格蕴涵、实质蕴涵与逻辑蕴涵""逻辑是经验的吗""不一致性可以容忍吗"以及"逻辑真理可以拒斥吗"等。

第一节　逻辑学是什么

逻辑学的研究对象是论证,其内容涉及论证的分析、评价与建构。逻辑有传统逻辑与现代逻辑之分。传统逻辑的历史可以追溯到亚里士多德,现代逻辑的发展则肇始于莱布尼茨、弗雷格和罗素等人。从广义非形式逻辑来看,逻辑学的历史还可以追溯到古代中国、古代印度和古代波斯。当前,逻辑学与语言学、数学、计算机科学、认知科学、法学、人类学等多个学科交织在一起,沿着逻辑学的形式化路径和非形式路径发展。

一、逻辑学研究的对象

在汉语中,"逻辑"是个地地道道的外来词,由英文单词"logic"音译而来。在英语中,"logic"一词又来源于希腊语"logos"(即逻各斯),其希腊语拼写为"λογική",译为"logiki"。"逻各斯"这个词原来是指语词或言语,后来才有了思维或理性的含义。换句话说,"logos"一开始与论证没有太多直接关系,后来演变成思维与理性的含义之后,才与作为当代逻辑学研究对象的推理或论证关联在一起。

亚里士多德

从一般意义上讲,逻辑学是关于推理或论证的学问。逻辑学作为一门学科可以追溯到古希腊的亚里士多德(Aristotle,前384—前322),正是他奠定了逻辑学在哲学中的基础地位。到了中世纪,逻辑学与语法学、修辞学一起并称为三大经典人文学科,也成为经典教育学的基础部分。现代社会,逻辑学还是数学、计算机科学以及语言学不可缺少的一部分。

根据维基百科全书的观点,逻辑学研究的是形式推论系统、自然语言中的陈述结构和论证结构,其主题不仅包括有效性、谬误和悖论,而且还包括概率推理以及涉及因果关系与时间的论证,今天,逻辑学也常常被用于指称论证理论(argumentation theory)或论证学(argumentation studies)①。逻辑学研究的对象实际上是相当广泛的。根据"Word IQ 网络百科全书"的观点,逻辑学是研究论证的科学,其主要任务是设定区分论证好坏的标准。论证表达了推论,而推论是从已确定的断言中生产新的断言的过程。在逻辑学中,人们关注的是论证结构,也就是新产生的断言与原断言之间的形式关系。在这里,"形式的"意思是说这种关系不依赖于断言的具体内容。研究推论有效性是非常重要的,包括研究有效性的各种可能定义及其断定有效性的适用条件。因此,逻辑学在认识论中起着重要作用,其中,它提供了一种知识扩充机制②。此外,作为一种副产品,逻辑学为推理提供了规则:规定了人与其他智能生物、智能机器或智能系统应当如何推理。当然,对于逻辑学本身来讲,最根本的并不是这种规定而是它们的应用。而在其他学科领域包括认知心理学中,通常研究的是人们实际上如何推理的具体过程。

---

① http://en.wikipedia.org/wiki/Logic.
② http://www.wordiq.com/definition/Logic.

传统上，逻辑学被作为一个哲学分支来研究。自十八世纪中期以来，逻辑学已经在数学中得到研究。到了二十世纪后期，在计算机科学中也得到了发展。作为一门科学，逻辑学研究的是命题结构或论证结构，并对这些结构进行分类和编纂，以设计命题图式或论证型式（argument scheme）。因此，逻辑学的范围可能是相当大的，除了演绎推理之外，还包括了关于可能性和因果性的推理。此外，谬误论证的结构与悖论也是逻辑学的研究对象。在古希腊，人们有时把论辩术分为逻辑学和修辞术两个部分，这时，修辞术被看作论辩术的组成部分。而由于修辞术关注的是说服性论证，因此，在某种意义上，修辞术在当时也被看作是与逻辑学相对应的研究科目。无论如何，在亚里士多德看来，分析方法（即今天所说的演绎逻辑方法）、论辩方法和修辞方法是论证评价的三种视角，它们如同三重唱中的不同声部，缺少任何一个声部，都会失去"混声"之美。

例　子

下列关于逻辑学的说法是否正确？请说明理由。
逻辑学是研究推理形式有效性的科学。

分　析

逻辑学有广义与狭义之分。狭义逻辑学是研究前提如何从形式上必然推导出结论的科学。在这种狭义逻辑观之下，把逻辑学理解为研究推理形式有效性的科学是正确的。在二十世纪特别是上半叶，这种观点在逻辑学界占有绝对支配地位。然而，随着归纳逻辑、非单调逻辑以及非形式逻辑的发展，这种逻辑观越来越不能充分表达逻辑学发展的现状。当前，逻辑学界通常采取广义逻辑学观，认为把逻辑学理解为"研究推理形式有效性的科学"的观点过于狭窄。在广义逻辑学观看来，逻辑学是研究如何把好的推理或论证与不好的推理或论证区别开来的科学，也就是关于推理或论证的科学。逻辑学的研究对象主要是前提对结论的支持强度，它不仅包含了演绎有效性，还包含了归纳强度（又称归纳有效性）。

思　考　题

下列关于逻辑学的说法是否正确？请说明理由。
(1) 逻辑学是研究有效推理的科学。
(2) 逻辑学是研究如何从前提必然得出结论的科学。

二、逻辑学简史

人们通常认为最早的逻辑学著作是亚里士多德的《工具论》(The Organon)。该书由《范畴篇》(Categories)、《解释篇》(On Interpretation)、《前分析篇》(Prior Analytics)、《后分析篇》(Posterior Analytics)、《论辩篇》(又译《论题篇》,Topics)和《辩谬篇》(On Sophistical Refutations)六篇论文组成。亚里士多德讨论过五种论证类型:在《前分析篇》中,他讨论了证明型论证(又译:演证型论证,demonstrative argument),在《辩谬篇》中讨论了说教型论证(didactic argument)、论辩型论证(dialectical argument)、询问型论证(examination argument)和争论型论证(contentious argument)。特别值得一提的是,亚里士多德并未把这六篇论文汇编在一起称为《工具论》,这项工作实际上是由亚里士多德学派的继承人安德罗尼科(Andronicus of Rhodes)以及其他追随者在公元前40年前后共同完成的。此外,在广义逻辑观下,《修辞术》(Rhetoric)实际上也在逻辑学范围之内,因为它也是讨论论证的分析与评价的,其主要探讨的论证类型是省略式论证和说服性论证。与其他传统相比,亚里士多德逻辑已经在科学和数学中被广泛接受,最终衍生出了形式复杂的现代逻辑系统。此外,在古希腊,以芝诺(Zeno,前334—前262)和克里西波(Chrysippus,前278—前206)为代表的斯多葛学派也发展了一种不同于亚里士多德三段论逻辑的命题逻辑,成为当今传统命题逻辑的框架。现代逻辑的两个基本演算是命题演算和谓词演算,其中命题演算是在斯多葛逻辑基础上发展起来的,而谓词演算则是在亚里士多德逻辑基础上发展起来的。

芝诺

克里西波

除了古希腊文明之外,还有几个古代文明也发明了错综复杂的推理或论证系统,并提出过关于逻辑的理论,讨论过逻辑悖论。在印度婆罗门教以及印度教中,最重要和最根本的经典《吠陀经》第10卷第129曲就提出了根据不同逻辑分类的本体论思考,这些分类后来被从形式上改写为四个句式:"A","非A","A并且非A"和"非A并且非非A"。二世纪印度的医书《遮罗迦本集》中更是讨论了如何进行论证的逻辑问题。

中国古代哲学家公孙龙(前325—前250)提出了"离坚白""白马非马"等悖论。此外,还有与当代西方非形式逻辑或论证学理论极其类似的墨辩——墨家论证理论或称为"墨家论证学"。可能是因为秦代对逻辑研究的压制,我国古代始终没形成一个亚里士多德式的逻辑系统。

公孙龙　　　　　　　　　阿维森纳

古代伊斯兰哲学也对逻辑学的发展做出过突出的贡献,其中,波斯逻辑学家阿维森纳(Abu Ali Sina Balkhi,即 Avicenna,980—1037)被誉为伊斯兰世界的亚里士多德。阿维森纳逻辑(Avicennian Logic)涵盖了假言三段论、时态逻辑和归纳逻辑。虽然阿维森纳逻辑一直延续到十五世纪,而且在文艺复兴时期对欧洲逻辑学产生了重要影响。但遗憾的是,与我国古代相类似,艾什尔里派(Asharite school)在伊斯兰世界的兴起压制了伊斯兰哲学中的逻辑原创性思想的发展。

在古代印度,二世纪,经院学派(又称"正理派",Nyāna)代表人物足目·乔达摩(Akṣapāda Gautama)所著的《正理经》是逻辑学经典著作。其后,陈那的《集量论》又侧重从知识论(量论)的角度确立了佛教的逻辑学传统,后历经革新,印度的逻辑传统一直延续到十八世纪早期,但最终被英国殖民统治割断了。到了二十世纪,谢尔(Stanislaw Schayer,1899—1941)和格拉斯霍夫(Klaus Glashoff)等西方学者试图挖掘印度逻辑传统。然而,因为许多梵文经典已经不复存在,这类工作在印度已很难实现,因此,许多梵文经典不得不从藏文版本翻译回去。不过,要想研究印度逻辑,藏传佛教中的藏文经典是非常不错的文本田野。

在西方，亚里士多德提出的三段论逻辑一直居于逻辑学领域的主导地位，在中世纪后期，学者试图证明亚里士多德思想与基督教信仰的相容性，逻辑学成为哲学家关注的焦点，哲学家的主要工作就是从事哲学论证的批判性逻辑分析，直到十九世纪中叶数学基础的研究触动了符号逻辑的发展。

德国自然科学家、历史学家、物理学家、数学家、哲学家莱布尼茨（Gottfried Wilhelm Leibniz，1646—1716）十几岁时就有一个梦想：

要找到一种一般数学，其中，思维能够用计算来取代。要是我们有了这种数学，在形而上学与道德中，我们就应当用几何与分析中同样的方式进行推理……如果出现了争论，需要的不再是两个哲学家之间的争论，而是两个会计之间的争论，因为他们只要拿出铅笔，坐在石板上，跟对手说（如果他们喜欢，还可以邀请他们的朋友作为证人）：咱们开算吧！这就足够了！

这就是著名的"莱布尼茨之梦"。其中，有两个基本假定：

（1）我们的所有思想都是由非常少量的简单思想复合而成的，而这些简单思想形成了人类思想的字母系统；

（2）复杂思想都是从这些简单思想通过统一的对称组合开始的，而且这些组合与算术运算相似。

莱布尼茨之梦实际上就是要找到一种通用的数学语言，以便制造出一台电子计算机，并在此基础上发明"莱布尼茨轮"。他的这个梦想虽然直到1946年第一台电子计算机创造出来时才得以实现，但却推动着一种不同于亚里士多德逻辑和斯多葛逻辑的逻辑——符号逻辑的发展。符号逻辑有三位代表人物：布尔、弗雷格和罗素。1854年，英国数学家、哲学家布尔（George Boole，1815—1864）出版了《思维规律研究》，其中介绍了符号逻辑以及布尔逻辑规则，给出了

莱布尼茨　　　　　　　　布尔　　　　　　　　弗雷格

罗素　　　　　　　　哥德尔　　　　　　　维特根斯坦

命题演算的基本框架和一个零阶逻辑系统。1879 年,德国数学家、逻辑学家、哲学家弗雷格(Gottlob Frege,1848—1925)出版了《概念文字》一书,拉开了引入量词符号研究现代逻辑的序幕,给出了一个一阶逻辑系统。1903 年,英国数学家、哲学家罗素(Bertrand Russell,1872—1970)和他的老师怀特海(Alfred North Whitehead,1861—1947)合著的《数学原理》问世。这是数理逻辑发展史上的一个重要里程碑,它全面、系统地总结了自莱布尼茨以来在数理逻辑研究方面所取得的重大成果,奠定了二十世纪数理逻辑发展的基础。这部著作的主要目的是想要说明纯粹数学整体上是从逻辑的前提推导出来的,并尝试只使用逻辑概念定义数学概念,同时尽量找出逻辑本身的所有原理,提出了数学基础的逻辑主义方案。

然而,1931 年,年仅 25 岁的美籍奥地利数学家、逻辑学家和哲学家哥德尔(Kurt Gödel,1906—1978)针对数学的基础主义方案提出了两个不完全性定理。他证明了任何一个形式系统,只要包括了简单的初等数论描述,而且是一致的,它必定包含某些系统内所允许的方法既不能证明也不能证伪的命题。也就是说,"无矛盾性"和"完备性"是不能同时满足的!这便是闻名于世的"哥德尔不完全性定理"。哥德尔不完全性定理一举粉碎了数学家两千年来的信念。它告诉我们,"真"与"可证"是两个不同的概念。也就是说,"可证的一定是真的,但真的不一定是可证的"。在某种意义上,这个悖论的阴影将永远伴随着我们。哥德尔不完全性定理的影响甚至远远超出了数学的范围。它不仅使数学和逻辑学发生革命性的变化,引发了许多富有挑战性的问题,而且还涉及哲学、语言学和计算机科学,甚至宇宙学。

自弗雷格、罗素与英籍奥地利哲学家维特根斯坦(Ludwig Wittgenstein,1889—1957)以来,逻辑学的发展对哲学实践、哲学问题的认识本质(如分析哲学)以及数学哲学都有着深远影响。逻辑学特别是命题逻辑在计算机逻辑电路中被实现,成为计算机科学中最基本的学科。在哲学系,逻辑学通常被当作基础学科来讲授。

例　子

下列关于逻辑学史的说法是否正确?请说明理由。
中国古代没有逻辑学。

分　析

我国古代有无逻辑学,这是我国逻辑学界近百年来一直在争论的一个问题。实际上,这个问题取决于对"逻辑学的研究对象"这个问题的回答。如果把逻辑学的研究对象界定为"研究推理形式有效性的科学",即从狭义逻辑学观来理解逻辑学,那么我国古代肯定是没有逻辑学的;然而,如果从广义角度来理解逻辑学,那么我国古代肯定是有逻辑学的。在本书中,我们采用的是广义逻辑学观,即认为"逻辑学是研究推理或论证的科学",因此,我们认为"中国古代没有逻辑学"的观点是错误的。

思　考　题

下列关于逻辑学史的说法是否正确?请说明理由。
(1) 自亚里士多德以来,数理逻辑一直居于优势地位。
(2) 逻辑学只有三大发源地,即古代希腊、古代印度和古代中国。

第二节　逻辑学的本质

逻辑形式是逻辑学的核心概念,一般分为命题形式和推理形式。演绎推理和归纳推理是逻辑学研究的两种最主要的推理类型。逻辑系统是现代逻辑的主要研究对象,具有一致性、有效性、可靠性和完全性。逻辑学的定义至今尚未达成共识,本书认为,逻辑学是关于推理或论证的科学。此外,还有一些竞争性的逻辑学定义,比如,逻辑学是关于思维的科学(弗雷格的定义),或者说,逻辑学是关于判断的科学(康德的定义),这两个定义的影响都相当广泛。

一、逻辑形式

一般来讲,"逻辑形式"(logical form)是逻辑学的核心概念。逻辑学家通常认为,论证有效性是根据其逻辑形式而不是内容来判定的。亚里士多德三段论逻辑和现代符号逻辑就是这种逻辑的经典范例,因此,这种逻辑通常被称为"形式逻辑"(formal logic)。

逻辑学通常被认为是形式的,其目的是基于论证形式来判断其有效性。论证形式通过用逻辑系统的形式语法和符号化来表达语句,使得其内容在形式推论中可用。这就是众所周知的展示论证的逻辑形式。由于直陈句形式在日常语言中的多样性和复杂性,使得它们不易在推论中使用,因而,这种对论证逻辑形式的展示是必要的。那么,如何展示论证的逻辑形式呢?首先,忽略词性、词缀等那些与逻辑不相干的语法特征,用逻辑语言替换日常语言:如用合取词(如"并且")替换"但是""不但……而且……"等表示并列、递进、承接等关系的关联词;用标准表达式如"所有"或全称量词"(x)"或"$(\forall x)$"取代非形式表达式如"任何""每一""任意""所有""全部"等之类的全称量词。其次,用示意性符号取代语句的某些成分,如用 S 替换主语,P 替换宾语。例如,"所有人都是必死的""所有猫都是食肉动物""所有中国人都是政治家"之类的语句都可以用"所有 S 都是 P"的逻辑形式来表达。这里只是对如何提取逻辑形式作一个初略介绍。实际上,第三至五章的主要任务之一就是学会从自然语言论证中提取其逻辑形式。

对于逻辑学来说,"形式"是一个基本的概念,这在古代西方就已经被认识到。亚里士多德在《前分析篇》中,就使用变元字母来表达有效推论,因此,波兰数学家、逻辑学家卢卡西维奇(Jan Łukasiewicz,1878—1956)认为变元的引入是"亚里士多德的伟大发明之一"。根据阿谟尼乌斯(Ammonius,生活在一世纪)等一批亚里士多德追随者的观点,只有用示意性词项来陈述的逻辑原则才是属于逻辑的,而那些用具体词项来陈述的则不属于逻辑。具体词项如"人""必死的"等与示意占位符"A""B""C"的取代值相似,被称为推论的"实质"。

现代形式逻辑与传统形式逻辑或亚里士多德逻辑的根本区别在于,它们处理命题的逻辑形式的分析方法是不同的。根据传统形式逻辑观点,作为一种简单直言命题,标准(直言)命题形式是由四个部分组成的:

(1) 量项,如"所有"等。

(2) 主项,如"人"。

(3) 联项,如"是"。

(4) 谓项,如"必死的"。

因此,我们有标准直言命题"所有人都是必死的"。在直言命题形式中,有逻辑常项与逻辑变项之分,其中逻辑常项指量项(如"所有""有些"等)和联项(如"是""不是"等)。对于直言命题来讲,这是一个固定图式,每个直陈句都可能识别出其量项和联项,然后通过这些常项来判断命题的逻辑形式。

从现代逻辑观点来看,简单命题的基本形式是通过递归形式给出的,其中涉及逻辑联结词,如带约束变元的量词等,这些联结词通过并行方式与其他可能具有结构的语句合并在一起。

亚里士多德系统中的简单判断会涉及两个或两个以上逻辑联结词,现代逻辑观点更复杂些。例如,语句"所有人都是必死的"涉及两个非逻辑词项"人"(用"M"表示)和"必死"(用"D"表示)。这个语句通过判断 $A(M,D)$ 给出。在谓词逻辑中,这个语句涉及两个相同的非逻辑概念,这里分析为 $m(x)$ 和 $d(x)$。这个语句可以用 $(x)(m(x) \rightarrow d(x))$ 来表达,其中涉及"全称量化"和"蕴涵"联结词。

但是,公平地讲,现代逻辑观点更强有力:中世纪逻辑学家认识到了多重一般性问题,即亚里士多德逻辑不能令人满意地处理"有些家伙拥有所有运气"之类的语句,因为这里有两个量词即"有些"和"所有",而且它们在推论中都是相干的,但是,亚氏使用的标准形式只允许用一个量词来管辖推论。正如认识到自然语言中的递归结构一样,在这里逻辑似乎需要递归结构。

例　子

下列语句的逻辑形式是什么?
所有乌鸦的羽毛都是黑色的。

分　析

根据上述分析,这个语句的逻辑形式是"所有 S 都是 P"。

思　考　题

下列语句的逻辑形式是什么?
(1) 所有袋鼠都是有袋动物。
(2) 我们不但善于破坏一个旧世界,还将善于建设一个新世界。

二、演绎推理与归纳推理

演绎推理(deductive reasoning)关注的是从给定前提必然推导出结论。归纳推理(inductive reasoning)是一个根据经验观察推演出一个可信概括的过程。如今,归纳推理也被包括在逻辑学研究范围中。因此,有效性有时被区分为演绎有效性和归纳有效性,但后者通常称为"归纳强度"(inductive strength)。根据演绎有效性标准,一个推理是演绎有效的,当且仅当,所有前提都真而结论为假是不可能的。对于一个形式逻辑系统来说,演绎有效性概念能够使用很容易被理解的语义学概念来陈述。因此,演绎有效常常被称为语义有效。归纳有效性则需要我们定义某个观察集的可信概括。根据归纳有效性标准,一个推理是归纳有效的,当且仅当,所有前提均真而结论正如其主张的那样真。有多种不同方法来提供这个定义,其中有些不如另一些那么形式化。在这些定义中,有些使用了数学概率模型。

例　　子

下列推理是演绎推理还是归纳推理?
所有人都是必死的,苏格拉底是人,因此,苏格拉底是必死的。

分　　析

这是一个演绎推理,因为当两个前提为真时,结论为假是不可能的。这满足了演绎有效性的定义,因此,它是一个演绎推理。

思　考　题

下列推理是演绎推理还是归纳推理?
(1) 到目前为止,我所遇到的蒙古人都能喝酒,因此,所有蒙古人都能喝酒。
(2) 清明节期间,经常因上坟烧纸引发火灾,因此,应当禁止上坟祭祀燃烧纸钱。

三、逻辑系统的四大定理

"逻辑系统"(logical system),又称为"形式系统"(formal system)或"逻辑演算"(logical calculus),是现代逻辑中的一个核心概念。每个形式系统都会使用初始符号通过推论形式规则从一个公理集有限构建一套形式语言,其中,所使用的初始符号共同形成了一个字母表。一个形式系统通常都包括以下四个组成部分：

（1）一个有限初始符号集，称为"字母表"，用于形成公式，而且一个公式正好是取自那个字母的有穷符号串。

（2）一套由简单公式到复杂公式的形成规则所构成的语法。一个公式，如果能够用形式语法规则形成，它就是合式公式。判断一个公式是否是合式公式，常常需要有一套判定程序。

（3）一个由合式公式构成的公理集或公理模式集。

（4）一个推论规则集。能够从公理推导出的合式公式被称为形式系统的定理。

其中，第（3）部分并非必不可少的，比如，在自然演绎系统中，就没有公理集或公理模式集，但其余三个部分是必需的。

逻辑系统的重要性质包括一致性、有效性、可靠性和完全性，相应地，逻辑系统有一致性定理、有效性定理、可靠性定理和完全性定理四大定理。

1. 一致性定理是指逻辑系统内的定理不能相互矛盾

在逻辑学中，一致性（consistency）理论是指不包含矛盾（contradiction）的理论。我们既不能用语义术语也不能用语形术语来定义矛盾。**语义定义**即是说：如果一个理论有一个模型，那它就是一致的。"一致"是亚里士多德逻辑中所使用的定义，在当代数理逻辑学中，这一术语被"可满足"取代了。**语形定义**即是说：如果一个理论没有一个公式 p 使得 p 与 p 的否定在相关演绎系统下根据理论的公理都是可证的，那么该理论就是一致的。

如果这些语义定义与语形定义相对于某个逻辑来说是等价的，那么这个逻辑就是完全的。瑞士数学家伯奈斯（Paul Bernays，1888—1977）与美国数学家波斯特（Emil Post，1897—1954）分别于1918年和1921年证明了命题演算的完全性，哥德尔在1930年证明了谓词演算的完全性。

2. 有效性定理是指逻辑系统的证明规则决不会允许从真前提推导出假结论

当然，在逻辑学中，"有效性"（validity，又称"逻辑有效性"）这一术语在不同语境下有着不同的含义。它可以是公式的性质，也可以是命题或论证的性质。**作为公式的性质**是指：在形式语言中，一个公式是有效的，当且仅当，在这个语言的每个可能解释下它都是真的；**作为命题的性质**是指：如果在所有解释下它都是真的，那么它就是逻辑真的；**作为论证的性质**是指：在一个论证中，如果我们能够从其前提推导出结论，那么该论证在逻辑上是有效的。在本书中，我们这里需要关注的主要是作为论证的性质。换句话说，如果我们不能从其前提推导出结论,那么该论证在逻辑上就是无效的。关于作为论证的性质,有时人们还把归纳强度也纳入"有效性"概念范围,称为归纳有效性,相应地,把有效性区分为演绎有效性和归纳有效性。前者是评价演绎论证好坏的根本标准,后者是评价归纳论证好坏的根本标准。

3. 可靠性定理即是指逻辑系统的证明规则决不会允许从真前提推导出假结论,而且前提已被证明为真

"可靠性"来源于英文术语"soundness",有学者将其译为"健全性"。可靠性有**逻辑系统的可靠性**和**论证的可靠性**之分。如果一个系统是可靠的且其公理都是真的,那么它的定理也是保真的。在数理逻辑中,我们常常说的是逻辑系统的可靠性,换句话说,**一个逻辑系统是可靠的,当且仅当,它的推论规则只证明了相对于其语义学有效的公式**。在大多数情况下,这实际上意味着它的规则具有保真性,但并不通常都是如此。在传统逻辑中,我们常常说的是论证的可靠性,也就是说,**一个论证是可靠的,当且仅当,该论证是有效的且所有前提都是真的**。实际上,逻辑系统的可靠性与论证的可靠性并不存在根本性差异,二者本质上是一致的。

4. 完全性定理是指不存在逻辑系统内原则上不能证明的真命题

"完全性"所对应的英文术语是"completeness",又译"完备性"。一般来讲,如果一个对象不再需要对它添加什么东西,它就是完全的。在不同领域,这个概念有着更具体的规定。在逻辑学中,"语义完全性"是形式系统可靠性的对应特性,具体地说,**当所有重言式都是定理时,这个形式系统就是语义完全的**;相反,**当所有定理都是重言式时,这个形式系统就是可靠的**。哥德尔、赫欣(Leon Henkin, 1921—2006)和波斯特都给出了完全性定理证明。

然而,并不是所有逻辑系统都具有上述四个性质。哥德尔不完全性定理表明:任何一个算术形式系统都不可能既是一致的又是完全的。换句话说,任意一个包含算术系统在内的形式系统中,都存在一个命题,它在这个系统中既不能被证明也不能被否定,并且任意一个包含算术系统的形式系统自身不能证明它本身的一致性。前者被称为"哥德尔第一不完全性定理",后者被称为"哥德尔第二不完全性定理"。

例　　子

分析下列说法是否正确?
有效性就是指前提真结论假是不可能的。

分 析

这种说法不正确,其原因是,"有效性"在不同的语境下使用有不同的含义,它可以是公式的性质,也可以是命题或论证的性质。上述说法仅仅描述了它作为(演绎)论证的性质。在形式语言中,有效性作为公式的性质是指:一个公式是有效的,当且仅当,在这个语言的每个可能解释下它都是真的;作为命题的性质是指:如果在所有解释下它都是真的,那么它就是逻辑真的。

思 考 题

分析下列说法是否正确?
(1) 一个论证是可靠的,当且仅当,它是有效的。
(2) 所有逻辑系统都是完全的。

四、逻辑学的竞争性概念

逻辑学研究起因于对论证正确性的关注。当代逻辑学家常常希望确保逻辑研究的正好是那些产生于恰当的一般推论形式的论证。例如,在斯坦福哲学百科全书中,霍夫韦伯(Thomas Hofweber)提出:"可是,逻辑学并不涵盖整体上好的推理。那是理性理论的工作。相反,逻辑学在处理推论时,其有效性可以追溯到涉及那个推论的形式表达特征,而不管这些表达是语言的、心智的还是其他的。"换句话说,在他看来,逻辑学在讨论推论的分析与评价时是只管形式不管内容的。这恰恰是当今主流逻辑学的观点。

相比而言,康德(Immanuel Kant,1724—1804)认为,逻辑学应当被认为是判断(judgement)的科学,这是一种在弗雷格的逻辑与哲学著作中所持的观点,不过,其中"思维"被用"判断"来替代了,也就是说,弗雷格认为逻辑学是关于思维的科学,而康德认为逻辑学是关于判断的科学。根据这些概念,逻辑有效推论是能从判断或思维的结构特征中推导出来的。

例 子

分析下列逻辑学的定义是否正确?
逻辑学是研究好的推理的科学。

分 析

根据斯坦福哲学百科全书的观点,这个定义是不正确的,因为逻辑学并不涵盖整体上好的推理,逻辑学在处理推理有效性时只管形式表达特征,而不管其语言、心智或其他特征。这是一种典型的演绎逻辑观或形式逻辑观,把归纳逻辑、非形式逻辑等排斥在逻辑学范围之外。

思 考 题

分析下列逻辑学定义是否正确?
(1) 逻辑学是关于判断的科学。
(2) 逻辑学是关于思维的科学。

第三节 逻辑学的范围

在二十世纪上半叶,逻辑学几乎完全被演绎逻辑取代,但如今把逻辑学区分为演绎逻辑与归纳逻辑,这是最常见、最主要的区分。二十世纪后半叶,随着非形式逻辑的兴起,逻辑学又被区分为形式逻辑与非形式逻辑。迄今为止,逻辑学的范例有亚里士多德逻辑、数理逻辑、模态逻辑、非形式逻辑、哲学逻辑、逻辑与计算等。

一、逻辑学的常见区分

随着逻辑学的发展,许多区分已被引入逻辑学之中。这些区分帮助我们把不同形式的逻辑学当作一门科学。这里首先介绍两种最重要的分类。

1. 演绎逻辑与归纳逻辑

逻辑学研究的重点是前提与结论之间的支持关系。这种支持关系有必然支持和或然支持之分。前提必然支持结论的推理被称为**必然性推理**或**必然推理**。前提可能支持结论的推理被称为**或然性推理**或者**或然推理**。根据逻辑学的研究对象是必然性推理还是或然性推理,逻辑学被分为演绎逻辑和归纳逻辑。演绎逻辑(deductive logic)研究的是从前提必然推导出结论的推理。演绎逻辑有时又被称为演绎推理。归纳逻辑(inductive logic)研究的是前提真结论可能为真的或然性推理。归纳逻辑有时又被称为归纳推理。演绎逻辑的对象是演绎论证的分析与评价,其中所包含的推理是演绎推理,这是一种必然性推理,评价演绎论证的标准是演绎有效性。归纳逻辑的对象是归纳论证的分析与评价,其中所包含的推理是归纳推理,这是一种或然性推理,评价归纳论证的标准是归纳有效性或归纳强度。

2. 形式逻辑与非形式逻辑

语言通常可分为自然语言和形式语言两大类。有时后者又被人们称为人工语言。基于形式语言的推理被称为**形式推理**,而基于自然语言的推理被称为**非形式推理**。根据逻辑学的研究对象是形式推理还是非形式推理,逻辑学又被分为形式逻辑(formal logic)与非形式逻辑(informal logic)。

形式逻辑有传统形式逻辑和现代形式逻辑之分。传统形式逻辑,又称"传统逻辑",一般包括亚里士多德的词项逻辑和斯多葛命题逻辑。现代形式逻辑又叫做"符号逻辑"(symbolic logic)或者"现代逻辑"(modern logic),它是试图用形式系统来把握逻辑真理或逻辑推论的本质,其中,形式系统是由一种形式语言、一组推演规则(常常称为"推论规则")以及一组公理组成。当然,一组公理并不是每个系统都必需的,在自然推理系统中,就不存在任何公理。形式语言又是由一组离散符号、一套语法以及(常常)一个语义以及公式或表达式组成。然后,根据推演规则与公理运算出一些定理。**所谓定理是指由公理推演规则推导出来的公式**。在形式逻辑系统中,定理常常被解释为表达了逻辑真理(即重言式)。使用这种方法,这种系统就可能被说成是至少抓住了逻辑真理或逻辑推论的局部。形式逻辑包含了各种逻辑系统,例如,命题逻辑和谓词逻辑都分别是现代形式逻辑的一种类型,还包括时态逻辑、模态逻辑、霍尔逻辑、构造演算等。高阶逻辑是基于类型分层的逻辑系统。

非形式逻辑是用于研究自然语言论证的逻辑,其对象是非形式推理的分析、评价与建构。非形式逻辑是很复杂的,梳理出融入论证的准确形式逻辑结构是很困难的。而由于可废止性这种现象,自然语言断言的语义比形式逻辑系统的语义更加复杂,因而非形式逻辑研究也就更加困难。目前非形式逻辑对自然语言论证的研究主要集中在论证结构、论证图式、谬误评价等方面。

例　　子

下列关于逻辑学的分类是否正确?
逻辑学可分为演绎逻辑与归纳逻辑。

分　　析

根据传统的逻辑学分类,这种分类是正确的。它是根据前提与结论之间的支持关系是否具有必然性来分类的。但是,根据不同的标准,逻辑学可分为不同类型,如根据逻辑学的研究对象是形式推理还是非形式推理,可以把逻辑学分为形式逻辑和非形式逻辑。

思 考 题

下列关于逻辑学的分类是否正确?
(1) 逻辑学可分为形式逻辑与非形式逻辑。
(2) 逻辑学可分为演绎逻辑与非形式逻辑。

二、逻辑学的范例

纵观逻辑学的发展历史,逻辑学家们感兴趣的是如何把好的论证与不好的论证区别开来,而且也研究某些多多少少有点熟悉的形式。亚里士多德逻辑主要涉及好的论证,而且这一传统至今仍然在延续。然而,在数理逻辑和分析哲学中,更强调逻辑学有自己的研究对象,因此,逻辑学得以在更抽象的层面进行研究。考虑到逻辑学有不同的类型,逻辑学也不是在真空中的研究,而且逻辑学似乎常常提供它自己的动机,因此当我们弄清了这些兴趣原因时,这个主题便获得了更健康的发展。

1. 亚里士多德逻辑

亚里士多德逻辑(Aristotlian logic)又被称为三段论逻辑(syllogism logic),是传统逻辑的主要内容之一。《工具论》是亚里士多德逻辑学著作的主体,其中,《前分析篇》引入了三段论,这构成了形式逻辑的主要内容。三段论,又被称为词项逻辑(term logic),其中,把判断分析为由两个词项组成的命题,三段论是指两个带有共同词项的命题作为前提和一个涉及在前提中不相关的词项作为结论的论证。亚里士多德逻辑在欧洲与中东的古代以及中世纪均被推崇为一个完美系统。但在欧洲这并不是唯一的逻辑系统:斯多葛学派提出了另一个逻辑系统即命题逻辑,这个系统也是中世纪逻辑学家的研究对象。同时,亚里士多德逻辑系统的完美性也不是没有争议的,例如,早在中世纪,人们就认识到了多重一般性问题[①],尽管如此,三段论问题并不被认为需要革命性的解决方案。如今,绝大多数逻辑学导论教科书也都会介绍三段论。虽然当前有学者对进一步扩充词项逻辑感兴趣,但大多数人认为亚里士多德逻辑仅仅具有历史价值,并且伴随谓词逻辑的出现而逐渐被废弃。因此,有学者提出,既然要讲谓词逻辑,三段论就不必讲了。

2. 形式逻辑、符号逻辑与数理逻辑

形式逻辑(formal logic)是根据纯形式来研究推论的有效性评价,其中,那

---

① 多重一般性问题是指我们无法用亚里士多德逻辑来描述某些直观上有效的推论,例如,我们可以从"每只老鼠都害怕某些猫"必然推导出"所有老鼠都害怕某只猫",但是,要用亚里士多德逻辑来分析这个推论的有效性是不可能的。

个纯形式变得非常明显。如果一个推论能够被表达为某个完全抽象规则的具体应用,且这个规则不是关于某个具体对象或性质的,那么这个推论就具有一个纯形式内容。亚里士多德的著作包括了已知的逻辑形式研究的最早版本。在诸多逻辑定义中,逻辑推论与纯形式内容推论或形式推论是相同的。形式逻辑的不足在于无法体现自然语言的细微差别,而非形式逻辑却试图去找出这些细微差别。

符号逻辑(symbolic logic)是研究逻辑推论的形式特征的符号抽象。符号逻辑常常被区分为两个分支:命题逻辑和谓词逻辑。数理逻辑(mathematical logic)又称数学逻辑,是符号逻辑在其他领域特别是模型论、证明论、集合论和递归论领域的扩充。数理逻辑实际上指两个不同的研究方向:(1)形式逻辑技术在数学推理中的应用;(2)数学技术应用于形式逻辑的分析与表示。逻辑主义者毫不掩饰地试图把逻辑应用到数学,其先驱就是弗雷格和罗素。他们的基本思想就是:数学理论都是逻辑重言式,因此,他们的工作方案就是企图把数学还原为逻辑。然而,实现这一点的各种企图遭受了一系列失败,如弗雷格的算术原理被罗素悖论冲击、希尔伯特方案被哥德尔不完全性定理击败等。

希尔伯特方案的陈述以及哥德尔对它的反驳都取决于他们建立数理逻辑第二领域的工作,即用证明论形式把数学应用于逻辑。尽管存在不完全性定理的否定本质,作为模型论中的一个结果以及从数学到逻辑的另一种应用,哥德尔完全性定理能够被理解为表明了逻辑主义是如何逼近真:每个精确定义的数学理论都能够用一阶逻辑理论来准确把握;弗雷格证明演算虽然不等于数学,但它足以描述数学的全部。因此,我们能够发现这两个数学领域的互补性。如果证明论与模型论是数理逻辑的基础,那么它们就是这个主题的四分之二。集合论源于康托尔对无穷的研究,它已经成为数理逻辑中许多最富有挑战性和重要性问题的源泉,从通过选择公理的地位以及连续统假设独立性问题的康托尔定理到现代大基数公理的辩论都是如此。递归论用逻辑与算术术语来理解计算思想,其最经典的成果就是图灵判定性问题的不可判定性以及丘奇-图灵论题的提出。如今,递归论主要涉及的是更精练的复杂性类问题,即什么时候问题可有效解决以及不可解决的分类。

3. 命题逻辑与谓词逻辑

命题逻辑(propositional logic 或 sentential logic)又称为命题演算(propositional calculus),它是这样一种形式逻辑,其中,表达命题的公式能够通过用逻辑联结词将原子命题组织而成,而且一个形式证明规则系统允许某个公式被作为"定理"来确立。一个标准命题演算系统通常由下列三个部分构成:(1)一套语言,其中包括初始符号和算子符号;(2)一个公理集,在自然推理系统中公理集为空集;(3)一个推论规则集(不能为空集)。

谓词逻辑是一阶逻辑、二阶逻辑、多类逻辑或无穷逻辑等符号形式系统的总称。尽管亚里士多德三段论逻辑已经对有关判断的相关部分作了具体化,但谓词逻辑还允许把命题用不同方式分析为主项、论证等,从而允许谓词逻辑解释多重一般性问题。多重一般性问题是指传统逻辑无法用来描述某些直觉上有效的推理,例如,从"某些猫被所有老鼠害怕"推出"所有老鼠都害怕至少一只猫"。这个问题一直困扰着中世纪逻辑学家。而谓词逻辑提供的量词考虑足够一般化,以至于它能够用来表达发生在日常语言中的更宽泛的论证。

谓词逻辑的发展通常被归功于弗雷格,他也是分析哲学的奠基人之一。但是,今天通常使用的谓词逻辑表达是 1928 年希尔伯特(David Hilbert,1862—1943)和阿克曼(Wilhelm Ackermann,1886—1962)在《数理逻辑基础》中提出的一阶逻辑。谓词逻辑的分析一般性允许数学形式化,从而推动了集合论研究;允许塔斯基(Alfred Tarski,1901—1983)方法的发展从而导致了模型论。因此,可以毫不夸张地说,谓词逻辑是现代数理逻辑的基础。但是,弗雷格的谓词逻辑系统不是一阶的而是二阶的。二阶逻辑最重要的辩护者是布洛斯(George Boolos,1940—1996)和夏皮罗(Stewart Shapiro,1951—   )。他们的工作主要是针对蒯茵等人的批判而展开的。

我们通常所说的谓词逻辑是指一阶逻辑。一阶逻辑又称一阶谓词演算,是指符号逻辑中的一种理论,它允许诸如"存在一个 x,使得……"或"对于任意 x 来讲,其情况是……"(其中 x 被叫做论域的集合中的元素)之类的量化公式表达。一阶理论是这样一种理论,它能够被通过添加一个一阶递归命题集作为公理将其公理化为一阶逻辑的扩充。

一阶逻辑区别于高阶逻辑之处在于,它不允许这样的陈述:"对任何性质来讲,其情况是……"或"存在一个对象集,使得……"。尽管如此,一阶逻辑还是足以形式化集合论的全部,因而本质上它可以形式化全部数学。一阶逻辑把量化限制在个体之上使得它难以用于拓扑目的,但是,它是数学背后的经典逻辑理论。它是一种比命题逻辑要强的理论,但比算术、集合论或二阶逻辑要弱。

4. 模态逻辑

模态逻辑(modal logic),有时又被称为内涵逻辑(intensional logic),是逻辑学的一个分支,它是处理带有诸如模态词"能""可能""或许""可以""必须""必然"等命题的。充分利用模态词"可能"或"必然"的任何逻辑系统也都被叫做**模态逻辑**。模态逻辑被用语用内涵性来刻画。所有非模态逻辑都有这样的特征:一个复合命题的真值是借助其子命题来判断的,因此,它们是存在命题。相反,在模态逻辑中,这一点并不成立:"毛泽东是中华人民共和国主席"与"2 加 2 等于 4 为真"都是真的,但"毛泽东必然是中华人民共和国主席"为假而"2 加 2 必然等于 4"为真。在模态逻辑著作中,模态词以及大多数关注"必然性"与"可能性"的著作关注的都是真势模态,但"必然性"与"可能性"还有其他意义,其他模态词也是如此。

形式模态逻辑表示了使用模态命题算子的模态词。其中,模态词通常用盒子"□"和钻石"◇"来表示。在真势模态逻辑中,"□"代表"必然","◇"代表"可能"。如果一个命题或许是真的,那么我们就说这个命题是可能的,而实际上它可能是真的也可能是假的;如果一个命题不可能是假的,那么我们就说这个命题是必然的;如果一个命题不必然是真的,即它可能是真的,也可能是假的,那么这个命题就是偶然的。偶然真是指它实际上为真但也可能有其他情形。

5. 论辩逻辑与非形式逻辑

在古代,研究逻辑的动机是很清楚的。如前所述,是要让我们学会如何把好的论证与坏的论证区别开来,因此,它在论辩与演讲中非常重要,有人也许就因此而变成了更好的人。在当代逻辑蓝图中,这个动机已不再是中心,但至今仍然活跃。在西方许多大学,特别是那些追随美国模式的大学,论辩逻辑构成了必修课批判性思维课程的核心。

从广义上讲,论辩逻辑(dialectical logic)又被称为论辩理论或论证理论(argumentation theory)甚至论证哲学(philosophy of argument),它是一门包括了民间争论、对话、会话以及说服的科学与艺术的学科,研究在人工语境与真实生活背景下的推论、逻辑以及程序规则。论辩逻辑主要关心的是通过逻辑推理到达结论,也就是说,其主张是以前提为基础的。因此,沙托尔(Giovanni Sartor)认为,长期以来,存在着两种不同的逻辑,一是形式符号逻辑,二是论辩理论,而且两种逻辑还互不理解地独立地发展着①。

范爱默伦

非形式逻辑是研究自然语言论证的分析、评价与建构的科学。在传统上,谬误是非形式逻辑研究中一个重要的分支,因此,有人把柏拉图(Plato,前 428/427—348/347)的对话录当作非形式逻辑很好的例子,这就与论辩逻辑联系在一起了。非形式逻辑有广义与狭义之分。狭义非形式逻辑仅仅是以在北美特别是加拿大温莎大学为中心发展起来的贴上"informal logic"标签的这门学科。广义非形式逻辑则还包括以日常生活中的自然语言论证分析与评价

---

① Giovanni Sartor, "A Formal Logic for Legal Argumentation", *Ratio Juris*, No. 7 1994, pp. 212 – 226.

为研究对象的论证理论或论辩理论,如范爱默伦(Frans H. van Eemeren,1946—)和格罗敦道斯特(Rob Grootendorst,1944—2000)所发展起来的"语用论辩学"(Pragma-dialectics)以及佩雷尔曼(Chaim Perelman,1912—1984)提出的"新修辞学"。

6. 哲学逻辑与逻辑哲学

哲学逻辑(philosophical logic)与逻辑哲学(philosophy of logic)是两个直观上非常相似的概念,但事实上它们关注的领域是不相同的。随着十九世纪符号逻辑和二十世纪数理逻辑在形式逻辑领域中的发展,不属于传统上逻辑学处理的那部分论题开始被命名为逻辑哲学或哲学逻辑,不再简单地归入逻辑学范围之内。而逻辑哲学与哲学逻辑之间的区分只是最近才被提出来,而且它们之间的界线并不总是很清晰。

逻辑哲学通常被认为是致力于检验逻辑学范围与本质的哲学分支,或者被认为是对逻辑学产生的问题进行研究、批判性分析或智力反思。这个领域被认为是有别于哲学逻辑和元逻辑的。而哲学逻辑被认为是逻辑学的一个分支,其关注的是形式逻辑之外的某些方面,也被认为是把形式逻辑技术应用于哲学问题的研究。

哲学逻辑处理的是自然语言的形式描述。大多数哲学家认为,如果我们能够找到一种正确的方法把日常语言翻译成逻辑,那么大多数通常正确的推理都能够用逻辑来表示。哲学逻辑基本上是传统上被称为"逻辑"这一学科的延续,是数理逻辑发明之前的替代品。哲学逻辑更关注自然语言与逻辑之间的关联。因此,哲学逻辑学家既对非标准逻辑的发展做出了巨大贡献,如自由逻辑、时态逻辑等,也对这种逻辑学的非标准语义学如赋值语义学做出了巨大贡献。哲学逻辑关注的是逻辑的更具体的哲学方面。这个术语与逻辑哲学、元逻辑和数理逻辑形成对比。自十九世纪后期符号逻辑和数理逻辑发展起来以来,哲学逻辑已包括了大多数一般意义上逻辑传统上要处理的论题。它主要用最基本的方式来刻画如"指称""理性思想""真理"以及"思想内容"之类的概念,并试图用现代形式逻辑来建构它们。所讨论的概念包括"指称""谓词""同一性""真理""否定""量化""存在""必然性""定义""推演"等。但是,哲学逻辑并不关心与思想、情感、想象之类有关的心理过程,它只关心思想实体如思想、语句或命题,它们能够或者是真的或者是假的。就这个意义来讲,它与心灵哲学和语言哲学是交叉的。弗雷格被大多数人认为是现代哲学逻辑的创立者。

7. 逻辑与计算机

逻辑与计算机(logic and computation)又被称为"人工智能逻辑"或"计算机逻辑"。逻辑被广泛应用到人工智能和计算机科学领域,而且这些领域为形式逻辑中的问题提供了丰富的资源。早在二十世纪五六十年代，研究者们曾预言人类知识可能使用逻辑和数学符号来表达，从而认为生产一种推理或人工智能机器是可能的。然而，人类推理的复杂性明显超出预期，在逻辑程序设计中，程序是由一组公理和一组规则构成的。为了回答询问，像 Prolog 之类的逻辑程序系统要计算公理的后承。在符号逻辑与数理逻辑中，人们的证明可以用计算机来辅助。使用定理机器证明就能够找到证明和检测证明，这些证明太长以至于无法用人工写出，因此这个工作的难度很高。在计算机科学中，布尔代数既是硬件设计的基础又是软件设计的基础。也有许多关于计算机程序的推理系统。霍尔逻辑就是这种系统的最早版本之一，通信顺序进程（Communicating Sequential Processes，CSP）、通信系统演算（Calculus of Communicating Systems，CCS）、π-演算（Pi-Calculus）等都是针对并发过程或移动过程推理的一种能够从本质上抓紧可计算性的逻辑演算。

例 子

下列说法是否正确？
逻辑哲学与哲学逻辑的研究对象是相同的。

分 析

哲学逻辑（philosophical logic）与逻辑哲学（philosophy of logic）是两个直观上非常相似的概念，但事实上它们关注的领域是不相同的。最直接的区别就是，前者属于逻辑学的一个分支，而后者属于哲学的一个分支。

思 考 题

下列关于逻辑学的说法是否正确？
(1) 亚里士多德逻辑又被称为"词项逻辑"。
(2) 广义非形式逻辑包括论辩逻辑、论证理论或论证学。

第四节 逻辑学的主要争论

逻辑学中至今仍然存在许多争论性问题。首先遭到质疑的是二值原则的普遍有效性问题，其次是实质蕴涵问题，再次是逻辑与经验问题，第四是不一致性能否容忍问题，最后是逻辑真理的可拒斥性问题，这些问题成为当今逻辑哲学讨论的热点。

一、二值原则与排中律问题

逻辑学家们决不会而且也不可能会就什么是逻辑原则达成一致意见。

前面所讨论的逻辑都是建立在"二值原则"(principle of bivalence)基础之上的。所谓二值原则,又称二值原理,即是指任意命题 p 或者是真的或者是假的。换句话说,在这些语言中,每一种语言的语义都或者把"真"值或者把"假"值指派给任意命题。非经典逻辑(non-classical logic)就是指那些拒斥二值原则的逻辑。

卢卡西维茨

布劳威尔

二十世纪早期,卢卡西维茨(Jan Łukasiewicz,1878—1956)研究了把传统真假值扩展到第三值的"可能",因此,他提出了第一个多值逻辑(multi-valued logic)系统——三值逻辑。布劳威尔(L. E. J. Brouwer,1881—1966)提出直觉主义逻辑(intuitionistic logic)作为数学推理的正确逻辑,他的这种逻辑是建立在拒斥排中律基础之上的,但是,他拒斥在数学中进行形式化。不过,正如根岑(Gerhard Gentzen,1909—1945)在其自然演绎系统中所做的那样,布劳威尔的学生海廷(Arend Heyting,1898—1980)从形式化角度研究了直觉主义逻辑。由于直觉主义逻辑是一种构造性逻辑,它是计算机能够执行的一种逻辑,因此,如今计算机科学家对它非常感兴趣。

模态逻辑并不涉及真值条件语义,因此,它常常被作为非经典逻辑提出来。可是,模态逻辑通常会使用排中律原则及其相关二值语义来形式化,因此,这个结论是有

根岑

争议的。无论如何,模态逻辑能够用来处理非经典逻辑,如直觉主义逻辑。此外,像模糊逻辑之类的逻辑一直是用"真度"的无穷数值来设计的,它是用 0 到 1 之间的实数来表示。贝叶斯概率可能被解释成一个逻辑系统,其中,概率是主观真值。

例　子

下列说法是否正确?
逻辑学总是建立在"二值原则"基础之上的。

分　析

所谓二值原则或二值原理即是指任意命题 p 或者是真的或者是假的。但并非所有逻辑学都是建立在二值原则基础之上的,实际上只有经典逻辑建立在此原则基础上,而卢卡西维茨的三值逻辑、布劳威尔的直觉主义逻辑都不是建立在二值原则基础之上的。

思　考　题

下列说法是否正确?
(1) 模态逻辑不是建立在二值原则基础之上的。
(2) 所有非经典逻辑系统都是否认二值原则的。

二、三种蕴涵

实质蕴涵(material implication),又称实质条件(material conditional)或真值函项蕴涵(truth functional implication),在逻辑中用来表达特定条件性质。在命题逻辑中,它用来表达从真到真的二元真值函项。在谓词逻辑中,它被看作两个谓词扩充之间的子集关系,用符号表示为:
1. $X \rightarrow Y$
2. $X \supset Y$
3. $X \Rightarrow Y$

当 X 为真而 Y 为假,实质条件为假,否则便为真。其中,X 和 Y 分别代表前件和后件,是涉及形式理论公式的变元。

然而,我们很容易发现,要把在经典逻辑中被形式化的(实质)蕴涵概念用"如果……那么……"翻译成自然语言并没那么自如,因为存在"实质蕴涵怪论"(paradox of material implication)的问题。**所谓实质蕴涵怪论,是指在经典逻辑**

中为真但直观上又有问题的公式。 常见的蕴涵怪论有：

1. $(\neg p \wedge p) \rightarrow q$（即衍推怪论，paradox of entailment）
2. $p \rightarrow (q \rightarrow p)$
3. $\neg p \rightarrow (p \rightarrow q)$
4. $p \rightarrow (q \vee \neg q)$

其根源在于自然语言中蕴涵有效性的解释与其在经典逻辑中的形式解释不匹配。通常有两类蕴涵怪论：第一类蕴涵怪论涉及反事实条件句，如，"如果月亮是由奶酪组成的，那么，$2+2=4$"。因为自然语言并不支持防暴原则（principle of explosion）而使人感到困惑[①]。消除这类悖论就会导向刘易斯的严格蕴涵表述，也会导向更激进的修正主义逻辑，如相干逻辑。第二类蕴涵怪论涉及多余前提。在这种情形下，论证者虚假地认为我们知道后件是因为前件，因此，如果碰巧张三到了癌症晚期，那么不管那个人的选举前景如何，"如果那个人赢得选举，张三就必然死去"这个命题，实质上是真的。这种命题违背了格赖斯（Paul Grice，1913—1988）提出的会话规则中的相干原则，而且能够用拒斥单调性原则的逻辑来建模，比如相干逻辑。

为了避免实质蕴涵怪论，刘易斯（Clarence Irving Lewis，1883—1964）提出了"严格蕴涵"（strict implication）概念。严格蕴涵又称"严格条件"，是指遵照来自模态逻辑的必然性算子行事的实质条件。对于任何两个命题 p 和 q，公式 $p \rightarrow q$ 意思是 p 实质蕴涵 q，而 $\Box(p \rightarrow q)$ 意思是 p 严格蕴涵 q。

逻辑蕴涵既是一个逻辑概念，又是一个数学概念，它是指公式集 T 的每个模型、解释或赋值也都是公式 B 的一个模型时，我们就说 T 蕴涵 B，用符号来表示就是：

1. $T \models B$，
2. $T \Rightarrow B$，
3. $T \therefore B$。

这些公式可读作"T 蕴涵 B""T 推出 B"或"B 是 T 的（逻辑）后承"，其中，T 称为前件，B 称为后件。

例　子

下列说法是否正确？
实质蕴涵与严格蕴涵是相同的。

[①] 防暴原则是经典逻辑的一条规则，即矛盾可以推出一切。

分　析

实质蕴涵与严格蕴涵不同。严格蕴涵是为了避免实质蕴涵怪论而提出来的。实质蕴涵与严格蕴涵的公式表达分别是 $p \rightarrow q$ 和 $\Box(p \rightarrow q)$。

思 考 题

下列说法是否正确？
(1) 逻辑蕴涵等同于严格蕴涵。
(2) 逻辑蕴涵等同于实质蕴涵。

三、逻辑是经验的吗？

"逻辑是经验的吗？"是以下三篇论文的题目。它们讨论的是逻辑的代数性质，这种性质都也许或应当是根据经验来判定的。

普特南

蒯茵

逻辑规律的认识论地位如何？哪种论证适合用来批判所谓的逻辑原则？美国哲学家普特南（Hilary Putnam，1926—2016）于 1968 年发表了《逻辑是经验的吗？》一文，他在蒯茵（W. V. O. Quine，1908—2000）观点的基础上提出，一般来讲，命题逻辑事实与物理宇宙事实具有相似的认识论地位，如牛顿运动定律或万有引力定律，特别是物理学家们已知道的关于量子力学的东西提供了放弃某些熟悉的经典逻辑原则的强有力情形：如果我们要成为量子理论所描述的物理现象的现实主义者，我们就应当放弃分配原则即分配律，用伯克霍夫（Garrett Birkhoff，1911—1996）和冯诺伊曼（John von Neumann，1903—1957）提出的量子逻辑去取代经典逻辑。

另一篇同名论文是达米特（Sir Michael Dummett，1925—2011）在 1976 年发表的，他认为普特南是针对现实主义的愿望而要求分配律：逻辑的分配原则对于现实主义者如何理解世界的真是基本的，正是用这种方式，他主张二值原则。"逻辑是经验的吗"这个问题可能被看作本质上导向了二值与现实主义之间关系的形而上学争论。

达米特

有趣的是，对于"逻辑是经验的吗"这个问题的回答至今仍然没有结束。2007 年澳大利亚悉尼大学教授巴西加罗比（Guido Bacciagaluppi，1965—　）再次发表一篇与普特南和达米特论文同名的论文，再次讨论了逻辑的可修正问题。

例　　子

下列说法是否正确？
逻辑不是经验的。

分　　析

"逻辑是经验的吗"这个问题首先由普特南于 1968 年提出，1976 年达米特也发表了一篇题为《逻辑是经验的吗？》的论文，2007 年巴西加罗比又发表一篇同名论文。这表明逻辑到底是否是经验的这一问题至今尚无定论。

思　考　题

下列说法是否正确？
(1) 逻辑是经验的。
(2) 量子逻辑是经典逻辑。

四、不一致性能够容忍吗？

一致性（consistency）理论是其中不能包含矛盾的理论。黑格尔曾批评了任何简单化的矛盾律（或不矛盾律）概念。基于莱布尼茨的观点，逻辑规律要求有一个充足理由，以指明从什么观点或时间来看人们说某对象不是自相矛盾的，比如说，锡昌堂既动又不动，"动"是相对于太阳系来说的，"不动"是相对地球来说的。在黑格尔辩证法中，矛盾律与同一律本身依赖于差异性，因此，其本身不是

普利斯特

独立可断定的。

与蕴涵怪论所产生的问题紧密相关的建议是,逻辑学应当容忍不一致性。在这里,相干逻辑与超协调逻辑(paraconsistent logic,又译"次协调逻辑""亚相容逻辑"或"弗协调逻辑")是两种最重要的方法,虽然它们所关心的对象有所不同:经典逻辑与某些理论如直觉主义逻辑竞争的一个重要的结果是,它们尊重防暴原则。双面真理说(dialetheism)的主要提出者普利斯特(Graham Priest 1948—)认为,超协调性是以事实上存在真矛盾为基础的。

例　子

下列说法是否正确?
逻辑学是不容忍不一致性的。

分　析

这种说法不完全正确。在经典逻辑中,逻辑学肯定不容忍不一致性的。但是,某些非经典逻辑如超协调逻辑是能够容忍不一致性的。

思　考　题

下列说法是否正确?
(1) 黑格尔的辩证法是容忍不一致性的。
(2) 直觉主义逻辑不尊重防暴原则。

五、逻辑真理可拒斥吗?

各种怀疑主义的哲学脉络都包含了对逻辑根基的怀疑与拒斥,如逻辑形式、正确推理、意义等观点,因而通常导致"没有逻辑真理"这一结论。这种观点的直接对立面是哲学怀疑论观点,直接把怀疑指向了公认智慧,如恩披里柯(Sextus Empiricus, 160—210)的著作就是如此。

尼采(Friedrich Nietzsche, 1844—1900)给出一个拒斥逻辑通常基础的强有力例子,其对理想化的激进拒斥导致了他把真理作为隐喻加以拒斥,总之,他认为,隐喻是用坏了的且不会给人美感的,这正如失去了图案只剩下金属的硬币已不再被看作硬币一样。在他看来,认识不过是使用最称心的隐喻,根本无法深入到真理的王国。因此,真理是不可被认识的。但是,他对真理的拒斥并没有使他完全拒斥逻辑或推论思维,而是认为逻辑已进入人的不合逻辑的大脑中,其范围是广阔无边的。因此,有这样一种观点,逻辑推理作为一种人类生存的工具是有用的,但其存在并不支持真理的存在,也没有超越工具的现实:逻辑依赖于不与现实世界中的任何东西相符的假定。

例　　子

下列说法是否正确?
逻辑真理是不容怀疑的。

分　　析

这种观点不完全正确。历史上许多伟大的哲学家如恩披里柯、尼采都曾对逻辑真理提出过怀疑。

思　考　题

下列说法是否正确?
(1) 逻辑推理是人类自下而上的工具。
(2) 逻辑总能在现实世界中找到相符的东西。

思考与练习

【客观题│线上作业】

一、单选题(共65题,下列每题有4个备选答案,其中一个为最佳答案,请挑选出最佳答案)

1. 传统逻辑的历史应当追溯到(　　)。
A. 亚里士多德　B. 莱布尼茨　C. 弗雷格　D. 罗素

2. 现代逻辑的历史不可追溯到(　　)。
A. 亚里士多德　B. 莱布尼茨　C. 弗雷格　D. 罗素

3. 一般说来,逻辑学研究的推理有两种类型:一种是演绎推理,另一种是(　　)。
A. 归纳推理　B. 类比推理　C. 可废止推理　D. 非单调推理

4. 一般说来,逻辑学的核心概念是(　　)。
A. 逻辑形式　B. 论证结构　C. 有效性　D. 归纳强度

5. 在哲学中确立逻辑学的基础地位的人是（　　）。
   A．亚里士多德　　B．柏拉图　　C．墨子　　D．苏格拉底
6. 根据"Word IQ 网络百科全书"的观点，逻辑学是研究（　　）的科学。
   A．推理　　B．论证　　C．判断　　D．思维
7. 根据"Word IQ 网络百科全书"的观点，逻辑学的主要任务是（　　）。
   A．设定区分论证好坏的标准　　B．提供推理有效性的标准
   C．提供推理可靠性的标准　　D．提供归纳强度的标准
8. 根据"Word IQ 网络百科全书"的观点，一个从已确定断言产生出新断言的过程被称为（　　）。
   A．推论　　B．推理　　C．论证　　D．证明
9. 根据"Word IQ 网络百科全书"的观点，论证表达了（　　）。
   A．推论　　B．推理　　C．论证　　D．证明
10. 根据"Word IQ 网络百科全书"的观点，在逻辑学中，人们关注的是（　　），也就是新产生的断言与原来确定断言之间的形式关系。
    A．推论结构　　B．推理结构　　C．论证结构　　D．推理形式
11. 根据"Word IQ 网络百科全书"的观点，在逻辑学中，人们关注的是论证结构，也就是新产生的断言与原来确定断言之间的（　　）关系。
    A．形式　　B．内在　　C．推理　　D．推导
12. 在逻辑学中，人们关注的是论证结构，也就是新产生的断言与原来确定断言之间的形式关系，其中，"形式的"意思是说（　　）。
    A．这种关系不依赖于断言本身　　B．这种关系不完全依赖于断言本身
    C．这种关系完全依赖于断言本身　　D．这种关系可不依赖于断言本身
13. 逻辑学在认识论中起着重要作用表现为：它提供了一种（　　）。
    A．知识扩充机制　　B．推理有效性机制
    C．论证有效性机制　　D．推理可靠性机制
14. 作为一种副产品，逻辑学给推理提供了（　　），它规定了人与其他智能生物、智能机器或智能系统应当如何推理。
    A．规则　　B．有效性　　C．可靠性　　D．保证
15. 作为一种副产品，逻辑学给推理提供了规则，它规定了人与其他智能生物、智能机器或智能系统（　　）。
    A．应当如何推理　　B．实际如何推理
    C．应当与实际如何推理　　D．思维与判断
16. 在认知心理学中，人们通常研究的是人们（　　）的。
    A．应当如何推理　　B．实际如何推理　　C．如何推理　　D．推理

17. 传统上,逻辑学被作为(　　)的一个分支来研究。
   A．哲学　　　　B．数学　　　　C．计算机科学　D．语言学
18. 逻辑学在数学中得到研究,开始于(　　)。
   A．亚里士多德时间　　　　B．文艺复兴时期
   C．19世纪中期　　　　　　D．20世纪后期
19. 逻辑学在计算机科学中得到研究,开始于(　　)。
   A．亚里士多德时期　　　　B．文艺复兴时期
   C．18世纪中期　　　　　　D．20世纪后期
20. 在古希腊,修辞术关注的是(　　)。
   A．分析性论证　B．说服性论证　C．综合性论证　D．回溯性论证
21. 在古希腊,在某种意义上,修辞术被看成与(　　)相对应的研究科目。
   A．逻辑学　　　B．论辩术　　　C．语言学　　　D．修辞学
22. 人们通常认为最早的逻辑学著作是(　　)。
   A．亚里士多德的《工具论》　　B．弗雷格的《概念文字》
   C．穆勒的《穆勒名学》　　　　D．培根的《新工具》
23. 将亚里士多德的《范畴篇》《解释篇》《前分析篇》《后分析篇》《论辩篇》和《辩谬篇》六篇论文汇编成册,并命名为《工具论》的人是(　　)。
   A．亚里士多德　　　　　　B．德奥弗拉斯特斯
   C．安德罗尼科　　　　　　D．克里西波
24. 现代逻辑的两个基本演算是命题演算和谓词演算,其中,谓词演算是在(　　)基础上发展起来的。
   A．斯多葛逻辑　　　　　　B．亚里士多德逻辑
   C．符号逻辑　　　　　　　D．数理逻辑
25. 现代逻辑的两个基本演算是命题演算和谓词演算,其中命题演算是在(　　)基础上发展起来的。
   A．斯多葛逻辑　　　　　　B．亚里士多德逻辑
   C．符号逻辑　　　　　　　D．数理逻辑
26. 二世纪时印度有部讨论如何进行论证的医书是(　　)。
   A．《遮罗迦本集》B．《吠陀经》　C．《正理门论》　D．《集量论》
27. 在印度的婆罗门教以及印度教中,最重要和最根本的经典是(　　),其中,第10卷第129曲就包括根据不同逻辑分类的本体论思考。
   A．《遮罗迦本集》B．《吠陀经》　C．《正理门论》　D．《集量论》
28. 在伊斯兰哲学中,有位逻辑学家可与亚里士多德相比,这位逻辑学家是(　　)。

A. 阿维森纳　　B. 肯迪　　C. 法拉比　　D. 伊本·巴哲

29. 在印度,二世纪经院学派代表人物足目·乔达摩所写的古印度经典逻辑学著作是（　　）。

A.《遮罗迦本集》B.《吠陀经》　C.《正理门论》　D.《集量论》

30. 在西方,亚里士多德提出的（　　）一直居于逻辑学领域的优势地位,直到十九世纪中叶人们出于对数学基础的兴趣触动了符号逻辑的发展。

A. 三段论逻辑　　B. 符号逻辑　　C. 数理逻辑　　D. 一阶逻辑

31. 在西方,亚里士多德提出的三段论逻辑一直居于逻辑学领域的优势地位,直到十九世纪中叶人们出于对数学基础的兴趣触动了（　　）的发展。

A. 三段论逻辑　　B. 符号逻辑　　C. 数理逻辑　　D. 一阶逻辑

32. 在西方,亚里士多德提出的三段论逻辑一直居于逻辑学领域的优势地位,直到十九世纪中叶人们出于对（　　）的兴趣触动了符号逻辑的发展。

A. 哲学基础　　B. 数学基础　　C. 认知基础　　D. 理性基础

33. 在西方,亚里士多德提出的三段论逻辑一直居于逻辑学领域的优势地位,直到（　　）人们出于对数学基础的兴趣触动了符号逻辑的发展。

A. 文兴复兴时期　B. 十九世纪中叶　C. 二十世纪初期　D. 二十世纪中叶

34. 弗雷格的量词逻辑思想出自其著作（　　）。

A.《概念文字》　　　　　　B.《论组合艺术》
C.《思维规律研究》　　　　D.《数学原理》

35. 罗素与他的老师怀特海共同完成的数理逻辑集大成巨著是（　　）。

A.《概念文字》　　　　　　B.《论组合艺术》
C.《思维规律研究》　　　　D.《数学原理》

36. 布尔的命题逻辑框架出自其著作（　　）。

A.《概念文字》　　　　　　B.《论组合艺术》
C.《思维规律研究》　　　　D.《数学原理》

37. 任何一个形式系统,只要包括了简单的初等数论描述,而且是一致的,它必定包含某些系统内所允许的方法既不能证明也不能证伪的命题。这被称为（　　）。

A. 哥德尔不完全性定理　　　B. 莱布尼茨不完全性定理
C. 弗雷格不完全性定理　　　D. 罗素不完全性定理

38. "变元的引入是亚里士多德的伟大发明之一",提出这一观点的是（　　）。

A. 卢卡西维奇　　B. 塔斯基　　C. 克里普克　　D. 哥德尔

39. "只有用示意性词项来陈述的逻辑原则才是属于逻辑的,而那些用具体词项来陈述的则不属于逻辑。"这一观点的提出者是古希腊罗马时代的学者（　　）等人。

A．阿谟尼乌斯　　　　　　　B．德奥弗拉斯特斯
C．斯特拉图　　　　　　　　D．西塞罗

40．亚里士多德逻辑不能令人满意地处理"有些家伙拥有所有运气"之类的语句。这是（　　）最早发现的。

A．中世纪逻辑学家　　　　　B．斯多葛逻辑学家
C．亚里士多德的追随者　　　D．现代逻辑学家

41．从现代逻辑观点来看，简单命题的基本形式是通过（　　）给出的。

A．递归形式　　B．逻辑形式　　C．推理形式　　D．论证逻辑

42．演绎推理关注的是从给定前提（　　）推导出结论。

A．必然　　　　B．可能　　　　C．或然　　　　D．偶然

43．归纳推理是一个根据（　　）推演出一个可信概括的过程。

A．经验的观察　B．必然真前提　C．可接受前提　D．可能真前提

44．归纳推理是一个根据经验观察推演出一个（　　）的过程。

A．可信的概括　B．必然真概括　C．可接受概括　D．可能真概括

45．一个推理是有效的，当且仅当，所有前提都真而结论为假是不可能的。这种有效性被为（　　）。

A．演绎有效性　B．归纳有效性　C．形式有效性　D．逻辑有效性

46．一个推理是有效的，当且仅当，所有前提均真而结论正如其主张的那样真。这种有效性被为（　　）。

A．演绎有效性　B．归纳有效性　C．形式有效性　D．逻辑有效性

47．对于一个形式逻辑系统来说，演绎有效常常被称为（　　）。

A．语义有效　　B．语用有效　　C．语法有效　　D．语形有效

48．利用欧几里德原理构建了第一个伦理演算系统的是（　　）。

A．斯宾诺莎　　B．范本特姆　　C．达米特　　　D．普特南

49．在逻辑系统内，两个定理不能相互矛盾，这是（　　）定理的要求。

A．一致性　　　B．完全性　　　C．可靠性　　　D．有效性

50．1930年证明谓词演算完全性的逻学家是（　　）。

A．伯奈斯　　　B．波斯特　　　C．哥德尔　　　D．罗素

51．逻辑系统的证明规则决不会允许从真前提推导出假结论。这属于（　　）定理的要求

A．有效性　　　B．可靠性　　　C．完全性　　　D．完备性

52．在形式语言中，一个公式是有效的，当且仅当，在这个语言的每个可能

解释下它都是真的。这属于( )的性质。

A. 公式　　　　B. 命题　　　　C. 论证　　　　D. 论辩

53. 在形式语言中,一个命题,如果在所有解释下它都是真的,那么它就是逻辑真的。这属于( )的性质。

A. 公式　　　　B. 命题　　　　C. 论证　　　　D. 论辩

54. 在形式语言中,在一个论证中,如果我们能够从其前提推导出结论,那么该论证逻辑上是有效的。这属于( )的性质。

A. 公式　　　　B. 命题　　　　C. 论证　　　　D. 论辩

55. 不存在逻辑系统内原则上不能证明的真命题。这属于( )定理的要求。

A. 完全性　　　B. 有效性　　　C. 可靠性　　　D. 可满足性

56. 在形式系统中,当所有重言式都是定理时,这个形式系统就是( )的。

A. 语义完全　　B. 有效　　　　C. 可靠　　　　D. 可满足

57. 在形式系统中,当所有定理都是重言式时,这个形式系统就是( )的。

A. 语义完全　　B. 有效　　　　C. 可靠　　　　D. 可满足

58. 任何一个算术形式系统都不可能既是一致的又是完全的。这被称为( )。

A. 哥德尔不完全性定理　　　　B. 哥德尔第一不完全性定理
C. 哥德尔第二不完全性定理　　D. 哥德尔第三不完全性定理

59. 任意一个包含算术系统在内的形式系统中,都存在一个命题,它在这个系统中既不能被证明也不能被否定。这被称为( )。

A. 哥德尔不完全性定理　　　　B. 哥德尔第一不完全性定理
C. 哥德尔第二不完全性定理　　D. 哥德尔第三不完全性定理

60. 任意一个包含算术系统的形式系统自身不能证明它本身的一致性。这被称为( )。

A. 哥德尔不完全性定理　　　　B. 哥德尔第一不完全性定理
C. 哥德尔第二不完全性定理　　D. 哥德尔第三不完全性定理

61. "逻辑学并不涵盖整体上好的推理。那是理性理论的工作。相反,逻辑学在处理推论时,其有效性可以追溯到涉及那个推论的形式表达特征,而不管这些表达是语言的、心智的还是其他的。"这句话是( )说的。

A. 霍夫韦伯　　B. 康德　　　　C. 弗雷格　　　D. 亚里士多德

62. 逻辑学即是关于思维的科学。这个定义的提出者是( )。

A. 霍夫韦伯   B. 康德   C. 弗雷格   D. 亚里士多德
63. 逻辑学即是关于判断的科学。这个定义的提出者是(　　)。
A. 霍夫韦伯   B. 康德   C. 弗雷格   D. 亚里士多德
64. 关于逻辑学类型,最主要、最常见的区分是(　　)。
A. 演绎逻辑与归纳逻辑   B. 形式逻辑与非形式逻辑
C. 经典逻辑与非经典逻辑   D. 亚里士多德逻辑与命题逻辑
65. 为了避免实质蕴涵怪论,(　　)提出了"严格蕴涵"概念。
A. 刘易斯   B. 格赖斯   C. 弗雷格   D. 罗素

二、多选题(共58题,每小题有5个备选答案,请挑选出没有错误的答案,多选少选错选均不得分)

1. 逻辑的研究对象是论证,其内容涉及论证的(　　)。
A. 分析   B. 评价   C. 建构   D. 产生
E. 发展

2. 从广义非形式逻辑来看,逻辑学的历史还可以追溯到(　　)。
A. 古代中国   B. 古代印度   C. 古代波斯   D. 古代巴比伦
E. 古代埃及

3. 现代逻辑的发展可追溯到(　　)。
A. 莱布尼茨   B. 弗雷格   C. 罗素   D. 培根
E. 亚里士多德

4. 中世纪的三个经典人文初级学科包括(　　)。
A. 逻辑学   B. 语法学   C. 修辞学   D. 文法学
E. 哲学

5. 如今,逻辑学是(　　)学科中不可缺少的。
A. 哲学   B. 数学   C. 计算机科学   D. 语言学
E. 管理学

6. 下列属于逻辑系统定理的是(　　)。
A. 一致性定理   B. 有效性定理   C. 可靠性定理   D. 完全性定理
E. 健全性定理

7. 逻辑学类型的常见区分有(　　)。
A. 演绎逻辑与归纳逻辑   B. 形式逻辑与非形式逻辑
C. 形式逻辑与归纳逻辑   D. 演绎逻辑与形式逻辑
E. 演绎逻辑与非形式逻辑

8. 下列属于逻辑学范例的有(　　)。
A. 亚里士多德逻辑   B. 符号逻辑

C．命题逻辑　　　　　　　D．谓词逻辑
E．论辩逻辑

9．在希腊语中，"logos"（逻各斯）原来的意义是指（　　）。
A．语词　　　B．言语　　　C．论证　　　D．理性
E．逻辑

10．在希腊语中，"logos"（逻各斯）后来才与（　　）关联在一起的。
A．语词　　　B．言语　　　C．论证　　　D．理性
E．逻辑

11．根据维基百科全书英文版的观点，逻辑学研究的是（　　）。
A．形式推论系统　B．陈述结构　　C．论证结构　　D．命题结构
E．修辞有效性

12．根据维基百科全书英文版的观点，逻辑学研究的主题包括（　　）。
A．有效性　　　B．谬误　　　C．悖论　　　D．概率推理
E．因果推理

13．根据维基百科全书英文版的观点，逻辑学研究的主题包括（　　）。
A．有效性　　　B．时态论证　　C．论证理论　　D．论证学
E．因果论证

14．作为一种副产品，逻辑学给推理提供了规则，它规定了人与（　　）应当如何推理。
A．其他智能生物　B．智能机器　　C．智能系统　　D．人
E．动物

15．作为一门科学，逻辑学研究的是（　　），并对这些结构进行分类，通过这些结构的编纂来设计出命题图式或论证型式（argument scheme）。
A．命题结构　　B．论证结构　　C．命题图式　　D．论证型式
E．论证地图

16．作为一门科学，逻辑学研究的是命题结构或论证结构，并对这些结构进行分类，通过这些结构的编纂来设计出（　　）。
A．命题结构　　B．论证结构　　C．命题图式　　D．论证型式
E．论证地图

17．逻辑学的范围可能是相当大的，除了演绎推理之外，还包括（　　）。
A．可能性推理　　　　　　B．因果性推理
C．谬误的论证结构　　　　D．悖论
E．修辞学

18．古希腊，有时人们把论辩术分为（　　）部分。

A．逻辑学　　　B．修辞学　　　C．语法学　　　D．语义学
E．语用学

19．亚里士多德给出了评价日常论证的几种视角是(　　)。
A．分析视角　　B．论辩视角　　C．修辞视角　　D．逻辑视角
E．实质视角

20．下列不包含在亚里士多德的《工具论》中的是(　　)。
A．《修辞术》　　　　　　B．《形而上学》
C．《范畴篇》　　　　　　D．《解释篇》
E．《前分析篇》

21．下列不包含在亚里士多德的《工具论》中的是(　　)。
A．《修辞术》　B．《形而上学》　C．《后分析篇》　D．《论题篇》
E．《辩谬误》

22．下列不包含在亚里士多德的《工具论》中的是(　　)。
A．《修辞术》　B．《形而上学》　C．《后分析篇》　D．《论题篇》
E．《论辩篇》

23．在《修辞术》中，亚里士多德所讨论的论证类型是(　　)。
A．省略式论证　B．省略三段论　C．说服型论证　D．证明型论证
E．说教型论证

24．在《修辞术》中，亚里士多德所讨论的论证类型不包括(　　)。
A．省略式论证　B．争论型论证　C．询问型论证　D．证明型论证
E．说教型论证

25．在《论辩篇》中，亚里士多德所讨论的论证类型包括(　　)。
A．证明型论证　B．询问型论证　C．论辩型论证　D．争论型论证
E．说教型论证

26．在《前分析篇》中，亚里士多德所讨论的论证类型不包括(　　)。
A．证明型论证　B．询问型论证　C．论辩型论证　D．争论型论证
E．说教型论证

27．在古希腊，斯多葛学派也发展了一种不同于亚里士多德三段论逻辑的命题逻辑，成为当今传统命题逻辑的框架，这个学派的代表人物有(　　)。
A．芝诺　　　　B．克里西波　　C．柏拉图　　　D．苏格拉底
E．普罗泰戈拉

28．中国古代哲学家公孙龙提出的悖论包括(　　)。
A．离坚白　　　B．白马非马　　C．言尽悖　　　D．辩无胜
E．学无益

29. 波斯逻辑学家阿维森纳的逻辑系统引入了(　　)。
   A．假言三段论　　　　　　B．时间模态逻辑
   C．归纳逻辑　　　　　　　D．多值逻辑
   E．数理逻辑

30. 根据莱布尼茨之梦,下列说法正确的有(　　)。
   A．我们的所有思想都是由非常少量的简单思想复合而成的
   B．复杂思想都是从这些简单思想通过统一的对称组合开始的
   C．思维能够用计算来取代
   D．如果出现了争论,需要的不再是两个哲学家之间的争论,而是两个会计之间的争论
   E．一些简单思想形成了人类思想的字母系统

31. 根据哥德尔不完全性定理,下列说法正确的有(　　)。
   A．"无矛盾性"和"完备性"不能同时满足
   B．"真"与"可证"是两个不同的概念
   C．可证的一定是真的,但真的不一定是可证的
   D．可证的一定是真的,但真的一定是可证的
   E．"无矛盾性"和"完备性"可以同时满足

32. 在通常情况下,逻辑学家们认为,论证有效性是根据其(　　)而不是根据其内容来判定的。
   A．逻辑形式　　B．论证形式　　C．推理形式　　D．论证内容
   E．推理内容

33. 在通常情况下,逻辑学家们认为,论证有效性是根据其逻辑形式而不是根据其(　　)来判定的。
   A．逻辑形式　　B．论证形式　　C．推理形式　　D．论证内容
   E．推理内容

34. 形式逻辑的经典范例是(　　)。
   A．亚里士多德逻辑　　　　B．亚里士多德三段论逻辑
   C．三段论逻辑　　　　　　D．现代符号逻辑
   E．符号逻辑

35. 逻辑形式常常被分为(　　)。
   A．命题形式　　B．推理形式　　C．内容形式　　D．实质形式
   E．论证形式

36. 现代形式逻辑与亚里士多德逻辑的根本区别在于(　　)。
   A．它们处理命题的逻辑形式的分析方法是不同的

B．前者涉及逻辑联结词，而后者不涉及

C．前者不涉及逻辑联结词，而后者涉及

D．前者只处理简单直言命题，而后者既处理简单直言命题和关系命题，又处理复合命题

E．后者只处理简单直言命题，而前者既处理简单直言命题和关系命题，又处理复合命题

37．有时，逻辑有效性可区分为（　　）。

A．演绎有效性　　B．归纳有效性　　C．推理有效性　　D．实质有效性

E．内容有效性

38．逻辑系统又被称为（　　）。

A．形式系统　　B．逻辑演算　　C．公理系统　　D．逻辑真理

E．推理系统

39．逻辑系统必不可少的基本构成要素包括（　　）。

A．一个形式语言　　　　　　B．一个推论规则集

C．一组初始符号　　　　　　D．一套形成规则

E．一个公理集

40．逻辑系统可分为（　　）。

A．公理系统　　B．非公理系统　　C．形式系统　　D．非形式系统

E．论证系统

41．在逻辑系统中，一致性包括（　　）。

A．语义一致性　　B．语法一致性　　C．语形一致性　　D．语用一致性

E．论辩一致性

42．相对于某个逻辑来说，如果这些语义一致性与语形一致性是等价的，那么这个逻辑系统就是（　　）的。

A．完全　　B．完备　　C．健全　　D．可靠

E．有效

43．1918年和1921年证明了命题演算完全性的逻辑学家是（　　）。

A．伯奈斯　　B．波斯特　　C．哥德尔　　D．罗素

E．怀特海

44．有效性可以是下列（　　）的性质。

A．公式　　B．命题　　C．论证　　D．推理

E．推论

45．关于逻辑学类型，如今最重要的区分是（　　）。

A．演绎逻辑与归纳逻辑　　　　B．形式逻辑与非形式逻辑

C. 命题逻辑与谓词逻辑　　　　D. 模态逻辑与哲学逻辑
E. 数理逻辑与哲学逻辑

46. 逻辑学研究的重点是前提与结论之间的支持关系。这种支持关系包括（　　）。
　　A. 必然支持　　B. 或然支持　　C. 演绎支持　　D. 归纳支持
　　E. 相干支持

47. 根据逻辑学的研究对象是必然性推理还是或然性推理，逻辑学被分为（　　）。
　　A. 演绎逻辑　　B. 归纳逻辑　　C. 非形式逻辑　　D. 模态逻辑
　　E. 哲学逻辑

48. 根据逻辑学的研究对象是形式推理还是非形式推理，逻辑学被分为（　　）。
　　A. 演绎逻辑　　B. 归纳逻辑　　C. 非形式逻辑　　D. 形式逻辑
　　E. 哲学逻辑

49. 语言通常可分为（　　）。
　　A. 自然语言　　B. 形式语言　　C. 符号语言　　D. 态势语言
　　E. 逻辑语言

50. 传统形式逻辑又称"传统逻辑"，一般是指（　　）。
　　A. 词项逻辑　　B. 斯多葛逻辑　　C. 命题演算　　D. 谓词演算
　　E. 归纳逻辑

51. 下列属于逻辑学的范例有（　　）。
　　A. 亚里士多德逻辑　　　　B. 符号逻辑
　　C. 数理逻辑　　　　　　　D. 命题逻辑
　　E. 谓词逻辑

52. 下列属于逻辑学的范例有（　　）。
　　A. 模态逻辑　　B. 论辩逻辑　　C. 非形式逻辑　　D. 哲学逻辑
　　E. 逻辑与计算

53. 数理逻辑（mathematical logic）又称数学逻辑，是符号逻辑在其他领域特别是（　　）领域的扩充。
　　A. 模型论　　B. 证明论　　C. 集合论　　D. 递归论
　　E. 概率论

54. 下列拒斥二值原则的逻辑类型有（　　）。
　　A. 非经典逻辑　　　　　　B. 卢卡西维茨的三值逻辑
　　C. 布劳威尔的直觉主义逻辑　D. 海廷的直觉主义逻辑

E. 命题逻辑

55. 实质蕴涵怪论的形式包括（　　）。
    A. $(\neg p \wedge p) \to q$　　　　　　B. $p \to (q \to p)$
    C. $\neg p \to (p \to q)$　　　　　　D. $p \to (q \vee \neg q)$
    E. $((p \to q) \wedge p) \to q$

56. 有三篇讨论"逻辑是经验的吗？"的同名论文，这些作者有（　　）。
    A. 普特南　　　B. 达米持　　　C. 弗雷格　　　D. 罗素
    E. 巴西加罗比

57. 普利斯特（Graham Priest，1948—　　）提出的"paraconsistent logic"的汉语译法有（　　）。
    A. 次协调逻辑　　B. 亚相容逻辑　　C. 弗协调逻辑　　D. 超协调逻辑
    E. 不一致逻辑

58. 下列思想家中怀疑逻辑真理存在的人有（　　）。
    A. 恩披里柯　　　B. 尼采　　　C. 罗素　　　D. 康德
    E. 海德格尔

三、判断题（共22题，对的打"√"，错误的打"×"）

1. 逻辑学是研究推理形式有效性的科学。（　　）
2. 中国古代无逻辑学。（　　）
3. 自亚里士多德以来，数理逻辑一直居于优势地位。（　　）
4. 逻辑学只有三大发源地，即古代希腊、古代印度和古代中国。（　　）
5. 有效性不仅仅是指前提真结论假不可能的。（　　）
6. 一个论证是可靠的，当且仅当，它是有效的。（　　）
7. 并非所有逻辑系统都是完全的。（　　）
8. "逻辑学是关于判断的科学"是康德给出的逻辑学定义。（　　）
9. "逻辑学是关于思维的科学"是黑格尔给出的逻辑学定义。（　　）
10. 根据传统的逻辑学分类，逻辑学可分为演绎逻辑与归纳逻辑。（　　）
11. 逻辑学可分为形式逻辑和非形式逻辑。（　　）
12. 逻辑学可分为演绎逻辑与非形式逻辑。（　　）
13. 逻辑哲学与哲学逻辑是相同的。（　　）
14. 亚里士多德逻辑又被称为"词项逻辑"。（　　）
15. 广义的非形式逻辑包括论辩逻辑、论证理论或论证学。（　　）
16. 逻辑学总是建立在"二值原则"基础之上的。（　　）
17. 所有非经典逻辑都是反"二值原则"的。（　　）
18. 所有经典逻辑都承认"二值原则"。（　　）

19. 实质蕴涵与严格蕴涵是同一个东西。（ ）
20. 逻辑不是经验的。（ ）
21. 逻辑学是不容忍不一致性的。（ ）
22. 逻辑真理是不容怀疑的。（ ）

【主观题｜线下作业】

一、下列说法是否正确？请说明理由。
1. 逻辑学是关于推理或论证的科学。
2. 亚里士多德被称为"逻辑学之父"。
3. 布尔是现代逻辑的先驱之一。
4. 推理可分为演绎推理和归纳推理两种类型。
5. 逻辑形式是逻辑学的核心概念。
6. 亚里士多德逻辑在二十世纪占有统治地位。
7. 逻辑可分为形式逻辑与非形式逻辑。
8. 亚里士多德逻辑是一种现代逻辑。
9. 逻辑哲学与哲学逻辑的研究对象是相同的。
10. 在逻辑学中二值原则是普遍有效的。

二、简答题
1. 广义的逻辑学是指什么？
2. 我们可以从哪些古代文明中找到逻辑的源头？
3. 亚里士多德对逻辑学的主要贡献有哪些？
4. 弗雷格对逻辑学的主要贡献是什么？
5. 罗素对逻辑学的主要贡献是什么？
6. 哥德尔对逻辑学的主要贡献是什么？
7. 简述莱布尼茨之梦的主要观点有哪些？
8. 什么是逻辑形式？
9. 什么是有效性定理？
10. 什么是模态逻辑？
11. 逻辑是经验的吗？

第二章 论 证

> **【内容提要】** 论证是逻辑学的研究对象。与论证密切相关的基本概念有命题、陈述、语句、推论、推理、证明等。在本章中，命题是我们所要讨论的主要概念之一，有经验命题与必然命题之分。论证通常包含作为结果的论证、作为过程的论证和作为程序的论证三个层次，演绎论证和归纳论证是两种最为常见的论证类型，证成、反驳与说服是论证的三重功能。论证识别包括三个方面要素的识别：一是前提与结论的识别，这是论证识别的核心内容；二是论证者与目标听众的识别；三是论证目的的识别。论证评价的标准很多，甚至会因学科不同而异，但有三条最基本的标准，即逻辑标准、论辩标准和修辞标准。

第一节 与论证有关的几个概念

推论、推理、证明、论证是几个非常相近但又有所差别的概念。任何论证、推理、论证或证明都离不开语句、陈述或命题。而命题、陈述和语句也是三个既相近又不同的概念。命题、推理与证明主要是形式逻辑学家所关心的对象，陈述与论证主要是非形式逻辑学家所考察的重点，而语句则是语言学家所关注的内容。

一、几个关键概念

推论、推理、证明是与论证概念密切相关的几个基本概念。自二十世纪八十年代后期以来，我国大多数逻辑学教科书都把逻辑学的主要研究对象界定为推理。国外则有些逻辑学教科书把逻辑学定义为关于推论的科学，即逻辑学的主要研究对象是推论,国内的逻辑学教科书中几乎没有这样的界定,但在英文逻辑学教科书中有少数作者使用这样的界定①。在西方英文逻辑学教科书中,大多数作者都把逻辑学定义为关于论证的科学,即逻辑学主要研究论证的分析与评价,甚至讨论论证的建构问题。那么,论证与推论、推理、证明有何异同呢?让我们从这四个术语所对应的英文单词开始。"推论""推理""论证""证明"四个术语所对应的英文单词分别是"inference""reasoning""argument"和"proof"。不同学者对这些概念可能有不同的理解,但在基本思想上也有相对达成共识的观点。维基百科全书的观点似乎代表着这种共识。根据维基百科全书英文版的观点,这四个概念被定义如下:

(1) **推论(inference)** 是指从前提推导出结论的行为或过程。这里强调的是"推导行为"或"推导过程"。认知科学、逻辑学、统计学、人工智能等学科领域都会讨论推论,给出了既有同又有异的推论定义。逻辑学家通常把推论分为演绎推论和归纳推论。

(2) **推理(reasoning)** 是指一个为信念、结论、行动或感觉寻找理由的认知过程。这里强调的是"寻找理由的认知过程"。哲学家、心理学家、认知科学家、人工智能专家、法律人等都在研究推理。逻辑学家们通常把推理区分为演绎推理和归纳推理。就这一点上来说,逻辑学家们在使用推论或推理时,常常是不加区别的,甚至对推论、推理和论证都作相同对待。在有的逻辑学教材中使用的"推论""推理""论证"概念,实际上讲的是同一个对象。

(3) **论证(argument)** 是一个有意义的陈述所组成的命题序列,其中,一个命题被认为是结论,其余命题被认为是前提。这里强调的是"命题序列"以及"前提与结论的区分"。因此,论证通常被理解为试图在一组前提的真的基础上证明一个结论为真。在逻辑学、数学、语言学、计算机科学、文学、法律以及日常用法中都使用"argument"这一术语,不过,其含义略有差异。比如,数学上把"argument"译作"参数"或"自变量";文学上把它译为"情节"或"内容提要";计算机科学上把它译为"引数"或"参数";语言学上把它译为"争执""争吵"或"辩论"。"论证"这个定义主要是逻辑学家们给出的。逻辑学家们通常也把论证区分为演绎论证和归纳论证。

(4) **证明(proof)** 是形式证明的简称,又被称为推演(derivation),是指一个有穷语句串,其中,每一语句或者是公理或者是根据推论规则从先前语句推导出来的。这里强调的是"根据推论规则进行推演"。在这个语句串中,最后一个语句是形式系统的定理。因此,在逻辑领域,证明主要是一个现代逻辑特别是公理

---

① Patrick Suppes, *Introduction to Logic*, Litton Educational Publishing, 1957.

系统中的概念。

当然,还有学者对上述几个概念做出不同的定义。沃尔顿(Douglas N. Walton,1942—)就是一个代表性人物。他认为,**推论是一组命题,其中一个命题叫做结论,其他的命题叫做前提,所谓推论也就是指从前提到结论的思维过程**。他这里的"推论"似乎相当于前面所讲的"论证",但又不完全等同,因为论证没有强调思维过程。在沃尔顿看来,**推理是一个链接在一起的推论序列,在这个推论链中,一个推论的结论充当下一个推论的前提;论证是一个推理序列,包含了一系列推理,且一个推理的结论也许充当了下一个推理的前提**①。它们三者的共同之处是,推理、推论和论证都是由前提和结论两部分构成;而不同之处在于,推论之中只有一个结论,而推理与论证可以包含多个结论。我们可以把它们三者的关系描述为:一个论证可以包含有很多推理,而一个推理又可以包括许多推论;推论存在于推理之中,推理存在于论证中。当然,并不是所有推理都存在于论证之中,推理还有解释中的推理和论证中的推理之分。推论是一个命题序列,其中一个命题被称为结论,其余命题被称为前提;推理是一个推论序列;论证是一个推理序列。有时,一个论证只是由一个推理构成的,而这个推理又只是由一个推论构成的,此时,推论、推理和论证三者是同一的。例如,"所有人都是必死的,苏格拉底是人,因此,苏格拉底是必死的",既是一个推论,又是一个推理,还是一个论证。

沃尔顿

例　　子

下列说法是否正确?
推理与推论是相同的概念。

分　　析

根据维基百科全书的观点,推理是指一个为信念、结论、行动或感觉寻找理由的认知过程;推论是指从前提推导出结论的行为或过程。根据沃尔顿的观点,推论就是指从前提到结论的思维过程;推理是一个链接在一起的推论序列,在这个推论链中,一个推论的结论充当下一个推论的前提。但无论从哪个角度来看,推理与推论都是两个不同的概念。

---

① Douglas Walton, *One-Sided Arguments*, State University of New York Press, 1999, p. 27.

思 考 题

下列说法是否正确?
(1) 证明与论证是两个相同概念。
(2) 证明与推演是两个相同概念。

二、命题、陈述与语句

命题(proposition)、陈述(statement)和语句(sentence)是三个非常相近的概念,有时被英语世界的逻辑学家不加区别地使用,有时却被严格区别开来。在不加区别地使用"proposition""statement"和"sentence"的逻辑学家那里,这三个英文术语所对应的汉语含义都是"命题"的意思。

在亚里士多德逻辑中,命题被认为是肯定或否定主项具有谓项性质的语句。因此,亚里士多德的命题采用"所有人都是必死的"或"苏格拉底是人"这样的形式。在第一个例子中,主项是"人"而谓项是"必死的";在第二个例子中,主项是"苏格拉底",谓项是"人"。

在现代意义上的逻辑学中,命题有两层含义:一是指有意义陈述句的"内容"或"意义";二是指组成有意义陈述句的符号、标识或声音的图式。不管是哪种含义,命题都被当作真值承担者。换句话说,命题即是指或者真或者假的语句。

陈述常常被定义为或者为真或者为假的陈述句。从这个意义上讲,陈述与命题具有相同的意义。可是,英国哲学家斯特劳森(P. F. Strawson, 1919—2006)认为陈述与命题是有区别的,因为如果两个陈述句说的是同一件事情,那么它们就做了同样的陈述。因此,他认为,"陈述"这个术语可以是指一个语句,也可以是指一个语句所表达的事情。无论哪一种情形,它们都是真值承担者。一般来讲,形式逻辑学家偏好使用"命题",而非形式逻辑学家偏好使用"陈述"。

然而,"真"是许多著名哲学家所讨论的复杂问题。根据天主教百科全书(2010年版)的观点,真是一种关系:
(1) 知道者与被知道对象之间的关系——逻辑真(或认识论意义上的真);
(2) 知道者与他给出知识的外在表现的关系——道德真;
(3) 对象存在本身与上帝构思的观念之间的关系——本体论意义上的真[1]。
我们在此当然并不关心上帝眼中的真,但至少可以谈及不依主观意志为转移的

---

[1] http://www.catholic.org/encyclopedia/view.php?id=11728.

真以及认识论意义上的真。

为此,我们可以将**本体论意义上的真假**定义为:**一个命题被说成是本体论意义上真的或假的,当且仅当,它为真或假的原因并不是因为某个参与者知道它为真或假**。这种真值是客观的,并不随着论证者的知识库的变化而变化。但是,如何才能把握这种真值呢?这是一个非常关键的哲学问题,是所有哲学家试图完成的事业。相反,我们可将**认识论意义上的真假**定义为:**一个命题被说成是认识论意义上真或假的,当且仅当,它是被论证参与者知道为真或假的**。这种真值是主观的,它取决于人们的认识能力。

现在我们可以将本体论意义上的真值与认识论意义上的真值作如下比较(见下表):

情形	本体论意义上的真值	认识论意义上的真值
1	真	真
2	假	真
3	真	假
4	假	假

在1、4两种情形下,由于认识论意义上的真值与本体论意义上的真值总是一致的,在论证评价时不会出现什么问题,也不会遭到什么异议。但是,在2、3两种情形下,认识论意义上的真值与本体论意义上的真值是相反的,那么到底以哪个真值作为论证评价标准呢?

下面我们来讨论一下语句。在语言学上,语句是一个自然语言表达式,是一个或一个以上语词组成的语法单元或词汇单元。所有语句都包括语义要素和逻辑要素。在数理逻辑中,语句被看作是不带自由变元的合式公式。此外,语句有时也被某些人看作是表达命题的。

无论如何,命题是我们这里要关心的基本概念。**什么是命题呢?命题是指必定有真假的语法正确的字符串**。换句话说,**一个语句是命题,必然同时满足两个条件:(1)首先必须是语法正确的字符串;(2)必须有真假**。只满足其中一个条件都不能算是命题。在这里,"二值原则"被认为是普遍有效的,也就是说,一个命题不是真的就是假的,反之,不是假的就是真的。例如,"中国历史上的第一位女皇帝是武则天"这个语句就能够或者为真或者为假。但是,"诸葛孔明是中国人吗?"这个语句就无所谓真假。根据现代汉语语法,语句或句子可分为陈述句、疑问句、祈使句和感叹句四种类型。一般情况下,只有陈述句才是具有真假的语句。当然,反义疑问句具有陈述句性质,因此,它是有真假可言的。总之,我们判断一个语句是否是命题,并不是根据它是否是陈述句,而是根据语句是否同时满足了上述两个条件来判断的。

例　子

判断下列语句是否是命题?
(1) 秦始皇是个伟大的政治家。
(2) 请勿吸烟!
(3) 如果这个陶器是几何形状,那么它是七世纪的作品。
(4) 多美的画!
(5) 雄高在学大山中。
(6) 孔子是法家,这不是真的。
(7) 去天河该如何走?

分　析

例(1)(3)(6)是命题,它们都是具有真假的语句。
例(2)是祈使句。根据这个语句,只有遵守与不遵守之说,无真假可言。
例(4)是感叹句,无真假可言。
例(5)是语法上不正确的字符串,更谈不上真假了。
例(7)是个问句。虽然对问题的回答有真假可言,但问题本身无所谓真假。

思　考　题

下列说法是否正确?
(1) 命题与陈述具有相同的意义。
(2) 语句与命题、陈述具有相同的意义。

三、经验命题与必然命题

在经典逻辑中,真或假是命题的最基本特征,也就是说,一个命题不是真的就是假的,反之亦然。如何判定一个命题的真假呢?这里有两种情形:一是根据观察经验判定命题的真假;二是不需要根据观察经验判定其真假。

我们把需要根据观察经验才能判定其真假的命题称为经验命题(empirical proposition)。例如,"贵州省在中国的西南部"这个命题要么为真要么为假。要判定其真假,只要某人去过贵州并且去过西南,他就能判定这个命题是真的。当然，这种经验并不必然是直接的，我们大多数人是通过地图而不是通过旅游知道贵州的地理位置的。

例　　子

下列命题是否是经验命题？
(1) 孔丘是中国古代思想家。
(2) 孟轲或者是鲁国人或者不是鲁国人。

分　　析

第一个命题是经验命题，我们只需要通过必要的观察，如查查历史资料，就能判定其真假。而第二个命题不管我们如何观察，它总是真的，实际上，它只需要我们从语义上就能断定其真假。换句话说，与观察无关。

我们把或者总是为真或者总是为假的命题称为必然命题(necessary proposition)。这种命题的真假与观察无关。要判定必然命题的真假，我们需要理解这个命题，然后根据其意义来判定。必然命题有两种类型：一是必然真命题；二是必然假命题。有些必然命题总是必然为真，例如，"中国人是中国人"这个命题根据其本身意义就知道它为真，而且这个命题要为假是不可能的。有些必然命题总是必然为假，例如，"中国人不是中国人"这个命题根据其本身的意义就知道它为假，而且这个命题要为真是不可能的。后面的章节中要讲到的"重言式"和"矛盾式"都属于必然命题，前者属于必然真命题，后者属于必然假命题。

例　　子

判定下列命题中哪个是必然真的命题？哪个是必然假的命题？
(1) 如果齐白石是画家，那么齐白石是画家。
(2) 吴承恩既是作家又不是作家。

分　　析

不管我们是否知道齐白石是谁，也不管我们是否知道画家是干什么的，第一个命题必然为真。不管我们是否知道吴承恩是谁，也不管我们是否知道作家是干什么的，第二个命题必然为假。

思　考　题

下列命题是经验命题还是必然命题？
(1) 墨翟有翅膀而且能飞。

(2) 或者有一个人名叫韩非,或者没有一个人叫韩非。

第二节　论证的含义、类型与功能

论证通常包含有三个层面,即作为结果的论证、作为程序的论证和作为过程的论证。传统上这三个层面分别是(形式)逻辑学家、论辩学家和修辞学家所关注的对象。如今,第一个层面被认为是形式逻辑学家关注的对象,三个层面一起构成非形式逻辑学家所关注的对象。经典逻辑学家们把论证分为演绎论证与归纳论证两种类型,但也有学者提出存在第三种论证类型,不过在命名上尚未达成共识。论证的主要功能有三个:一是证成功能;二是反驳功能;三是说服功能。

一、论证的含义

在汉语中,通常都把英文单词"argument"和"argumentation"分别译为"论据"和"论证"。也有人把前者译为"论述"。但是,当代许多英文逻辑学教科书都把逻辑定义为研究"argument"的科学[①]。假如按照当前汉语中的传统译法,我们应该理解为"逻辑学是研究论据的科学",这似乎不符合逻辑学这一学科所表现出来的特点。在汉语中,"论证"实际上包括了英文术语"argument"和"argumentation"两个概念的含义。论证通常有以下三个层面:

1. **作为结果的论证(argument-as-product)**

论证是指一个命题真取决于其他命题真的命题序列,其中,真值取决于其他命题真的命题被称为结论(conclusion),其他命题即为前提(premise)。在这里,它相当于维基百科全书所讲的论证或沃尔顿所讲的推论,也相当于非形式逻辑学家约翰逊(Ralph Johnson)所说的推论性核心(illative core)[②]。

2. **作为程序的论证(argument-as-procedure)**

论证是指论证者试图在批判性讨论的基础上用一组陈述的可接受性让目标听众承认另一特定陈述的可接受性的言语交际行为,其中,试图让目标听众接受的陈述被称为主张(claim),用来支持主张的陈述被称为理由(reason)。

[①] Robert J. Fogelin & Walter Sinnott-Armstrong, *Understanding Argument: An Introduction to Informal logic*, 6th ed., Thomson/Wadsworth, 2001, p. 1.

[②] Ralph Johnson, *Manifest Rationality: A Pragmatic Theory of Argument*, Lawrence Erlbaum Associates, 2000, p. 165.

3. 作为过程的论证(argument-as-process)

论证是指论证者理性地说服目标听众接受其主张的过程。事实上,作为论证,上述三个层面是密不可分的。英文术语"argument"对应的是论证的第一个层面,而"argumentation"对应的是论证的第二、第三两个层面。上述三个层面分别对应着亚里士多德评价论证的三条标准:分析标准(即演绎逻辑标准)、论辩标准和修辞标准。为此,我们可以把论证区分为广义论证和狭义论证,广义论证包括上述两个概念的含义,狭义论证仅仅是指前一个概念。因此,如果一定要对"argument"和"argumentation"这两个词给出一个严格区别的话,"argument"可译为"论证",因为它强调的是论证的结果;"argumentation"可译为"论辩",因为它强调的是论证的程序与过程。因此,我们可以把论证定义为:

> 论证是指论证者为自己的主张(结论)提出理由(前提)并试图说服目标听众接受该主张的过程和结果。

例　子

下列说法是否正确?
论证就是指其中一个命题的真值取决于其他命题真值的命题序列,其中,其真值取决于其他命题真的命题被称为结论,其他命题则被作为前提。

分　析

从狭义观点来看,这个论证定义是正确的。但是,从广义观点来看,这个论证定义是不正确的,因为它只反映了论证的三个层面中的第一个层面,即作为结果的论证,而论证还有两个层面即作为程序的论证和作为过程的论证。

思　考　题

下列说法是否正确?
(1) 论证所对应的英文术语是 argumentation。
(2) 分析标准、论辩标准与修辞标准是亚里士多德提出的论证评价三条标准。

二、论证的类型

根据不同的标准,可以把论证分为不同的类型,我们这里只关心与逻辑有关的论证分类。当今国际上流行的绝大多数逻辑学教科书都把论证区分为演绎论

证和归纳论证两种类型。演绎论证与归纳论证通常被定义为:

演绎论证是指前提真必然推出结论也真的论证。

归纳论证是指前提真可能支持结论但不能保证必然真的论证。

这实际上只是传统逻辑或经典逻辑的划分方法。无论是演绎论证还是归纳论证,其基本要求都是前提为真才能支持结论为真。

例 子

下列论证是演绎论证还是归纳论证?

所有人都是必死的,苏格拉底是人,因此,苏格拉底是必死的。

分 析

这是一个演绎论证,而且是一个演绎有效的论证,因为如果前提"所有人都是必死的"和"苏格拉底是人"为真,那么一定能够推导出结论"苏格拉底是必死的"为真。这是亚里士多德的《前分析篇》给出的三段论经典例子。

例 子

下列论证是演绎论证还是归纳论证?

不抽烟不喝酒,64岁,林彪同志;只喝酒不抽烟,77岁,恩来同志;只抽烟不喝酒,83岁,主席同志;既抽烟又喝酒,93岁,小平同志。因此,抽烟喝酒有助于长寿。

分 析

这是一个归纳论证,因为尽管这里的所有前提均真,也不能保证结论"抽烟喝酒有助于长寿"为真。

有学者反对将论证类型简单地划分为演绎论证和归纳论证两种类型。他们认为除了这两种类型之外,还存在第三种论证类型。皮尔士(Charles Sanders Peirce, 1839—1914)把这第三种类型称为回溯论证或溯因论证(abductive argument),而威尔曼(Carl Wellman)称为 conductive argument,常译为"协同论证"或"传导论证"。在威尔曼看来,协同论证有如下特征:(1)结论涉及的是某个个案;(2)结论是非决定性得出的;(3)结论是从关于同一情形的一个或一个以上前提推导出来的;(4)不存在诉诸其他情形的情况。

沃尔顿(Douglas Walton, 1942—)称之为似真论证(plausible argument, 又译"合情论证")。根据沃尔顿的观点,似真论证是指从前提似真推出结论也似真的论证。

例 子

识别下列论证的类型。
好人有好报。
张三是好人。
因此,张三会有好报。

分 析

前提"好人有好报"这个前提并不必然为真,但它被理解为通常情况下为真,或者是似乎为真。前提"张三是好人"这个前提也并不必然为真,因为"好人"是一个主观概念,因此,这个命题至多可理解为似真的。但在日常生活中,人们是可以用这种推理或论证模式来进行思维的。

这里的"似真"是指"看起来为真"或"似乎为真"。与前两种论证相比,其不同之处在于评价前提和结论可接受性的标准是不同的,即在演绎论证和归纳论证中,评价前提和结论的可接受性标准是真假二值原则,而在似真论证中,评价的标准则是似真与不似真。

思 考 题

下列说法是否正确?
(1) 论证分为演绎论证与归纳论证。
(2) 本体论意义上的真假与认识论意义上的真假总是相一致的。

三、论证的功能

正如语言有许多用法一样,论证也有许多功能。传统上,人们有时错误地认为,论证的唯一功能是为特定争议主张进行辩护或证成(justify)。然而,在许多情况下,给出论证的主要目的不止是证明某种主张成立,而且还要反驳另一个论证或主张,甚至还需要说服目标听众。因此,**证成、反驳和说服是论证的三个基本功能**。这三个功能与我们通常所说的"论辩"密不可分。论辩即论证、辩护。有辩护,肯定有反驳;反之,有反驳,一定有辩护。现实生活中的自然语言论证往往是与论辩交织在一起的。

反驳即展示对方的论证不好。但是,反驳并不总是需要提出自己的主张,有时提出对方不能回答的异议或质疑就足够了。在论辩中,反驳主要有四种策略:
(1) 指出对方论证的结论不能从前提推导出来,相当于传统逻辑中所说的反驳论证方式；

（2）指出对方论证的某些前提不可接受甚至为假，相当于传统逻辑中所说的反驳论据；

（3）指出对方论证是循环的，这就等于说，对方并没有给出可接受的理由来支持他的主张；

（4）直接指出对方论证的结论不可接受甚至为假，相当于传统逻辑中所说的反驳论点。

例　　子

分析下列语篇中的论证功能。

有一次，几位中学老师在一起打麻将，突然讨论起"今天是星期几"的问题。某甲说今天是星期五。某乙说今天下午我还上高一(3)班的课，肯定是星期四。在场的其他人也说今天我上了××班的课程，肯定是星期四。唯独某甲坚持是星期五。某甲说："要不，咱们打个赌，谁错了谁请客？"某乙很自信地说，赌就赌。至于其他人，有饭吃，他们当然愿意极力促成这场赌局，并担任见证人啦！大家都说某甲错了，输定了。打赌双方都很自信自己的主张是对的，由于某甲觉得胜券在握，便再次提醒某乙是否真的愿赌服输？确认之后，他请大家看看自己那块带双日历的手表，今天是星期几？大伙这时才明白，原来已经是午夜12点半了。

分　　析

这是一个典型的论辩。存在着两个完全相反的主张：一个主张是"今天是星期五"；另一个主张是"今天是星期四"，也可以理解为"今天不是星期五"。某甲代表着正方，某乙代表着反方。双方都可以举证证成自己的主张是否正确，而且很简单，查查日历或看看带日历的表就很清楚了。然而，现实生活中论辩的乐趣在于，人们往往不愿意马上做出决定性辩护，而愿意把这种论辩当作一种"游戏"或"博弈"。双方都在为自己的主张进行辩护，试图给出好理由来让对方改变自己的看法并接受己方主张。面对两个完全相反的主张，一方说服了另一方接受己方主张，便意味着其辩护或证成获得成功，同时反驳对方论证也获得成功。

思　考　题

下列说法是否正确？

（1）论证的功能就是证明特定主张成立。

（2）论证有两个功能：一是证成；二是反驳。

第三节　识别论证

识别论证即分析论证,这是进行论证评价的前提条件。首先,识别论证要识别论证三要素。论证三要素即前提与结论、论证者与目标听众、论证目的。其中,最重要的是要识别论证的前提与结论。这里,特别要区别论证与解释之间的异同。其次,识别论证要识别论证的结构。论证结构有简单结构、序列结构、收敛结构、闭合结构和发散结构之分。

一、论证三要素

根据上述广义论证的定义,论证包含三组基本要素。

1. **前提与结论**

这是论证的第一个层面,其中,论证被视为一个命题序列,其真取决于其他命题真的命题被称为**结论或论点**,其他命题都被作为**前提或论据**。结论即是指论证者所提出的主张、立场、观点或论点;前提即是指论证者提出来支持其主张、立场、观点或论点的理由。前提是相对结论而言的,没有前提,无所谓结论;没有结论,也就无所谓前提。识别论证的第一步是要找到论证标识词。论证标识词有两类:一类是**前提标识词**,如"因为""由于""正因如此""鉴于""根据""理由是""这么说的理由是""支持我的观点的是"等;另一类是**结论标识词**,如"因此""所以""故""由此可见""总而言之""这样说来""结论是""其结果是"等。

2. **论证者与目标听众**

每个论证都有一个提出者,简称为"论证者"(arguer),因此,**所谓论证者就是指提出论证的人**。每个论证也都至少有一个目标听众。**所谓目标听众(intended audience)即是指论证者试图要说服的听众**。当然,目标听众并不必然是显性的,有时是隐性的或潜在的,如一篇论文的目标听众就是潜在的。论证者与目标听众并不必然是两个人,有时可以是同一个人,比如个人在进行反省时,论证者和目标听众实际上是同一个人。此外,论证者和目标听众也并不必然是人,它也可以是人工智能体。

3. **论证目的**

论证目的(purpose of argument)就是指论证者提出论证的目的。通常来讲,论证者提出论证的目的就是要说服目标听众接受其主张、立场、观点或论点。

其中第一组要素是形式逻辑学家们关心的对象,第二、第三组要素是非形式逻辑学家、修辞学家或论辩学家重点关心的内容。"前提与结论"这个要素通常是显性的,但也有省略前提和结论的情形,而"论证者与目标听众""论证目的"这两个要素往往是隐性的,它们属于语境要素范畴。

例　子

下列说法是否正确?

从广义上讲,论证是一个命题序列,其一个命题被称为结论,其余命题被称为前提。

分　析

这并不是广义论证的观点,而是狭义论证的观点。从广义上讲,论证包含三个基本要素,即前提与结论、论证者与目标听众、论证目的。

思　考　题

下列说法是否正确?
(1) 广义论证三要素都是显性的。
(2) 论证者与目标听众不可能是同一个人。

二、论证结构

识别论证不仅要识别前提与结论、论证者与目标听众以及论证目的,还要识别论证结构。根据非形式逻辑学家们的主流观点,论证结构(argument structure)有别于形式逻辑学家们所讲的论证形式(argument form),它共有五种类型,即简单结构、序列结构、收敛结构、闭合结构和发散结构。

简单结构(simple structure)是指只有一个前提和一个结论的结构,这是最简单的论证。**序列结构**(serial structure),又可称为串行结构或线性结构,是指一个前提支持一个中间结论,且这个中间结论作为前提又支持下一个结论,如此等等。**收敛结构**(convergent structure),又称并行结构,是指由两个或两个以上前提分别独立支持同一结论的结构。**发散结构**(divergent structure)是指一个前提同时支持着两个或两个以上结论的结构。**闭合结构**(linked structure),又可称为组合结构,是指由两个或两个以上前提共同支持一个结论的结构。

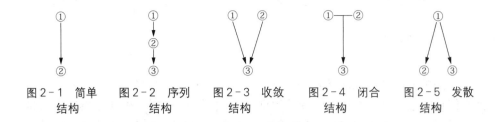

图 2-1 简单结构　　图 2-2 序列结构　　图 2-3 收敛结构　　图 2-4 闭合结构　　图 2-5 发散结构

　　了解了这五种基本结构,我们就可以分析较为复杂的论证性语篇了。论证结构与形式逻辑学家们所讨论的论证形式的区别在于,前者比后者宽泛,具体地说,后者只讨论简单结构、闭合结构情形。本书第三、第四、第五章所讲的就是形式逻辑学家们所讲的论证形式,这种形式也被某些学者称为论证的微观结构。相应地,前面五种论证结构又被称为论证的宏观结构[1]。

　　根据论证结构来分析论证性语篇起源于美国逻辑学家比尔兹利(Monroe Curtis Beardsley,1915—1985)。这种论证分析技巧被称为论证图解技术。1950年,正当人们热衷于研究和传授面向数学的数理逻辑之时,他出版了《实用逻辑》(*Practical Logic*)一书。该书后来再版时改名为《有条理的思维》(*Thinking Straight*)。不过,他当时只提出了四种论证结构:简单结构、收敛结构、发散结构和序列结构[2]。现在的五种结构是经过非形式逻辑学家们进一步扩充的结果。

例　子

　　下列说法是否正确?
　　论证结构与论证形式是两个相同的概念。

分　析

　　论证结构与论证形式是两个不同的概念。前者是非形式逻辑学家们使用的术语,后者是形式逻辑学家们使用的术语。前者比后者的范围要广些,后者只涉及具有简单结构和闭合结构两种类型的论证。

思　考　题

　　下列说法是否正确?
　　(1) 比尔兹利把论证结构分为五种类型。

---

[1] James B. Freeman, *Dialectics and the Macrostructure of Argument*, Foris Publications, 1991, p. i.
[2] Monroe C. Beardsley, *Thinking Straight*, Prentice-Hall, Inc., 2007, p. 19.

(2) 论证结构可分为演绎结构与归纳结构。

三、论证与解释

有些标识词既可以用来标识论证,也可以用来标识解释(explanation)。论证与解释的主要区别在于:前者是说话者提出了一个主张,并且给出理由来试图让目标听众接受其主张;后者是说话者描述一个事实,并对产生这个事实的原因作了进一步的说明。出现在论证中的解释应当被当作简单命题来对待。

例　　子

下列三段话是论证还是解释?
(1) 我再也不喜欢你了,因为你总是取笑我。
(2) 由于你整天呆在海滩,你的鼻子都脱皮了,真丑!
(3) 我们坐在黑暗之中,因为你忘记了交电费。

分　　析

论证与解释极其相似,因为充当论证标识词的语词通常也能充当解释的标识词。在上述例子中,尽管都出现了"因为""由于"等标识词,但这些标识词并不表明它们是论证,而恰好表示它们是解释。如果有人怀疑上述这些例子是解释,我们把它们分别改写成如下形式,就非常清楚明白了。
(1) 我再也不喜欢你的原因是你总是取笑我。
(2) 你鼻子脱皮的原因是你整天呆在海滩。
(3) 这里没电的原因是你忘记了交电费。

用这些形式来表达解释,它们就与论证一点也不相似了,每个例子都包含了一个陈述因果联系的简单命题,而不是两个命题且其中一个是作为前提为另一个提供支持。

有时,要区别论证与解释并不总是一件很容易的事情。

例　　子

下列语篇是一个论证还是一个解释?
他往南线走了,因为北线已停止通行,而且他知道这件事。

分　　析

如果它是一个论证,那就需要假定结论"他往南走了"是在前提中给定的标识词之基础上得出的。如果它是一个解释,那么就需要假定"他往南走"是借助那个人关于其他线路已关闭的知识来解释。但哪一个是正确的呢?我们不好说。也许两个都很好。

只有把这个话语放在某些更广泛的对话背景下时,它是论证还是解释才变得清晰。例如,请考虑下面这个对话。

问:他走哪条线?南还是北?
答:他往南走了,因为北线已关闭交通,而且他知道。

在这里,这个回答明显是一个论证。问题是他走哪条线,南线还是北线?答案是一方的论证:"他往南走了,因为……"。语境表明了这个命题的目的。

再考虑另一个对话。

问:他为什么往南走了?
答:他往南走,是因为北线已封闭,而且他知道这件事。

在这种情况下,这个回答明显是他为什么往南走的一个解释。回答者并不认为他往北走而不是往南走,相反,回答者试图解释他为什么往南走。

思 考 题

下列说法是否正确?
(1) 论证与解释是没有任何区别的。
(2) 论证与解释总是能够区别开来的。

四、前提与结论的识别

从广义上讲,论证识别就是要识别出上述提及的论证三组要素以及识别论证的结构。论证者、目标听众以及论证目的往往是隐性的,要识别起来并不总是十分容易的事。但前提与结论通常都是显性的,因此,要识别它们通常相对是比较容易的。

从狭义上讲,论证识别只需要识别出前提与结论即可。形式逻辑学家们正是这样做的。他们首先把论证看作是一个命题序列,其中一个命题的真要以其他命题的真为基础。这相当于前述第一个层面的论证。在论证的命题序列中,被支持的命题叫做结论,支持结论的命题叫做前提。

例 子

识别下列论证的前提和结论。
所有人都是必死的。

苏格拉底是人。

因此,苏格拉底是必死的。

分　　析

在这里,"苏格拉底是必死的"是结论,被认为是前提"所有人都是必死的"和"苏格拉底是人"所要证明其成立的命题。识别这种论证的关键在于要找到其论证标识词。在这个论证中,"因此"是结论标识词,故其后面紧跟的是结论。

"如果……,那么……"型语句,又称为条件句,常常出现在论证中。可是,如果不考虑省略论证情形,它们本身并不表达论证,或者说,"如果……那么……"本身并不是论证标识词。例如:"如果中国队发挥不错,那么,她就会出线。"在条件句中,在"如果"与"那么"之间的子语被称为条件句的前件,简称"前件",而在"那么"之后的子语被称为条件句的后件,简称"后件"。在说这一条件句时,我们既未断定其前件的真假,又未断定后件的真假。因此,做出上述评价的人并没说中国队会出线。他所说的一切就是:"如果中国队发挥不错,那么,她就会出线。"再者,他并没有说中国队会发挥不错。由于论证者并没亲自承认两个主张中的任何一个,因此,他并没有提出论证。

从狭义上讲,在识别论证时,需要谨记如下六条原则:

(1) 一个论证只有一个结论。一个语篇如果不止一个结论,那就包含了不止一个论证。还有一些传统逻辑学家沿袭了亚里士多德《论辩篇》的思想,把"结论"称为"论题",而把"前提"称为"论据"。同时,这也成为我国传统逻辑教科书讨论"论证"的基本要素。从论辩理论角度来看,"结论"就是论证者所要辩护或证成的主张,前提就是论证者用来为其主张进行辩护或证成的理由,因此,有些非形式逻辑学家或论辩学家往往用术语"主张"和"理由"来分别替代术语"结论"和"前提"。

(2) 一个论证必须至少有一个前提,且可以有多个前提。

(3) 前提与结论只是通过参照它们分别在论证中所发挥的作用来进行判定的。

(4) 前提与结论可以以任何顺序出现。换句话说,有时结论在先,前提在后;而有时前提在先,结论在后。

(5) 论证中的前提或结论可能是隐性的,也可能是显性的。

(6) 在任何论证中,论证者必须相信其所有前提都是真的且结论必然为真或可能为真。

五、无标识词论证识别

在缺乏论证标识词的情形下,要识别论证的前提与结论并不容易。通常的方法有两种:一是语境识别法,即弄清论证者提出论证的具体语境;二是意图识别法,即弄清提出论证者的意图是在论证还是在解释。

例　子

识别下列论证的前提与结论。
韩梅梅不想再见李雷,她不会再打电话给他。

分　析

在上例中,由于它本身没有带论证标识词,因此,我们可以给出两种可能的论证解释:

解释1:韩梅梅不想再见到李雷,是因为她不会再打电话给他。
解释2:韩梅梅不想再见到李雷,因此,她不会再打电话给他。

这个论证的结论可能是"韩梅梅不想再见到李雷"(解释1),也可能是"韩梅梅不会再打电话给李雷"(解释2)。在前一种情况下,前提是"她不会再打电话给他";在后一种情况下,前提是"她不想再见到他"。在原来的话语片段中,我们无法判断哪个解释是正确的。因此,如果论证者的确说出了这段话语,那么他的语调或许提供了某种线索。

根据语境识别法,有人刚说过韩梅梅可能很快和李雷在一起,或之前有一个关于韩梅梅会不会打电话给李雷的讨论。在这样一个明确的语境之下,要判断哪一个解释是正确的,就不难了。解释通常是在缺乏线索的不明确语境之下产生的。明确的语境可能是由一些在前或在后的话语所构成的,而这些话语的功能是不明晰的。根据其他渠道的信息,如:"好几个星期李雷都没有接到过她的电话",使得结论是"韩梅梅不想再见到李雷"而不是"韩梅梅不会再打电话给李雷"就更加清楚了。我们可以假定,论证者考虑到"韩梅梅不会再打电话给李雷"是已确定的事实,而不是一个需要证明的结论,否则那段补充评论就难以解释。

如果语境没有提供什么线索,就需要用意图识别等其他方法来识别论证。听者或读者能够正确解释论证,这正好是论证提出者的目的。可以这样认为,论证者的意图正是使论证变得可接受。如果从言辞语境角度来看这个意图不够清楚,那么考虑更广的非言辞语境,它也许就变得清楚了。有时,说某事件的具体情景以及它所发生的文化背景能使论证清楚得多。

例　子

识别下列论证的前提与结论。
会议还没开始,老梁正在路上。

分　析

在上例中,论证者断言会议还没开始。如果不知道老梁要来主持会议,人们不会意识到"老梁正在路上"是证明这个断言的合理理由。在解释论证时,一般背景信息和特殊背景知识都是很重要的。不属于目标听众的人也许并不具备所有这些背景知识。有时,解释需要专门知识。

有时,一个语篇到底是论证还是解释,是不清楚的。我们称这种情形为两可情形。在这种情况下如何识别呢？把两可情形看作论证,遵循了**最大化论证解释策略**,又称**"宽容原则"**。

例　子

识别下列语篇是论证还是解释。
你最好带把伞,难道你想淋湿？

分　析

根据字面意义,"难道你想淋湿？"这个问题是荒谬的。淋湿并不是一个现实的选择。一般说来,没有人愿意选择被淋湿。因此,这个问题不能被看作是一个日常问题。如果有人把论证者的话当真,他必须假定这个问题企图传达其他什么信息,诸如:"否则你会淋湿"或"那是避免淋湿的唯一方法"的断言。根据最大化论证解释原则,这个问题就被看作是论证者为其结论"你最好带把伞"的论据。如果论证者是严肃认真的话,这自然是问题的意义所在。

根据宽容原则,我们可以把也许正好是评论或解释的任何话语都解释为论证。由于如此宽容,有时话语的论辩功能其实是不清楚的。尽管如此,一个现实的选择是,把分析时可能会忽视对表明论证者意图极为重要的话语的风险降到最小。在没有其他有意义的解释成为可能,没有理由认为这个话语纯属胡扯的情况下,也应当遵循最大化论证解释策略。

当然,一个话语可能包含一个如上例那样的问题,但是,在缺乏反面证据的情况下,若有意见分歧,就应该选择最大化论证解释原则。

思 考 题

下列说法是否正确?
(1) 一个论证可以有多个结论。
(2) 论证总是前提在先结论在后。

第四节 论证评价的标准

论证评价的标准很多,不同学科领域有不同的论证评价标准。但是,这些不同的标准之间又有共同之处。一般来讲,这些共同的论证评价标准有三组:一是逻辑标准,二是修辞标准,三是论辩标准。其中,逻辑标准有形式逻辑标准、归纳逻辑标准和非形式逻辑标准之分。根据论辩标准或修辞标准评价论证,与论证目的、论证者以及目标听众的识别密切相关。但这三种评价标准评价的结果并不总是一致的。

一、逻辑标准

很显然,在亚里士多德那里,分析标准、修辞标准和论辩标准就被当作论证评价的三条基本标准。其中,分析标准(analystic criterion)就是指我们通常所说的三段论标准或亚里士多德逻辑标准。当代逻辑学家们注意到,除分析标准之外,还有其他标准。如苏珊·哈克认为,论证评价的标准是逻辑标准、实质标准和修辞标准,其中,逻辑标准(logical criterion)讨论的是前提与结论之间的恰当关系;实质标准(material criterion)讨论的是前提和结论的真假;修辞标准(rhetorical criterion)讨论的是论证对听众是否具有说服力、吸引力和趣味性[1]。实际上,苏珊·哈克和科恩的"逻辑标准"就是亚里士多德的"分析标准",即演绎逻辑标准。科恩认为,论证评价涉及许多学科,如伦理学、政治学、美学、认识论、心理学、法学等,但就理性说服目的而言,主要依赖三种标准:逻辑标准、修辞标准和论辩标准(dialectical criterion)[2]。

如第一章所述,根据当前主流观点,逻辑学是关于论证的科学,但它又不是而且也不可能是涉及处理论证的各个方面的科学,其主要任务是研究如何将好

---

[1] Susan Haack, *Philosophy of Logics*, Cambridge University Press, 1978, p. 11.
[2] Daniel H. Cohen, Evaluating Arguments and Making Meta-arguments, *Informal Logic*, 2001(2), pp. 73-84.

的论证与不好的论证区别开来。如何区别论证的优劣,从逻辑学角度来看,目前主要有三种不同标准:一是演绎逻辑标准;二是归纳逻辑标准;三是非形式逻辑标准。

1. 演绎逻辑标准

演绎逻辑标准是演绎逻辑研究的对象。**根据演绎逻辑标准,一个论证是好的,当且仅当,它是可靠的。**"论证可靠"是什么意思呢?一个论证是可靠的,必须满足两个条件:(1)所有前提都为真;(2)推理形式有效。这里的推理形式有效,也就是我们通常所说的演绎有效。从一般意义上来讲,演绎有效性是指:一个论证是演绎有效的,当且仅当,其所有前提均真而结论假是不可能的。

根据演绎有效性标准,"所有前提均真而结论为假是不可能的",或者说,"所有前提均真,必然推导出结论为真"。相应地,如果所有前提均真而结论为假,那么,这个论证是演绎无效的。虽然"所有前提假且结论假""部分前提假且结论为假""所有前提均假而结论为真""部分前提为假而结论为真"的情形并没有做出任何断定,但通常默认有效,因此,从演绎有效性标准来看,论证只有两种类型:一是有效论证;二是无效论证。为了更加直观一些,我们用下表表示。

序号	前提	结论	论证
1	所有前提为真	结论为真	有效
2	所有前提为真	结论为假	无效
3	所有前提为假	结论为假	默认有效
4	所有前提为假	结论为真	默认有效
5	部分前提为真且部分前提为假	结论为真	默认有效
6	部分前提为真且部分前提为假	结论为假	默认有效

2. 归纳逻辑标准

归纳逻辑标准是归纳逻辑所研究的对象。**根据归纳逻辑标准,一个论证是好的,当且仅当,它是归纳上强的。**归纳强度标准是指:一个论证是归纳上强的,当且仅当,所有前提均真而结论正如该论证所主张的那样可能真。根据归纳逻辑标准,一个论证所有前提均为真而结论为假也是可能的。

归纳强度是衡量归纳论证好与不好的根本标准。根据归纳强度标准,如果一个论证的所有前提均真而结论不如论证所主张的那样可能真,那么该论证就是归纳上不强的。例如,我见过许多蒙古人,他们都能歌善舞,因此,所有蒙古人都能歌善舞。在这个论证中,结论"所有蒙古人都能歌善舞"显然不如论证所主张的那样可能真,因此,这是一个归纳上不强的论证,也就是一个不好的归纳论证。然而,有少数学者也会把归纳上强的论证称为"归纳有效论证",相应地,把归纳上不强的论证称为"归纳无效论证"。不过,绝大多数逻辑学家并不喜欢使用这样的术语,因为在通常情况下逻辑学家们一说到"有效性"仅仅是指演绎有效性。

3. 非形式逻辑标准

非形式逻辑的论证可靠性标准是非形式逻辑研究的对象。**根据非形式逻辑的论证可靠性标准,一个论证是好的,当且仅当:**

(1) 所有前提均可接受;

(2) 前提与结论相关;

(3) 前提对结论提供了充分支持。

这条标准是在演绎逻辑的论证可靠性标准的基础上扩充而成的:

(1) 非形式逻辑学家常常用"**可接受**"和"**不可接受**"取代演绎逻辑和归纳逻辑中作为命题基本特征的"**真**"和"**假**"。要判断一个命题的真或假,有时是很容易的,有时却是十分困难的,甚至是不可能的。例如,关于事实命题,我们可以通过观察、实验、查文献等方式判定其真假,但关于价值命题,由于它本身并无真假可言,要判定其真假是不可能的。但无论是事实命题还价值命题,我们要判定其是否可接受,这总是可能的。

(2) 前提与结论之间的支持关系不仅涵盖演绎支持关系,还涵盖了归纳支持关系,甚至还涵盖了既非演绎支持也非归纳支持关系,如沃尔顿的似真支持(plausible support)、皮尔士的回溯支持(abductive support)等。

人们通常把命题区分为事实命题和非事实命题,并认为通常情况下事实命题比较容易判断其真或假,而非事实命题要判断其真假是比较困难的。

首先,事实命题真假的判断通过检索文献、观察、实践等感知方法就可以判断。比如,"《西游记》的作者是吴承恩"和"《三国志》的作者是诸葛亮"这两个命题,我们通常查一查有关资料就一定能够判断前者为真后者为假。再如,"广州在南宁东边"这个命题,我们查查地图就一定能够判断其为真。但是,并非所有事实命题都是可以判断其真假的。例如,"地心是由液体物质组成的"这个命题,凭借我们现代的科学手段是无法判断其真假的。再如,"外星人是存在的",我们既不能通过某种方法判定它为真,也无法借助某种手段判定其为假。

其次,非事实命题真假的判断是比较困难的,通常需要借助论证。这类命题的代表是价值命题。例如,"女子无才便是德""知识越多越反动"之类的命题。它们是价值命题,其到底是真的还是假的呢?往往无法通过某种直接方法或凭借人们的感知去判断其可接受性,而需要通过论证来证明其可接受性。在辩论赛中,正反双方的辩题一般应当是价值命题,而且应当是其可接受性取决于论证的价值命题。否则,辩论赛的辩题出题者所给出的命题是不成功的。比如,某辩论赛的辩题是"母爱是否是伟大的"。假如在我国当今这个文化背景之下,这个辩题的反方肯定处于不利地位。既然价值命题的真假取决于论证,这等于说价值命题其实并没有真假可言,而只有可接受或不可接受之说。

在传统逻辑教科书中,人们有时也把传统演绎逻辑和传统归纳逻辑统称为"形式逻辑"。事实上,严格说来,形式逻辑仅仅是指演绎逻辑,其中形式逻辑有传统形式逻辑和现代形式逻辑之分。前者是指亚里士多德三段论逻辑和斯多葛命题逻辑,而后者是指符号逻辑。符号逻辑的扩充是数理逻辑。数理逻辑又包括命题演算、谓词演算、模型论、递归论、证明论、集合论等。其中,命题演算和谓词演算又被统称为两个演算或一阶逻辑,是整个现代逻辑大厦的基础部分。模型论、递归论、证明论和集合论通常被统称为"四论",且通常被作为数理基础理论的分支。除了数理逻辑之外,建立在一阶逻辑基础之上的非经典逻辑或哲学逻辑等各个分支也都属于符号逻辑范畴。

例　子

下列说法是否正确?
论证评价的逻辑标准有两种类型:一是演绎逻辑标准;二是归纳逻辑标准。

分　析

根据传统的逻辑学观点,这种分类是正确的。但是,一旦引入非形式逻辑之后,这种说法就变得有问题了。评价论证的逻辑标准有三类:一是演绎逻辑标准,即可靠性标准;二是归纳逻辑标准,即归纳强度标准;二是非形式逻辑标准,即前提与结论均可接受的标准。

思　考　题

下列说法是否正确?
(1) 演绎有效性标准断定了论证的前提都是真的。
(2) 根据归纳强度标准,一个论证所有前提均真而结论为假是不可能的。

二、论辩标准与修辞标准

论辩标准是:一个论证是好的,当且仅当,它是通过理性方式消除了意见分歧。论辩标准主要是论辩学家们所讨论的,"好论证"这一概念也正是他们提出来的。在古希腊,虽然分析标准、修辞标准和论辩标准都是论证好坏的评价标准,但是,亚里士多德之后,分析标准、修辞标准和论辩标准分别成为由逻辑学家、修辞学家和论辩学家独立发展的系统,而且前者和后两者似乎还缺乏理解。在亚里士多德那里,本来是从三个不同角度探究论证好坏的评价标准,却被逻辑学家和语言学家们活活地剥离开了。如今,论证评价好像只是逻辑学家们的事情,修辞学家与论辩学家们似乎只关注论证结论的可接受性了。

修辞标准是指:一个论证是好的,当且仅当,它对于目标听众来说是可接受的。修辞标准是用来衡量论证功效的,因此,修辞学家们没有使用"好论证"这个词项,而使用了"有效论证"(effective argumentation)。这里的"有效论证"绝对不是形式逻辑学家们使用的"有效论证"(valid argument),也许可称为"修辞实效"。为示区别,我们把前者称为"修辞有效论证",把后者称为"逻辑有效论证"。

语言历史有多久,修辞历史就有多久。修辞是一种说服艺术,故常常被人们称为"修辞术",它和论辩术、语法学一起曾被称为"三种基本人文艺术"。系统的修辞思想早在古希腊就已产生,第一本修辞学著作《修辞艺术》是由科拉克斯(Corax)及其学生提西亚斯(Tisias)所著。到了公元前五世纪,修辞术在智者学派的推广下变得十分流行。亚里士多德把修辞术当作一种艺术和技能来对待,提出了逻辑或理性(logos)、情感(pathos)和伦理(ethos)三种说服手段,识别了辩论、协商和夸讲三种修辞类型。佩雷尔曼和奥尔布莱希特-泰提卡(Chaïm Perelman and Olbrechts-Tyteca)认为,既然论证的目的是为了确保目标听众接受论证提出者的主张,因此它与所要影响的听众是完全相关的,为此,他们引入了特定听众和普遍听众两个基本概念,并在此基础上建立起了他们的论证理论——新修辞学[①]。

在古希腊,论辩术与修辞术在某种意义上都曾被看作说服艺术。论辩的目的就是通过理性讨论来消除意见分歧。消除意见分歧的一种办法是采取苏格拉底方法表明给定假定与其他公认的知识一起导致了矛盾,因此不得不收回作为候选真理的假说。消除意见分歧的另一种办法是,否认所主张的论题或反论题中的某些命题,然后移到了第三个论题(也许是正反两个论题的组合形式)。在这里,需要特别指出的是,在汉语中,"论辩术"与"辩证法"同源于英文单词"dialectics"。在许多西方经典著作的中译本中,大多数译者都不加区别地将所有的"dialectics"译为"辩证法",但在西方经典原著中,古希腊哲学意义上的

---

① Chaïm Perelman and Olbrechts-Tyteca, *The New Rhetoric: A Treatise on Argumentation*, University of Notre Dame Press, 1969.

"dialectics"和黑格尔意义上的"dialectics"显然有着根本区别,前者关注的是现实生活中意见分歧的消除,后者关注的是自然界、人类社会或思维的发展变化。因此,我们在此采取逻辑学家们的经典译法"论辩术"。

然而,根据逻辑标准、修辞标准和论辩标准,论证评价的结果很可能出现不一致的情形(见下表)。

情形	逻辑标准	修辞标准	论辩标准
1	前提支持结论	听众接受	意见分歧消除
2	前提支持结论	听众接受	意见分歧未消除
3	前提支持结论	听众不接受	意见分歧消除
4	前提支持结论	听众不接受	意见分歧未消除
5	前提不支持结论	听众接受	意见分歧消除
6	前提不支持结论	听众接受	意见分歧未消除
7	前提不支持结论	听众不接受	意见分歧消除
8	前提不支持结论	听众不接受	意见分歧未消除

例 子

下列说法是否正确?

自亚里士多德以来,论证评价的逻辑标准、论辩标准与修辞标准总是密切联系在一起的。

分 析

这种观点不正确。在亚里士多德那里,分析标准(即今天所说的逻辑标准)、论辩标准与修辞标准是论证评价的"三重奏"。但是,在亚里士多德之后,作为论证评价标准,这三条标准开始分离,逻辑标准与论辩标准、修辞标准开始互不理解的发展着。直到二十世纪后期,随着非形式逻辑、论辩理论、批判性思维的兴起,这三条标准又开始重新走向"三重唱"的趋势。

思 考 题

下列说法是否正确?

(1) 逻辑标准、论辩标准和修辞标准总是一致的。
(2) 辩证法和修辞学都是论证评价的标准。

思考与练习

【客观题|线上作业】

一、单选题(共 44 题,下列每题有 4 个备选答案,其中一个为最佳答案,请挑选出最佳答案)

1. 命题可分为经验命题和(   )。
   A. 必然命题   B. 或然命题   C. 哲学命题   D. 逻辑命题
2. 命题可分为必然命题和(   )。
   A. 经验命题   B. 或然命题   C. 哲学命题   D. 逻辑命题
3. 两种最为常见的论证类型:一是演绎论证,二是(   )。
   A. 归纳论证   B. 似真论证   C. 或然论证   D. 必然论证
4. 两种最为常见的论证类型:一是(   ),二是归纳论证。
   A. 演绎论证   B. 似真论证   C. 或然论证   D. 必然论证
5. 论证识别的核心内容是识别(   )。
   A. 前提与结论   B. 论证者   C. 目标听众   D. 论证目的
6. 中文术语"推论"所对应的英文术语应当是(   )。
   A. reasoning   B. inference   C. argument   D. proof
7. 中文术语"推理"所对应的英文术语应当是(   )。
   A. reasoning   B. inference   C. argument   D. proof
8. 中文术语"论证"所对应的英文术语应当是(   )。
   A. reasoning   B. inference   C. argument   D. proof
9. 中文术语"证明"所对应的英文术语应当是(   )。
   A. reasoning   B. inference   C. argument   D. proof
10. 根据维基百科全书英文版的观点,从前提推导出结论的行为或过程被称为(   )。
    A. 推论   B. 推理   C. 论证   D. 证明
11. 根据维基百科全书英文版的观点,一个为信念、结论、行动或感觉寻找理由的认知过程被称为(   )。
    A. 推论   B. 推理   C. 论证   D. 证明
12. 根据维基百科全书英文版的观点,一个有意义的陈述所组成的命题序列,其中,一个命题被认为是结论,其余命题被认为是前提,这个命题序列被称为( )。

A. 推论　　　　B. 推理　　　　C. 论证　　　　D. 证明

13. 根据维基百科全书英文版的观点,一个有穷语句串,其中,每一语句或者是公理或者是根据推论规则从先前语句推导出来的,这个语句串被称为( )。

A. 推论　　　　B. 推理　　　　C. 论证　　　　D. 证明

14. 根据沃尔顿的观点,存在一组命题,其中一个命题叫做结论,其他的命题叫做前提,这组命题被称为( )。

A. 推论　　　　B. 推理　　　　C. 论证　　　　D. 证明

15. 根据沃尔顿的观点,( )是一个链接在一起的推论序列,在这个推论链中,一个推论的结论充当下一个推论的前提。

A. 推论　　　　B. 推理　　　　C. 论证　　　　D. 证明

16. 根据沃尔顿的观点,( )是一个推理序列,包含了一系列推理,且一个推理的结论也许充当了下一个推理的前提。

A. 推论　　　　B. 推理　　　　C. 论证　　　　D. 证明

17. 从逻辑学的视角来讲,英文术语"proposition"的最佳中文术语应当是( )。

A. 判断　　　　B. 陈述　　　　C. 命题　　　　D. 语句

18. 从逻辑学的视角来讲,英文术语"statement"的最佳中文术语应当是( )。

A. 判断　　　　B. 陈述　　　　C. 命题　　　　D. 语句

19. 从逻辑学的视角来讲,英文术语"sentence"的最佳中文术语应当是( )。

A. 判断　　　　B. 陈述　　　　C. 命题　　　　D. 语句

20. 从逻辑学的视角来讲,英文术语 proposition、statement 和 sentence 在译为中文时,均可译为( )。

A. 判断　　　　B. 陈述　　　　C. 命题　　　　D. 语句

21. 从一般意义上讲,命题是( )。

A. 肯定或否定主项具有谓项性质的语句

B. 指有意义陈述句的"内容"或"意义"

C. 指组成有意义陈述句的符号、标识或声音的图式

D. 或者真或者假的语句

22. 在亚里士多德逻辑中,命题是( )。

A. 肯定或否定主项具有谓项性质的语句
B. 指有意义陈述句的"内容"或"意义"
C. 指组成有意义陈述句的符号、标识或声音的图式
D. 或者真或者假的语句

23. 提出命题与陈述有区别的逻辑学家是(　　)。
A. 斯特劳森　　B. 亚里士多德　　C. 弗雷格　　D. 罗素

24. 根据天主教百科全书(2010年版)的观点,真是一种关系,其中,知道者与被知道对象之间的关系,被称为(　　)。
A. 逻辑真　　B. 道德真　　C. 本体真　　D. 认识真

25. 根据天主教百科全书(2010年版)的观点,真是一种关系,其中,知道者与他给出知识的外在表现的关系,被称为(　　)。
A. 逻辑真　　B. 道德真　　C. 本体真　　D. 认识真

26. 根据天主教百科全书(2010年版)的观点,真是一种关系,其中,对象存在本身与其上帝构思观念之间的关系,被称为(　　)。
A. 逻辑真　　B. 道德真　　C. 本体真　　D. 认识真

27. 一个命题被说成是本体论意义上真的或假的,当且仅当,它为真或假的原因并不是因为某个参与者知道它为真或假。这种真或假可被称为(　　)。
A. 本体论意义上的真假　　B. 认识论意义上的真假
C. 逻辑学意义上的真假　　D. 心理学意义上的真假

28. 一个命题被说成是认识论意义上真或假的,当且仅当,它是被论证参与者知道为真或假的。这种真或假可被称为(　　)。
A. 本体论意义上的真假　　B. 认识论意义上的真假
C. 逻辑学意义上的真假　　D. 心理学意义上的真假

29. 需要根据观察经验才能判定其真假的命题称为(　　)。
A. 必然命题　　B. 偶然命题　　C. 经验命题　　D. 或然命题

30. 在经典逻辑中,命题的最基本特征是(　　)。
A. 有真假　　　　　　　　B. 语法上正确的字符串
C. 有真值　　　　　　　　D. 可检验真假

31. 从广义上讲,论证有多个层面,而形式逻辑学家关注的只是(　　)。
A. 作为结果的论证　　　　B. 作为程序的论证
C. 作为过程的论证　　　　D. 作为理由的论证

32. 从广义上讲,论证有多个层面,而论辩学家重点关注的是(　　)。
A. 作为结果的论证　　　　B. 作为程序的论证
C. 作为过程的论证　　　　D. 作为理由的论证

33. 从广义上讲,论证有多个层面,而修辞学家重点关注的是(   )。
   A. 作为结果的论证　　　　　B. 作为程序的论证
   C. 作为过程的论证　　　　　D. 作为理由的论证
34. 前提真必然推出结论也真的论证被称为(   )。
   A. 演绎论证　　B. 归纳论证　　C. 似真论证　　D. 协同论证
35. 前提真可能支持结论但不能保证必然真的论证被称为(   )。
   A. 演绎论证　　B. 归纳论证　　C. 似真论证　　D. 协同论证
36. 或者总是为真或者总是为假的命题称为(   )。
   A. 必然命题　　B. 偶然命题　　C. 经验命题　　D. 或然命题
37. 最早提出存在一种有别于演绎论证和归纳论证的第三种论证类型的人是(   )。
   A. 皮尔士　　　B. 沃尔顿　　　C. 弗雷格　　　D. 哥德尔
38. 论证标识词有两类:一类是(   );另一类是(   )。
   A. 前提标识词;结论标识词　　　B. 前件标识词;后件标识词
   C. 原因标识词;结果标识词　　　D. 客观标识词;主观标识词
39. 根据苏珊·哈克的观点,评价前提与结论之间的恰当关系的标准是(   )。
   A. 逻辑标准　　B. 实质标准　　C. 修辞标准　　D. 论辩标准
40. 根据苏珊·哈克的观点,评价论证对听众是否具有说服力、吸引力和有趣的标准是(   )。
   A. 逻辑标准　　B. 实质标准　　C. 修辞标准　　D. 论辩标准
41. 根据苏珊·哈克的观点,评价前提和结论真假的标准是(   )。
   A. 逻辑标准　　B. 实质标准　　C. 修辞标准　　D. 论辩标准
42. 非事实命题真假的判断是比较困难的,通常需要借助(   )。
   A. 论证　　　　B. 观察　　　　C. 实践　　　　D. 感知
43. 一个论证是好的,当且仅当,它是通过理性方式消除了意见分歧。这条论证评价标准属于(   )。
   A. 逻辑标准　　B. 论辩标准　　C. 修辞标准　　D. 实质标准
44. 一个论证是好的,当且仅当,它对于目标听众来说是可接受的。这条论证评价标准属于(   )。
   A. 逻辑标准　　B. 论辩标准　　C. 修辞标准　　D. 实质标准

二、多选题(共42题,每小题有5个备选答案,请挑选出没有错误的答案,多选少选错选均不得分)

1. 从广义上讲,论证通常包含(   )三个层次。

A．作为结果的论证　　　　　B．作为过程的论证
C．作为程序的论证　　　　　D．作为前提的论证
E．作为理由的论证

2．从广义上讲，论证具有(　　)功能。
A．证成　　　B．反驳　　　C．说服　　　D．逻辑
E．论辩

3．从广义上讲，论证识别包括识别(　　)。
A．前提　　　B．论证者　　C．论证目的　　D．目标听众
E．结论

4．论证评价的标准很多，甚至会因学科不同而异，但最基本的有(　　)。
A．逻辑标准　　B．论辩标准　　C．修辞标准　　D．客观标准
E．主观标准

5．下列与论证密切相关的概念有(　　)。
A．命题　　　B．陈述　　　C．语句　　　D．推论
E．推理

6．下列与论证密切相关的概念有(　　)。
A．命题　　　B．陈述　　　C．证明　　　D．推论
E．推理

7．关于逻辑学的研究对象，下列说法中正确的有(　　)。
A．逻辑学的主要研究对象是推理　　B．逻辑学的主要研究对象是推论
C．逻辑学的主要研究对象是证明　　D．逻辑学的主要研究对象是思维
E．逻辑学的主要研究对象是判断

8．根据维基百科全书英文版的观点，一个有穷语句串，其中，每一语句或者是公理或者是根据推论规则从先前语句推导出来的，这个语句串可以被称为(　　)。
A．证明　　　B．推演　　　C．形式证明　　D．推论
E．推理

9．关于逻辑、推理、推论、论证和证明，下列说法正确的有(　　)。
A．逻辑可分为演绎逻辑和归纳逻辑　　B．推理可分为演绎推理和归纳推理
C．论证可分为演绎论证和归纳论证　　D．证明可分为演绎证明和归纳证明
E．推论可分为演绎推论和归纳推论

10．在现代意义上的逻辑学中，命题是(　　)。
A．肯定或否定主项具有谓项性质的语句
B．指有意义陈述句的"内容"或"意义"

C. 指组成有意义陈述句的符号、标识或声音的图式
D. 或者真或者假的语句
E. 一个字符串

11. 一个语句是命题,必须满足的条件是(　　)。
   A. 语法上正确的字符串 B. 有真假
   C. 可接受 D. 重言式
   E. 肯定或否定主项具有谓项性质的语句

12. 下列语句不表达命题的有(　　)。
   A. 秦始皇是个伟大的政治家 B. 请勿吸烟!
   C. 孔子是法家,这不是真的 D. 雄高在学大山中
   E. 难道你不再爱我啦?

13. 必然命题有(　　)类型之分。
   A. 必然真命题 B. 必然假命题 C. 事实命题 D. 价值命题
   E. 哲学命题

14. 汉语中"论证"这一术语所对应的英文术语可以是(　　)。
   A. Argument B. Argumentation
   C. Reasoning D. Demonstration
   E. Proof

15. 从狭义上讲,论证(　　)。
   A. 所对应的英文术语是 argument B. 是指作为结果的论证
   C. 是指英文术语 argument-as-product 的类型
   D. 是指作为程序的论证 E. 是指作为过程的论证

16. 皮尔士提出的一种不同于演绎论证与归纳论证的第三种论证类型是(　　)。
   A. 回溯论证 B. 溯因论证
   C. abductive argument D. abduction
   E. conduction

17. 沃尔顿提出的一种不同于演绎论证与归纳论证的第三种论证类型是(　　)。
   A. 似真论证 B. 合情论证
   C. plausible argument D. 协同论证
   E. 可废止论证

18. 在威尔曼看来,协同论证所具有的特征是(　　)。
   A. 结论涉及的是某个个案 B. 结论是非决定性得出的

C．结论是从关于同一情形的一个或一个以上前提推导出来的

D．不存在诉诸其他情形的情况　　　E．结论是一个全称命题

19．威尔曼所提出的第三种论证类型是（　　）。

A．协同论证　　　B．conduction　　　C．传导论证　　　D．回溯论证

E．abduction

20．在论辩中，反驳的策略有（　　）。

A．指出对方论证的结论不能从前提推导出来

B．指出对方论证的某些前提不可接受

C．指出对方论证的某些前提为假

D．指出对方论证是循环的

E．指出对方论证的结论不可接受甚至为假

21．论证被视为一个命题序列，其真取决于其他命题真的命题被称为（　　），其他命题都被作为（　　）。

A．前提；结论　　B．结论；前提　　C．论点；论据　　D．论据；论点

E．论据；结论

22．论证识别要完成的任务包括识别（　　）。

A．前提与结论　　B．论证者　　　C．目标听众　　　D．论证目的

E．论证结构

23．论证结构包括（　　）类型。

A．简单结构　　　B．序列结构　　　C．收敛结构　　　D．闭合结构

E．发散结构

24．在比尔兹利的论证图解技术中，他提出的论证结构包括（　　）。

A．简单结构　　　B．序列结构　　　C．收敛结构　　　D．闭合结构

E．发散结构

25．关于论证与解释的关系，下列说法正确的有（　　）。

A．论证的结论是论证者提出了一个主张，解释的结论是解释者描述了一个事实

B．论证的前提是论证者提出来支持其主张的理由，而解释的前提是解释者找到的导致事实的原因

C．论证的前提是论证者提出了一个主张，解释的前提是解释者描述了一个事实

D．论证的结论是论证者提出来支持其主张的理由，而解释的结论是解释者找到的导致事实的原因

E．论证与解释极其相似，因为充当论证标识词的语词通常也能充当解释的

标识词

26. 从狭义上讲,关于论证识别,下列说法正确的有(　　)。
   A. 一个论证只有一个结论
   B. 前提与结论只是通过参照它们分别在论证中所发挥的作用来进行判定的
   C. 论证必须至少有一个前提,且可以有多个前提
   D. 前提与结论可以以任何顺序出现
   E. 在任何论证中,论证者必须相信其所有前提都是真的且结论必然为真或可能为真

27. 在缺乏论证标识词的情形下,识别论证的前提与结论通常所采用的方法有(　　)。
   A. 语境识别法　　　　　　　B. 意图识别法
   C. 非言辞语境识别法　　　　D. 最大化论证解释策略
   E. 宽容原则

28. 有时,一个语篇到底论证还是解释,是不清楚的。我们称这种情形为两可情形。此时,我们所采取的应当是(　　)。
   A. 语境识别法　　　　　　　B. 意图识别法
   C. 非言辞语境识别法　　　　D. 最大化论证解释策略
   E. 宽容原则

29. 论证评价的逻辑标准包括(　　)。
   A. 形式逻辑标准　　　　　　B. 归纳逻辑标准
   C. 非形式逻辑标准　　　　　D. 论辩标准
   E. 修辞标准

30. 与论证目的、论证者以及目标听众的识别密切相关的论证评价标准是(　　)。
   A. 形式逻辑标准　　　　　　B. 归纳逻辑标准
   C. 非形式逻辑标准　　　　　D. 论辩标准
   E. 修辞标准

31. 亚里士多德提出的论证评价标准有(　　)。
   A. 分析标准　　B. 论辩标准　　C. 修辞标准　　D. 三段论标准
   E. 逻辑标准

32. 苏珊·哈克认为,论证评价的标准有(　　)。
   A. 逻辑标准　　B. 实质标准　　C. 修辞标准　　D. 论辩标准
   E. 分析标准

33. 根据科恩的观点,就理性说服目的而言,论证评价的标准包括( )。
   A．逻辑标准 B．论辩标准 C．修辞标准 D．实质标准
   E．分析标准
34. 论证评价的逻辑标准包括( )。
   A．演绎逻辑标准   B．分析标准
   C．形式逻辑标准   D．归纳逻辑标准
   E．非形式逻辑标准
35. 关于论证评价的演绎逻辑标准,下列说法正确的是( )。
   A．演绎逻辑标准是演绎逻辑研究的对象
   B．一个论证是好的,当且仅当,它是可靠的
   C．论证可靠必须所有前提都为真
   D．一个论证是可靠的,必须满足推理形式有效
   E．论证演绎有效,当且仅当,其所有前提均真而结论假是不可能的
36. 根据演绎有效性标准,下列属于论证有效情形的有( )。
   A．所有前提假且结论假   B．部分前提假且结论为假
   C．所有前提均假而结论为真 D．部分前提为假而结论为真
   E．所有前提均真而结论为假
37. 从演绎有效性标准来看,论证类型包括( )。
   A．有效论证 B．无效论证 C．不确定论证 D．回溯论证
   E．协同论证
38. 关于论证评价的归纳逻辑标准,下列说法正确的是( )。
   A．归纳逻辑标准是归纳逻辑所研究的对象
   B．一个论证是好的,当且仅当,它是归纳上强的
   C．一个论证是归纳上强的,当且仅当,所有前提均真而结论正如该论证所主张的那样可能真
   D．一个论证所有前提均为真而结论为假也是可能的
   E．演绎有效性也是衡量归纳论证好与不好的根本标准
39. 根据非形式逻辑的论证可靠性标准,一个论证是好的,当且仅当( )。
   A．所有前提均可接受   B．前提与结论相关
   C．前提对结论提供了充分支持 D．所有前提均真
   E．前提对结论提供了演绎支持
40. 事实命题真假的判断方式可以是( )。
   A．查文献 B．观察 C．实践 D．感知

E. 论证

41. 三个基本人文艺术是指( )。
A. 修辞术　　　B. 论辩术　　　C. 语法学　　　D. 逻辑学
E. 雄辩术

42. 在亚里士多德看来,说服手段包括( )。
A. 逻辑　　　　B. 情感　　　　C. 伦理　　　　D. logos
E. pathos

三、判断题(共29题,对的打"√",错误的打"×")

1. 论证结构与论证形式是两个相同的概念。( )
2. 推论与推理是两种完全相同的概念。( )
3. 证明与论证是两个相同概念。( )
4. 证明即推演。( )
5. 根据斯特劳森的观点,命题与陈述具有相同意义。( )
6. 语句与命题、陈述总是具有相同的意义。( )
7. 语句与命题、陈述并不总是具有相同的意义。( )
8. "墨翟有翅膀而且能飞"是经验命题。( )
9. "中国古代或者有一个叫门修斯的思想家,或者没有一个叫门修斯的思想家"是必然命题。( )
10. 论证所对应的英文术语是 argumentation。( )
11. 分析标准、论辩标准与修辞标准是苏珊·哈克提出的论证评价的三条标准。( )
12. 逻辑标准、论辩标准与修辞标准是亚里士多德提出的论证评价的三条标准。( )
13. 分析标准、论辩标准与修辞标准是科恩提出的论证评价的三条标准。( )
14. 论证总是分为演绎论证与归纳论证。( )
15. 本体论意义上的真假与认识论意义上的真假不总是相一致的。( )
16. 论证的唯一功能是为特定争议主张进行辩护或证成。( )
17. 论证功能只有两个:一是证成,二是反驳。( )
18. "论证者与目标听众""论证目的"这两个要素往往是隐性的。( )
19. 论证者与目标听众可以是同一个人。( )
20. 论证者与目标听众可以不是人。( )
21. 现在非形式逻辑学家们所讨论的五种论证结构并不都是比尔兹利所讨论过的。( )

22. 论证与解释是有区别的。（   ）

23. 论证与解释总是能够区别开来的。（   ）

24. 从狭义上讲,一个论证可以有多个结论。（   ）

25. 论证总是前提在先结论在后。（   ）

26. 演绎有效性标准并未断定论证的前提都是真的。（   ）

27. 根据归纳强度标准,一个论证所有前提均真而结论为假是不可能的。（   ）

28. 根据逻辑标准、修辞标准和论辩标准,论证评价的结果有时是不一致的。（   ）

29. 辩证法和修辞学都是论证评价的标准。（   ）

【主观题｜线下作业】

一、下列语句是否是命题?

1. 刘邦是唐朝的第一个皇帝。

2. 禁止随地吐痰!

3. 难道爱一个人有错吗?

4. 什么是和谐社会?

5. 广州海心塔是目前世界第一高塔。

6. 如果我能够驾驭一个泼妇,那我就能驾驭全世界(苏格拉底)。

7. 并非司马光是清朝人。

8. 分部一的割分可不土领国中是湾台。

9. 如果我比笛卡尔看得远些,那是因为我站在巨人们的肩上的缘故(牛顿)。

10. 世有伯乐,然后有千里马(韩愈)。

二、识别下列命题是经验命题还是必然命题。

1. $1+1=2$。

2. 罗贯中或者是政治家,或者不是政治家。

3. 太阳总是从东边升起西边降落。

4. 广州是当今广东省的省会。

5. 冬天已经到来,春天还会远吗?(雪莱)

6. 希望是厄运忠实的姐妹(普希金)。

7. 先相信你自己,然后别人才会相信你(屠格涅夫)。

8. 君子喻于义,小人喻于利(孔丘)。

9. 人的天职在勇于探索真理(哥白尼)。

10. 任何问题都有解决的办法,无法可想的事是没有的(爱迪生)。

三、下列语篇中是否包含有论证？如果有，请识别其论证结构。

1. 人们常觉得准备的阶段是在浪费时间，只有当真正机会来临，而自己没有能力把握的时候，才能觉悟自己平时没有准备才是浪费了时间(罗曼·罗兰)。

2. 如果你希望成功，当以恒心为良友，以经验为参谋，以谨慎为兄弟，以希望为哨兵(爱迪生)。

3. 青年时种下什么，老年时就收获什么(易卜生)。

4. 我没有投河而死，是因为我不可投河而死，因为屈原说我当年投河而死是因为当时的皇上是个昏君，所以只有当今皇上是个昏君，我才可投河而死，而今皇上您是位明君，所以我不可投河而死。

5. 我比城北的徐公美，因为我妻子是这样说的，我的妾也是这样说的，我的客人也是这样说的。

6. 史密斯不是杀人真凶，因此，罗宾逊与本案无关，格雷格太太表现出悲伤只不过是为了掩盖左轮手枪被发现的一种策略。

7. 妥协的危机是存在的，但是能够克服。因为敌人的政策即使可作某种程度的改变，但其根本改变是不可能的。中国内部有妥协的社会根源，但是反对妥协的占大多数。国际力量也有一部分赞成妥协，但是主要的力量赞成抗战。这三种因素结合起来，就能克服妥协危机，坚持抗战到底。

8. 课堂上，老师出了一道判断题要求同学们当场判断正误。老师："小林，请你判断一下。"小林："我认为答案应是'错误'。"老师："为什么呢？"小林："因为前面小燕回答说'正确'，但你没有让她坐下。"

9. 有一天，5岁的小慧望着姑姑的脸说："姑姑，你的脸好像水蜜桃哟！"姑姑高兴地抱着她左亲右亲，并问："是怎么像的？"小侄女天真地回答："上面都有细细的毛。"

10. 甲："听说你最近去美国考察了一次，感受如何？"乙："是啊，感触太深了，人家的文化水平就是高。"甲："何以见得呢？"乙："人家大人小孩都会说英语。"

四、下列语篇是否包含有论证？如果有，请识别其论证类型。

1. 某餐馆所有的菜或者是川菜或者是粤菜，张先生今晚点的不是川菜，因此，他点的是粤菜。

2. 所有黄牛吃草，张三是黄牛，因此，张三吃草。

3. 如果打死白骨精，孙悟空就会被师傅赶走；如果不打死白骨精，师傅就会被妖精吃掉；或者打死白骨精，或者不打死白骨精；因此，或者孙悟空被师傅赶走，或者师傅被妖精吃掉。

4. 五步蛇是有毒的，这条蛇不是五步蛇，因此这条蛇无毒。

5. 并非我们的所有同学都是广东人，因此，我们班所有同学都不是广东人。

6. 鸟会飞,特维迪是鸟,因此,特维迪会飞。

7. 该来的不来,因此,来的是不该来的。

8. 孔文举10岁时,跟随父亲到洛阳。当时李元礼很有名望,担任司隶校尉。登门拜访的都是杰出的人才、享有清名的人,以及他的中表亲戚,只有这些人才被允许通报进门。孔文举到了他门口,对守门人说:"我是李府君的亲戚。"通报后,孔文举进去坐在前面。李元礼问道:"你和我是什么亲戚啊?"孔文举回答说:"从前我的先人孔仲尼和您的先人李伯阳有师友之亲,这样说来,我与您不是世代通家之好吗?"李元礼和宾客们对他的回答没有不感到惊奇的。这时,太中大夫陈韪刚进来,有人把孔文举的话告诉了他。陈韪说:"小时聪明伶俐,长后大未必会怎么样。"孔文举说:"照您这样说,您小时候一定是聪明伶俐的了!"陈韪非常尴尬。

9. 古时候,有一个人目不识丁,他不希望儿子也像他这样,就请了个教书先生来教他儿子认字。他儿子见老师写"一"就是一画,"二"就是二画,"三"就是三画,他就跑去跟他父亲说:"爸爸,我会写字了,请你叫老师走吧!"这人听了很高兴,就给老师结算了工钱叫他走了。第二天,这人想请一个姓万的人来家里吃饭,就让他儿子帮忙写一张请帖,他儿子从早上一直写到中午也没有写好,这人觉得奇怪,就去看看,只发现他儿子在纸上画了好多横线,就问他儿子什么意思。他儿子一边擦头上的汗一边埋怨道:"爸,这人姓什么不好,偏偏姓万,害得我从早上到现在才画了500画!"

10. 王戎7岁的时候有一次和几个小孩子一起玩儿,看见路边的李子树上结了好多果子,树枝都快被压断了,别的小孩争相跑去摘李子。只有王戎不动。人们问他为什么,他回答说:"李树长在路边却有许多果实,这些李子一定是苦的。"人们尝了摘下的李子,确实是苦的。

第三章 直言命题逻辑

> **【内容提要】** 直言命题逻辑(the logic of categorical proposition)是研究直言命题推理或论证的有效性评价的逻辑。这种逻辑有时又被称为"词项逻辑"(term logic)。直言命题推理或论证又可简称为直言推理或论证,为了简单起见,我们在此使用"直言论证"这一术语。这种论证是指前提和结论都是直言命题的论证。直言命题论证通常分为三类:对当关系论证、直言命题运算论证和三段论。对当关系论证是根据具有相同素材(即具有相同的主项和谓项)的 A、E、I、O 四个命题的真假关系即对当关系所进行的论证。直言命题运算论证又称为命题变形论证,是指通过改变命题的质或量从而推导出新命题的论证。直言三段论是指由两个包含一个共同项的前提有效地推导出结论的论证。

第一节 直言命题概述

直言命题可分为四种类型:全称肯定命题(A 命题)、全称否定命题(E 命题)、特称肯定命题(I 命题)和特称否定命题(O 命题)。在讨论直言命题时,我们不仅需要分析其名称、形式、组成要素、量和质,还需要关注其真假的判定以及主谓项的周延性问题。

一、什么是直言命题

一个标准形式的直言命题(categorical proposition)是指断定两类对象之间关系的陈述命题。直言命题有两层含义:首先,它必须是陈述句;其次,它必须反映两类对象之间的关系。由于直言命题反映两类对象之间的关系,因此,这种命题又被称为范畴命题(categorical proposition)。实际上这只是一个翻译问题。直言命题是三段论的基本构成要素,而三段论是传统逻辑或亚里士多德逻辑中所研究的主要论证类型。要想充分理解直言命题,必须能够识别出命题的形式、名称、组成要素、量和质。

1. 形式与名称

直言命题有四种形式(form),每一种我们都给它一个名称(name)。

命题	名称	命题形式
所有艺术家都是人	A	所有 S 都是 P
所有艺术家都不是人	E	所有 S 都不是 P
有些艺术家是人	I	有些 S 是 P
有些艺术家不是人	O	有些 S 不是 P

此外,我们还分别把 A、E、I、O 四种命题命名为全称肯定命题、全称否定命题、特称肯定命题和特称否定命题,其命题形式分别是 SAP、SEP、SIP 和 SOP。

2. 构成要素

每一个直言命题都是由四个要素构成的。

(1) **量项**。量项(quantifier,又称量词)是用来反映命题主项数量范围的项,在直言命题标准形式中位于最左边,占据直言命题的第一个位置,如:"所有广东人是中国人。"在汉语中,用来表达量项的语词有"所有""每一个""全部""没有一个""凡""有些""大多数""绝大多数""少数""极少数""极个别""个别""至少有一个"等。当主项是一个代词或外延只有一个对象的单独概念时,其量词可以省略,同时被视为全称量词,如"广州是广东的省会"以及"我是中国人"。

(2) **主项**。主项(subject term)是一个用来指称一类对象的语词或短语,而且它一定是名词或代词,占据直言命题的第二个位置,如:"所有 广东人 都是中国人。"在主项所表达的对象类中,其成员一个都没有,即为空类;可能有一个成员,即为单独词项;可能有两个或两个以上成员,即为普遍词项。

(3) **联项**。联项(copula)是用来连接主项与谓项的项,占据直言命题的第三个位置,如:"所有广东人都 是 中国人。"A 命题和 I 命题的联项是"是",E 命题和 O 命题的联项是"不是"。

(4) **谓项**。与主项一样,谓项(predicate term)是一个用来指称一类对象的词或短语,而且它一定是名词或代词,占据着直言命题的第四个位置,如:"所有广东人都是 中国人 。"与主项一样,谓项所表达的对象类,可能是有两个或两个以上成员的类,也可能是只有一个成员的类,还可能是空类。

3. 量

根据直言命题的量或命题的量项,我们可以把直言命题分为全称命题(universal proposition)和特称命题(particular proposition)。

全称命题是指断定了主项类的每一个成员都是谓项类成员的命题。在汉语中,其表达式有"所有""全部""每个""任何""没有一个""任意"等。全称命题的两种形式是:

(1) A 命题。A 命题"所有彩色蜡笔画都是蜡笔画"断定了"彩色蜡笔画"这个类的"**每个成员**"都是"蜡笔画"这个类的成员。

(2) E 命题。E 命题"**所有彩色蜡笔画都不是蜡笔画**"断定了"彩色蜡笔画"这个类的"**每个成员**"都不是"蜡笔画"这个类的成员。

特称命题是指断定了主项这个类中至少有一个成员是谓项类成员的命题。汉语中的表达式通常是"某个""某些""有的""有""至少存在一个"等。特称命题有两种形式:

(3) I 命题。I 命题"有些壁画是三幅一联画"断定了"壁画"这个类中"**至少有一个**"成员也是"三幅一联"这个类的成员,但不必然只有一个成员是如此。

(4) O 命题。O 命题"**有些**壁画不是三幅一联画"断定了"壁画"这个类中"**至少有一个**"成员不是"三幅一联"这个类的成员,但不必然只有一个成员不是。

4. 质

根据直言命题的质或命题的联项,我们可以把直言命题分为肯定命题(affirmative proposition)和否定命题(negative proposition)。

肯定命题是指断定了主项这个类中"**至少有一个**"或"**所有成员**"是谓项这个类成员的命题。肯定命题有两种形式:

(1) A 命题。A 命题"所有十四行诗都是诗"断定了"十四行诗"这个类的每一个成员也都是"诗"这个类的成员。

(2) I 命题。I 命题"有些十四行诗是诗"断定了"十四行诗"这个类中至少有一个成员也是"诗"这个类的成员。

否定命题是指断定了主项这个类中"**至少有一个**"或"**所有成员**"不是谓项这个类的成员的命题。否定命题有两种形式:

(3) E 命题。E 命题"所有照片都不是油画"断定了"照片"这个类中没有一个成员是"油画"这个类的成员。

(4) O 命题。O 命题"有些照片不是油画"断定了"照片"这个类中至少有一个成员不是"油画"这个类的成员。

5. 化归

这里的化归（reduce）是指将非标准形式的直言命题化归为标准形式直言命题。在自然语言中，有些直言命题并不是标准形式的直言命题，但我们可以将其修改成为标准形式的直言命题。常见的非标准直言命题有三种情形：

其一，命题没有量项。例如，"中国人是黄种人"。在这个命题中，没有量项，我们可以通过补充一个"全称量词"将其修改成"所有中国人都是黄种人"，但这个补充值得商榷。但是，并不是所有没有量项的直言命题都可以通过补充一个全称量词使其变成一个标准形式的全称命题。例如，"广东人都是很宽容的人"。在这里，我们显然不能简单地将其补充为"所有广东人都是很宽容的人"，因为事实上不可能如此。在这种情况下，我们将其补充为"大多数广东人都是很宽容的人"，比较符合这个命题使用者的意图，其命题形式仍然是"SIP"。总而言之，在没有量词的情况下，到底应该补充全称量词还是特称量词，这取决于具体的语境，看看哪个补充更符合命题使用者的意图。

其二，谓项不是名词而是形容词。例如，"有些人是好的"。在这里，"好的"是形容词，并不代表一个类。因此，我们通常需要通过添加一个名词，使其代表一类对象。比如，我们可以将其修改为"有些人是好人"。

其三，量项不在直言命题的第一个位置。我们只需要把量项提前到第一个位置即可。在自然语言中，这类非标准形式的直言命题还不少。例如，"我们班的所有同学都是中国人"。这个命题改为"所有我们班的同学都是中国人"。这样，它就变成了一个标准形式的直言命题。

例　子

请解释为什么"苹果是红的"不是一个标准形式的直言命题。

分　析

首先，这个命题没有量项，如"所有""有些"之类词语。

其次，谓项不是一个名词。

但是，我们可以把这个命题翻译成为标准形式的直言命题"所有苹果都是红色的水果"。

例　子

识别命题"所有激进理想主义者都不是常识现实主义者"的名称、构成要素、量和质。

分 析

首先,既然这个命题具有"所有 S 都不是 P"的形式,因此,它是 E 命题。

其次,从其构成要素来看,其量项是"所有",主项是"激进理想主义",联项是"不是",谓项是"常识现实主义者"。

再次,既然该命题是一个 E 命题,因此,其量是全称的。

最后,既然它是一个 E 命题,因此,其质是否定的。

思 考 题

下列命题是否是直言命题?如果不是,请解释为什么?如果是,请指出其名称、构成要素、量和质。

(1) 所有印象主义者都是浪漫主义者。

(2) 高更的画是平的。

二、周延性

当命题断言了主项或谓项所指称的类的每一个成员时,我们就说这个词项是周延的,否则就是不周延的。具体地说,全称命题的主项是周延的,否定命题的谓项是周延的,其他情况均不周延。根据这个标准,我们可判定:

1. 主项 S 在下列两种命题中是周延的。

A 命题:所有 S 都是 P。

E 命题:所有 S 都不是 P。

2. 谓项 P 在下列两种命题中是周延的。

E 命题:所有 S 都不是 P。

O 命题:有些 S 不是 P。

3. 其余情形下,主项和谓项都是不周延的。

特别要注意两种情形:(1)在 E 命题中,主项和谓项都是周延的;(2)在 I 命题中,主项和谓项都是不周延的。

例 子

在命题"所有人大代表都是中国公民"中,哪个项是周延的?

分　析

这是一个 A 命题,即它具有形式"所有 S 都是 P"。在 A 命题中,只有主项 S 是周延的。因此,这个命题中只有主项"人大代表"是周延的。

思　考　题

下列命题中如果有周延的项,请指出来。
(1) 有些赋格曲是幻想曲。
(2) 所有风琴踏板练习曲都不是风琴键盘练习曲。

三、文恩图

文恩图提供了一种表示直言命题主、谓项分别指称的两个类之间关系的图式。它是由英国哲学家和逻辑学家文恩(John Venn,1834—1923 年)在 1880 年提出来的。

空图是由相互交叉的两个圆圈组成的。一个圆圈代表主项,另一个圆圈代表谓项。我们用数字代表图中的区域,共分为 4 个区域,其中,第 1 区代表"属于 S 类但不属于 P 类的对象";第 2 区代表"既属于 S 类又属于 P 类的对象";第 3 区代表"属于 P 类但不属于 S 类的对象";第 4 区代表"既不属于 S 类又不属于 P 类的对象"。

文恩

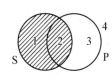

当我们画文恩图来表达直言命题时,我们要做三件事:

1. **留空白**。如果关于那个区域直言命题什么也没断定,那就将该区域留白。例如,我们用 S 代表"政客",P 代表"说谎者"。在命题"所有政客都是说谎者"中,关于说谎者什么也没有说,因此,当我们给这个命题画图时,属于 P 类但不属于 S 类或是说谎者但不是政客的第 3 区就留成空白。

2. **画阴影**。画阴影表示这个区域是空缺的。如果命题是全称的,它必然断定一个具体区域是空缺的。例如,关于"既是政客又是说谎者",在命题"所有政客都不是说谎者"中是空缺的,因此,既属于 S 又属于 P 或既是政客又是说谎者的第 2 区被断言是空缺的,应当被画成阴影。

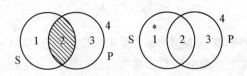

3. **画星号"∗"**。这表示至少有一个成员属于这个区域。我们用星号来为特称命题画文恩图。例如,命题"有些政客不是说谎者"断言的是至少有一个不是说谎者的政客,因此,不属于 P 的 S 或是政客但不是说谎者的第 1 区应当被画上星号。

然后,用文恩图来表示 A、E、I、O 命题的规则如下(见下表):

名称	形式	画图	文恩图
A	所有 S 都是 P	第 1 区画阴影	
E	所有 S 都不是 P	第 2 区画阴影	
I	有些 S 是 P	第 2 区画"∗"	
O	有些 S 不是 P	第 1 区画"∗"	

例 子

给命题"有些非物理主义者是现象论者"画一个文恩图。

分 析

这是一个 I 命题,其形式是"有些 S 是 P"。其正确的文恩图是:

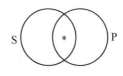

思　考　题

画出下列两个命题的文恩图。
1. 有些士兵不是英雄。
2. 有些学生是广东人。

四、欧拉图

欧拉图也是可以用来表示直言命题主、谓项分别指称的两个类之间关系的图形表示法。它是由瑞士数学家和物理学家欧拉（Leonhard Paul Euler，1707—1783）提出来的。

用欧拉图表示两个对象类之间的关系，有以下五种情况：

欧拉

   　　　S　　P

全同关系　　真包含于关系　　真包含关系　　交叉关系　　　全异关系

根据这五种关系，我们可以用欧拉图来判断 A、E、I、O 四个直言命题的真假情况如下：

关系＼命题	SP	P S	S P	S P	S　P
SAP	T	T	F	F	F
SEP	F	F	F	F	T
SIP	T	T	T	T	F
SOP	F	F	T	T	T

说明：“T”表示“真”，“F”表示“假”。

例 子

请用欧拉图表示"所有中山大学学生都是学生"。

分 析

这是一个 A 命题。如果我们用 S 代表主项"中山大学学生",P 代表谓项"学生",那么,其欧拉图表示就是上图中 SAP 为真的情形,即:

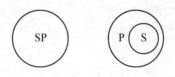

思 考 题

请用欧拉图表示下列命题。
(1) 所有欧洲人都不是亚洲人。
(2) 有些逻辑学专业的学生不是中山大学学生。

第二节 对当关系论证

对当关系论证是基于具有相同主项和谓项的 A、E、I、O 四种直言命题之间的真值关系进行推理的论证。这种论证的有效性是建立在从其中一个命题的真假能否推导出另一个命题的真假基础之上的。如果这种推导关系成立,那么该论证就是有效的,否则,就是无效的。

一、何谓对当方阵

对当方阵(square of opposition),又称逻辑方阵(logical square),向我们展示了具有相同主项和相同谓项的两个直言命题之间六种可能的逻辑关系。这六种关系的存在并不是必然的,需要区分存在观点和假设观点。**存在观点是指假定主项和谓项分别所指称的类中都至少有一个成员存在,即假定主项类必须是一个非空类。**假设观点是指对主项和谓项所指称的类中是否有成员存在不作任何假定,即主项类可以是空类。在存在观点下,具有相同主项和谓项的 A、E、I、

O 四个命题两两间肯定具有以下四种关系中的一种：反对关系、下反对关系、蕴涵关系和矛盾关系。但是,在假设观点下,除了矛盾关系存在之外,其他关系都不成立。当我们用在第五章中所谈到的谓项逻辑方法来证明根据对当关系进行推理的有效性时,这种区分就显得至关重要了。如果不引入主项或谓项存在,我们不可能给出根反对关系、下反对关系和蕴涵关系进行的推理的演绎有效性证明。

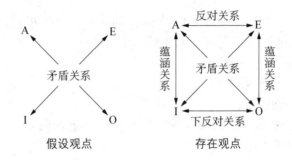

二、两种观点

前面我们已经讨论了矛盾关系。当我们讨论属于逻辑方阵的其他所有关系时,会因采取假设观点或存在观点之不同而显现差别。只有矛盾关系在存在观点和假设观点下均成立,而反对关系、下反对关系和蕴涵关系只有在存在观点下才成立。存在观点是指假定主项 S 或谓项 P 所指称的那一类对象中至少有一个成员存在,即主项或谓项所对应的集合不能是空集。假设观点是指：对主项和谓项的存在不作任何假定,即主项或谓项所对应的集合可以是空集。

例　子

假如我们在讨论"所有独角兽都是马"和"所有独角兽都不是马"这两个命题之间的关系时假定了至少有一个独角兽存在,这是采取了什么观点？

分　析

用这种方式来讨论是采取了存在观点,因为我们做出了独角兽存在的假定。

思　考　题

指出下列情形采取了何种观点？

(1) 在没有假定任何东西存在的情况下,我们问"所有制陶工人都是人"和"所有制陶工人都不是人"是否同时为真?

(2) 假定存在画家,我们问"有些画家是新教徒"和"有些画家不是新教徒"是否同时为真?

三、矛盾关系

A命题与O命题、E命题和I命题是矛盾关系。在逻辑方阵中,两个命题是矛盾关系,当且仅当,它们同时满足下述三个条件:

(1) 具有相同的主项和谓项;
(2) 具有不同的量;
(3) 具有不同的质。

根据真假关系,矛盾关系是一种"不能同真,不能同假"的关系。因此,它们的真值是完全相反的。

例　子

"有些快乐的制陶工人不是脑外科医生"这个命题的矛盾命题是什么?如果原命题为真,其矛盾命题的真值如何?如果原命题为假,其矛盾命题的真值如何?

分　析

原命题是O命题,因此,其矛盾命题是A命题:"所有快乐的制陶工人都是脑外科医生。"

矛盾关系总是有着相反的真值,因此,如果原命题为真,那么其矛盾命题为假;如果原命题为假,那么其矛盾命题为真。

思　考　题

指出下列命题的矛盾命题。如果原命题为真,其矛盾命题的真值如何?如果原命题为假,其矛盾命题的真值如何?

(1) 有些波斯雕刻家是希腊雕刻家。
(2) 所有鱼都不是用鳃呼吸的动物。

四、反对关系

A命题与E命题是反对关系。

在逻辑方阵中,两个命题是反对关系,当且仅当,它们同时满足下述四个条件:

(1) 是从存在观点来考虑的;
(2) 具有相同主项和相同谓项;
(3) 都是全称命题;
(4) 有不同的质。

从真假关系来看,反对关系是"不能同真,但可同假"的关系。

例　子

命题"所有艺术品都不是工艺品"的反对命题是什么?如果原命题为真,其反对命题的真值情况如何?如果原命题为假,其反对命题的真值情况如何?

分　析

这是一个E命题,E命题的反对命题是A命题,因此,其反对命题是"所有艺术品都是工艺品"。

反对关系不能同真,因此,如果原命题为真,那么其反对命题为假。

反对关系可以同假也可以不同假,因此,如果原命题为假,那么其反对命题是真假不定的。

思　考　题

指出下列命题的反对命题。如果原命题为真,其反对命题的真值情况如何?如果原命题为假,其反对命题的真值情况如何?

(1) 所有半音阶幻想曲都是很难练习的曲子。
(2) 巴赫写的键盘练习曲都不是为管弦乐演奏设计的曲子。

五、下反对关系

I命题和O命题是下反对关系。

在逻辑方阵中,两个命题是下反对关系,当且仅当,它们同时满足下述四个条件:

(1) 是从存在观点来考虑的；
(2) 具有相同主项和相同谓项；
(3) 都是特称命题；
(4) 有不同的质。

从真假关系来看，下反对关系是"可以同真，不能同假"的关系。

例　　子

命题"有些艺术对象不是物理对象"的下反对命题是什么？如果原命题为真，下反对命题的真值情况如何？如果原命题为假，其下反对命题的真值情况如何？

分　　析

这是一个O命题，O命题的下反对命题是I命题，因此，其下反对命题是"有些艺术对象是物理对象"。

下反对关系是可以同真也可以不同真的关系，因此，如果原命题为真，那么其下反对命题是真假不定的。

反对关系是不能同假的关系，因此，如果原命题是假的，那么其下反对命题是真的。

思　考　题

指出下列命题的下反对命题。如果原命题为真，下反对命题的真值情况如何？如果原命题为假，其下反对命题的真值情况如何？
(1) 有些流行歌曲不是长期流行的歌曲。
(2) 有些30年前流行的歌曲是今天仍然流行的歌曲。

六、蕴涵关系

A命题与I命题、E命题与O命题之间的关系是蕴涵关系。在我国，许多逻辑教科书称其为差等关系。

在逻辑方阵中，两个命题是蕴涵关系，当且仅当，它们同时满足下述四个条件：
(1) 是从存在观点来考虑的；
(2) 具有相同主项和相同谓项；
(3) 有不同的量；

(4) 有相同的质。

从真假关系来看,它们是"既可同真,又可同假"的关系,具体表现为:

(1) 如果全称命题为真,那么特称命题便为真。具体地说:如果 A 命题为真,那么 I 命题必定为真;如果 E 命题为真,那么 O 命题必定为真。

(2) 如果特称命题为假,那么全称命题便为假。具体地说:如果 I 命题为假,那么 A 命题必定为假;如果 O 命题为假,那么 E 命题必定为假。

例　子

根据蕴涵关系,"有些法国存在主义者是剧作家"这个命题的对应命题是什么?如果原命题为假,那么其对应命题的真值情况如何?如果原命题为真,那么其对应命题的真值情况又如何?

分　析

这是一个 I 命题,因此,其对应命题是 A 命题,即"所有法国存在主义者都是剧作家"。

如果特称命题为假,那么其对应命题为假。既然 I 命题是特称命题,因此,如果 I 命题为假,那么 A 命题就是假的。

如果特称命题为真,那么其对应命题可以为真也可以为假,因此,如果这个命题为真,那么其对应命题是真假不定的。

思　考　题

根据刚才所讨论的关系,指出下列命题的对应命题。如果原命题为真,其对应命题的真值情况如何? 如果原命题为假,其对应命题的真值情况又如何?

(1) 所有的鲁迅著作都是周樟寿的著作。

(2) 有些中篇小说不是中国作家的作品。

七、对当关系论证

我们把基于逻辑方阵中各种关系的论证称为对当关系论证。根据对当关系的分类,我们可以把对当关系论证分为矛盾关系论证、反对关系论证、下反对关系论证和蕴涵关系论证。对当关系论证共有 16 种有效论证。

1. 矛盾关系论证有 8 种有效形式:$SAP \Rightarrow \overline{SOP}$、$\overline{SAP} \Rightarrow SOP$、$SOP \Rightarrow \overline{SAP}$、$\overline{SOP} \Rightarrow SAP$、$SEP \Rightarrow \overline{SIP}$、$\overline{SEP} \Rightarrow SIP$、$SIP \Rightarrow \overline{SEP}$ 以及 $\overline{SIP} \Rightarrow SEP$。其中"⇒"表示"推出关系","$\overline{SIP}$"表示"并非 SIP 为真"或"SIP 为假",依此类推。

2. 反对关系论证有 2 种有效形式：SAP⇒$\overline{\text{SEP}}$ 和 SEP⇒$\overline{\text{SAP}}$。要注意，下列两个基于反对关系的论证形式是无效的：$\overline{\text{SEP}}$⇒SAP 和 $\overline{\text{SAP}}$⇒SEP。

3. 下反对关系论证有 2 种有效形式：$\overline{\text{SOP}}$⇒SIP 和 $\overline{\text{SIP}}$⇒SOP。要注意，下列两个基于下反对关系的论证形式是无效的：SIP⇒$\overline{\text{SOP}}$ 和 SOP⇒$\overline{\text{SIP}}$。

4. 蕴涵关系论证有 4 种有效形式：SAP⇒SIP、$\overline{\text{SIP}}$⇒$\overline{\text{SAP}}$、SEP⇒SOP 和 $\overline{\text{SOP}}$⇒$\overline{\text{SEP}}$。下列基于蕴涵关系的论证形式是无效的：SAP⇒$\overline{\text{SIP}}$、SEP⇒$\overline{\text{SOP}}$、SIP⇒SAP、SIP⇒$\overline{\text{SAP}}$、SOP⇒$\overline{\text{SEP}}$ 和 SOP⇒SEP。

第三节 直言命题运算论证

直言命题运算论证是指基于直言命题运算关系进行的论证。这种论证又被称为"命题变形论证"，其有效性判定是根据一个命题能否推导出另一个命题来进行的。如果一个命题借助运算可以推导出另一个不同命题，那么基于这种推导关系的论证就是有效的，否则无效。

一、什么是直言命题运算

直言命题运算就是通过改变命题的质或改变命题的量或既改变命题的质又改变命题的量进行逻辑推理。关于直言命题，我们能够进行三种运算：换位法、换质法和对换法。借助这些运算，我们可以把直言命题改变成为一个新直言命题。在某些情况下，这个新命题与原命题有关，是因为它们的形式，即两个命题是逻辑等值的。

什么是逻辑等值呢？ 当两个命题的真值必然相同时，它们就是逻辑等值的，也就是说，如果一个命题为真，另一个命题必定为真；如果一个命题为假，另一命题也必定为假。

什么是逻辑独立呢？ 当一个命题的真假逻辑上独立于另一个命题的真假时，我们就说这两个命题是逻辑独立的。

在考虑这些运算时，我们需要知道以下两个方面：（1）如何进行运算；（2）新命题与原命题是逻辑等值还是逻辑独立。

如果我们暂时不考虑限制换位，那就不必区分存在观点和假设观点。

二、换位法

换位法的两个步骤是:(1)交换命题的主项和谓项;(2)其余部分保持不变。换位后所获得的新命题被称为换位命题。

根据逻辑等值关系,我们可知:

A 命题及其换位命题不是逻辑等值的,即:SAP 不能换位。但是,如果考虑到限制换位,即假定主项 S 类至少有一个成员存在,那么,SAP 便可换位成 PIS,记为"SAP⇒PIS"。其中,符号"⇒"表示一种推导关系,意思是我们可以从左边推导出右边。这是一种限制换位,只能从左边推导出右边,但不能从右边推导出左边。因此,"SAP⇒PIS"表示"可以从 SAP 推导出 PIS,但不能从 PIS 推导出 SAP"。

E 命题及其换位命题是逻辑等值的,即:SEP 可以换位成 PES,记为"SEP⇔PES"。其中,"⇔"表示既可以从左边推导出右边,也可以从右边推导出左边。这种左右两边都可以互推的关系又可称为逻辑等值关系,也就是说,我们既可以从 SEP 推导出 PES,又可以从 PES 推导出 SEP。

I 命题及其换位命题是逻辑等值的,即 SIP 可以换位成 PIS,记为"SIP⇔PIS",也就是说,我们既可以从 SIP 推导出 PIS,也可以从 PIS 推导出 SIP。

O 命题及其换位命题不是逻辑等值的,即:SOP 不能换位,也就是说,我们既不能从 SOP 推导出 POS,也不能从 POS 推导出 SOP。

例　子

命题"有些柱子不是凹槽柱"的换位命题是什么?它与原命题是否逻辑等值?

分　析

为了对直言命题进行换位,我们需要交换主项和谓项的位置,并且其他部分保持不变。这个命题的换位命题是"有些凹槽柱不是柱子"。

原命题是一个 O 命题,而 O 命题与其换位命题不是逻辑等值的。

思　考　题

指出下列命题的换位命题,并判断原命题与其换位命题是否逻辑等值。
(1) 所有四行诗都是诗。
(2) 有些戏剧史诗不是诗。

三、换质法

换质法的三个步骤是：(1)改变命题的质；(2)通常加上"非"来否定整个谓项；(3)其余部分保持不变。换质后所得到的新命题被称为换质命题。所有标准形式的直言命题与各自的换质命题都是逻辑等值的。即：

SAP 可换质成 SE$\overline{P}$，反之亦然，记为"SAP⇔SE$\overline{P}$"，即我们既可以从 SAP 推导出 SE$\overline{P}$，也可以从 SE$\overline{P}$ 推导出 SAP。

SEP 可换质成 SA$\overline{P}$，反之亦然，记为"SEP⇔SA$\overline{P}$"，即我们可以从 SEP 推导出 SA$\overline{P}$，反之亦然。

SIP 可换质成 SO$\overline{P}$，反之亦然，记为"SIP⇔SO$\overline{P}$"，即我们可以从 SIP 推导出 SO$\overline{P}$，反之亦然。

SOP 可换质成 SI$\overline{P}$，反之亦然，记为"SOP⇔SI$\overline{P}$"，即我们可以从 SOP 推导出 SI$\overline{P}$，反之亦然。

例　子

命题"有些矫揉造作的建筑不是意大利建筑"的换质命题是什么？原命题与其换质命题是否逻辑等值？

分　析

这是一个 O 命题。要对 O 命题进行换质，首先要改变命题的质，即"有些 S 不是 P"改为"有些 S 是 P"；其次，否定命题的谓项，即"有些 S 是 P"变成"有些 S 是非 P"。

要注意，如果谓项本身已经带有含否定意义的"非"字，那么简单地去掉"非"即可。但是，如果"非"字本身并不是表示否定意义，那么就不能简单地去掉"非"字。例如，命题"所有摩洛哥人都是非洲人"就不能简单地通过去掉"非"字而换质是"所有摩洛哥人都不是洲人"，这样一来，原命题与换质命题就不可能逻辑等值了。

思　考　题

指出下列命题的换质命题，并判断原命题与其换质命题是否逻辑等值。
(1) 有些王宪均的学生是金岳霖的学生。
(2) 所有香港人都不是非中国人。

四、对换法

对换法的三个步骤：(1)交换命题主项和谓项的位置；(2)通过加上"非"字同时否定主项和谓项；(3)其余部分保持不变。对换所得出的新命题被称为原命题的对换命题。

根据逻辑等值关系，我们可以得知：

A 命题与其对换命题是逻辑等值的，即 SAP⇔$\overline{P}A\overline{S}$，也就是说，我们既可以从 SAP 推导出 $\overline{P}A\overline{S}$，也可以从 $\overline{P}A\overline{S}$ 推导出 SAP。

E 命题与其对换命题不是逻辑等值的，即 SEP 不等值于 $\overline{P}E\overline{S}$，也就是说，我们既不能从 SEP 推导出 $\overline{P}E\overline{S}$，也不能从 $\overline{P}E\overline{S}$ 推导出 SEP。

I 命题与其对换命题不是逻辑等值的，即 SIP 不等值于 $\overline{P}I\overline{S}$，也就是说，我们既不能从 SIP 推导出 $\overline{P}I\overline{S}$，也不能从 $\overline{P}I\overline{S}$ 推导出 SIP。

O 命题与其对换命题是逻辑等值的，即 SOP 等值于 $\overline{P}O\overline{S}$，也就是说，我们既能从 SOP 推导出 $\overline{P}O\overline{S}$，又能从 $\overline{P}O\overline{S}$ 推导出 SOP。

实际上，对换法的意义很有限，因为我们根据换质法和换位法的混合运算就能从 SAP 推导出 $\overline{P}A\overline{S}$，也能从 SOP 推导出 $\overline{P}O\overline{S}$。混合运算的问题我们马上就会谈到。

例　子

命题"有些野兽派画家是法国表现主义画家"的对换命题是什么？原命题与其对换命题是否逻辑等值？

分　析

这是一个 I 命题。

要想给 I 命题进行对换，首先必须交换主项和谓项的位置，即："有些 S 是 P"变成"有些 P 是 S"；然后，分别否定主项和谓项，即："有些 P 是 S"变成"有些非 P 是非 S"。因此，原命题的对换命题是"有些非法国表现主义画家是非野兽派画家"。

I 命题与其对换命题不是逻辑等值的，因此，原命题与其对换命题不是逻辑等值的。

思　考　题

指出下列命题的对换命题，并判断原命题与其对换命题是否逻辑等值。

(1) 有些王尔德的戏剧是讽刺剧。
(2) 所有凹雕都不是在画布上完成的作品。

五、混合运算

有了换位法和换质法之后，我们就可以通过交替使用换质法和换位法来进行更复杂的直言命题运算了。

1. 由 A 命题出发的运算

先换质后换位：SAP⇔SE$\bar{P}$⇔$\bar{P}$ES⇔$\bar{P}$A$\bar{S}$⇒$\bar{S}$I$\bar{P}$⇔$\bar{S}$O$\bar{\bar{P}}$。这里，要特别注意的是从 $\bar{P}$A$\bar{S}$ 到 $\bar{S}$I$\bar{P}$ 所用的是限制换位。

在进行换质法和换位法的混合运算时，我们应当换算到什么时候终止呢？从理论上说，我们可以换算到直到不能继续换算为止。例如，在这里，当我们从 $\bar{S}$I$\bar{P}$ 换质成 $\bar{S}$O$\bar{\bar{P}}$ 时，下一步工作该换位了。由于 SOP 不能进行换位，因此 $\bar{S}$O$\bar{\bar{P}}$ 也不能进行换位。因此，到此为止，从 SAP 进行先换质后换位的运算就可宣布终止了。

先换位后换质：

SAP⇒PIS⇔PO$\bar{S}$。要注意，这里从 SAP 到 PIS 是限制换位。

2. 由 E 命题出发的运算

先换质后换位：

SEP⇔SA$\bar{P}$⇒$\bar{P}$IS⇔$\bar{P}$O$\bar{S}$。其中，从 SA$\bar{P}$ 到 $\bar{P}$IS 是限制换位。

先换位后换质：

SEP⇔PES⇔PA$\bar{S}$⇒$\bar{S}$I$\bar{P}$⇔$\bar{S}$O$\bar{\bar{P}}$。其中，从 PA$\bar{S}$ 到 $\bar{S}$I$\bar{P}$ 是限制换位。

3. 由 I 命题出发的运算

先换质后换位：

SIP⇔SO$\bar{P}$。

先换位后换质：

SIP⇔PIS⇔PO$\bar{S}$。

4. 由 O 命题出发的运算

先换质后换位：

SOP⇔SI$\bar{P}$⇔$\bar{P}$IS⇔$\bar{P}$O$\bar{S}$。

先换位后换质：

SOP 不能换位。

当然，如果我们引入对换法，还可以继续换下去。这里留给读者自己去思考，在此不作详述。

六、直言命题运算论证

根据上面所讲的直言命题运算,我们可以把直言命题运算论证区别为换质论证、换位论证和对换论证。

1. 换质论证的有效形式有 4 个:SAP⇒SE$\overline{P}$、SEP⇒SA$\overline{P}$、SIP⇒SO$\overline{P}$ 和 SOP⇒SI$\overline{P}$。

2. 换位论证的有效形式有 3 个:SAP⇒PIS、SEP⇒PES 和 SIP⇒PIS。要注意,SAP⇒PIS 仅从存在观点来看是有效的。如果不引入主项存在预设,那么这个论证便是无效的。在第五章第四节我们将用现代逻辑来证明这一点。此外,论证形式 SOP⇒POS 是无效的。

3. 对换论证的有效形式有 2 个:SAP⇒$\overline{P}$A$\overline{S}$ 和 SOP⇒$\overline{P}$O$\overline{S}$。要注意,SEP⇒$\overline{P}$ES 和 SIP⇒$\overline{P}$I$\overline{S}$ 这两个形式是无效的。

第四节 三段论概述

直言三段论是传统逻辑的核心内容,也是亚里士多德逻辑的核心内容。这部分内容自两千三百多年前就已经开始讲授。如今,三段论(syllogism)有直言三段论、假言三段论和选言三段论之分。不过,我们通常说的三段论往往是指直言三段论。因此,人们一说到三段论,通常把它与直言三段论等同起来。为了简单起见,本节中我们约定三段论就是指直言三段论。

一、三段论的定义

一个论证是标准形式的三段论,当且仅当,它同时满足下述三个条件:

(1) 它恰好包含了三个标准形式的直言命题,其中,两个为前提,一个为结论;

(2) 就其主项和谓项而言,它有且只有三个不同的项;

(3) 每个项在不同命题中出现两次。

三段论的经典例子就是亚里士多德给出的。

例 子

所有人都是必死的;

苏格拉底是人；

因此，苏格拉底是必死的。

分　　析

首先，这个论证包含了三个直言命题，即"所有人都是必死的""苏格拉底是人"和"苏格拉底是必死的"。不过，根据我们前面给出的定义，三个命题目前都还不是我们这里所谓的标准形式的直言命题，为此，我们必须将其翻译成标准形式的直言命题。即：

所有人都是必死的动物；

苏格拉底是人；

因此，苏格拉底是必死的动物。

不仅如此，根据我们前面给出的标准形式直言命题的定义，其第二个前提也不是标准形式的直言命题。稍后我们将介绍如何将这种情形转换成标准形式的直言命题。在此之前，我们先讲三段论的其他相关内容。

其次，就其主项和谓项而言，这个论证所包含的三个不同项是"人""必死的动物"和"苏格拉底"。

再次，"人"这个项在第一个前提中是主项，在第二个前提中是谓项；"必死的动物"这个项在第一个前提中是谓项，在结论中是谓项；"苏格拉底"这个项在第二个前提中是主项，在结论中是主项。

二、小项、大项和中项

在三段论中，结论中的主项被称为**小项**（minor term），通常用 S 表示；结论中的谓项被称为**大项**（major term），通常用 P 表示；在前提中出现两次，结论中未出现的项被称为**中项**（middle term），通常用 M 表示。

让我们来考虑一下下面这个三段论。

所有逻辑学家都是哲学家；

所有美学家都是逻辑学家；

因此，所有美学家都是哲学家。

在这个论证中，大项是"哲学家"，它是结论中的谓项，并且是第一个前提的谓项；小项是"美学家"，它是结论中的主项并且是第二个前提的主项；"中项"是"逻辑学"，它在第一个前提中是主项且在第二个前提中是谓项。

为了对两个前提做出区别，人们还把包含大项的前提称为**大前提**（major

premise），而把包含小项的前提称为**小前提**（minor premise）。因此，上述论证中，第一个前提是大前提，第二个前提是小前提。但是，要特别注意，这并不是说第一个前提总是大前提，第二个前提总是小前提。大前提和小前提的区分是根据前提包含的是大项还是小项来区分的，而不是根据前提的表述顺序来区分的。但是，我们可以把大前提、小前提和结论这样的排列顺序视为三段论的标准命题顺序。

例　子

下面这个论证是否是一个直言三段论？如果是，请指出其大项、小项和中项以及大前提和小前提。

有些音乐家是有创造力的人；所有作曲家都是音乐家；因此，有些作曲家是有创造力的人。

分　析

第一，这个论证正好包含了三个标准形式的直言命题，其中，结论是"有些作曲家是有创造力的人"。

第二，就其主项和谓项而言，这个论证恰好包含了三个不同的项，即"有创造力的人""作曲家"和"音乐家"，而且每一个都在两个不同命题中出现一次。

第三，"有创造力的人"是结论中的谓项，因此，它是大项。在第一个前提中它出现一次，因此，第一个前提是大前提。

第四，"作曲家"是结论中的主项，因此，它是小项。在第二个前提中它出现一次，因此，第二个前提是小前提。

第五，"音乐家"在两个前提中各出现一次，因此，它是中项。

总而言之，这是一个直言三段论。

思　考　题

判断下列论证是否是直言三段论。如果不是，请解释为什么不是。如果是，请指出其大项、小项和中项以及大前提和小前提。

（1）所有现象主义者都是非物理主义者；赫胥黎是现象主义者；因此，赫胥黎是个非物理主义者。

（2）狂飙运动时期的所有作家都不是想象简单的作家；有些想象简单的作家是易怒之人；因此，有些易怒之人不是狂飙运动时期的作家。

三、三段论的式

三段论的式是指大前提、小前提和结论排列顺序的清单。在三段论中,三个直言命题的标准顺序是大前提、小前提和结论。例如,在不考虑三段论有效性的情况下,从理论上说,大前提可以是 A、E、I、O 四种命题,小前提也可以是 A、E、I、O 四种命题,而且结论也可以是 A、E、I、O 四种命题。

由此,我们就可以得出下列组合图,一共有 64 个式,如果结合后面即将讲到的三段论的格,那么四个格共有 256 个式。但并非所有式都是有效式,实际上只有极少部分式是有效式,我们可以通过前面所讲的文恩图以及后面所讲到的三段论规则或量化理论形式证明等方法来判断三段论式的有效性。

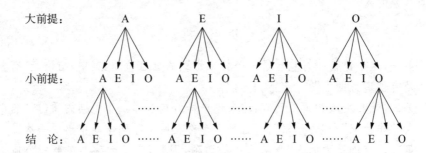

例 子

指出下列三段论的式。
有些结构主义者是形式主义者;
所有形式主义者都不是实质主义者;
因此,有些实质主义者不是结构主义者。

分 析

由于大前提(第一个前提)是一个 I 命题,小前提(第二个前提)是一个 E 命题,结论是一个 O 命题,因此,这个三段论的式是 IEO。

要注意,因为直言三段论的式是按大前提、小前提、结论这样的顺序来约定的,所以说这个三段论的式是 EIO 或 IOE 都是不正确的。

思 考 题

指出下列三段论的式。

(1) 有些感知行为不是科学行为,
所有艺术感知行为都是科学行为,
因此,有些艺术感知行为是感知行为。
(2) 所有艺术对象都是物理对象,
这是因为所有物理对象都是需要感觉的对象,
并且所有艺术对象都不是需要感觉的对象。

四、三段论的格

因中项在三段论的大前提和小前提中的位置不同而形成了三段论的格。
请考虑用下面这三个项构成一个 AAA 式三段论。
大项:好的艺术作品;
小项:给人愉快的想象;
中项:好的想象。

1. 第一格

中项在大前提中是主项,在小前提中是谓项。例如:
所有好的想象都是好的艺术作品;
所有给人愉快的想象都是好的想象;
因此,所有给人愉快的想象都是好的艺术作品。

用命题形式表示就是:
所有 M 都是 P;
所有 S 都是 M;
因此,所有 S 都是 P。

有时,为了更加简洁,我们将这个三段论形式写为:
　　MAP
　　SAM
∴ SAP

2. 第二格

中项在大前提和小前提中都是谓项。
所有好的艺术作品都是好的想象;
所有给人愉快的想象都是好的想象;
因此,所有给人愉快的想象都是好的艺术作品。

用命题形式表示就是:
所有 P 都是 M;

所有 S 都是 M；

因此，所有 S 都是 P。

或者表示为：

  PAM

  SAM

 ∴SAP

3. 第三格

中项在大前提和小前提中都是主项。

  所有好的想象都是好的艺术作品；

  所有好的想象都是给人愉快的想象；

  因此，所有给人愉快的想象都是好的艺术作品。

用命题形式表示就是：

  所有 M 都是 P；

  所有 M 都是 S；

  因此，所有 S 都是 P。

或者表示为：

  MAP

  MAS

 ∴SAP

4. 第四格

中项在大前提中是谓项，在小前提中是主项。

  所有好的艺术作品都是好的想象；

  所有好的想象都给人愉快的想象；

  因此，所有给人愉快的想象都是好的艺术作品。

用命题形式表示就是：

  所有 P 都是 M；

  所有 M 都是 S；

  因此，所有 S 都是 P。

或者表示为：

  PAM

  MAS

 ∴SAP

要注意，第一格和第四格很容易混淆，第二格和第三格也很容易弄颠倒。要记住这四格有许多方法，其中一种方法是，如果连接中项的直线被看作盒子里的一条杠,那么,中项的四个位置组合看起来如下图：

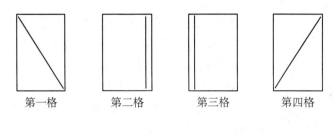

例　　子

指出下列三段论的格和式。
所有戏剧都是文学作品；
所有文学作品都是非造型艺术；
因此,所有非造型艺术都不是戏剧。

分　　析

这个三段论的大前提是 A 命题,小前提是 A 命题,结论是 E 命题,因此,它的式是 AAE。

中项是大前提的谓项,小前提的主项,连接中项的线在盒中如右图所示。

因此,该三段论是第四格。

换句话说,这是一个 AAE-4 三段论,意思是指这是第四格 AAE 式三段论。

思　考　题

指出下列三段论的格与式。

(1) 有些非艺术肖像是描述肖像；所有描述肖像都不是艺术肖像；因此,有些艺术肖像不是非艺术肖像。

(2) 所有拟声相似都不是非写实相似。因此,所有写实相似都不是非写实相似,因为所有写实相似都不是拟声相似。

五、文恩图检验

检验一个论证是有效的还是无效的,这几乎曾是演绎逻辑讨论的唯一重要

问题。有许多方法来检验一个三段论的有效性,我们在此将介绍如何用文恩图来检验三段论的有效性。这个检验过程可分为三个步骤:

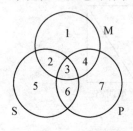

首先,用三个圆圈画一个两两交叉的图。

其中,S、P、M分别代表三段论的小项、大项和中项,各个区域所代表的对象类是:

第1区代表属于中项M类的对象;

第2区代表既属于中项M类又属于小项S类的对象;

第3区代表同时属于中项M类、小项S类和大项P类的对象;

第4区代表既属于中项M类又属于大项P类的对象;

第5区代表属于小项S类的对象;

第6区代表既属于小项S类又属于大项P类的对象;

第7区代表属于大项P类的对象。

其次,根据本章第一节中所介绍的A、E、I、O四个直言命题的文恩图表示法来图解三段论的每个前提。在画每一个前提的文恩图时,应当遵循如下经验法则:

1. 如果前提中有一个全称命题和一个特称命题,那就先画全称命题,再画特称命题。

2. 在画特称命题时,如果你发现星号"﹡"可以在两个区域中的任何一个区域,那么就在两个区域之间画一杠来代替"﹡"。这个杠表示在该杠所触及的区域中的某个地方至少存在一个对象,如右图。其中的杠表示在第2区和第3区内至少有一个对象存在。

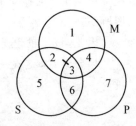

最后,读图看结论是否能为该图解释。 如果是,那么,这个三段论就是有效的,否则,就是无效的。具体地说,当我们读图时,检查一下表示S项和P项的圆圈。如果这些圆圈展示了结论的图解,那么这个论证就是有效的,否则,就是无效的。

例 子

用文恩图检验下列三段论的有效性。

<u>所有电影图像都是视觉图像</u>;

<u>有些电影图像是听觉图像</u>;

因此,所有听觉图像都不是视觉图像。

分　析

这是一个 AIE-3 三段论。首先,在我们画好三个两两交叉的圆圈图之后,先用如下文恩图表示大前提"所有电影图像都是视觉图像",因为大前提是全称前提。

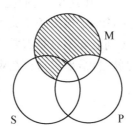

然后,我们画出小前提"有些电影图像是听觉图像"的文恩图表示。

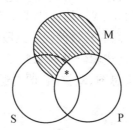

最后,结论"所有听觉图像都不是视觉图像"在上图并没有得到表示,这意味着,当两个前提均真时,结论并不是真的,因此,这个三段论是无效的。

当然,我们也可以用欧拉图来检验三段论的有效性,然而,相对于文恩图检验来讲,用欧拉图检验要复杂得多。不过,如果我们可以换个角度去思考,就相对容易了。换句话说,用欧拉图检验三段论无效总是容易操作的,只需要举出一个结论为假的事例即可。这些工作留给读者自己去练习。

思　考　题

用文恩图检验下列三段论的有效性。

(1) 有些好舞蹈演员是一流芭蕾舞演员;所有好舞蹈演员都是移动雕像;因此,有些移动雕像是一流芭蕾舞演员。

(2) 既然有些隐喻理论是言辞对立理论,而且有些隐喻理论是对象比较理论,我们就可以得出有些言辞对立理论是对象比较理论。

第五节 三段论的规则

三段论的规则是检验三段论有效性的又一工具。这种三段论有效性检验方法源于亚里士多德的《前分析篇》。在这里,我们把三段论规则分为两大类:一是项规则;二是前提规则。其中,第一、第二条是关于项的规则,第三、第四、第五条是关于前提的规则。然而,规则五并不总是需要的,它只有在从假设观点来评价三段论有效性时才需要。也就是说,如果从存在观点来看三段论的有效性,规则一至四就足够了。

一、三段论规则与有效性

如前所述,在不考虑到三段论有效性的情况之下,三段论共有 4 个格,每个格有 64 式,因此,四个格共有 256 式。但这些式并不都是有效式,实际上只有极少数式是有效式。如何检验它们的有效性呢?三段论规则是检验一个三段论是否有效的主要标准之一,这也是逻辑学教科书常常介绍的三段论评价方法。当然,除此之外,我们还可以用文恩图、欧拉图、谓词逻辑等方法来检验。在此,本书只介绍三种方法:
(1) 规则检验;
(2) 文恩图检验;
(3) 谓词逻辑检验。
前一节我们介绍了用文恩图检验三段论有效性的方法,本节我们将介绍用规则来检验三段论有效性的方法。第三种方法则留在第 5 章讨论。

从假设观点来看,一个三段论是有效的,必须同时满足下列 5 条规则。但从存在观点来看,一个三段论是有效的,则必须同时满足下列前 4 条规则。如果三段论违背了其中一条规则,那就是无效的。

二、项规则

规则一:中项必须至少周延一次。
违背这条规则的逻辑错误被称为"中项不周延"。

例　子

判断下列三段论是否违背了规则一。

有些逻辑学家是美国人；
有些逻辑学家是中国人；
因此，有些中国人是美国人。

分　　析

在这个三段论中，大前提、小前提和结论都是 I 命题，中项是"逻辑学家"。I 命题的主项和谓项都是不周延的。因此，中项"逻辑学家"在大前提和小前提中都不可能是周延的。因此，该三段论违背了三段论的规则一，犯了中项不周延的逻辑错误。

思　考　题

判定下列三段论是否违背了规则一。

(1) 所有中国人都是人；
所有德国人都是人；
因此，所有德国人都是中国人。

(2) 所有中国人都是人；
有些政治家不是中国人；
因此，有些政治家不是人。

规则二：在前提中不周延的项，在结论中不得周延。

违背这条规则的逻辑错误有两种情形：

(1) **大项扩大**，也称大项不当周延。当结论为 E 命题或 O 命题时，大项在结论中是周延的。如果大项在大前提中不周延，那么就犯了"大项扩大"或者"大项不当周延"的逻辑错误。

(2) **小项扩大**，也称小项不当周延。当结论为 A 命题或 E 命题时，小项在结论中是周延的，如果小项在小前提中是不周延的，那么就犯了"小项扩大"或者"小项不当周延"的逻辑错误。

要注意，这条规则是说：项在前提中周延是在结论中周延的必要条件，或者说项在结论中周延是在前提中周延的充分条件。关于充分条件和必要条件，在下一章我们将详细讨论。因此，要准确把握这条规则，必须避免下列两种误解：

其一，规则规定"在前提中不周延的项，在结论中不得周延"，也就是规定了"在前提中周延的项，在结论中一定要周延"。

其二，规则规定"在前提中不周延的项，在结论中不得周延"，也就规定了"在结论中不周延的项，在前提中不得周延"。

例　子

判定下列三段论是否违背了规则二。
所有抒情诗都是浪漫诗；
所有浪漫诗都是爱情诗；
因此，所有爱情诗都是抒情诗。

分　析

该三段论的结论是 A 命题。在 A 命题中，主项是周延的。因此，该三段论的小项"爱情诗"在结论中是周延的。但是，小项"爱情诗"在小前提中是不周延的，因为它是 A 命题的谓项。因此，这个三段论违背了规则二，犯了小项扩大的逻辑错误。

思 考 题

判定下列三段论是否违背了规则二。
(1) 有些浪漫诗是抒情诗；
有些爱情诗是浪漫诗；
因此，有些爱情诗是抒情诗。
(2) 所有浪漫诗都是抒情诗；
所有爱情诗都不是浪漫诗；
因此，所有爱情诗都不是抒情诗。

三、前提规则

规则三：一个正确的三段论不能有两个否定前提。

这条规则规定了三段论的大前提和小前提不能同时都是否定命题，也就是说，三段论两个前提不可能是 EE、EO、OE 或 OO 组合。

例　子

判定下列三段论是否违背了规则三。
有些音乐调式不是弗里吉亚调式；
有些音乐调式不是多里安调式；
因此，有些多里安调式不是弗里吉亚调式。

分 析

这个三段论的大前提和小前提都是 O 命题,既然 O 命题是否定命题,因此,这个三段论违背了规则三。

思 考 题

判定下列三段论是否违背了规则三。
(1) 所有弗里吉亚调式都是非多里安调式;
有些非多里安调式不是音乐调式;
因此,有些音乐调式不是弗里吉亚调式。
(2) 所有弗里吉亚调式都不是多里安调式;
有些多里安调式不是非音乐调式;
因此,有些非音乐调式不是弗里吉亚调式。

规则四:在三段论中,如果前提中有一个是否定命题,那么结论必定是否定命题;如果结论为否定命题,那么前提中必有一个是否定命题。

例 子

判定下列三段论是否违背了规则四。
所有化妆艺术都不是舞台艺术;
有些治疗艺术是化妆艺术;
因此,有些治疗艺术是舞台艺术。

分 析

在这个三段论中,大前提是 E 命题,即是一个否定命题,而结论是 I 命题,即是一个肯定命题,因此,它违背了规则四。

思 考 题

判定下列三段论是否违背了规则四。
(1) 有些化妆艺术是治疗艺术;
有些治疗艺术是舞台艺术;
因此,有些舞台艺术是化妆艺术。
(2) 有些化妆艺术是治疗艺术;
有些治疗艺术是舞台艺术;
因此,有些舞台艺术不是化妆艺术。

规则五：一个正确的三段论不能有两个全称前题和一个特称结论。

这条规则只适用于从假设观点来考虑三段论的有效性。如果我们仅从存在观点来考虑三段论,只需要前面四条规则就足够了。

例 子

判定下列三段论是否违背了规则五。
所有肉色都不是蓝色；
所有蓝色都不是土黄色；
因此,有些土黄色不是肉色。

分 析

在这个三段论中,大小前提都是 E 命题,即都是全称命题,但结论是 O 命题,即是特称命题。因此,这个三段论违背了规则五,因而,从假设观点来看,它是无效的。

思 考 题

判定下列三段论是否违背了规则五。
(1) 所有肉色都不是土黄色；
有些蓝色不是土黄色；
因此,所有蓝色都不是肉色。
(2) 所有蓝色都不是肉色；
所有土黄色都是蓝色；
因此,所有土黄色都是肉色。

综上所述,从假设观点来看三段论各格的有效式分布如下:

第一格	第二格	第三格	第四格
AAA	EAE	IAI	AEE
EAE	AEE	AII	IAI
AII	EIO	OAO	EIO
EIO	AOO	EIO	

上述 15 个式也就是满足了前四条规则的三段论有效式。
从存在观点来看,三段论除了上述 15 个有效式之外,还有下述 9 个有效式,

其分布如下：

第一格	第二格	第三格	第四格	所需假设
AAI EAO	AEO EAO		AEO	小项存在
		AAI EAO	EAO	中项存在
			AAI	大项存在

第六节　三段论的重构

一、什么是三段论重构

除非三段论是标准形式的三段论，否则我们无法用文恩图和三段论规则来分析其有效性。在自然语言中的论证常常不是以标准形式的三段论出现的，但我们可以将其重构为标准形式的三段论。这被称为"三段论的重构"或者称为"三段论的化归"。

一个直言三段论不是以标准形式出现，有三种可能情形：
1. 有一个或几个命题不是标准形式的直言命题。
2. 就其主项和谓项而言，不止包括三个项。
3. 前提与结论不按标准顺序排列。

因此，我们需要考虑如下两个问题：
1. 如何把一个非标准形式的直言命题翻译成标准形式的直言命题？
2. 如何把一个非标准形式的三段论翻译成标准形式的三段论？

二、非标准直言命题重构

任何非标准形式直言命题都可以被翻译成一个等值的标准形式直言命题。我们在翻译时必须保证那个新命题与原命题具有相同的意义。常见的情形有以下 10 种：

1. **谓项是形容词**。当谓项是形容词而不是名词时，我们可以判定这个形容词所描述的是什么，然后将其添加到命题上。

例　子

将下列命题翻译成标准形式。
所有紫色灯罩都是充满活力的。

分　析

谓项"充满活力的"是形容词，它是用来描述紫色灯罩的，因此，我们可以把这个命题翻译成：
所有紫色灯罩都是充满活力的灯罩。
经过这样修改之后，该命题的主项和谓项都变成了表达范畴类的词项。

2. **非标准词序**。我们只需要重新排列词序，将其变为标准词序即可。

例　子

将下列命题翻译成标准形式。
我们班所有同学都是中国人。

分　析

在这里，量词"所有"并不是处于第一个位置，但我们可以将它前提到第一个位置，即翻译成：
所有我们班同学都是中国人。

3. **主项或谓项是专有名词**。主项是专有名词的命题，我们通常都称为单称命题。专有名词的指称对象往往是特定个体并且只有一个。在翻译时，我们可以通过使主项变成指称等同于那个词项的一个对象类来翻译成直言命题。

例　子

将下列命题翻译成标准形式。
孔子是理想主义者。

分　析

这是一个肯定命题。主项是"孔子"，谓项是"理想主义者"。这个命题被翻译成标准形式的直言命题是：
所有等同于孔子的人都是理想主义者。

在这里,实际上就是把单称命题处理成了全称命题,即把单称肯定命题翻译成全称肯定命题,或者把单称否定命题翻译成全称否定命题。

例　　子

将下列命题翻译成标准形式。
广东省省会是广州。

分　　析

根据上述方法,我们可以把这个命题翻译成 A 命题,即:
所有等同于广东省省会的城市都是等同于广州的城市。

4. **主项是代词**。当主项为代词时,通常都是不带量词的,但我们可以通过使主项变成指称等同于那个代词的一个类从而将其翻译成为标准形式的直言命题。

例　　子

将下列命题翻译成标准形式。
你是中国人。

分　　析

根据上述方法,我们可以把这个命题翻译成 A 命题,即:
所有等同于你的人都是中国人。

5. **没有具体量词**。有些命题不包括量词表达式,但我们常常能够判定这个命题是全称的还是特称的。这意味着,我们需要决定应当把全称量词或特称量词添加到翻译的命题之中。

例　　子

将下列命题翻译成标准形式。
蒙古人是能歌善舞之人。

分　　析

从现实上讲,不可能每个蒙古人都是能歌善舞之人。因此,我们不能把这个直言命题翻译成一个全称命题"所有蒙古人都是能歌善舞之人",只能翻译成"大多数蒙古人都是能歌善舞之人""绝大多数蒙古人都是能歌善舞之人""一般情况下蒙古人是能歌善舞之人""典型情况下蒙古人是能歌善舞之人"等之类的命题。

只要不是"全部蒙古人是能歌善舞之人",这个命题就只能翻译成 I 命题,而不能翻译成 A 命题。但是,有时没有量词的命题应当被翻译成全称命题。

例　子

将下列命题翻译成标准形式。
内蒙古人是中国人。

分　析

从法律上讲,应当是所有内蒙古人都是中国人。因此,我们应当把这个命题翻译成:
所有内蒙古人都是中国人。

6. 否定词出现在命题的开头。在这种情况下,我们需要借助前面的对当关系中的矛盾关系,将其翻译成等值直言命题。

例　子

将下列命题翻译成标准形式。
并非所有我们班同学都是广东人。

分　析

根据矛盾关系,我们可以将这个命题翻译成标准形式的直言命题:
有些我们班同学不是广东人。

例　子

将下列命题翻译成标准形式。
并非所有我们班同学都不是广东人。

分　析

根据矛盾关系,我们可以将这个命题翻译成标准形式的直言命题:
有些我们班同学是广东人。

例　子

将下列命题翻译成标准形式。
并非有些我们班同学不是广东人。

分 析

根据矛盾关系,我们可以将这个命题翻译成标准形式的直言命题:
所有我们班同学都是广东人。

例 子

将下列命题翻译成标准形式。
并非有些我们班同学是广东人。

分 析

根据矛盾关系,我们可以将这个命题翻译成标准形式的直言命题:
所有我们班同学都不是广东人

7. 带有"只有""仅仅"之类的量词。一般来讲,带有"只有""仅仅"之类的量词命题,在翻译时我们都将其量词翻译为"所有",即把命题翻译成全称命题,但需要交换原主项和谓项。

例 子

将下列命题翻译成标准形式。
只有天才是艺术鉴赏家。

分 析

我们可以把这里的"只有"翻译成"所有"。但主项和谓项的位置必须交换。因此,这个命题的标准形式是:
所有艺术鉴赏家都是天才。

例 子

将下列命题翻译成标准形式。
仅仅哲学专业的学生是学习中国哲学课程的学生。

分 析

我们可以把这里的"仅仅"翻译成"所有"。同样,主项和谓项的位置必须交换。因此,这个命题的标准形式是:
所有学习中国哲学课程的学生都是哲学专业的学生。

8. 带有"除了……之外"之类的量词。这类量词我们通常都当作全称量词

来处理,不过,必须遵循如下三个标准:
(1) 原命题的谓项变成新命题的主项;
(2) 原命题的主项去掉,"……"部分变成谓项;
(3) 改变命题的质,即肯定改为否定,否定改为肯定。

例 子

将下列命题翻译成标准形式。
除了逻辑学专业的学生之外,其他专业的学生都是必须学习高等数学的学生。

分 析

我们可以把这里的"除了……之外"翻译成"所有"。同样,原命题的谓项变成了主项,而原命题的主项去掉,省略号部分的内容变成谓项,命题的质改变。因此,这个命题的标准形式是:
所有必须学习高等数学的学生都不是逻辑学专业的学生。

9. **带有"只有一些"之类的量词**。为了避免含混,这类量词必须小心翻译。"只有一些 S 是 P",总是意味着,"有些 S 是 P"而且"有些 S 不是 P"。

例 子

将下列命题翻译成标准形式。
只有一些同学通过了考试。

分 析

首先,这个命题没有联项"是"或"不是"。因此,我们首先需要把它补充出来,即:
只有一些同学是通过了考试的同学。
其次,根据"只有一些 S 是 P",总是意味着,"有些 S 是 P"而且"有些 S 不是 P",这个命题的标准形式是两个直言命题同时为真,即:
"有些同学是通过了考试的同学"而且"有些同学不是通过了考试的同学"。

10. **带有隐含词项**。有时,并没有直接说出一个词项,而是隐含的。此时,我们常常需要引入一个新词项。

例 子

将下列命题翻译成标准形式。

他睡觉总是做梦。

分　　析

这个命题翻译成标准形式是：

所有他睡觉的时候都是在做梦的时候。

很显然，原命题中并没有"时候"这个名词，但是，原命题中已经隐含着"时候"或"时间"之类的词项。在新命题中，这个名词是新引入的。

思　考　题

将下列命题翻译成标准直言命题形式。
(1) 我们班只有张三没有结婚。
(2) 中国人是勤劳勇敢的。
(3) 并非除了中国人之外，其他人都来自欧洲。
(4) 只有吴某某通过了这次考试。
(5) 曹操是现实主义者。
(6) 维吾尔族人都会说维语。

三、非标准三段论重构

为了使得论证变成标准形式的三段论，除了要把命题翻译成标准形式直言命题之外，我们还必须化归论证中项的数量，其中，这里的"项"是指"大项""中项"和"小项"。

一个三段论是标准形式直言三段论，当且仅当，它同时满足下列两个条件：

(1) **包含了两个前提和一个结论，而且每个命题都是标准形式的直言命题。** 当三段论的某个前提或结论被省略时，我们需要将其补充出来；当某个命题为非标准形式直言命题时，我们可以通过刚才所讲的方法将其翻译成为标准形式。

(2) **就其主项和谓项而言，只有三个不同的词项。** 词项的数量可以通过另一个逻辑等值的命题来取代原命题进行化归，其化归所借助的逻辑方法就是本章第三节中所讲到的换质法、换位法和对换法。

例　　子

将下列论证翻译成标准三段论形式，并判断其是否有效。

所有丙烯酸树脂都是油漆；

所有非丙烯酸树脂都是非聚合物；

因此，所有聚合物都是油漆。

分　　析

在这个论证中，三个前提共有五个项，即"丙烯酸树""非丙烯酸树""油漆""聚合物""非聚合物"。但是，我们可以借助对换，把第二个前提即小前替换成"所有聚合物都是丙烯酸树脂"。因此，这个三段论可以翻译成：

所有丙烯酸树脂都是油漆；

所有聚合物都是丙烯酸树脂；

因此，所有聚合物都是油漆。

这是一个 AAA-1 三段论，并不违背三段论规则，因此，它是有效的。

思　考　题

下列论证能否翻译成标准三段论形式？如果能，请翻译并判定其是否有效。

（1）有些协奏曲是钢琴协奏曲，但所有小提琴协奏曲都不是非协奏曲，因此，所有小提琴协奏曲都不是钢琴协奏曲。

（2）所有大号都不是木管乐器，所有木管乐器都不是长号，因此，有些长号不是大号。

例　　子

将下列论证翻译成标准形式三段论，并判断其是否有效。

你是洋奴，人格破产了！

分　　析

这个论证的结论是"人格破产了"，前提是"你是洋奴"，但不是一个标准形式的直言命题。根据前面所讲述的方法，我们可以将其翻译为"所有等同于你的人都是洋奴"。结论也不是一个标准形式的直言命题，但我们将其修改为"所有等同于你的人都是人格破产了的人"。从三段论的角度来看，这个论证省略了大前提"所有洋奴都是人格破产了的人"。因此，我们可以将这个论证补充为：

所有洋奴都是人格破产了的人；

所有等同于你的人都是洋奴；

因此，所有等同于你的人都是人格破产了的人。

思考与练习

【客观题|线上作业】

一、单选题(共71题,下列每题有4个备选答案,其中一个为最佳答案,请挑选出最佳答案)

1. 直言命题逻辑又称( )逻辑。
   A. 词项　　　　B. 命题　　　　C. 弗雷格　　　　D. 对当关系

2. 根据具有相同素材(即具有相同的主项和谓项)的A、E、I、O四个命题的真假关系即对当关系所进行的论证被称为( )论证。
   A. 对当关系　　B. 命题变形　　C. 直言三段论　　D. 亚里士多德

3. 通过改变直言命题的质或量从而推导出新直言命题的论证被称为( )论证。
   A. 对当关系　　B. 命题变形　　C. 直言三段论　　D. 亚里士多德

4. 由两个包含一个共同项的直言命题作为前提有效地推导出一个直言命题作为结论的论证被称为( )论证。
   A. 对当关系　　B. 命题变形　　C. 直言三段论　　D. 亚里士多德

5. 直言命题又可称为( )命题。
   A. 范畴　　　　B. 复合　　　　C. 条件　　　　D. 假言

6. 全称肯定命题的形式是( )。
   A. SAP　　　　B. SEP　　　　C. SIP　　　　D. SOP

7. 全称否定命题的形式是( )。
   A. SAP　　　　B. SEP　　　　C. SIP　　　　D. SOP

8. 特称肯定命题的形式是( )。
   A. SAP　　　　B. SEP　　　　C. SIP　　　　D. SOP

9. 特称否定命题的形式是( )。
   A. SAP　　　　B. SEP　　　　C. SIP　　　　D. SOP

10. 在标准形式直言命题中,用来反映命题主项数量范围的项被称为( )。
    A. 量项　　　　B. 主项　　　　C. 谓项　　　　D. 联项

11. 在标准形式直言命题中,占据命题第一个或最左边的那个位置的项被称为( )。
    A. 量项　　　　B. 主项　　　　C. 谓项　　　　D. 联项

12. 在标准形式直言命题中,是一个用来指称一类对象的语词或短语,而且它一定是名词或代词,占据第二个位置的那个项被称为(　　)。
　　A. 量项　　　　B. 主项　　　　C. 谓项　　　　D. 联项
　　13. 在标准形式直言命题中,用来连接主项与谓项的那个项被称为(　　)。
　　A. 量项　　　　B. 主项　　　　C. 谓项　　　　D. 联项
　　14. 在标准形式直言命题中,占据直言命题的第三个位置的那个项被称为(　　)。
　　A. 量项　　　　B. 主项　　　　C. 谓项　　　　D. 联项
　　15. 在标准形式直言命题中,占据直言命题的第四个位置的那个项被称为(　　)。
　　A. 量项　　　　B. 主项　　　　C. 谓项　　　　D. 联项
　　16. 在标准形式直言命题中,占据直言命题的最后位置的那个项被称为(　　)。
　　A. 量项　　　　B. 主项　　　　C. 谓项　　　　D. 联项
　　17. 在标准形式直言命题中,是一个用来指称一类对象的词或短语,而且它一定是名词或代词,占据着直言命题的第四个位置的那个项被称为(　　)。
　　A. 量项　　　　B. 主项　　　　C. 谓项　　　　D. 联项
　　18. 断定了主项类的每一个成员都是谓项类成员的命题被称为(　　)。
　　A. 全称命题　　B. 特称命题　　C. 肯定命题　　D. 否定命题
　　19. 只断定了主项这个类的至少有一个成员是谓项类成员的命题被称为(　　)。
　　A. 全称命题　　B. 特称命题　　C. 肯定命题　　D. 否定命题
　　20. 把直言命题区分为A、E、I、O四种命题的标准是根据命题的(　　)。
　　A. 量　　　　　B. 质　　　　　C. 质与量　　　D. 主项与谓项
　　21. 断定了主项这个类的"至少有一个"或"所有成员"是谓项这个类成员的命题被称为(　　)。
　　A. 全称命题　　B. 特称命题　　C. 肯定命题　　D. 否定命题
　　22. 断定了主项这个类的"至少有一个"或"所有成员"不是谓项这个类成员的命题被称为(　　)。
　　A. 全称命题　　B. 特称命题　　C. 肯定命题　　D. 否定命题
　　23. SOP的文恩图表示是(　　)。

A. 　　　　　　　　　　　　　　B.

C. 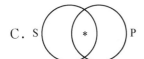 D.

24. SAP 的文恩图表示是（   ）。

A. 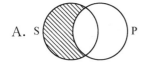 B.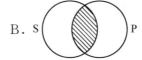

C.  D.

25. SEP 的文恩图表示是（   ）。

A. 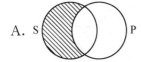 B.

C.   D.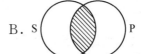

26. SIP 的文恩图表示是（   ）。

A.   B.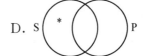

C.   D.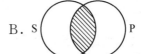

27. 全同关系的欧拉图表示是（   ）。

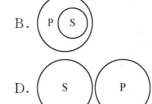

28. 真包含于关系的欧拉图表示是（   ）。

A. SP　　　　　　B. (P(S))

C. (S(P))　　　　　D. S　P

29. 真包含关系的欧拉图表示是（　）。

A. SP　　　　　　B. (P(S))

C. (S(P))　　　　　D. S　P

30. 属种关系的欧拉图表示是（　）。

A. SP　　　　　　B. (P(S))

C. (S(P))　　　　　D. S　P

31. 种属关系的欧拉图表示是（　）。

A. SP　　　　　　B. (P(S))

C. (S(P))　　　　　D. S　P

32. 全异关系的欧拉图表示是（　）。

A. SP　　　　　　B. (P(S))

C. (S(P))　　　　　D. S　P

33. 交叉关系的欧拉图表示是（　　）。

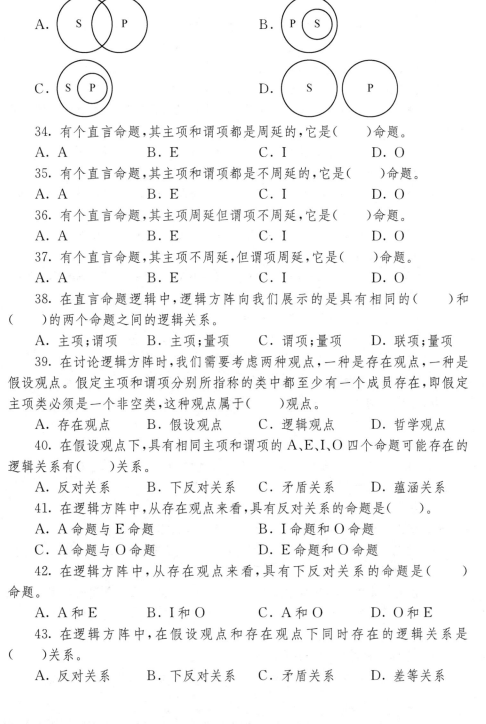

34. 有个直言命题,其主项和谓项都是周延的,它是（　　）命题。
A．A　　　　B．E　　　　C．I　　　　D．O

35. 有个直言命题,其主项和谓项都是不周延的,它是（　　）命题。
A．A　　　　B．E　　　　C．I　　　　D．O

36. 有个直言命题,其主项周延但谓项不周延,它是（　　）命题。
A．A　　　　B．E　　　　C．I　　　　D．O

37. 有个直言命题,其主项不周延,但谓项周延,它是（　　）命题。
A．A　　　　B．E　　　　C．I　　　　D．O

38. 在直言命题逻辑中,逻辑方阵向我们展示的是具有相同的（　　）和（　　）的两个命题之间的逻辑关系。
A．主项;谓项　　B．主项;量项　　C．谓项;量项　　D．联项;量项

39. 在讨论逻辑方阵时,我们需要考虑两种观点,一种是存在观点,一种是假设观点。假定主项和谓项分别所指称的类中都至少有一个成员存在,即假定主项类必须是一个非空类,这种观点属于（　　）观点。
A．存在观点　　B．假设观点　　C．逻辑观点　　D．哲学观点

40. 在假设观点下,具有相同主项和谓项的 A、E、I、O 四个命题可能存在的逻辑关系有（　　）关系。
A．反对关系　　B．下反对关系　　C．矛盾关系　　D．蕴涵关系

41. 在逻辑方阵中,从存在观点来看,具有反对关系的命题是（　　）。
A．A 命题与 E 命题　　　　B．I 命题和 O 命题
C．A 命题与 O 命题　　　　D．E 命题和 O 命题

42. 在逻辑方阵中,从存在观点来看,具有下反对关系的命题是（　　）命题。
A．A 和 E　　B．I 和 O　　C．A 和 O　　D．O 和 E

43. 在逻辑方阵中,在假设观点和存在观点下同时存在的逻辑关系是（　　）关系。
A．反对关系　　B．下反对关系　　C．矛盾关系　　D．差等关系

44. 根据逻辑方阵的反对关系,下列论证形式有效的是(   )
   A. SEP⇒SAP   B. $\overline{SEP}$⇒SAP   C. SAP⇒$\overline{SEP}$ D. SIP⇒$\overline{SOP}$
45. 通过改变直言命题的质而进行的直言命题运算论证被称为(   )。
   A. 换质法   B. 换位法   C. 对换法   D. 等值法
46. 通过改变直言命题的量而进行的直言命题运算论证被称为(   )。
   A. 换质法   B. 换位法   C. 对换法   D. 等值法
47. 通过既改变直言命题的质又改变命题的量所进行的直言命题运算论证被称为(   )。
   A. 换质法   B. 换位法   C. 对换法   D. 等值法
48. 根据换质法,下列论证有效的有(   )。
   A. SAP⇒$\overline{SEP}$ B. SOP⇒$\overline{POS}$ C. SAP⇒PIS   D. SAP⇒$\overline{PAS}$
49. 根据换位法,下列论证有效的有(   )。
   A. SAP⇒$\overline{SEP}$ B. SOP⇒$\overline{POS}$ C. SAP⇒PIS   D. SAP⇒$\overline{PAS}$
50. 根据对换法,下列论证有效的有(   )。
   A. SAP⇒$\overline{SEP}$ B. SOP⇒$\overline{POS}$ C. SAP⇒PIS   D. SAP⇒$\overline{PAS}$
51. 在三段论"有些结构主义者是形式主义者,所有形式主义者都不是实质主义者,因此,有些实质主义者不是结构主义者"中,大项是(   )。
   A. 结构主义者   B. 实质主义者
   C. 形式主义者   D. 有些结构主义者
52. 在三段论"有些结构主义者是形式主义者,所有形式主义者都不是实质主义者,因此,有些实质主义者不是结构主义者"中,小项是(   )。
   A. 结构主义者   B. 实质主义者
   C. 形式主义者   D. 有些实质主义者
53. 在三段论"有些结构主义者是形式主义者,所有形式主义者都不是实质主义者,因此,有些实质主义者不是结构主义者"中,中项是(   )。
   A. 结构主义者   B. 实质主义者
   C. 形式主义者   D. 有些形式主义者
54. 在三段论"所有美学家都是逻辑学家,所有逻辑学家都是哲学家,因此,所有美学家都是哲学家"中,大前提是(   )。
   A. 所有逻辑学家都是哲学家   B. 所有美学家都是逻辑学家
   C. 所有美学家都是哲学家   D. 所有哲学家都是逻辑学家
55. 在三段论"所有美学家都是逻辑学家,所有逻辑学家都是哲学家,因此,所有美学家都是哲学家"中,小前提是(   )。
   A. 所有逻辑学家都是哲学家   B. 所有美学家都是逻辑学家

C. 所有美学家都是哲学家　　　　D. 所有逻辑学家都是美学家

56. 三段论"所有艺术感知行为都是科学行为,有些感知行为不是科学行为,因此,有些艺术感知行为是感知行为"是(　　)式。

　　A. OAI　　　B. AOI　　　C. AIO　　　D. OIA

57. 三段论"所有给人愉快的想象都是好的想象,所有好的想象都是好的艺术作品,因此,所有给人愉快的想象都是好的艺术作品"属于(　　)。

　　A. 第一格　　B. 第二格　　C. 第三格　　D. 第四格

58. 三段论"所有给人愉快的想象都是好的想象,所有好的艺术作品都是好的想象,因此,所有给人愉快的想象都是好的艺术作品"属于(　　)。

　　A. 第一格　　B. 第二格　　C. 第三格　　D. 第四格

59. 三段论"所有好的想象都是好的艺术作品,所有好的想象都是给人愉快的想象,因此,所有给人愉快的想象都是好的艺术作品"属于(　　)。

　　A. 第一格　　B. 第二格　　C. 第三格　　D. 第四格

60. 三段论"所有好的艺术作品都是好的想象,所有好的想象都是给人愉快的想象,因此,所有给人愉快的想象都是好的艺术作品"属于(　　)。

　　A. 第一格　　B. 第二格　　C. 第三格　　D. 第四格

61. 三段论"所有电影图像都是视觉图像,有些电影图像是听觉图像,因此,所有听觉图像都不是视觉图像"的文恩图是(　　)。

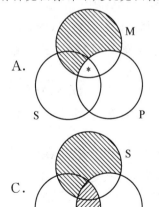
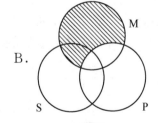
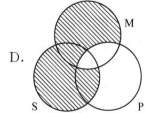

62. 三段论"有些浪漫诗是抒情诗,有些爱情诗是浪漫诗,因此,有些爱情诗是抒情诗"违背了规则(　　)。

　　A. 中项必须至少周延一次

　　B. 在前提中不周延的项,在结论中不得周延

C. 一个正确的三段论不能有两个否定前提

D. 在三段论中,如果前提中有一个是否定命题,那么结论必定是否定命题;如果结论为否定命题,那么前提中必有一个是否定命题

63. 三段论"所有中国人都是人,有些政治家不是中国人,因此,有些政治家不是人"违背了规则( )。

A. 中项必须至少周延一次

B. 在前提中不周延的项,在结论中不得周延

C. 一个正确的三段论不能有两个否定前提

D. 在三段论中,如果前提中有一个是否定命题,那么结论必定是否定命题;如果结论为否定命题,那么前提中必有一个是否定命题

64. 三段论"所有弗里吉亚调式都不是多里安调式,有些多里安调式不是非音乐调式,因此,有些非音乐调式不是弗里吉亚调式"违背了规则( )。

A. 中项必须至少周延一次

B. 在前提中不周延的项,在结论中不得周延

C. 一个正确的三段论不能有两个否定前提

D. 在三段论中,如果前提中有一个是否定命题,那么结论必定是否定命题;如果结论为否定命题,那么前提中必有一个是否定命题

65. 已知一个有效三段论的大前提是 A 命题,小前提为 O 命题,该三段论的式可以是( )。

A. AOO-1　　B. AOO-2　　C. AOO-3　　D. AOO-4

66. 已知一个有效三段论的大前提为 MOP,小前提为 MAS,该三段论的式可以是( )。

A. OAO-1　　B. OAO-2　　C. OAO-3　　D. OAO-4

67. 已知一个有效三段论的大前提为 PAM,小前提为 SEM,该三段论的式可以是( )。

A. AEE-1　　B. AEE-2　　C. AEE-3　　D. AEE-4

68. 从假设观点来看,在第一格中下列无效的三段论式是( )。

A. AAA　　B. EAE　　C. AII　　D. EAO

69. 从假设观点来看,在第二格中下列无效的三段论式是( )

A. AEE　　B. EAE　　C. EIO　　D. EAO

70. 从假设观点来看,在第三格中下列无效的三段论式是( )

A. AAA　　B. IAI　　C. OAO　　D. AII

71. 从假设观点来看,在第四格中下列无效的三段论式是( )

A. EAE　　B. AEE　　C. IAI　　D. EIO

二、多选题(共51题,每小题有5个备选答案,请挑选出没有错误的答案,多选少选错选均不得分)

1. 直言命题论证通常分为(　　)。
A．对当关系论证　　　　　　B．直言命题运算论证
C．三段论　　　　　　　　　D．二难论证
E．条件论证

2. 直言命题包括(　　)。
A．全称肯定命题　　　　　　B．全称否定命题
C．特称肯定命题　　　　　　D．特称否定命题
E．充分条件命题

3. 直言命题包括(　　)命题。
A．A　　　　B．E　　　　C．I　　　　D．O
E．P

4. 关于直言命题,下列说法正确的有(　　)。
A．断定的是两类对象之间的关系　　B．必须是一个陈述句或反问句
C．又称为范畴命题　　　　　　　　D．又称复合命题
E．又称联言命题

5. 在讨论直言命题时,我们不仅需要分析其名称、形式、组成要素、量和质,还需要关注(　　)。
A．真假的判定　　B．主项周延性　　C．谓项周延性　　D．联项周延性
E．量项周延性

6. 在讨论直言命题时,我们不仅需要分析(　　),还需要关注其真假的判定以及主谓项的周延性问题。
A．名称　　　　B．形式　　　　C．组成要素　　　　D．量
E．质

7. 根据直言命题的量,我们可以把直言命题分为(　　)。
A．全称命题　　B．特称命题　　C．肯定命题　　D．否定命题
E．关系命题

8. 根据直言命题的质,我们可以把直言命题分为(　　)。
A．全称命题　　B．特称命题　　C．肯定命题　　D．否定命题
E．关系命题

9. SAP为真的情形有(　　)。

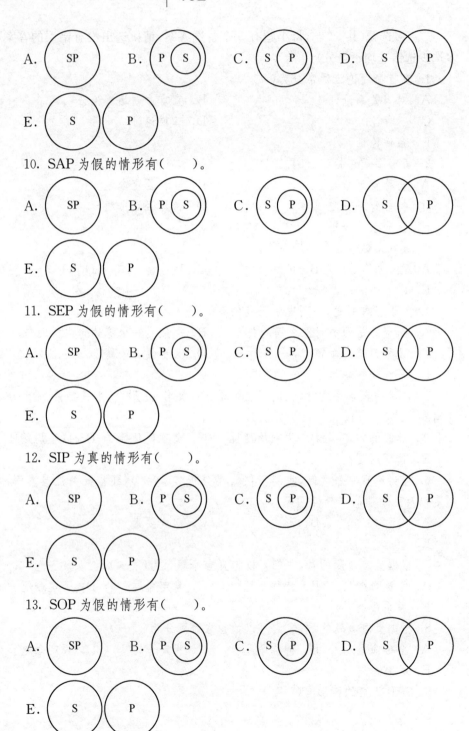

10. SAP 为假的情形有（   ）。

11. SEP 为假的情形有（   ）。

12. SIP 为真的情形有（   ）。

13. SOP 为假的情形有（   ）。

14. SOP 为真的情形有（　　）。

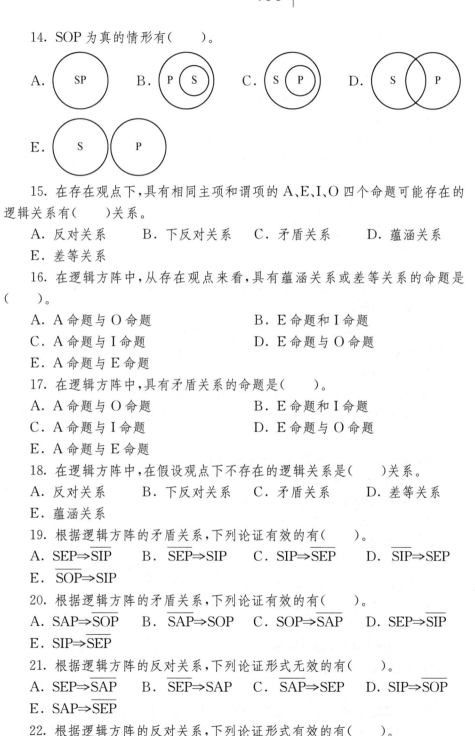

15. 在存在观点下，具有相同主项和谓项的 A、E、I、O 四个命题可能存在的逻辑关系有（　　）关系。
    A．反对关系　　　B．下反对关系　　C．矛盾关系　　D．蕴涵关系
    E．差等关系

16. 在逻辑方阵中，从存在观点来看，具有蕴涵关系或差等关系的命题是（　　）。
    A．A 命题与 O 命题　　　　B．E 命题和 I 命题
    C．A 命题与 I 命题　　　　D．E 命题与 O 命题
    E．A 命题与 E 命题

17. 在逻辑方阵中，具有矛盾关系的命题是（　　）。
    A．A 命题与 O 命题　　　　B．E 命题和 I 命题
    C．A 命题与 I 命题　　　　D．E 命题与 O 命题
    E．A 命题与 E 命题

18. 在逻辑方阵中，在假设观点下不存在的逻辑关系是（　　）关系。
    A．反对关系　　　B．下反对关系　　C．矛盾关系　　D．差等关系
    E．蕴涵关系

19. 根据逻辑方阵的矛盾关系，下列论证有效的有（　　）。
    A．SEP⇒$\overline{SIP}$　　B．$\overline{SEP}$⇒SIP　　C．SIP⇒$\overline{SEP}$　　D．$\overline{SIP}$⇒SEP
    E．$\overline{SOP}$⇒SIP

20. 根据逻辑方阵的矛盾关系，下列论证有效的有（　　）。
    A．SAP⇒$\overline{SOP}$　　B．$\overline{SAP}$⇒SOP　　C．SOP⇒$\overline{SAP}$　　D．SEP⇒$\overline{SIP}$
    E．SIP⇒$\overline{SEP}$

21. 根据逻辑方阵的反对关系，下列论证形式无效的有（　　）。
    A．SEP⇒$\overline{SAP}$　　B．$\overline{SEP}$⇒SAP　　C．$\overline{SAP}$⇒SEP　　D．SIP⇒$\overline{SOP}$
    E．SAP⇒$\overline{SEP}$

22. 根据逻辑方阵的反对关系，下列论证形式有效的有（　　）。

A. SEP⇒$\overline{SAP}$　B. $\overline{SEP}$⇒SAP　C. $\overline{SAP}$⇒SEP　D. SIP⇒$\overline{SOP}$
E. SAP⇒$\overline{SEP}$

23. 根据逻辑方阵的下反对关系,下列论证形式有效的有(　　)。
A. $\overline{SOP}$⇒SIP　B. $\overline{SIP}$⇒SOP　C. SIP⇒$\overline{SOP}$　D. SOP⇒$\overline{SIP}$
E. $\overline{SEP}$⇒SAP

24. 根据逻辑方阵的下反对关系,下列论证形式无效的有(　　)。
A. $\overline{SOP}$⇒SIP　B. $\overline{SIP}$⇒SOP　C. SIP⇒$\overline{SOP}$　D. SOP⇒$\overline{SIP}$
E. $\overline{SEP}$⇒SAP

25. 直言命题运算论证包括(　　)。
A. 换质法　　B. 换位法　　C. 对换法　　D. 等值法
E. 差等法

26. 根据直言命题运算论证,下列论证有效的有(　　)。
A. SAP⇒SE$\overline{P}$　B. SEP⇒SA$\overline{P}$　C. SIP⇒SO$\overline{P}$　D. SAP⇒PIS
E. SEP⇒PES

27. 根据直言命题运算论证,下列论证有效的有(　　)。
A. SAP⇒PIS　B. SEP⇒SA$\overline{P}$　C. SIP⇒SO$\overline{P}$　D. PAS⇒SIP
E. SEP⇒PES

28. 根据直言命题运算论证,下列论证形式无效的有(　　)。
A. SIP⇒$\overline{P}$IS　B. SEP⇒$\overline{P}$ES　C. SOP⇒POS　D. SAP⇒$\overline{P}$A$\overline{S}$
E. SEP⇒PES

29. 通过先换质后换位,下列论证有效的有(　　)。
A. SAP⇔SE$\overline{P}$⇔$\overline{P}$ES⇒$\overline{P}$A$\overline{S}$⇔$\overline{S}$I$\overline{P}$⇔$\overline{S}$OP
B. SAP⇒PIS⇔PO$\overline{S}$
C. SEP⇔SA$\overline{P}$⇒$\overline{P}$IS⇔$\overline{P}$O$\overline{S}$
D. SEP⇔PES⇔PA$\overline{S}$⇒$\overline{S}$IP⇔$\overline{S}$O$\overline{P}$
E. SIP⇔PIS⇔PO$\overline{S}$

30. 通过先换位后换质,下列论证有效的有(　　)。
A. SAP⇔SE$\overline{P}$⇔$\overline{P}$ES⇒$\overline{P}$A$\overline{S}$⇔$\overline{S}$I$\overline{P}$⇔$\overline{S}$OP
B. SAP⇒PIS⇔PO$\overline{S}$
C. SEP⇔SA$\overline{P}$⇒$\overline{P}$IS⇔$\overline{P}$O$\overline{S}$
D. SEP⇔PES⇔PA$\overline{S}$⇒$\overline{S}$IP⇔$\overline{S}$O$\overline{P}$
E. SIP⇔PIS⇔PO$\overline{S}$

31. 根据逻辑方阵的蕴涵关系,下列论证形式有效的有(　　)。
A. SAP⇒SIP　B. $\overline{SIP}$⇒$\overline{SAP}$　C. SEP⇒SOP　D. $\overline{SOP}$⇒$\overline{SEP}$

E. SAP⇒$\overline{SOP}$

32. 根据逻辑方阵的蕴涵关系,下列论证形式无效的有（　　）。

A. SAP⇒SIP　　B. SEP⇒$\overline{SOP}$　　C. SIP⇒SAP　　D. SIP⇒$\overline{SAP}$

E. SEP⇒SOP

33. 根据逻辑方阵的蕴涵关系,下列论证形式无效的有（　　）。

A. $\overline{SOP}$⇒SEP　　B. SEP⇒SOP　　C. SOP⇒SEP　　D. SOP⇒$\overline{SEP}$

E. SIP⇒$\overline{SAP}$

34. 三段论"有些化妆艺术是治疗艺术,有些治疗艺术是舞台艺术,因此,有些舞台艺术不是化妆艺术"违背了规则（　　）。

A. 中项必须至少周延一次

B. 在前提中不周延的项,在结论中不得周延

C. 一个正确的三段论不能有两个否定前提

D. 在三段论中,如果前提中有一个是否定命题,那么结论必定是否定命题；如果结论为否定命题,那么前提中必有一个是否定命题

E. 一个正确的三段论不能有两个全称命题和一个特称结论

35. 从假设观点来看,三段论"所有肉色都不是蓝色,所有土黄色都不是肉色,因此,有些土黄色不是肉色"违背了规则（　　）。

A. 中项必须至少周延一次

B. 在前提中不周延的项,在结论中不得周延

C. 一个正确的三段论不能有两个否定前提

D. 在三段论中,如果前提中有一个是否定命题,那么结论必定是否定命题；如果结论为否定命题,那么前提中必有一个是否定命题

E. 一个正确的三段论不能有两个全称命题和一个特称结论

36. 从假设观点来看,已知一个有效三段论的大前提是 A 命题,小前提为 E 命题,该三段论的式可以是（　　）。

A. AEE-2　　B. AEE-1　　C. AEO-4　　D. AEE-4

E. AEO-2

37. 从存在观点来看,已知一个有效三段论的大前提是 A 命题,小前提为 E 命题,该三段论的式可以是（　　）。

A. AEE-2　　B. AEE-1　　C. AEO-4　　D. AEE-4

E. AEO-2

38. 从存在观点来看,已知一个有效三段论的大前提是 E 命题,小前提为 I 命题,该三段论的式可以是（　　）。

A. EIO-1　　B. EIO-2　　C. EIO-3　　D. EIO-4

E. EIE-1

39. 从存在观点来看,已知一个有效三段论的大前提是E命题,小前提为A命题,该三段论的式可以是(　　)。
   A. EAE-1　　B. EAO-1　　C. EAE-2　　D. EAO-2
   E. EAE-3

40. 从存在观点来看,已知一个有效三段论的大前提为A命题,小前提为E命题,该三段论的式可以是(　　)。
   A. AEE-1　　B. AEE-2　　C. AEO-3　　D. AEE-4
   E. AEO-4

41. 从假设观点来看,在第一格中下列有效的三段论式是(　　)。
   A. AAA　　B. EAE　　C. AII　　D. EAO
   E. AOO

42. 从假设观点来看,在第二格中下列有效的三段论式是(　　)。
   A. AAA　　B. EAE　　C. AEE　　D. EIO
   E. AOO

43. 从假设观点来看,在第三格中下列有效的三段论式是(　　)。
   A. IAI　　B. OAO　　C. AII　　D. EAO
   E. AAA

44. 从假设观点来看,在第四格中下列有效的三段论式是(　　)。
   A. AEE　　B. IAI　　C. EIO　　D. EAO
   E. AAA

45. 从存在观点来看,下列三段论式中,需要引入小项存在预设才有效的有(　　)。
   A. AAI-1　　B. EAO-1　　C. AEO-2　　D. AEO-4
   E. EAO-2

46. 从存在观点来看,下列三段论式中,需要引入中项存在预设才有效的有(　　)。
   A. AAI-3　　B. EAO-3　　C. EAO-4　　D. AEO-2
   E. EAO-1

47. 下列命题不属于标准形式直言命题的有(　　)。
   A. 他睡觉总是做梦
   B. 除了美国之外,其他国家都投了赞成票
   C. 只有天才是艺术鉴赏家
   D. 并非有些我们班同学是广东人

E．蒙古人是能歌善舞之人

48．下列命题不属于标准形式直言命题的有（　　）。
A．你是中国人　　　　　　　B．广东省会是广州
C．孔子是理想主义者　　　　D．我们班所有同学都是中国人
E．所有紫色灯罩都是充满活力的

49．下列命题不属于标准形式直言命题的有（　　）。
A．所有人都是必死的动物　　B．人人都会死
C．人都会死　　　　　　　　D．凡人皆有死
E．所有人都是必死的

50．一个非标准形式的直言三段论的可能情形有（　　）。
A．有一个或几个命题不是标准形式的直言命题
B．就其主项和谓项而言，它可能没有包含三个项
C．前提与结论没按标准顺序排列
D．中项没有至少周延一次
E．在前提不周延的项在结论中周延

51．非标准形式的直言命题的可能情形有（　　）。
A．量项不在直言命题的第一个位置
B．命题没有量项
C．谓项不是名词而是形容词
D．命题为假
E．主项与谓项位置颠倒

三、判断题（共36题，对的打"√"，错误的打"×"）

1．"苹果是红的"不是标准形式直言命题。（　　）

2．"苏格拉底是人"不是标准形式直言命题。（　　）

3．"我们班有些同东来自东南亚"是标准形式直言命题。（　　）

4．"天下乌鸦一般黑"不是标准形式直言命题。（　　）

5．"有些美国议员是狗娘养的家伙"的文恩图表示如下。（　　）

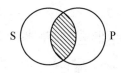

6．"所有大学生都是学生"的欧拉图表示如下。（　　）

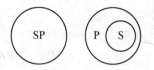

7. "有些赋格曲是幻想曲"主谓项都不是周延的。( )

8. 在直言三段论理论中,存在观点是指不假定主项和谓项分别所指称的类中都至少有一个成员存在。( )

9. 在直言三段论理论中,假设观点是指假定主项和谓项分别所指称的类中都至少有一个成员存在。( )

10. 在存在观点下,具有相同主项和谓项的 A、E、I、O 命题之间具有反对关系、下反对关系、蕴涵关系和矛盾关系。( )

11. 在假设观点下,具有相同主项和谓项的 A、E、I、O 命题之间只有 A 与 O、E 与 I 的矛盾关系成立。( )

12. 在逻辑方阵中,矛盾关系是一种"不能同真,不能同假"的关系。( )

13. 在逻辑方阵中,反对关系是一种"不能同真,但可同假"的关系。( )

14. 在逻辑方阵中,下反对关系是一种"不能同真,但可同假"的关系。( )

15. 在逻辑方阵中,蕴涵关系是一种"既可同真,又可同假"的关系。( )

16. 在逻辑方阵中,蕴涵关系即是差等关系。( )

17. 逻辑等值是指两个命题必须具有相同的意义。( )

18. 逻辑独立是两个命题的真假互不依赖。( )

19. "有些诗不是唐诗"与其换位命题"有些唐诗不是诗"逻辑等值。( )

20. "有些王宪均的学生是金岳霖的学生"与其换位命题"有些金岳霖的学生是王宪均的学生"逻辑等值。

21. 所有的三段论都是直言三段论。( )

22. "所有人都是必死的,苏格拉底是人,因此,苏格拉底是必死的"不是一个标准形式的直言三段论。( )

23. 在一个有效的三段论中,第一个前提被称为大前提。( )

24. 在三段论的第一格中,中项在大前提中是主项,在小前提中是谓项。( )

25. 在三段论的第四格中,中项在大前提中是主项,在小前提中是谓项。( )

26. 在三段论的第二格中,中项在大前提和小前提中都是谓项。( )

27. 在三段论的第三格中,中项在大前提和小前提中都是谓项。( )

28. 三段论"所有中国人都是人,有些政治家不是中国人,因此,有些政治家

不是人"不是一个有效的三段论,因为它犯了大项扩大的逻辑谬误。( )

29. 三段论"所有狗都是有八条腿的动物,有些国家的首相是狗,因此,有些国家的首相是有八条腿的动物"是一个有效的三段论,因为它不违背三段论的任何一条规则。( )

30. 在直言三段论中,只有引入大项存在预设,AAI-4才有效。( )

31. 在直言三段论中,只有引入大项存在预设,AAI-3才有效。( )

32. 在直言三段论中,只有引入中项存在预设,EAO-3和EAO-4才有效。( )

33. 在直言三段论中,只有引入小项存在预设,AAI-1、EAO-1、AEO-2、EAO-2和AEO-4才有效。( )

34. 在直言三段论中,只有引入中项存在预设,AAI-3、EAO-3和EAO-4才有效。( )

35. 在直言三段论中,只有引入中项存在预设,AAI-1、AAI-3和AAI-4才有效。( )

36. 在直言三段论中,只有引入中项存在预设,EAO-1、EAO-2、EAO-3和EAO-4才有效。( )

【主观题|线下作业】

一、判断下列命题是否是标准形式的直言命题。如果不是,解释为什么?如果是,请指出其名称、形式、量和质。

1. 所有艺术判断都不是主观的。
2. 有些艺术经验不是艺术经验。
3. 美在目睹者眼中。
4. 有些画是表现主义画。
5. 我们班所有同学都是贵州人。

二、判断下列命题是否是标准形式的直言命题。如果不是,解释为什么?如果是,请指出主谓项的周延情况,并画出相应的文恩图。

1. 有些文学著作是无政府主义著作。
2. 有些福音歌手是歌剧歌手。
3. 所有镶嵌工艺品都不是用青铜做的。
4. 京剧艺术是中国艺术。
5. 北京人是喜欢讲政治的。

三、从存在观点来看,根据对当方阵,判断下列(1)与(2)两个命题之间的逻辑关系。如果(1)为真,(2)的真值情况如何?如果(1)为假,(2)的真值情况如何?如果(2)为真,(1)的真值情况如何?如果(2)为假,(1)的真值情况如何?

1.

(1) 有些圣歌是挽歌。

(2) 有些圣歌不是挽歌。

2.

(1) 所有哲学家都不是科学家。

(2) 有些哲学家是科学家。

3.

(1) 所有阿里斯托芬的作品都是喜剧。

(2) 有些阿里斯托芬的作品是喜剧。

4.

(1) 所有奇迹剧都是舞台剧。

(2) 所有奇迹剧都不是舞台剧。

5.

(1) 有些萨摩亚人不是泛神论者。

(2) 所有萨摩亚人都是泛神论者。

四、从假设观点来看,在下列成对命题中,如果(1)为真,(2)的真值情况如何?如果(1)为假,(2)的真值情况如何?如果(2)为真,(1)的真值情况如何?如果(2)为假,(1)的真值情况如何?

1.

(1) 所有台特斯拱门浮雕都是表现主义浮雕。

(2) 有些台特斯拱门浮雕不是表现主义浮雕。

2.

(1) 有些杜尚的作品不是立体派作品。

(2) 有些杜尚的作品是立体派作品。

3.

(1) 有些中国人是黄种人。

(2) 所有中国人都是黄种人。

4.

(1) 所有造型艺术都不是表演艺术。

(2) 所有造型艺术都是表演艺术。

5.

(1) 有些雕版画是铜版画。

(2) 所有雕版画都是铜版画。

五、将下列命题翻译成与其逻辑等值的标准形式直言命题。

1. 语言是符号系统。
2. 艺术是模仿。
3. 照片与对象相似。
4. 并非 X 光片都是相片。
5. 没有电影值得一看。

六、判断下列论证能否重构为标准三段论形式。如果能,请重构它并判定是否有效。

1. 有些影视作品是非表演,有些表演不是喜剧,因此有些喜剧不是影视作品。
2. 所有非难题都是非困惑,所有非困惑都不是非困境,因此所有困境都是难题。
3. 表达性描写是描述性描写,纪录片是描述性描写,因此,纪录片是表达性描写。
4. 洋奴会说洋话,你主张读洋书,你是洋奴。
5. 外国人说中国不好。你是外国人么,为什么不到外国去。

七、指出下列命题(1)与(2)之间的关系。如果命题(1)为真,那么(2)的真值情况如何? 如果(1)为假,那么(2)的真值情况如何? 如果命题(2)为真,那么(1)的真值情况如何? 如果(2)为假,那么(1)的真值情况如何?

1.
(1) 所有克勒的画都是非错觉艺术品。
(2) 所有克勒的画都不是错觉艺术品。

2.
(1) 所有马洛戏剧都不是历史复辟剧。
(2) 所有非历史复辟剧都是非马洛戏剧。

3.
(1) 有些《诗经》中的诗不是非爱情诗。
(2) 有些爱情诗不是《诗经》中的诗。

4.
(1) 有些画虾的画是齐白石的画。
(2) 有些非齐白石的画不是非画虾的画。

5.
(1) 所有非古建筑巨石都是史前墓石牌坊。
(2) 所有非古建筑巨石都是非史前墓石牌坊。

八、用什么方法可以使得你能从(1)推导出(2)? 在回答时既要考虑对当方阵(从存在观点来看)又要考虑直言命题运算。

1.
(1) 所有至上主义者都是非超现实主义者。
(2) 有些超现实主义者是非至上主义者。

2.
(1) 所有非未来派画家都是形式主义者。
(2) 有些非形式主义者是未来派画家。

3.
(1) 所有埃及画家是非构成主义者。
(2) 所有构成主义者都不是埃及画家。

4.
(1) 所有客观主义者都是主观主义者。
(2) 有些非主观主义者不是客观主义者。

5.
(1) 有些波利尼西亚艺术品是海洋艺术品。
(2) 有些海洋艺术品不是非波利尼西亚艺术品。

九、指出下列三段论的格和式,并用文恩图检验下列三段论的有效性。

1. 有些工匠不是建筑师;所有工匠都是手艺人;因此,有些手艺人不是建筑师。

2. 所有情感主义者都是主观主义者;所有附带现象论者都不是情感主义者;因此,所有附带现象论者都是主观主义者。

3. 有些言语行为是姿势;所有姿势都是身体行为;因此,有些身体行为是言语行为。

4. 有些舞蹈指导不是现代主义者;有些舞蹈指导不是经典主义者;因此,有些经典主义者不是现代主义者。

5. 所有大学生都是学生,所有中山大学学生都是大学生,因此,有些中山大学学生是学生。

十、判定下列语篇是否是一个标准形式的直言三段论。如果不是,解释为什么? 如果是,请指出它们的格和式,并用文恩图检验其是否有效。(说明:如果你认为它不是标准形式直言三段论,请将其转换成标准形式。)

1. 既然有些人是雄辩家,那就可以推出有些人是技术员,因为所有雄辩家都是技术员。

2. 所有蛇都是没有脚的,你画的东西是有脚的,因此,你画的东西不是蛇。

3. 所有和尚都是剃光头和穿法衣的,我是剃光头和穿法衣的,因此,我是和尚。

4. 狗有八条腿,总统是条狗,因此,总统有八条腿。

5. 洋奴会说洋话,你会说洋话,因此,你是洋奴。

十一、分别用文恩图和五条规则来检验下列三段论的有效性。如果你发现某三段论从存在观点来看是有效的,而从假设观点来看是无效的,请解释这种情形。

1. 有些诗人是预言家,有些艺术家不是预言家,因此,有些艺术家不是诗人。

2. 所有模仿都是二流动作,所有模仿都不是好的动作,因此,所有好的动作都不是二流动作。

3. 所有裸露症患者都是令人愉快者,所有令人愉快者都是快乐主义者,因此,有些裸露症患者是快乐主义者。

4. 所有美国人都不是中国人,所有广东人都是中国人,因此,所有广东人都不是美国人。

5. 所有令人恐怖的油画都是可怕的油画,所有文艺复兴时期的油画都不是可怕的油画,因此,所有文艺复兴期的油画都不是令人恐怖的油画。

十二、判断下列论证是否是三段论。如果是,请用五条规则来判定它是否有效。如果不是一个标准形式的三段论,请先改写成标准形式的。

1. 所有美的东西都不是不可看见的,因为所有听得见的东西都是不可看见的,因此,所有听得见的东西都不是美的东西。

2. 外国人说中国不好,你说中国不好,你是外国人么?

3. 你说甲生疮,甲是中国人,你就是说中国人生疮了。

4. 你应该起模范带头作用,因为你是共产党员。

5. 灵魂是不朽的,因为永远处于运动的对象都是不朽的。

第四章 真值函项逻辑

> 【内容提要】 第三章所讲的直言命题逻辑的研究对象基于A、E、I、O 四种直言命题论证形式的有效性。直言命题通常所对应的是语言学所讲的单句中的陈述句,但是,在自然语言中,并非所有语句都是单句。换句话说,并非所有命题都可以化归为那种直言命题形式。语言学家们通常又把语句分为单句和复句。真值函项逻辑所研究的复合命题正是与复句相对应的,因此,真值函项逻辑研究的是复合命题论证的分析与评价。这部分内容已经被现代逻辑学家发展成为现代逻辑两个成熟的演算形式之一——命题演算。

第一节 复合命题论证

复合命题论证是指前提或结论中至少有一个复合命题的论证。复合命题论证是亚里士多德之后的斯多葛学派所讨论的主要论证类型。复合命题与语言学上所讲的复句相对应,但不是一一对应。语言学家在讨论复句时,区分许多子类型,而逻辑学家在讨论复合命题时通常只区分为五种类型,即否定命题、合取命题、析取命题、条件命题与等值命题。

一、复合命题论证

复合命题(compound proposition)是指包含了一个或一个以上较短命题作为其自身一部分成分的命题。例如,"高罗佩是《狄公案》的作者,并且高罗佩是荷兰人"。这是一个复合命题,它包括了两个较短的命题:"高罗佩是《狄公案》的作者"和"高罗佩是荷兰人"。这两个命题是通过语词"并且"连接在一起的。借助像"否定""析取""合取"以及"条件"之类的逻辑联结词,我们就可以把一个或一个以上的较短命题组合在一起形成复合命题。由这些逻辑关系构成的命题所形成的论证就是复合命题论证。根据不同的标准,我们可以把复合论证分为不同的类型,比如,根据逻辑联结词,复合论证可分为否定论证、析取论证、合取论证和条件论证,而根据形式有效性,又可将这些形式分为有效形式和无效形式两大类。有了这些有效论证形式和无效论证形式,我们就可以通过与下列清单中的形式作对比来判定一个具体论证是有效的还是无效的。在下列论证清单中,p、q、r 均代表命题。它既可以是第二章所讲的直言命题,也可以是本章所讲的复合命题,还可以是后面第五章将要讲的关系命题。

二、否定论证

否定论证与否定命题密不可分。**否定命题**(negative proposition),又称为负命题,是指通过对一个命题加上否定逻辑联结词"并非"所形成的命题。**所谓否定论证(negative argument,又称负命题推理)就是指,只有一个前提和一个结论,且前提或结论带有否定联结词,但不可能两者都带有两个否定联结词的论证。** 否定论证有 2 个基本的有效论证形式。如下表所示:

双重否定论证	有效形式一	有效形式二
	$\neg\neg p$	p
	$\therefore p$	$\therefore \neg\neg p$

这里,我们用 p、q、r 等字母来代表一个较短命题。符号"$\neg$"代表联结词"否定",读作"非"或"并非"。有的逻辑学教科书也用"$\sim$"或"—"来表示"否定"。在汉语中,"……是假的""并非……""并不是……""非……""不可能……""……,那不是真的""……是错误的""……是不成立的"等语词都可以翻译成"$\neg p$"的命题形式。

例　子

请分析下列论证的形式,并判定其是否有效。
孙中山是孙逸仙;
因此,孙中山不是孙逸仙,那不是真的。

分　析

首先，我们令"p"代表命题"孙中山是孙逸仙"。

其次，我们用"$\neg p$"代表"孙中山不是孙逸仙"，再用"$\neg$"代表"那不是真的"。我们可以得出该论证的形式如下：

$$p$$
$$\therefore \neg \neg p$$

这个论证具有上述双重否定论证形式之二，因此，它是有效论证。

思　考　题

识别下列论证的形式，并指出其是否有效。若有必要，请重新排列成标准形式。

(1) 人总是不必死的，这是错误的，因此，人总是必死的。

(2) 有中国人会讲荷兰语，这是因为并不是中国人都不会讲荷兰语。

三、合取论证

合取论证（conjunctive argument）是指前提或结论中有一个为合取命题的论证。所谓**合取命题**（conjunctive proposition）是指断定至少两个对象可能性**同时存在**或同时为真的复合命题。在合取命题中，表达对象可能性的较短命题被称为**合取支**或**联言支**。在中文传统的逻辑学教科书中，合取命题又被称为"**联言命题**"，因此，合取论证又可被称为"**联言论证**"或"**联言推理**"。合取论证的基本形式通常是由一个或两个前提和一个结论组成。在这里，我们将介绍 6 个有效合取论证形式和 2 个无效合取论证形式，如下表所示。其中，形式三和形式四可被称为合取论证的组合式，通常简称"组合式"。形式五和形式六被称为合取论证的分解式，通常简称为"分解式"。

	类型	形式一	形式二	形式三	形式四	形式五	形式六
合取论证	有效合取论证	$\neg(p \wedge q)$ p $\therefore \neg q$	$\neg(p \wedge q)$ q $\therefore \neg p$	p q $\therefore p \wedge q$	p q $\therefore q \wedge p$	$p \wedge q$ $\therefore p$	$p \wedge q$ $\therefore q$
	无效合取论证	$\neg(p \wedge q)$ $\neg p$ $\therefore q$	$\neg(p \wedge q)$ $\neg q$ $\therefore p$				

其中,符号"∧"表示逻辑联结词"合取",读作"并且"。有的教科书用"∩"来表示"合取"。在汉语中,具有"$p \wedge q$"形式的命题通常与表达并列、转折、递进、承接等关系的复句相对应。

表达并列关系复句的关联词有:"有的……有的……""一方面……一方面……""有时候……有时候……""那么……那么……""既然……又……""一边……一边……""……也……""……又……""……还……""……同时……",等等。

表达转折关系复句的关联词有:"……可是……""……但是……""虽然……可是……""虽然……但是……""尽管……还……""虽然(虽是、虽说、尽管、固然)……但是(但、可是、然而、却)……""……却……""……不过……""……然而……""……只是……",等等。

表达递进关系复句的关联词有:"不但……还……""不仅……还……""除了……还有……""不但……而且……""不但(不仅、不光)……而且(并且)……""不但……还(也、又、更)……""……何况……""……而且……""……况且……""……尤其……""……甚至……",等等。

表达承接关系复句的关联词有:"……就……""……便……""……才……""……又……""……于是……""……然后……""……接着……""首先(起初)……,然后……""……从而……",等等。

例　子

请分析下列论证的形式,并判定其是否有效。

在桌子上有三张牌排成一行,现在我们已知:
（1）K 右边的两张中至少有一张是 A；
（2）A 左边的两张中也有一张 A；
（3）方块左边的两张中至少一张是红桃；
（4）红桃右边的两张中也有一张是红桃。
请问：最左边和最右边的两张牌各是什么？

分　析

要解答这种题,需要使用的论证形式就是合取论证的组合式。首先,让我们先看最左边这张牌是什么？根据已知条件(1),我们可知最左边的这张牌是 K；根据已知条件(4),我们可知这张牌是红桃,因此,最左边这张牌是红桃 K。其论证是：

这张牌是 K；

这张牌是红桃;

因此,这张牌是红桃 K。

用论证形式来表示,这个论证的形式是:

$$p$$
$$q$$
$$\therefore p \wedge q$$

这个论证形式是有效的。

其次,让我们来看看最右边这张牌。根据已知条件(3),我们可得知这张牌是方块;根据已知条件(2),我们可知这张牌是 A,因此,最右边的这张牌是方块 A。其论证是:

这张牌是方块;

这张牌是 A;

因此,这张牌是方块 A。

用论证形式来表示,这个论证的形式也是:

$$p$$
$$q$$
$$\therefore p \wedge q$$

这个论证形式是有效的。

思 考 题

识别下列论证的形式,并指出其是否有效。若有必要,请重新排列成标准形式。

(1) 金岳霖和苏天辅都是当代中国逻辑学家,因此,金岳霖是当代中国逻辑学家。

(2) 并非陈那和墨子都是中国古代逻辑学家,陈那不是中国古代逻辑学家,因此,墨子是中国古代逻辑学家。

四、析取论证

析取论证(disjunctive argument)是指这样一种论证,它是由两个前提组成,其中一个前提是析取命题,另一个前提是对其中一个析取支进行否定或肯定的论证。析取命题(disjunctive proposition),又称选言命题,是指断定两个或两个以上对象可能性至少有一个存在或为真的复合命题。在析取命题中，表示每个对象可能性的较短命题被称为**析取支**或**选言支**。**析取论证**又称**选言论证**，它有 2 个基本的有效论证形式和 2 个基本的无效论证形式，如下表所示：

	类型	形式一	形式二
析取论证	有效析取论证（否定肯定式）	$p \vee q$ $\neg p$ $\therefore q$	$p \vee q$ $\neg q$ $\therefore p$
	无效析取论证（肯定否定式）	$p \vee q$ p $\therefore \neg q$	$p \vee q$ q $\therefore \neg p$

其中符号"$\vee$"代表逻辑联结词"析取"，读作"或者"。有的逻辑学教科书用"$\cup$"来表示"析取"。在汉语中，常见的表达析取关系的语词有"……或……""……或者……""或者……或者……""或是……或是……""是……还是……"，等等。从语言学角度来讲，它对应的是相容选择关系复句，因此，在国内逻辑学教科书中，具有这种形式的复合命题通常又被称为"相容选言命题"。

与相容选择关系复句相对应，还有一类不相容选择关系复句，许多逻辑学教科书把这种复句所表达的命题称为"不相容选言命题"。表达这种复句的关联词有"不是……就是……""要么……要么……""或者……或者……，二者不可得兼""宁可……也不……""与其……不如……"，等等。但这类复句所表达的命题不能简单地表达成"$p \vee q$"。由于 p 和 q 不可能同时为真，因此，我们需要借助前面的否定词"$\neg$"和后面将要讲的合取联结词"$\wedge$"来表示这类命题的形式。

在上述析取论证中，第一个前提是析取命题，第二个前提对其中一个析取支进行肯定或否定，最后一个命题是结论。由于这种论证也是由三个命题组成的，因此，这种论证又被有些逻辑学家称为**选言三段论**(disjunctive syllogism)。

然而，在自然语言论证中，我们常常遇到的有效论证并不正好与我们给定的形式之一相匹配。我们处理这种情形的办法之一就是，将给定论证翻译成标准形式之一。这可以通过两种办法来实现：一是用与其逻辑等值的命题来取代前提或结论，这在后面的逻辑等值讨论中进行阐述；二是重新排列前提次序，使得其与标准形式的析取论证相符。

例 子

请分析下列论证的形式，并判定其是否有效。

李白不可能出生于焉耆碎叶；
李白或出生于中亚碎叶，或出生于焉耆碎叶；
因此，李白出生于中亚碎叶。

分　　析

由于这个论证的选言命题是第二个前提，因此，我们需要重新排列前提次序，即：

李白或出生于中亚碎叶，或出生于焉耆碎叶；
李白不可能出生于焉耆碎叶；
因此，李白出生于中亚碎叶。

这个论证具有形式：

$$p \vee q$$
$$\neg p$$
$$\therefore q$$

这是有效析取论证的形式之一，因此，它是有效的。

思　考　题

识别下列论证的形式，并指出其是否有效。若该论证不是标准形式，请将其重新排列成标准形式。

（1）艾丽丝没有穿过玻璃房不是真的，因此，艾丽丝穿过了玻璃房。

（2）艾丽丝没有遇到红皇后；或者艾丽丝遇到了红皇后，或者艾丽丝迷了路；因此，艾丽丝迷了路。

五、条件论证

条件论证（conditional argument）与**条件命题**（conditional proposition）密不可分。条件命题有广义和狭义之分。**广义条件命题**包括充分条件命题（sufficient conditional proposition）、必要条件命题（necessary conditional proposition）和充要条件命题（biconditional proposition 或 sufficent and necessary proposition）。**狭义条件命题**仅仅是充分条件命题。在大多数西方逻辑教科书中，条件命题往往指的是充分条件命题，因为必要条件命题和充分条件命题都可以用"条件"联结词和其他联结词组合在一起表达。

为此，我们这里也采用狭义条件命题概念。条件命题，又称为**充分条件假言**

命题或**蕴涵**(implication)，是指断定一个命题为真是另一命题为真的充分条件的命题。条件命题的标识词是"如果……，那么……"(if…then…)。其中，"……"部分可以填入不同的命题，所填入的命题可以是直言命题，可以是复合命题，也可以是关系命题。标识词"如果"后面的命题被称为**前件**(antecedent)，标识词"那么"后面的命题被称为**后件**(consequent)。

其中，符号"→"表示逻辑联结词"条件"，读作"如果……，那么……"。有的逻辑学教科书用"⊃"表示"条件"。在汉语中，具有条件命题形式"$p→q$"通常都与表达条件、假设、因果关系的复句相对应。

表达条件关系复句的常用关联词有："只要……就……""只有……才""除非……才(不)……""无论(不管,不论)……都……""如果……那么……，并且只有……才……""当且仅当……""……若且唯若……"，等等。不过，这里有些关联词表达充分条件，有些表达必要条件，有些表达充要条件。因此，这些复句的命题形式并不总是"$p→q$"形式。例如，必要条件关系复句"只有p，才q"的命题形式是"$q→p$"。再如，"p 当且仅当q"的命题形式需要借助合取联结词"∧"和条件联结词"→"才能表达，即为形式"$(p→q)∧(q→p)$"。

表达假设关系复句的常用关联词有："如果(假如、倘若、若、要是、要、若要、假若、如若)……就(那么、那、便、那就、则)……""即使(就是、就算、纵然、哪怕、即便、纵使)……也(还、还是)……""再……也……"，等等。

表达因果关系复句的常用关联词有："因为(因)……所以(便)……""由于……因而……""……因此……""……故此……""……故而……""……之所以……是因为……""既然(既是)……就(那就、便、又何必)……"，等等。

事实上，这类标识词也是论证标识词。但当它们只是作为子论证时，我们就可以将其视为条件命题。

条件论证是指前提或结论中至少有一个条件命题的论证。这类论证有5个基本的有效论证形式和2个基本的无效论证形式。其论证如下表所示：

有效论证	分离论证	$p→q$ p ∴q	逆分离论证	$p→q$ ¬q ∴¬p	假言三段论	$p→q$ $q→r$ ∴$p→r$
	归谬法	$p→¬p$ ∴¬p			$p→(q∧¬q)$ ∴¬p	
无效论证	肯定后件谬误	$p→q$ q ∴p	否定前件谬误		$p→q$ ¬p ∴¬q	

例　子

请分析下列论证的形式，并判定其是否有效。
如果你是不称职的大臣，那么你就看不见皇帝的新衣；
你看见了皇帝的新衣；
因此，你是称职的大臣。

分　析

我们用 p 代表"你是称职的大臣"，$\neg p$ 代表"你是不称职的大臣"，q 代表"你看得见皇帝的新衣"，$\neg q$ 代表"你看不见皇帝的新衣"，那么，上述论证的论证形式如下：

$$\neg p \to \neg q$$
$$q$$
$$\therefore p$$

这是上表中所说的逆分离论证形式，是有效的。

例　子

请分析下列论证的形式，并判定其是否有效。
如果猫多，那么田鼠少；
如果田鼠少，那么熊蜂多；
因此，如果猫多，那么熊蜂多。

分　析

我们用 p、q、r 分别代表"猫多""田鼠少""熊蜂多"，那么，上述论证的形式便是：

$$p \to q$$
$$q \to r$$
$$\therefore p \to r$$

从上表中可以查到，这是一个有效论证形式。

思　考　题

识别下列论证的形式，并指出其是否有效。
(1) 如果天不下雨，我就去；天没下雨；因此，我去。

(2) 如果天不下雨,我就去;天下雨;因此,我不去。
(3) 如果天下雨,我就不去;天没下雨;因此,我不去。
(4) 如果天下雨,我就去;天下雨;因此,我去。

六、二难论证

二难论证(dilemma)是指由两个条件命题、一个二支析取命题和一个结论组成的论证。这种论证又可称为二难推理或假言选言推理。在论辩中,这种论证的特点是:提出一个非常简单的问题,对这个问题的回答只有两个可能的选择,而且对方必须选择其中一个,但是,不管对方选择哪一个都是对自己不利的,即陷入一种进退两难的困境。在这种论证形式中,第三个前提是用一个二支析取命题来肯定第一、第二两个条件命题的前件或否定这两个条件命题的后件而推导出结论的。这种情形非常相似于条件论证中"分离论证"或"逆分离论证"两种有效论证形式的情形。其有效论证形式如下表所示:

简单 类型	有效 形式	复杂 类型	有效 形式
简单 构成式	$p \rightarrow q$ $r \rightarrow q$ $p \vee r$ $\therefore q$	复杂 构成式	$p \rightarrow q$ $r \rightarrow s$ $p \vee r$ $\therefore q \vee s$
简单 破坏式	$p \rightarrow q$ $p \rightarrow r$ $\neg q \vee \neg r$ $\therefore \neg p$	复杂 破坏式	$p \rightarrow q$ $r \rightarrow s$ $\neg q \vee \neg s$ $\therefore \neg p \vee \neg r$

当然,与上述有效论证对应的二难论证也有无效形式。这种无效论证形式正是我们在使用这种论证时需要避免的。如下表所示:

简单 类型	无效 形式	复杂 类型	无效 形式
简单 构成式	$p \rightarrow q$ $p \rightarrow r$ $q \vee r$ $\therefore p$	复杂 构成式	$p \rightarrow q$ $r \rightarrow s$ $q \vee s$ $\therefore p \vee r$

简单类型	无效形式	复杂类型	无效形式
简单破坏式	$p \to q$ $r \to q$ $\neg p \lor \neg r$ $\therefore \neg q$	复杂破坏式	$p \to q$ $r \to s$ $\neg p \lor \neg r$ $\therefore \neg q \lor \neg s$

其中,论证是用一个二支析取命题来分别肯定两个条件命题的后件或否定其前件而推导出结论的,它类似于条件论证中肯定后件谬误或否定前件谬误两种无效论证的情形。

例 子

请分析下列论证的形式,并判定其是否有效。

如果给他寄去征衣,那么他就会迟迟不归;

如果不给他寄去征衣,那么他会挨冻受寒;

或者给他寄去征衣,或者不给他寄去征衣;

因此,他或者会迟迟不归,或者会挨冻受寒。

分 析

这是根据元曲《越调·凭栏人·寄征衣》改编的二难论证,作者是元代著名文学家姚燧(1283—1313)。原曲是:"欲寄君衣君不还,不寄君衣君又寒。寄与不寄间,妾身千万难。"描写了一个思妇在征衣寄与不寄之间的矛盾心情。其论证是:

$$p \to q$$
$$\neg p \to s$$
$$p \lor \neg p$$
$$\therefore q \lor s$$

这是一个有效论证。

思 考 题

请用二难论证分析一下山姆是否有罪。

在美国芝加哥,有一家大型百货商店被人盗窃了一批财物。芝加哥警察局经过侦查,拘捕了三个重大嫌疑犯:山姆、汤姆与吉宁士。后来,经过审问,又查明了以下事实：

(1) 罪犯是带着赃物坐车逃跑的；
(2) 不伙同山姆，吉宁士决不会作案；
(3) 汤姆不会开车；
(4) 罪犯就是这三个人中的一个或几个。

在这个案子里，山姆有罪吗？

第二节 真值函项

命题是指或者为真或者为假的语句。复合命题的真假是根据其支命题的真假来判定的。逻辑联结词的性质是判定复合命题真假的关键。不同的逻辑教科书使用的逻辑联结词数量有所不同。本书所要介绍的逻辑联结词有否定、合取、析取、条件和等值。通过知道复合命题支命题的真值以及对照真值表中相应的行与列，要判定一个复合命题的真假是很容易的。如果把复合命题翻译成为符号形式，这个过程将变得更加容易。

一、概述

如果你知道了所有支命题的真假，你就可以判定整个复合命题的真假。此时，我们就可以说复合命题真假是其支命题真假的一个函项。

例　子

如何判断下列命题的真假？

勇士队赢得了东部联赛，而且道奇队赢得了西部联赛。

分　析

首先，这是一个复合命题，它包含了两个支命题："勇士队赢得了东部联赛"和"道奇队赢得了西部联赛"。

其次，只有当两队都赢了比赛，做出这个预言的所说的话才是真的，否则他的预言便是假的。

二、逻辑联结词

像上面这样的命题被称为真值函项命题。这种命题总是包含着逻辑联结词,又被称为**"逻辑算子"**(logical operator)。我们这里将讨论一个**逻辑联结词**(logical conntective),其中,每一个联结词都可以用一个"真值表"来表达。真值表的目的是展示真值函项命题所具有的所有可能真假组合。

1. **否定**(negation):通常用"并非"来表达,用符号"¬"来表示。其真值规则是:**其真值恰好相反**。

情形	p	¬p
1	1	0
2	0	1

其中,"1"表示"真","0"表示"假"。从这个真值表可以看出,否定联结词的真值情况是:如果 p 为真,那么 ¬p 为假;如果 p 为假,那么 ¬p 为真。

2. **合取**(conjunction):通常用"并且"来表达,用符号"∧"来表示。在汉语中,这个联结词又被称为"联言"。其真值规则是:**只有当所有合取支为真时,它才为真,否则便为假。**

情形	p	q	p∧q
1	1	1	1
2	1	0	0
3	0	1	0
4	0	0	0

从这个真值表我们可以看出,合取联结词的真值情况是:只有第(1)种情形,即所有合取支命题都为真时,它才是真的,其余情况都是假的。

3. **析取**(disjunction):通常用"或者"来表达,用符号"∨"来表示。在汉语中,这个联结词又被称为"选言"。其真值规则:**只有当所有析取支为假,该命题才为假,其余情形都为真。**也可以说,只要有一个支命题为真,该命题便为真,否则为假。

情形	p	q	p∨q
1	1	1	1
2	1	0	1
3	0	1	1
4	0	0	0

从这个真值表可以看出，析取联结词的真值情况是：只有第四种情形，即所有析取支命题都为假时，它才为假，其余情形都为真。

4. **条件**(conditional)：通常用"如果……那么……"来表达，用符号"→"来表示。在汉语中，这个联结词又被称为"充分条件假言"。其真值规则是：**只有当前件真后件假时，它才为假，否则便为真。**

情形	p	q	p→q
1	1	1	1
2	1	0	0
3	0	1	1
4	0	0	1

从这个真值表可以看出，条件联结词的真值情况是：只有第(2)情形为假，其余情形都为真。

5. **等值**(biconditional)：通常用"……当且仅当……"来表达，用符号"↔"来表示。在有的逻辑学教科书中，用"≡"来表示"等值"。由于这表示"左边"是"右边"的充分条件，同时"右边"也是"左边"的充分条件，或者说，"左边"是"右边"的充分必要条件，即：左右两边互为充分条件，因此，这种命题又可称为**"双条件命题"**。在汉语中，这个联结词又被称为**"充分必要条件假言"**或**"充要条件假言"**。其真值规则是：**只有当前件和后件都具有相同的真值时才为真，否则为假。**由于前件和后件具有相同真值，因此，我们把这种命题又称为**等值命题**。

情形	p	q	p↔q
1	1	1	1

续　表

情形	p	q	p↔q
2	1	0	0
3	0	1	0
4	0	0	1

从这个真值表可以看出，等值联结词的真值情况是：在(2)(3)两种情形下为假，在(1)(4)两种情形下为真。

三、翻译成符号形式

通过知道复合命题支命题的真值并对照真值表中相应的行与列，可以很容易地判定一个复合命题的真假。如果把复合命题翻译成为符号形式，这个过程将变得更加容易。

为了"翻译"复合命题，我们选择关键字母来表示。例如，我们可以把复合命题"鞠实儿和梁庆寅都是中山大学教授"翻译成"J∧L"，其中，J 代表"鞠实儿是中山大学教授"的缩写，L 代表"梁庆寅是中山大学教授"的缩写。

一旦命题的简写得以完成，我们就能将合取规则应用于可以附加给 J 和 L 的任何真值。也就是说，如果 J 是真的，L 是假的，那么复合命题"J∧L"便是假的。但是，如果 J 是真的，而且 L 是真的，那么复合命题"J∧L"便是真的。

例　子

将下列命题翻译成符号形式。
或者赵希顺是中山大学教授，或者鲁迅在中山大学任过教。

分　析

令"Z"代表"赵希顺是中山大学教授"，"L"代表"鲁迅在中山大学任过教"。既然这是两个简单命题的析取，我们可以将其写成"或者 Z 或者 L"。再进一步符号化为：

Z∨L

例　子

假定"赵希顺是中山大学教授"是真的,而"鲁迅在中山大学任过教"是假的,那么复合命题"Z∨L"的真值情况如何呢?

分　析

析取规则说的是,只有当所有支命题为假,析取命题才为假,否则为真。在这种情况下,如果我们指派"1"给Z,而指派"0"给L,那么,复合命题"Z∨L"便为1。

例　子

现在假定"赵希顺不是中山大学教授"而且"鲁迅没有在中山大学任过教",这个复合命题的真值情况又如何呢?

分　析

析取规则说的是,只有当所有支命题为假,析取命题才为假,否则为真。在这种情形下,如果我们指派"0"给Z和L,那么这个命题"Z∨L"的真值便为0。

思　考　题

令"G"代表"广东宏远队获得了A组冠军","B"代表"八一火箭队获得了B组冠军"。假定"G"是真的而"B"是假的。首先,将下列复合命题翻译成为符号形式;其次,判定其真假。

(1) 如果广东宏远队获得了A组获军,那么八一火箭队就获得了B组冠军。

(2) 如果且只有八一火箭队获得B组冠军,那么广东宏远队才获得了A组获军。

四、逻辑技术符号

在许多情况下,在把复合命题翻译成符号形式时,我们需要逻辑技术符号。这与数学中为了避免含混而使用括号是一样的。在没有任何指导规则的情况下,表达式"5+3×2=?"既可以得到16又可以得出11。前者理解为(5+3)×2,而后者理解为5+(3×2)。在翻译复合命题时,我们会发现同样的问题。

例如,在没有括号的情况下,下列命题是含混的:"辽宁盼盼队赢得了比赛并且山东永安队赢得了比赛或者北京首钢队赢得了比赛"。这个命题可以理解为:

(1)（辽宁盼盼队赢得了比赛并且山东永安队赢得了比赛）或者（北京首钢队赢得了比赛）。

(2)（辽宁盼盼队赢得了比赛）并且（山东永安队赢得了比赛或者北京首钢队赢得了比赛）。

在第一种解释中，命题是一个析取命题，其中，第一个析取支是一个合取命题；在第二种解释中，命题是一个合取命题，其中，第二个合取支是一个析取命题。使用括号之后就能消除含混，而且告诉了读者哪一种解释是作者的意图。

要注意，我们这里只假定了一种情况不需要使用括号，这与否定联结词有关。其规则是"否定符号'¬'后面直接跟随什么就否定什么"，因此，¬p→q 会被解释为一个带有否定前件的条件命题。但是，¬(p→q)将被解释为对整个条件命题的否定。在第一种情形下，否定了 p，在第二种情况下，否定了 p→q。

例　　子

将下列命题进行符号化，在需要使用括号的地方请使用括号。

或者吉林大禹队输给了广东宏远队或者浙江万马队和上海东方队都赢得了比赛。

分　　析

首先，我们令"J"代表"吉林大禹队赢了广东宏远队"，"Z"代表"浙江万马队赢得了比赛"，"S"代表"上海东方队赢得了比赛"。

其次，我们要注意命题中的逻辑算子。这里有三个逻辑算子，即：析取、否定与合取。

第三，要判断主要的逻辑算子是什么，例如，问你自己这个命题主要说的是什么。在这里，主要是"或者……或者……"，即"或者吉林大禹队……或者浙江万马队……"。

最后，你可以插入主算子的支命题：(1)这个析取命题的第一个支命题是一个否定命题"¬J"；(2)第二个支命题是一个合取命题"Z∧S"；(3)如果你把两个支命题用析取命题合并起来，并且要确信"Z∧S"已用括号分开，但否定J不必这样做"(¬J)"，那么，你就可以得到命题形式"¬J∨(Z∧S)"。

思　考　题

将下列命题符号化。

(1)如果湖北美尔雅队没有赢得这场比赛，那么江苏南钢队赢得了这场比赛。（令"H"代表"湖北美尔雅队赢得这场比赛"，"J"代表"江苏南钢队赢得了这场比赛"。)

(2) 并非前卫奥神队和八一火箭队都赢得了这场比赛。(令"Q"代表"前卫奥神队赢得了这场比赛","B"代表"八一火前队赢得了这场比赛"。)

第三节 真 值 表

在这一节,我们将用逻辑算子规则来构造复合命题的真值表。一旦真值表被构造出来,我们就可以掌握真值表的各种应用。具体地说,我们可以用真值表来判定:(1)蕴涵与有效性;(2)等值;(3)重言式与矛盾式。

一、概述

构造**真值表**(truth table)是基于下列逻辑算子规则的:(1)否定:其真值相反;(2)合取:只有当所有合取支为真时,它才为真,否则便为假;(3)析取:只有当所有析取支为假,该命题才为假,其余情形都为真;(4)条件:只有当前件真后件假时,它才为假,否则便为真;(5)等值:只有当前件和后件都具有相同真值时才为真,否则为假。

真值表向我们展示了一个真值函项所具有的所有真假组合可能性。一个简单命题"p"有真和假2种可能组合,两个简单命题"p"和"q"就有4种可能组合;三个简单命题"p""q"和"r"就有8种可能组合,依此类推。总之,真假可能组合数=2^n,其中,"n"表示简单命题变元数。因此,我们可以用下列标准来建立针对不同简单命题数量的真值表。

情形	p
1	1
2	0

情形	p	q
1	1	1
2	1	0
3	0	1
4	0	0

情形	p	q	r
1	1	1	1
2	1	1	0
3	1	0	1
4	1	0	0
5	0	1	1
6	0	1	0
7	0	0	1
8	0	0	0

二、构造真值表

为了针对给定命题构造真值表,掌握下列程序是有帮助的:

首先,要注意不同字母数量即简单命题数量,并且针对那个数量建立真值表。

其次,要注意主要逻辑算子,并构造围绕这个主算子的每个支命题的辅助栏。

一旦这些工作被完成了,这个最终栏就代表着这个复合命题的所有真假可能组合。

例　子

请构造命题"p∨¬q"的真值表。

分　析

首先,要注意这里有两个字母 p 和 q。这个真值表就应当从下列这种形式开始。

情形	p	q
1	1	1
2	1	0
3	0	1
4	0	0

其次,要注意给定命题是一个析取命题,其中第一支命题是 p 而第二个支命题是 q 的否定。为了揭示 p 和 ¬q 之间的析取,你不得不知道针对 ¬q 的真值栏是什么。因此,现在要做的事就是针对 ¬q 建立一个辅助栏,本质上这一列是 q 的否定,如下表:

情形	p	q	¬q
1	1	1	0
2	1	0	1

续表

情形	p	q	¬q
3	0	1	0
4	0	0	1

现在,你就可以画出整个析取命题的真值栏。在这里,需要把前面所讲到的析取命题真值规则应用到针对 p 和 ¬q 的列,构造出最后一列真值,从而得出一个完整的真值表。

情形	p	q	¬q	p∨¬q
1	1	1	0	1
2	1	0	1	1
3	0	1	0	0
4	0	0	1	1

思 考 题

请构造下列命题形式的真值表。
(1) ¬p∧q
(2) ¬p→q
(3) p∨¬p

要构造更复杂的真值命题的真值表,你基本上要遵循同样的程序。最重要的是注意逻辑技术符号。

例 子

请构造命题"(p∧q)∨¬q"的真值表。

分 析

首先,要弄清这个复合命题中字母的数量。既然这里只有两个不同字母 p 和 q,那么真值表就从 2 列 4 行开始。

其次,要注意这是一个析取命题,其第一个析取支是一个合取命题"p∧q",第二个析取支是 q 的否定即 ¬q。括号将析取联结词左边的析取支分离了出来。

这个命题的真值表有两个辅助列，一个是针对 p∧q 的，一个是针对 ¬q 的。然后，析取规则将被应用到这些列。

情形	p	q	p∧q	¬q	(p∧q)∨¬q
1	1	1	1	0	1
2	1	0	0	1	1
3	0	1	0	0	0
4	0	0	0	1	1

三、检验蕴涵式

真值表的第一个应用是用它来判定逻辑蕴涵。逻辑蕴涵（logical implication），又称"实质蕴涵"（material implication），通常被直接简称为"蕴涵"（implication），它是指一个命题与另一个命题之间的关系。这种关系是：如果第一个命题为真，那么第二个命题也必然为真。

为了判定逻辑蕴涵，需要建立一个真值表，它包含了第一个命题和第二个命题的真值列。然后，检查一下其中是否存在这样一行：第一个命题为真，第二个命题为假。如果存在，该蕴涵式不成立；如果不存在，该蕴涵式成立。

例　　子

请用真值表检验"¬(p∨q)"是否蕴涵"¬p∧¬q"。

分　　析

首先，建立两个命题的一个真值表。

情形	p	q	p∨q	¬(p∨q)	¬p	¬q	¬p∧¬q
1	1	1	1	0	0	0	0
2	1	0	1	0	0	1	0
3	0	1	1	0	1	0	0
4	0	0	0	1	1	1	1

其次,注意这个表中只有第 4 种情形是"¬(p∨q)"为真,而此时"¬p∧¬q"也为真,即:这里不存在"¬(p∨q)"为真但"¬p∧¬q"为假的这样一行真值组合,因此,我们说"¬(p∨q)"蕴涵了"¬p∧¬q"。

思 考 题

请用真值表检验下列蕴涵式是否成立。
(1) ¬(p∧q)是否蕴涵¬p∨¬q?
(2) ¬p∧¬q是否蕴涵¬(p∧q)?

四、检验有效性

逻辑蕴涵思想为真值函项论证的有效性提供了理由,因为我们可以把前提看作是一个用合取联结词组合起来的一个合取命题,且这个合取命题是蕴涵结论的。

用真值表检验论证有效性充分利用了蕴涵思想,它提供了这样一种检验论证是否有效的方法:我们可以看是否存在所有前提合取为真而结论为假这样一行真值。其中,所有前提的合取为真,即是说,所有前提均真。如果存在,这个论证就是无效的;如果不存在,那么这个论证就是有效的。

例 子

请用真值表判定下列论证是否有效。

$$p \rightarrow q$$
$$\neg p$$
$$\therefore \neg q$$

分 析

首先,我们用合取联结词将前提"p→q"和"¬p"合并成"(p→q)∧¬p"。要注意,如果某一个前提是复合命题(否定命题除外),那么就必须用括号将这个前提括起来。

其次,检查一下这个命题有多少个字母,并根据字母数量建立真值表。这个命题有两个字母,因此,其真值表要从下表开始。

再次，在真值表中表达整个论证的真值，即画出所有前提合取的真值列以及结论的真值列。

情形	p	q	p→q	¬p	(p→q)∧¬p	¬q
1	1	1	1	0	0	0
2	1	0	0	0	0	1
3	0	1	1	1	1	0
4	0	0	1	1	1	1

最后，我们逐行读真值表，看看从前提"(p→q)∧¬p"到结论"¬p"是否存在前者为真后者为假的情形。如果你找到这样一行真值，那么该论证就是无效的；如果没有找到，那么该论证就有效。上述真值表明，在第3种情形下，前提的合取式为真，但结论却为假，因此，这个论证是无效的。这个真值表实际上表明了本章第一节所讲的否定前件谬误。

思 考 题

请用真值表判定下列论证是否有效。

(1) p→q
    r→q
    p∨r
    ∴q

(2) ¬(p∧q)
    ¬p
    ∴q

五、检验逻辑等值

真值表的第二个应用是用来检验真值函项等值。所谓**真值函项等值**(truth functional equivalence)是指：如果两个命题必然具有相同的真值，那么它们就是真值函项等值的。**真值函项等值**又被称为**逻辑等值**(logical equivalence)。通过展示复合命题的所有可能真假组合，我们可以用真值表来展示这种等值。如果在每一种情形下两个命题的真假都是完全相同的，那么这两个命题就是逻辑等值的。相反，只要有一行是不同的，它们就不是等值的。

例　子

请用真值表判定下列两个复合命题是否逻辑等值。

"p↔q"与"(q→p)∧(p→q)"

分　析

首先，在画出基本真值表之后，写出每个命题的真值列。

情形	p	q	p↔q	q→p	p→q	(q→p)∧(p→q)
1	1	1	1	1	1	1
2	1	0	0	1	0	0
3	0	1	0	0	1	0
4	0	0	1	1	1	1

其次，逐行检查一下两个命题的真值。如果每一种情形下两个命题的真值都是完全一致的，那么这两个命题是等值的，否则就不是等值的。从真值表可以看出，在上述所有情形下，命题"p↔q"和"(q→p)∧(p→q)"的真值都是完全相同的，因此，这两个命题是等值的。

思　考　题

用真值表判定下列命题是否等值。
(1)"p∧(q∨r)"与"(p∧q)∨(p∧r)"
(2)"¬p∧q"与"¬(p∧q)"

六、检验重言式与矛盾式

真值表的最后一个应用是用来检验重言式和矛盾式。

重言式(tautology)，又称为**永真式**，是指其真值函项必然真的命题。**矛盾**

式(contradition)，又称为**永假式**，是指其真值函项必然假的命题。我们可以用真值表来判定一个命题是重言式或矛盾式，或两者都不是。其具体步骤如下：(1)针对所讨论的命题建立一个真值列；(2)看看这一列是否全部为真、全部为假或者部分为真部分为假。如果最后一列真值在任何情况下都为真，那么这个真值表就表明这个命题是个重言式；如果最后一列真值在任何情况下都为假，那么这个真值表就表明这个命题是个矛盾式；如果最后一列真值表既包含了真的情形又包含了假的情形，那么这个命题就既不是重言式也不是矛盾式。

例　　子

用真值表判定下列命题是重言式、矛盾式还是两者都不是？

$$p \rightarrow (p \vee q)$$

分　　析

在针对这个命题建立一列真值之后，看看这列真值是否都为真，或是否都为假，或者并不都真或并不都假。

情形	p	q	p∨q	p→(p∨q)
1	1	1	1	1
2	1	0	1	1
3	0	1	1	1
4	0	0	0	1

从上述真值表可以看出，最后一列真值在任何情况下都为真，因此，这个真值表表明该命题必然为真，即是一个重言式。

思　考　题

用真值表判定下列命题是重言式、矛盾式还是两者都不是？
(1) $(p \vee q) \wedge \neg (p \vee q)$　　(2) $(p \rightarrow q) \leftrightarrow (\neg q \rightarrow \neg p)$

第四节　形　式　演　绎

形式演绎(formal deduction)是指一个论证有效性的形式证明。对三段论的有效性，我们可以用文恩图或三段论规则来检验，但是，我们无法用文恩图来检验复合命题论证的有效性。对于比较简单的复合论证，我们可以用本章第一节中所讲的基本论证形式即可检验其有效性。但是，并非所有复合命题论证都能被化归为上述提及的基本论证形式。有时，复合命题论证是相当复杂的，为此，我们需要采用形式演绎来检验一个复杂的复合命题论证的有效性。根据形式演绎方法，如果结论能够通过使用**基本规则**、**逻辑等值**和**重言式原则**从给定前提中一步一步地演绎出来，那么就表明这个论证是有效的。在这一节中，我们给出了一系列基本规则、逻辑等值和重言式，利用这些原则或形式我们就可以构造出有效性证明了。

一、基本规则

形式演绎的基本规则是从有效论证挑选出来的。有效的论证很多，我们在此只选出了 17 个有效论证作为基本规则，把它们分别归入 9 条规则之下（见下表），并将它们用来证成形式演绎中除前提之外的某一步。不仅如此，这些基本规则的每个替换事例也都是有效的。

序号	规则名称	形式	替换事例
1.	分离规则（MP）	$p \to q$ p $\therefore q$	$(A \land B) \to C$ $A \land B$ $\therefore C$
2.	逆分离规则（MT）	$p \to q$ $\neg q$ $\therefore \neg p$	$\neg X \to (Y \land Z)$ $\neg (Y \land Z)$ $\therefore \neg \neg X$
3.	假言三段论（HS）	$p \to q$ $q \to r$ $\therefore p \to r$	$A \to (B \land C)$ $(B \land C) \to D$ $\therefore A \to D$
4.	析取消去（∨⁻）	$p \lor q$ $\neg p$ $\therefore q$	$(E \land F) \lor G$ $\neg (E \land F)$ $\therefore G$
		$p \lor q$ $\neg q$ $\therefore p$	$E \lor \neg F$ $\neg \neg F$ $\therefore E$

续　表

序号	规则名称	形式	替换事例
5.	析取引入 ($\vee^+$)	p ∴ p∨q	X∧Y ∴(X∧Y)∨Z
		q ∴ p∨q	W→Z ∴¬Y∨(W→Z)
6.	合取引入 ($\wedge^+$)	p q ∴ p∧q	E→F G ∴(E→F)∧G
		q p ∴ p∧q	A∨B C→D ∴(C→D)∧(A∨B)
7.	合取消去 ($\wedge^-$)	p∧q ∴ p	(A∨B)∧C ∴ A∨B
		p∧q ∴ q	¬X∧¬Y ∴¬Y
8.	归谬法 (RaA)	p→¬p ∴¬p	(X∧Y)→¬(X∧Y) ∴¬(X∧Y)
		p→(q∧¬q) ∴¬p	A→(B∧¬B) ∴¬A
9.	二难论证(DIL)	p→q r→q p∨r ∴ q	E→(G∧F) H→(G∧F) E∨H ∴G∧F
		p→q p→r ¬q∨¬r ∴¬p	(M∧N)→O (M∧N)→L ¬O∨¬L ∴¬(M∧N)
		p→q r→s p∨r ∴ q∨s	A→(B→C) D→E A∨D ∴(B→C)∨E
		p→q r→s ¬q∨¬s ∴¬p∨¬r	X→Y ¬W→Z ¬Y∨¬Z ∴¬X∨¬¬W

思 考 题

考虑下列每一个例子,识别其所展示的一般原则或形式。

(1) $\dfrac{A \vee A}{C}$ ∴$(A \vee B) \wedge C$

(2) $\dfrac{\neg L \wedge \neg N}{∴ \neg L}$

(3) $\dfrac{(X \wedge Y) \rightarrow W}{(U \wedge V) \rightarrow Z}$ $(X \wedge Y) \vee (U \wedge V)$ ∴$W \vee Z$

(4) $\dfrac{(U \vee W) \wedge V}{∴ V}$

(5) $\dfrac{W \rightarrow \neg U}{W}$ ∴$\neg U$

(6) $\dfrac{(E \wedge F) \rightarrow G}{G \rightarrow (H \wedge I)}$ ∴$(E \wedge F) \rightarrow (H \wedge I)$

(7) $\dfrac{\neg(E \vee F) \vee \neg G}{E \vee F}$ ∴$\neg G$

(8) $\dfrac{(X \rightarrow \neg Y) \vee \neg Z}{\neg(X \rightarrow \neg Y)}$ ∴$\neg Z$

演绎有效论证即是指结论能够从前提中逻辑推导出来的论证。判定给定论证有效的方法是:展示其结论是否能够从前提出发借助逻辑规则一步一步地演绎出来。如果非给定前提的每一步都通过逻辑规则得到了证成,且最后一步是结论,那么该论证的有效性就得到了证明。这就是**形式演绎的含义**。

例 子

请从前提"$N \rightarrow \neg O$""$O \vee M$"和"N"演绎出结论"$M \wedge N$"。

分 析

首先,把前提写成竖式,并在后面标注"前提"。

1. $N \rightarrow \neg O$ 前提
2. $O \vee M$ 前提
3. N 前提

从(3)N 和(1)$N \rightarrow \neg O$ 演绎出 $\neg O$:

4. $\neg O$ 1,3 分离论证

从(4)$\neg O$ 和(2)$O \vee M$ 演绎出 M:

5. M 2,4 析取消去

从(5)M 和(3)N 演绎出 $M \wedge N$:

6. $M \wedge N$ 5,3 合取引入

为了简便,在写每一步推导的理由时,我们也可以只写前面已经给出的名称的英

文缩写,例如,"分离论证"可写"MP","析取消去"可写"∨⁻","合取引入"可写"∧⁺",如此等等。前提也可以只用一个"P"来表示,即英文单词"premise"的第一个字母。

思 考 题

在下列例子中,每一个都已经给出形式演绎,但是都没有给出证成理由,你的任务就是标出下列论证的前提和不是前提的每一步的证成理由。注意:只能使用前面已经给出的逻辑规则。

(1) 1. A→(B∧C)
  2. A
  3. B∧C
  4. B

(2) 1. (K∧L)→M
  2. K
  3. L
  4. K∧L
  5. M

(3) 1. X→(Y→Z)
  2. X
  3. ¬Z
  4. Y→Z
  5. ¬Y

(4) 1. D→E
  2. E→F
  3. F→G
  4. D→F
  5. D→G

(5) 1. (A∧B)→(A→(D∧E))
  2. (A∧B)∧C
  3. A∧B
  4. A→(D∧E)
  5. A
  6. D∧E
  7. E

(6) 1. (C∧D)→A

2. (E∧F)→B
3. C∧D
4. ¬A
5. (C∧D)∨(E∧F)
6. A∨B
7. B

(7) 1. ¬M→O
2. L→¬M
3. O→¬O
4. L∨O
5. ¬O
6. ¬L
7. ¬L∧¬O

(8) 1. (A→B)∧(C→D)
2. ¬B
3. A→B
4. C→D
5. ¬B∨¬D
6. ¬A∨¬C

(9) 1. ¬U→(W∨V)
2. ¬X∧¬U
3. (W→¬Y)∧(V→Z)
4. ¬U
5. W∨V
6. W→¬Y
7. V→Z
8. ¬Y∨Z

(10) 1. (A∨B)→¬(A∨B)
2. C→(A∨B)
3. ¬C→D
4. ¬(A∨B)
5. ¬C
6. D
7. ¬C∧D

8. (E∧F)∨(¬C∨D)

二、构造方法

构造形式证明的一般条件是：
1. 非给定前提的每一步都必须借助逻辑规则来证成。
2. 最后一步一定是结论。

在通常情况下，从给定前提到给定结论有几个不同的步骤。因此，我们所构造的这种证明又被称为"**巧妙证明**"。就像下棋一样，有许多路数可以赢棋，但下棋者必须遵守下棋的规则。换句话说，针对有些论证，不同的证明者可以给出不同的证明过程。

例　　子

请从"A→B""B→C"和"A∧D"演绎出结论"C"。

分　　析

首先，按照下列程序排列前提：
1. A→B
2. B→C
3. A∧D

现在，这里的策略是：

既然结论是字母"C"，所以只能够从第二个前提推导出来，因为这是包含"C"的唯一前提。

要注意"C"是如何被包含在前提中的。它是在一个条件命题中的，其中"B"是前件，而"C"是后件。什么原则可以帮助我们从一个条件命题中分离出后件呢？如果你看看分离规则，便可以想到下列可能性：

p→q　　　B→C
p　　　　B
∴q　　　∴C

如果我们可以得出"B"，那么就可以得到"C"。而"B"在第一个前提之中，因此，我们需要建立另一个分离论证。

p→q　　　A→B
p　　　　A
∴q　　　∴B

这里,如果我们能够得出"A",那么就可以得出"B"。而"A"是包含在第三个前提之中的。第三个前提是一个合取命题。此时,我们需要考虑到下列论证:

$$p \wedge q \qquad A \wedge D$$
$$\therefore p \qquad \therefore A$$

根据合取简化,我们可以从第3行即第三个前提中分解出"A"。因此,接下来的形式演绎构造是:

首先,从第3行合取简化出"A"。

4. A   3 ∧⁻

其次,根据第1、4行使用分离论证推导出"B"。

5. B   1,4 MP

再次,根据第2、5行使用分离论证推导出"C"。

6. C   2,5 MP

此外,针对同一个论证,我们也有另一个证明策略,即从第一个前提和第二个前提使用假言连锁论证开始。

1. A→B
2. B→C
3. A∧D
4. A→C   1,2 假言三段论

下一步要做的是在第3个前提上合取简化。

5. A   3 合取消去

然后,根据分离论证演绎出结论。

6. C   4,5 分离规则

三、等值规则

这里说的等值就是逻辑等值。"等值"所对应的英文术语是"Equivalence",因此,为了在形式证明中书写方便,我们可用"Equiv"来代替"等值"。这种等值又被称为真值函项等值,以与后面讲的量化等值相区别。从真值表来看,它们具有相同的真值。逻辑等值的命题很多,我们仅选出一定数量的逻辑等值,并根据它们的一般形式来表述它们。像有效论证的事例一样,这些等值形式的任何替换事例也都是等值的。

请看下面这些等值形式及其替换事例。

规则	p→q	↔	¬p∨q
替换事例	(A∧B)→C	↔	¬(A∧B)∨C
规则	p→q	↔	¬(p∧¬q)
替换事例	(A∧B)→C	↔	¬((A∧B)∧¬C)

等值规则允许我们从等值于它的其他任何命题有效地演绎出来,其中,双箭头"↔"表示我们可以从两个方向进行推导,即我们既可以从"(A∧B)→C"推导出"¬((A∧B)∧¬C)",也可以从"¬((A∧B)∧¬C)"推导出"(A∧B)→C"。

在某种意义上,这些规则允许我们用一个等值命题替换一个命题。等值的这个方面使得其应用比有效论证基本形式的应用更广泛些,因此,**后者被限制在形式演绎中的一整行,而等值既可以应用于形式演绎中的整行,也可以应用于形式演绎中的一行的一部分**。下列这个例子表明了这两种可能性:

(1) 1. B→(¬C∨D)   p.   (2) 1. B→(¬C∨D)   p.
    2. B   p.   2. B   p.
    3. C   p.   3. C   p.
    4. ¬C∨D   1,2 MP   4. B→(C→D)   1 Equiv.
    5. C→D   4 Equiv.   5. C→D   4,2 MP
    6. D   5,3 MP   6. D   5,3 MP

在第一种可能性中,等值规则被用于整个第5行,而在第二种可能性中,等值规则被用于第4行的后件部分。

等值命题很多,不可能一一列举。在此,我们约定下列10条规则作为形式演绎中的等值规则。为了方便,我们将这些规则分为四组。

(1) **第一组等值规则包括五条,统称为"等值规则"**。对于这五条规则的应用,我们都统一用演绎出的替换的行号紧跟"等值"或"Equiv"来标注。

等值规则	替换事例	标注
p↔(p∧p) p↔(p∨p)	1. ¬(A∧¬B) 2. A 3. A→B 4. B 5. B∨B	p. p. 1 等值 3,2 MP 4 等值

续 表

等值规则	替换事例	标注
(p→q)↔(¬p∨q) (p→q)↔¬(p∧¬q)	1. ¬(G∧H)∨F 2. G 3. H 4. G∧H 5. (G∧H)→F 6. F	p. p. p. 2,3 ∧⁺ 1 等值 5,4 MP
(p↔q)↔((q→p)∧(p→q))	1. (E∨F)→G 2. G→(E∨F) 3. ((E∨F)→G)∧(G→(E∨F)) 4. G↔(E∨F)	p. p. 1,2 ∧⁺ 3 等值

(2) **第二组等值规则是双重否定规则与假言易位规则。**其中,第一条规则允许添加或去掉两个否定符号。第二个规则允许交换并否定给定条件命题的前件和后件。

规则名称	等值规则	替换事例	标注
双重否定 (DN)	p↔¬¬p	1. ¬A∨B 2. A 3. ¬¬A 4. B	p. p. 2 双否 1,3 ∨⁻
假言易位 (CP)	(p→q)↔(¬q→¬p)	1. A→(B→C) 2. A 3. A→(¬C→¬B) 4. ¬C→¬B	p. p. 1 输出 3,2 MP

(3) **第三组等值规则是交换律和结合律。**交换律允许我们交换一个析取命题或合取命题的支命题;结合律允许我们移动析取命题或合取命题中的括号。

规则名称	等值规则	替换事例	标注
交换律 (COM)	$(p\vee q)\leftrightarrow(q\vee p)$ $(p\wedge q)\leftrightarrow(q\wedge p)$	1. $C\to(D\wedge E)$ 2. $A\wedge C$ 3. C 4. $D\wedge E$ 5. $E\wedge D$	p. p. 2 $\wedge^-$ 1,3 MP 4 交换
结合律 (AS)	$(p\vee(q\vee r))\leftrightarrow((p\vee q)\vee r)$ $(p\wedge(q\wedge r))\leftrightarrow((p\wedge q)\wedge r)$	1. $X\wedge(Y\wedge(W\vee Z))$ 2. $(X\wedge Y)\wedge(W\vee Z)$ 3. $X\wedge Y$	p. 1 结合 2 $\wedge^-$

(4) 最后一组等值规则是分配律、德摩根律和输出规则。

规则名称	等值规则	替换事例	标注
分配律 (DIS)	$(p\wedge(q\vee r))\leftrightarrow((p\wedge q)\vee(p\wedge r))$ $(p\vee(q\wedge r))\leftrightarrow((p\vee q)\wedge(p\vee r))$	1. $G\vee H$ 2. $I\vee J$ 3. $(G\vee H)\wedge(I\vee J)$ 4. $((G\vee H)\wedge I)\vee((G\vee H)\wedge J)$	p. p. 1,2 $\wedge^+$ 3 分配
德摩根律 (DM)	$\neg(p\wedge q)\leftrightarrow(\neg p\vee\neg q)$ $\neg(p\vee q)\leftrightarrow(\neg p\wedge\neg q)$	1. $(A\vee B)\to(C\wedge D)$ 2. $\neg C\vee\neg D$ 3. $\neg(C\wedge D)$ 4. $\neg(A\vee B)$ 5. $\neg A\wedge\neg B$	p. p. 2 DM 3,1 MT 4 DM
输出规则 (EXP)	$((p\wedge q)\to r)\leftrightarrow(p\to(q\to r))$	1. $(O\wedge N)\to M$ 2. $M\to L$ 3. $(O\wedge N)\to L$ 4. $O\to(N\to L)$	p. p. 1,2 HS 3 EXP

思 考 题

指出下列从前提到结论过程的等值规则。

(1) 1. $A\to(B\wedge C)$
    2. $\neg(B\wedge C)\to\neg A$

(2) 1. $(A\to B)\wedge(\neg C\vee D)$
    2. $(A\to B)\wedge(D\vee\neg C)$

(3) 1. K→¬(L∨¬M)　　　(4) 1. X→(X→Y)
　　2. K→(¬L∧¬¬M)　　　　2. (X∧X)→Y

(5) 1. (J→(K∧L))∨(J→(L∧L))
　　2. J→(K∧L)

(6) 1. (E∨F)∧(¬G↔D)
　　2. (E∨F)∧((D→¬G)∧(¬G→D))

四、重言规则

我们要讲的最后一组真值函项规则是重言规则。在形式演绎中,任何时候都可以使用下列 8 条重言式来形成一个新行。既然重言式是指一个必然真的命题,那么,在形式演绎中插入一个重言式的替换事例就不会改变有效性证明。为了简便起见,我们把这条规则缩写为"TAUT"。要注意,重言式后面不伴有行号,因为重言式是被插入到演绎中的,而不是从前一行演绎出来的。

序号	重言规则	替换事例
1	p∨¬p(排中律)	(A∧B)∨¬(A∨B)
2	p→p(同一律)	(G∨E)→(G∨E)
3	¬(p∧¬p)(矛盾律)	¬(C∧¬C)
4	(p∧¬p)→q(蕴涵怪论之衍推怪论)	((X∨Y)∧¬(X∨Y))→W
5	p→(p∨q)	¬F→(¬F∨D)
6	p↔p	(K∨J)↔(K∨J)
7	(p∧q)→p	(¬U∧¬W)→¬U
8	p→(q∨¬q)(蕴涵怪论)	(A∧B)→(¬C∨¬¬C)

思 考 题

根据前面所讲的三种真值函项原则,标出下列论证的前提并给出不是前提的每一步的证成。

(1) 1. (K∧L)∨J
2. J→L
3. J∨(K∧L)
4. (J∨K)∧(J∨L)
5. J∨L
6. ¬¬J∨L
7. ¬J→L
8. ¬L→¬J
9. ¬L→L
10. ¬¬L∨L
11. L∨L
12. L

(2) 1. (A→(B∧C))∧(¬(D∧B)→A)
2. (A→(B∧C))∧(¬A→¬¬(D∧B))
3. (A→(B∧C))∧(¬A→(D∧B))
4. A→(B∧C)
5. ¬A→(D∧B)
6. A∨¬A
7. (B∧C)∨(D∧B)
8. (B∧C)∨(B∧D)
9. B∧(C∨D)
10. B

第五节 间接证明与简便证明

从前提根据有效论证的基本形式直接演绎出结论,这种证明论证有效性的方法被称为**直接证明方法**或**直接方法**。本节我们将讨论一种证明论证有效性的**间接证明方法**或**间接方法**。在此,我们还将介绍一种证明论证无效的**简便方法**。

一、证明有效性的间接方法

证明论证有效性的还有另一种方法,这种方法被叫做"间接方法"。这种方法包含以下步骤:

第一步,添加结论的否定命题到前提清单之中。这是因为,既然根据演绎有效性,前提真结论为假是不可能的,那么,如果把结论的否定命题添加到前提清单之中,必然会推导出一个矛盾。

第二步,用前述规则演绎出矛盾式"p∧¬p"。

这种形式演绎方法又被称为归谬法。间接证明法与直接证明法是两种不同的方法,因此,如果我们发现使用一种方法不能得到结果,那么我们可以尝试另一种方法。

例   子

用间接证明方法证明下列论证的有效性:A→(B∧C),A∧D,∴C

分　析

首先,我们从两个给定前提和结论的否定命题开始。要注意,"C"变成了"¬C"。

1. A→(B∧C)
2. A∧D
3. ¬C

其次,我们用真值函项规则演绎出矛盾式"p∧¬p"。

4. A　　　　　　　2 CS
5. B∧C　　　　　 1,4 MP
6. C　　　　　　　5 CS
7. C∧¬C　　　　　6,3 CI

思　考　题

用间接证明方法证明下列论证的有效性。
(1) B→C,D→B,D,∴C　　(2) E→F,G∨¬F,¬G,∴¬E

二、无效性的简便证明法

演绎有效性是指:前提真结论假是不可能的。因此,如果所有前提为真而结论为假,该论证就是无效的。无效性的简便证明就是使用了这一基本思想。这种检验论证无效性的方法是建立在真值表检验无效性这一基础之上的。在真值表检验中,目的是要给给定论证建立一个真值表,然后,看看其中是否存在一个所有前提均真而结论为假的情形。如果有,这个论证就被证明是无效的。因为根据演绎有效性原则,所有前提真而结论为假正是论证无效的标志。

现在我们通过设计一种直接给出一行所有前提均真而结论为假的真值来缩短真值表检验的方法。这种简便方法如下:指派真值(真和假)给每一个前提和结论,真值函项联结词使得每个前提均真而结论为假。如果上述指派没有遇到对同一个字母既要指派"1"又必然要指派"0"的情形,那么这个论证就被表明是无效的。要注意:一旦一个真值被指派给某一具体字母,那就必须始终坚持这一真值指派。

提示:(1)用横线形式考虑并写论证;(2)从使结论为假开始,然后进行回溯指派真值。

例　子

用简便方法判定下列论证是无效的。

$$A \to B$$
$$A \lor C$$
$$\therefore C$$

分　析

第一，我们用横线形式重写论证。

$$A \to B \quad A \lor C \quad \therefore \quad C$$

第二，让我们指派真值使得前提为真而结论为假。既然字母"C"是结论中的唯一要素，那么我们就从指派它的真值开始，并直接指派给"C"为假。

$$A \to B \quad A \lor C \quad \therefore \quad C$$
$$ 0$$

第三，一旦"0"值被指派给"C"，我们就应当关注第二个前提。这是一个"A"与"C"的析取命题，而且其中"C"已被指派为"0"值。要使前提"A∨C"为真，由于这是一个析取命题，故我们必须指派"1"值给字母"A"。而且，第一个前提中的"A"也必须一致地指派"1"值。

$$A \to B \quad A \lor C \quad \therefore \quad C$$
$$1 1\ 1\ 0 0$$

第四，要使前提"A→B"为真，由于这是一个条件命题，因此，其后件"B"也必然指派"1"，因为条件命题前件真后件假是为假。

$$A \to B \quad A \lor C \quad \therefore \quad C$$
$$1\ 1\ 1 1\ 1\ 0 0$$

第五，这个论证被表明是无效的，因为上述指派没有遇到对同一个字母既要指派"1"又必然要指派"0"的情形。

思　考　题

用简便方法判定下列论证是无效的。

(1)　$H \lor I$
　　　J
　　　$\therefore J \to H$

(2)　$A \to B$
　　　$B \to C$
　　　$\neg A \to D$
　　　$\therefore C \lor B$

第六节 逻辑与计算机

逻辑与计算机之间的关系是非常紧密的。事实上,真值函项逻辑是构成当今计算机的心脏——硅片的本质所在。这些由复杂电路组成的设备,是在简单电路基础上扩展的,而且电路图与真值函项形成了映射。

一、电路图

简单电路图像逻辑算子"否定""合取"和"析取"一样发挥作用。在计算机科学中,常常把"否定""合取"和"析取"分别称为"逻辑非""逻辑与"和"逻辑或"。正如逻辑算子处理真和假一样,电路图处理的是"输入"。所有"输入"(用"I"表示)都是一个小电脉冲。如果通电,就用"+"表示,如果不通电,就用"-"表示。电路图的"输出"(用"O"表示)与复合命题的真或假极其相似。在这个意义上,一个电路图可以借用真值表来进行描述。

首先,针对"非"的电路图,遵循着逻辑算子"否定"的规则。

真值表

p	¬p
1	0
0	1

电路图

I	O
+	−
−	+

其次,针对"与"的电路图,遵循着逻辑算子"合取"的规则。

真值表

p	q	p∧q
1	1	1
1	0	0
0	1	0
0	0	0

电路图

I_1	I_2	O
+	+	+
+	−	−
−	+	−
−	−	−

再次,针对"或"的电路图,遵循着逻辑算子"析取"的规则。

真值表			电路图		
p	q	p∨q	I_1	I_2	O
1	1	1	+	+	+
1	0	1	+	−	+
0	1	1	−	+	+
0	0	0	−	−	−

其中，每个电路图都可以被看成一个"逻辑门"。因此，在计算机科学中，我们常常可以听到"逻辑与""逻辑或""逻辑非"或者"与门""或门""非门"或者"与逻辑门""或逻辑门""非逻辑门"之类的术语。也就是说，每个电路图都充当了一个基于真值函项逻辑来将输入改变成某个输出的门。

例 子

假定一个"非逻辑门"有一个正输入，那么其输出会是什么？

分 析

一个"非逻辑门"就像"否定"的真值函项规则一样发挥作用。如果输入是"+"，那么输出就是"−"，相反，如果输入是"−"，那么输出就是"+"。因此，如果非逻辑门有一个正输入"+"，那么就有一个负输出"−"。

思 考 题

在给出下列逻辑门及其输入情况下，其输出是什么？
(1) 假定"或逻辑门"有一个输入 I_1 为"−"，另一个输入 I_2 为"+"。
(2) 假定"与逻辑门"有一个输入 I_1 为"+"，另一个输入 I_2 为"−"。

二、电路设计

更复杂的电路图正是根据简单电路图来建构的，这正如"¬¬p∨(p∧q)"是建立在较简单的逻辑算子"¬""∧"和"∨"基础之上一样。事实上，这就是逻辑电路设计的背景。电路可由下图来表示：

输入的数字与命题变元（p、q、r 等）的数字是相对应的，而且输出值是电路对输入值计算的结果。更复杂的电路是建立在这些简单构成要素基础之上的。这与根据简单命题和各种逻辑算子建立复合命题的方法是一样的。

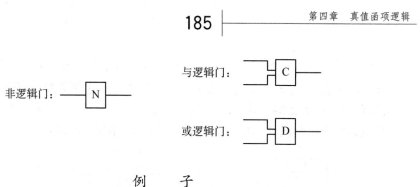

例　子

请指出与下列逻辑电路图相对应的真值函项公式(即复合命题)。

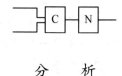

分　析

与这个电路相对应的真值函项公式是"p 与 q 合取的否定",即"¬(p∧q)"。

例　子

请指出与下列逻辑电路图相对应的真值函项公式。

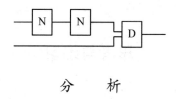

分　析

与这个电路相对应的真值函项公式是"两次否定 p 再析取 q",即"¬¬p∨q"。

思　考　题

写出与下列电路图相对应的真值函项公式。

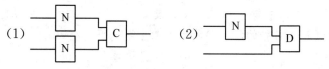

既然较简单电路图使用了较小的空间和能源,那么把想要设计的电路图化归到最简单的形式就是数字电路设计科学的一部分。在这里,借助提供逻辑等

值图式,真值函项逻辑的要素就派上了用场。例如,"(p∧q)∨(p∧r)"与"p∧(q∨r)"是等值的,但第二个公式比第一个公式少了一个逻辑算子,因此,第二个公式简单些。用类似的方法,下列逻辑电路设计是等值的,它们与分配等值相映射,但第二个电路图要简单些,而且比第一个电路图更经济些。

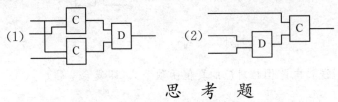

思 考 题

分析下列电路图并按照以下程序将其化归为较简单设计:(1)把电路图翻译成真值函项逻辑命题;(2)找到一个使用较少逻辑算子的逻辑等值命题;(3)基于那个等值命题写出新的简单逻辑电路设计。

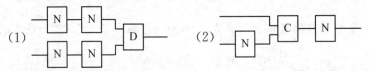

像我们刚才设计的这些电路图被化归到难以置信的接近分子层次的小,然后将它们灌输到硅片上形成我们电脑的智能。

思考与练习

【客观题|线上作业】

一、单选题(共82题,下列每题有4个备选答案,其中一个为最佳答案,请挑选出最佳答案)

1. 直言命题所对应的是语言学上的(　　)。
   A. 陈述句　　　　B. 单句　　　　C. 复句　　　　D. 条件句
2. 复合命题所对应的是语言学上的(　　)。
   A. 陈述句　　　　B. 单句　　　　C. 复句　　　　D. 条件句
3. 复合命题论证是古希腊的(　　)所讨论的主要论证类型。
   A. 斯多葛学派　　　　　　　　　B. 逍遥学派
   C. 爱利亚学派　　　　　　　　　D. 毕达哥拉斯学派
4. 下列不属于复合命题的是(　　)。
   A. 全称命题　　B. 否定命题　　C. 合取命题　　D. 析取命题

5. 复合命题是指包括了（　　）较短命题作为其自身的一部分的命题。
   A．一个或一个以上　　　　　B．两个或两个以上
   C．两个　　　　　　　　　　D．两个以上

6. 通过对一个命题加上否定逻辑联结词"并非"所形成的命题被称为（　　）。
   A．否定命题　　B．合取命题　　C．析取命题　　D．条件命题

7. 断定至少两个对象可能性同时存在或同时为真的复合命题被称为（　　）。
   A．否定命题　　B．合取命题　　C．析取命题　　D．条件命题

8. 断定两个或两个以上对象可能性至少有一个存在或为真的复合命题被称为（　　）。
   A．否定命题　　B．合取命题　　C．析取命题　　D．条件命题

9. 断定一个命题为真是另一命题为真的充分条件的命题被称为（　　）。
   A．否定命题　　B．合取命题　　C．析取命题　　D．条件命题

10. 只有一个前提和一个结论且前提或结论带有否定联结词但不可能两者都为带有两个否定联结词的论证被称为（　　）。
    A．否定论证　　B．合取论证　　C．析取论证　　D．条件论证

11. 前提或结论中有一个为合取命题的论证被称为（　　）。
    A．否定论证　　B．合取论证　　C．析取论证　　D．条件论证

12. 由两个前提组成，其中一个前提是析取命题，另一个前提是对其中一个析取支进行否定或肯定的论证被称为（　　）。
    A．否定论证　　B．合取论证　　C．析取论证　　D．条件论证

13. 前提或结论中至少有一个条件命题的论证被称为（　　）。
    A．否定论证　　B．合取论证　　C．析取论证　　D．条件论证

14. 下列属于有效否定论证形式的是（　　）。

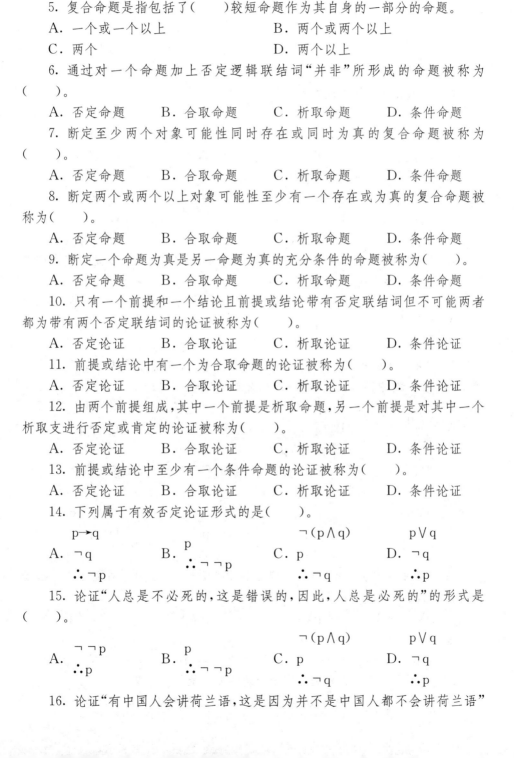

15. 论证"人总是不必死的，这是错误的，因此，人总是必死的"的形式是（　　）。

16. 论证"有中国人会讲荷兰语，这是因为并不是中国人都不会讲荷兰语"

的形式是（　　）。

A. ¬¬p　　　　B. p　　　　　　C. ¬(p∧q)　　　D. p∨q
　∴p　　　　　　∴¬¬p　　　　　∴p　　　　　　∴¬q
　　　　　　　　　　　　　　　　∴¬q　　　　　　∴p

17. 下列合取论证形式无效的是（　　）。

　　¬(p∧q)　　　¬(p∧q)　　　¬(p∧q)　　　　p
A. ¬p　　　　B. p　　　　C. q　　　　　D. q
　∴q　　　　　∴¬q　　　　　∴¬p　　　　　∴p∧q

18. 下列合取论证形式无效的是（　　）。

　　¬(p∧q)　　　p　　　　　p∧q　　　　　p
A. ¬q　　　　B. q　　　　C. 　　　　　D.
　∴p　　　　　∴q∧p　　　　∴q　　　　　∴p∧q

19. "金岳霖和苏天辅都是当代中国逻辑学家，因此，苏天辅是当代中国逻辑学家"的论证形式是（　　）。

　　p∧q　　　　p　　　　　¬(p∧q)　　　¬(p∧q)
A. 　　　　　B. q　　　　C. q　　　　　D. ¬p
　∴q　　　　　∴q∧p　　　　∴¬p　　　　　∴q

20. "并非陈那和墨子都是中国古代逻辑学家，陈那不是中国古代逻辑学家，因此，墨子是中国古代逻辑学家"的论证形式是（　　）。

　　p∧q　　　　p　　　　　¬(p∧q)　　　¬(p∧q)
A. 　　　　　B. q　　　　C. q　　　　　D. ¬p
　∴q　　　　　∴q∧p　　　　∴¬p　　　　　∴q

21. "艾丽丝遇到了红皇后；或者艾丽丝遇到了红皇后，或者艾丽丝迷了路；因此，艾丽丝没有迷路"的论证形式是（　　）。

　　p∨q　　　　p∨q　　　　p∨q　　　　　p∨q
A. ¬q　　　　B. ¬p　　　　C. p　　　　　D. q
　∴p　　　　　∴q　　　　　∴¬q　　　　　∴¬p

22. "李白或出生于中亚碎叶，或出生于焉耆碎叶；李白不可能出生于焉耆碎叶；因此，李白出生于中亚碎叶"的论证形式是（　　）。

　　p∨q　　　　p∨q　　　　p∨q　　　　　p∨q
A. ¬q　　　　B. p　　　　C. p　　　　　D. q
　∴p　　　　　∴¬q　　　　∴¬q　　　　　∴¬p

23. 下列不能用条件命题形式来表达的复句是（　　）复句。

A. 条件关系　　B. 假设关系　　C. 因果关系　　D. 递进关系

24. "如果你不称职,那么你就看不见新衣;你看见了新衣;因此,你称职"的论证形式是(   )。

A. $p \to q$
   $\neg q$
   $\therefore \neg p$

B. $p \to q$
   p
   $\therefore q$

C. $p \to q$
   q
   $\therefore p$

D. $p \to q$
   $\neg p$
   $\therefore \neg q$

25. "如果猫多,那么田鼠少;如果田鼠少,那么熊蜂多;因此,如果猫多,那么熊蜂多"的论证形式是(   )。

A. $p \to q$
   $q \to r$
   $\therefore p \to r$

B. $p \to q$
   q
   $\therefore p$

C. $p \to (q \land \neg q)$
   $\therefore \neg p$

D. $p \to q$
   $\neg q$
   $\therefore \neg p$

26. "如果天不下雨,我就去;天没下雨;因此,我去"的论证形式是(   )。

A. $p \to q$
   p
   $\therefore q$

B. $p \to q$
   $\neg q$
   $\therefore \neg p$

C. $p \to q$
   q
   $\therefore p$

D. $p \to q$
   $\neg p$
   $\therefore \neg q$

27. "如果天不下雨,我就去;天下雨;因此,我不去"的论证形式是(   )。

A. $p \to q$
   p
   $\therefore q$

B. $p \to q$
   $\neg q$
   $\therefore \neg p$

C. $p \to q$
   q
   $\therefore p$

D. $p \to q$
   $\neg p$
   $\therefore \neg q$

28. "如果天下雨,我就不去;天没下雨;因此,我去"的论证形式是(   )。

A. $p \to q$
   p
   $\therefore q$

B. $p \to q$
   $\neg q$
   $\therefore \neg p$

C. $p \to q$
   q
   $\therefore p$

D. $p \to q$
   $\neg p$
   $\therefore \neg q$

29. "如果天下雨,我就去;天下雨;因此,我去"的论证形式是(   )。

A. $p \to q$
   p
   $\therefore q$

B. $p \to q$
   $\neg q$
   $\therefore \neg p$

C. $p \to q$
   q
   $\therefore p$

D. $p \to q$
   $\neg p$
   $\therefore \neg q$

30. 在论辩过程中,论证者首先提出一个非常简单的问题,对这个问题的回答只有两个可能的选择,而且对方必须选择其中一个,但是,不管对方选择哪一个都是对自己不利的,即陷入一种进退两难的困境。这种论证叫(   )。

A. 二难论证   B. 否定论证   C. 合取论证   D. 条件论证

31. 下列属于有效二难论证形式的是(   )。

A.
$p \to q$
$r \to q$
$p \lor r$
$\therefore q$

B.
$p \to q$
$p \to r$
$q \lor r$
$\therefore p$

C.
$p \to q$
$r \to s$
$q \lor s$
$\therefore p \lor r$

D.
$p \to q$
$r \to s$
$\neg p \lor \neg r$
$\therefore \neg q \lor \neg s$

32. 下列属于有效二难论证形式的是（　　）。

A.
$p \to q$
$r \to s$
$p \lor r$
$\therefore q \lor s$

B.
$p \to q$
$p \to r$
$q \lor r$
$\therefore p$

C.
$p \to q$
$r \to s$
$q \lor s$
$\therefore p \lor r$

D.
$p \to q$
$r \to s$
$\neg p \lor \neg r$
$\therefore \neg q \lor \neg s$

33. 下列属于有效二难论证形式的是（　　）。

A.
$p \to q$
$p \to r$
$\neg q \lor \neg r$
$\therefore \neg p$

B.
$p \to q$
$p \to r$
$q \lor r$
$\therefore p$

C.
$p \to q$
$r \to s$
$q \lor s$
$\therefore p \lor r$

D.
$p \to q$
$r \to s$
$\neg p \lor \neg r$
$\therefore \neg q \lor \neg s$

34. 下列属于有效二难论证形式的是（　　）。

A.
$p \to q$
$r \to s$
$\neg q \lor \neg s$
$\therefore \neg p \lor \neg r$

B.
$p \to q$
$p \to r$
$q \lor r$
$\therefore p$

C.
$p \to q$
$r \to s$
$q \lor s$
$\therefore p \lor r$

D.
$p \to q$
$r \to s$
$\neg p \lor \neg r$
$\therefore \neg q \lor \neg s$

35. 下列属于无效二难论证形式的是（　　）。

A.
$p \to q$
$p \to r$
$q \lor r$
$\therefore p$

B.
$p \to q$
$r \to s$
$p \lor r$
$\therefore q \lor s$

C.
$p \to q$
$p \to r$
$\neg q \lor \neg r$
$\therefore \neg p$

D.
$p \to q$
$r \to s$
$\neg q \lor \neg s$
$\therefore \neg p \lor \neg r$

36. 下列属于无效二难论证形式的是（　　）。

A.
$p \to q$
$r \to s$
$q \lor s$
$\therefore p \lor r$

B.
$p \to q$
$r \to s$
$p \lor r$
$\therefore q \lor s$

C.
$p \to q$
$p \to r$
$\neg q \lor \neg r$
$\therefore \neg p$

D.
$p \to q$
$r \to s$
$\neg q \lor \neg s$
$\therefore \neg p \lor \neg r$

37. 下列属于无效二难论证形式的是（　　）。

A.
$p \to q$
$r \to q$
$\neg p \lor \neg r$
$\therefore \neg q$

B.
$p \to q$
$r \to s$
$p \lor r$
$\therefore q \lor s$

C.
$p \to q$
$p \to r$
$\neg q \lor \neg r$
$\therefore \neg p$

D.
$p \to q$
$r \to s$
$\neg q \lor \neg s$
$\therefore \neg p \lor \neg r$

38. 下列属于无效二难论证形式的是( )。

A. p→q
   r→s
   ¬p∨¬r
   ∴¬q∨¬s

B. p→q
   r→s
   p∨r
   ∴q∨s

C. p→q
   p→r
   ¬q∨¬r
   ∴¬p

D. p→q
   r→s
   ¬q∨¬s
   ∴¬p∨¬r

39. 已知p为真,q为假,下列复合命题形式必真的是( )。
A. p↔q   B. p∧q   C. p∨q   D. p→q

40. 已知p为真,q为真,下列复合命题形式必假的是( )。
A. ¬p   B. p∧q   C. p∨q   D. p→q

41. 逻辑蕴涵是这样一种关系：( )。
A. 如果第一个命题为真,那么第二个命题也必然为真
B. 如果第一个命题为真,那么第二个命题可能为真
C. 如果第一个命题为真,那么第二个命题也必然为假
D. 如果第一个命题为真,那么第二个命题也可能为假

42. 在构造真值表时,当真值函项的命题变元数为4时,其真假可能组合可能性数为( )。
A. 2   B. 4   C. 8   D. 16

43. 下列蕴涵式成立的有( )。
A. ¬(p∨q)↔(¬p∧¬q)
B. (¬p∨¬q)↔¬(p∨q)
C. ¬(p∨q)↔(¬p∨¬q)
D. (¬p∨q)↔¬(p∧q)

44. 下列论证形式有效的是( )。
A. p→q,p,∴q
C. p→q,q,∴p
B. p→q,¬p,∴¬q
D. p∨q,q,∴¬p

45. 下列论证形式无效的是( )。
A. p→q,¬p,∴¬q
C. p→q,¬q,∴¬p
B. p→q,p,∴q
D. p∨q,¬q,∴p

46. 下列真值函项等值式成立的是( )。
A. (p↔q)↔((p→q)∧(q→p))
B. (p∧(q∨r))↔((p∨q)∧(p∨r))
C. (p→q)↔(p∧¬q)
D. (p→q)↔(¬q→p)

47. 下列真值函项等值式成立的是( )。
A. (¬p→(q∨r))↔(q∨(¬p→r))   B. p↔(p∧¬p)
C. ¬(p∨q)↔(¬p∨¬q)   D. (p→q)↔(q→¬p)

48. 下列真值函项等值式不成立的是（　　）。
   A. (p∧(¬q→r))↔(q∨(p∨r))　　B. ¬(¬p→q)↔(¬p∧¬q)
   C. (¬p∨q)↔(¬q→¬p)　　D. ((¬p∨¬q)∨r)↔(q→(p→r))

49. 下列真值函项是重言式的是（　　）。
   A. (¬K→J)↔(K∨J)　　B. (¬U∧¬W)→U
   C. (A∧B)→(C→¬C)　　D. ((X∨Y)∧¬(X∨¬Y))→¬W

50. 下列真值函项不是重言式的是（　　）。
   A. ((X∨Y)∧¬(X∨Y))→¬W　　B. U→¬(¬U∧¬W)
   C. (A∧B)→(¬C→¬C)　　D. ((¬X∨Y)∧¬(X∨¬Y))→W

51. 下列真值函项是矛盾式的是（　　）。
   A. (C∧D)∧¬(D∨C)　　B. (D∨E)→(E∨D)
   C. ¬(¬A∧¬B)∨¬B　　D. ((A∨B)∧¬(B∨A))→C

52. 下列真值函项不是矛盾式的是（　　）。
   A. ¬((X∧Y)∧¬(Y∨X))　　B. ¬((B∨C)→(C∨B))
   C. ¬(¬(¬M∧¬N)∨¬M)　　D. ¬(((F∨G)∧¬(G∨F))→C)

53. 下列真值函项既不是重言式也不是矛盾式的是（　　）。
   A. (M∧N)∧¬(¬N→M)　　B. (A∨B)→(¬B→A)
   C. ¬(¬A∧¬B)∨¬A　　D. A→(B∨C)

54. 下列真值函项使用的规则是（　　）。
   A∨B
   C
   ∴(A∨B)∧C
   A. p,q∴p∧q　　B. q,p∴p∧q
   C. p∨q,¬q,∴p　　D. p∨q,¬q,∴p

55. 下列真值函项使用的规则是（　　）。
   ¬L∧¬N
   ∴¬L
   A. p∧q,∴p　　B. q,p∴p∧q　　C. p∧q,∴q　　D. p,q∴p∧q

56. 下列真值函项使用的规则是（　　）。
   (X∧Y)→W
   (U∧V)→Z
   (X∧Y)∨(U∧V)
   ∴W∨Z
   A. p→q,r→s,p∨r,∴q∨s

B. p→q, r→s, ¬q∨¬s, ∴¬p∨¬r
C. p→q, p→r, ¬q∨¬r, ∴¬p
D. p→q, r→q, p∨r, ∴q

57. 下列真值函项使用的规则是(　　)。

(U∨W)∧V
∴V

A. p∧q, ∴p　　B. q, p∴p∧q　　C. p∧q, ∴q　　D. p, q∴p∧q

58. 下列真值函项使用的规则是(　　)。

W→¬U
W
∴¬U

A. p→q, p, ∴q　　　　　　　B. p→q, ¬q, ∴¬p
C. p→q, q→r, ∴p→r　　　　D. p→q, r→q, p∨r, ∴q

59. 下列真值函项使用的规则是(　　)。

(E∧F)→G
G→(H∧I)
∴(E∧F)→(H∧I)

A. p→q, p, ∴q　　　　　　　B. p→q, ¬q, ∴¬p
C. p→q, q→r, ∴p→r　　　　D. p→q, r→q, p∨r, ∴q

60. 下列真值函项使用的规则是(　　)。

¬(E∨F)∨¬G
E∨F
∴¬G

A. p∨q, ¬p, ∴q　　　　　　　B. p∨q, ¬q, ∴p
C. p→q, p→r, ¬q∨¬r, ∴¬p　　D. p→q, r→q, p∨r, ∴q

61. 下列真值函项使用的规则是(　　)。

(X→¬Y)∨¬Z
¬(X→¬Y)
∴¬Z

A. p∨q, ¬p, ∴q　　　　　　　B. p∨q, ¬q, ∴p
C. p→q, p→r, ¬q∨¬r, ∴¬p　　D. p→q, r→q, p∨r, ∴q

62. 下列形式演绎中,括号内使用的规则是(　　)。

(1) ¬(A∧¬B)   【前提】
(2) A   【前提】
(3) A→B   (___)
(4) B   (3)(4) MP
(5) B∨B   (1) Equiv

A. p↔(p∧p)   B. p↔(p∨p)
C. (p→q)↔(¬p∨q)   D. (p→q)↔¬(p∧¬q)

63. 下列形式演绎中,括号内使用的规则是(   )。

(1) ¬(G∧H)∨F   【前提】
(2) G   【前提】
(3) H   【前提】
(4) G∧H   (2)(3) 合取引入
(5) (G∧H)→F   (___)
(6) F   (5)(4) MP

A. p↔(p∧p)   B. p↔(p∨p)
C. (p→q)↔(¬p∨q)   D. (p→q)↔¬(p∧¬q)

64. 下列形式演绎中,括号内使用的规则是(   )。

(1) (E∨F)→G   【前提】
(2) G→(E∨F)   【前提】
(3) ((E∨F)→G)∧(G→(E∨F))   【前提】
(4) G↔(E∨F)   (___)

A. (p↔q)↔((q→p)∧(p→q))   B. p↔(p∨p)
C. (p→q)↔(¬p∨q)   D. (p→q)↔¬(p∧¬q)

65. 下列形式演绎中,括号内使用的规则是(   )。

(1) ¬A∨B   【前提】
(2) A   【前提】
(3) ¬¬A   (___)
(4) B   (1)(3) ∨⁻

A. p↔¬¬p
B. ¬(p∨q)↔(¬p∧¬q)
C. ((p∧q)→r)↔(p→(q→r))
D. (p∧(q∨r))↔((p∧q)∨(p∧r))

66. 下列形式演绎中,括号内使用的规则是(   )。

(1) A→(B→C)　　　　　【前提】
(2) A∧C　　　　　　　【前提】
(3) A　　　　　　　　(2) ∧⁻
(4) A→(¬C→¬B)　　　(＿＿)
(5) ¬C→¬B　　　　　(4)(3) MP

A. (p→q)↔(¬q→¬p)　　　B. ¬(p∨q)↔(¬p∧¬q)
C. (p∧q)↔(q∧p)　　　　D. (p↔q)↔((q→p)∧(p→q))

67. 下列形式演绎中,括号内使用的规则是(　　)。
(1) C→(D∧E)　　　　　【前提】
(2) A∧C　　　　　　　【前提】
(3) C　　　　　　　　(2) ∧⁻
(4) D∧E　　　　　　　(1)(3) MP
(5) E∧D　　　　　　　(＿＿)

A. (p∧q)↔(q∧p)
B. (p∨q)↔(q∨p)
C. (p∨(q∨r))↔((p∨q)∨r)
D. (p∧(q∨r))↔((p∧q)∨(p∧r))

68. 下列形式演绎中,括号内使用的规则是(　　)。
(1) X∧(Y∧(W∨Z))　　　　【前提】
(2) (X∧Y)∧(W∨Z)　　　　(＿＿)
(3) X∧Y　　　　　　　　(2) ∧⁻

A. (p∧(q∧r))↔((p∧q)∧r)
B. (p→q)↔¬(p∧¬q)
C. (p∨(q∨r))↔((p∨q)∨r)
D. (p∨(q∧r))↔((p∨q)∧(p∨r))

69. 下列形式演绎中,括号内使用的规则是(　　)。
(1) G∨H　　　　　　　　　【前提】
(2) I∨J　　　　　　　　　【前提】
(3) (G∨H)∧(I∨J)
(4) ((G∨H)∧I)∨((G∨H)∧J)　　(2) ∧⁻
　　　　　　　　　　　　　(＿＿)

A. (p∧(q∨r))↔((p∧q)∨(p∧r))
B. (p∨(q∧r))↔((p∨q)∧(p∨r))
C. (p∨(q∨r))↔((p∨q)∨r)
D. (p∧(q∧r))↔((p∧q)∧r)

70. 下列形式演绎中,括号内使用的规则是（　　）。
(1) G∨H　　　　　　　　　　　　【前提】
(2) I∨J　　　　　　　　　　　　【前提】
(3) (G∨H)∧(I∨J)　　　　　　　　(2) ∧⁻
(4) ((G∨H)∧I)∨((G∨H)∧J)　　　(　　)
A. ¬(p∨q)↔(¬p∧¬q)　　　B. ¬(p∧q)↔(¬p∨¬q)
C. (p→q)↔¬(p∧¬q)　　　D. (p→q)↔(¬p∨q)

71. 下列形式演绎中,括号内使用的规则是（　　）。
(1) (O∧N)→M　　　　　　　【前提】
(2) M→L　　　　　　　　　【前提】
(3) (O∧N)→L　　　　　　　(1)(2) 假言三段论
(4) O→(N→L)　　　　　　　(　　)
A. ((p∧q)→r)↔(p→(q→r))
B. (p∨(q∧r))↔((p∧q)∨(p∧r))
C. (p∨(q∨r))↔((p∨q)∨r)
D. (p∧(q∧r))↔((p∧q)∧r)

72. (A∧B)∨¬(A∨B)是重言规则（　　）的替换事例。
A. p∨¬p　　B. p→p　　C. ¬(p∧¬p)　　D. p→(p∨q)

73. ¬((F↔G)∧¬(F↔G))是重言规则（　　）的替换事例。
A. p∨¬p　　B. p→p　　C. ¬(p∧¬p)　　D. p→(p∨q)

74. ((X∨Y)∧¬(X∨Y))→W是重言规则（　　）的替换事例。
A. p∨¬p　　B. p→p　　C. ¬(p∧¬p)　　D. (p∧¬p)→q

75. ¬F→(¬F∨D)是重言规则（　　）的替换事例。
A. (p∧¬p)→q　　　　　　B. p↔p
C. (p∧q)→p　　　　　　　D. p→(p∨¬q)

76. (K∨J)↔(K∨J)是重言规则（　　）的替换事例。
A. (p∧¬p)→q　　　　　　B. p↔p
C. (p∧q)→p　　　　　　　D. p→(q∨¬q)

77. (¬U∧¬W)→¬U是重言规则（　　）的替换事例。
A. (p∧¬p)→q　　　　　　B. p↔p
C. (p∧q)→p　　　　　　　D. p→(q∨¬q)

78. (A∧B)→(¬C∨¬¬C)是重言规则（　　）的替换事例。
A. (p∧¬p)→q　　　　　　B. p↔p
C. (p∧q)→p　　　　　　　D. p→(q∨¬q)

79. 论证有效性间接证明方法的最后一步是（　　）。
A．矛盾式　　　　　　　　　　B．要证明的结论
C．无需说明证成理由　　　　　D．重言式
80. 论证有效性间接证明方法的第一步是（　　）。
A．将结论的否定命题添加到前提清单中去
B．演绎出矛盾式
C．识别前提与结论
D．找出前提所对应的演绎规则
81. 下方电路图所对应的真值函项公式是（　　）。

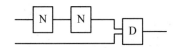

A．¬¬p∨q　　　　　　　　　　B．¬(p∧q)
C．(p∧q)∨(p∧r)　　　　　　　D．p∧(q∨r)
82. 下方电路图所对应的真值函项公式是（　　）。

A．¬¬p∨q　　　　　　　　　　B．¬(p∧q)
C．(p∧q)∨(p∧r)　　　　　　　D．p∧(q∨r)

二、多选题（共42题，每小题有5个备选答案，请挑选出没有错误的答案，多选少选错选均不得分）

1．复合命题可区分为（　　）。
A．等值命题　　B．否定命题　　C．合取命题　　D．析取命题
E．条件命题
2．构成复合命题需要借助的逻辑联结词有（　　）。
A．否定　　　　B．析取　　　　C．合取　　　　D．条件
E．联言
3．根据逻辑联结词，复合论证可分为（　　）。
A．否定论证　　B．析取论证　　C．合取论证　　D．条件论证
E．二难论证
4．在形式逻辑中，根据有效性标准，论证形式被区分为（　　）。
A．有效形式　　B．无效形式　　C．简单形式　　D．复杂形式

E．混合形式

5．下列不属于有效否定论证形式的是（　　）。

A. $\dfrac{p\to q}{\neg q}$ ∴$\neg p$　　B. $\dfrac{p}{\therefore \neg p}$　　C. $\dfrac{\neg(p\land q)}{p}$ ∴$\neg p$　　D. $\dfrac{p\lor q}{\neg q}$ ∴p

E. $\dfrac{p\lor q}{\neg p}$ ∴q

6．下列合取论证形式有效的是（　　）。

A. $\dfrac{\neg(p\land q)}{p}$ ∴$\neg q$　　B. $\dfrac{p}{q}$ ∴$p\land q$　　C. $\dfrac{p\land q}{\therefore p}$　　D. $\dfrac{\neg(p\land q)}{\neg p}$ ∴q

E. $\dfrac{\neg(p\land q)}{\neg q}$ ∴p

7．下列合取论证形式有效的是（　　）。

A. $\dfrac{p\land q}{\therefore q}$　　B. $\dfrac{p}{q}$ ∴$q\land p$　　C. $\dfrac{\neg(p\land q)}{q}$ ∴$\neg p$　　D. $\dfrac{\neg(p\land q)}{\neg p}$ ∴q

E. $\dfrac{\neg(p\land q)}{\neg q}$ ∴p

8．在汉语中，具有"$p\land q$"形式的命题可以与表达（　　）等关系的复句相对应。

A．并列　　B．转折　　C．递进　　D．承接

E．条件

9．在下列语句模式中，可翻译成"$\neg p$"的命题形式的有（　　）。

A．"……是假的"　　　　　　B．"并非……"

C．"非……"　　　　　　　　D．"不可能……"

E．"并不是……"

10．在下列语句模式中，可翻译成"$\neg p$"的命题形式的有（　　）。

A．"……是假的"　　　　　　B．"并非……"

C．"……是错误的"　　　　　D．"……是不成立的"

E. "不可能……"
11. 下列属于有效析取论证形式的有(　　)。

A. p∨q
　¬q
　∴p

B. p∨q
　¬p
　∴q

C. p∨q
　p
　∴¬q

D. p∨q
　q
　∴¬p

E. ¬(p∧q)
　q
　∴¬p

12. 下列属于无效析取论证形式的有(　　)。

A. p∨q
　¬q
　∴p

B. p∨q
　¬p
　∴q

C. p∨q
　p
　∴¬q

D. p∨q
　q
　∴¬p

E. ¬(p∧q)
　¬q
　∴p

13. 下列属于有效条件论证形式的有(　　)。

A. p→q
　p
　∴q

B. p→q
　¬q
　∴¬p

C. p→q
　q→r
　∴p→r

D. p→¬p
　∴¬p

E. p→(q∧¬q)
　∴¬p

14. 下列属于有效条件论证形式的有(　　)。

A. p→q
　p
　∴q

B. p→q
　¬q
　∴¬p

C. p→q
　q→r
　∴p→r

D. p→q
　q
　∴p

E. p→q
　¬p
　∴¬q

15. 下列属于无效条件论证形式的有(　　)。

A. p→¬p
　∴¬p

B. p→(q∧¬q)
　∴¬p

C. p→q
　q→r
　∴p→r

D. p→q
　q
　∴p

E. $\dfrac{p \to q}{\neg p}$
$\therefore \neg q$

16. 下列属于无效二难论证形式的有(　　)。

A. $\dfrac{\begin{array}{l}p \to q\\ r \to s\\ p \lor r\end{array}}{\therefore q \lor s}$ B. $\dfrac{\begin{array}{l}p \to q\\ p \to r\\ q \lor r\end{array}}{\therefore p}$ C. $\dfrac{\begin{array}{l}p \to q\\ r \to s\\ q \lor s\end{array}}{\therefore p \lor r}$ D. $\dfrac{\begin{array}{l}p \to q\\ r \to q\\ \neg p \lor \neg r\end{array}}{\therefore \neg q}$

E. $\dfrac{\begin{array}{l}p \to q\\ r \to s\\ \neg p \lor \neg r\end{array}}{\therefore \neg q \lor \neg s}$

17. 下列属于有效二难论证形式的有(　　)。

A. $\dfrac{\begin{array}{l}p \to q\\ r \to s\\ \neg p \lor \neg r\end{array}}{\therefore \neg q \lor \neg s}$ B. $\dfrac{\begin{array}{l}p \to q\\ r \to s\\ p \lor r\end{array}}{\therefore q \lor s}$ C. $\dfrac{\begin{array}{l}p \to q\\ p \to r\\ \neg q \lor \neg r\end{array}}{\therefore \neg p}$ D. $\dfrac{\begin{array}{l}p \to q\\ r \to s\\ \neg q \lor \neg s\end{array}}{\therefore \neg p \lor \neg r}$

E. $\dfrac{\begin{array}{l}p \to q\\ r \to q\\ p \lor r\end{array}}{\therefore q}$

18. 已知 p 为真,q 为假,下列复合命题形式必假的有(　　)。
A. ¬p   B. p∧q   C. p∨q   D. p→q
E. p↔q

19. 已知 p 为真,q 为真,下列复合命题形式必真的有(　　)。
A. ¬p   B. p∧q   C. p∨q   D. p→q
E. p↔q

20. 已知 p 为假,q 为真,下列复合命题形式必假的有(　　)。
A. ¬p   B. p∧q   C. p∨q   D. p→q
E. p↔q

21. 已知 p 为假,q 为真,下列复合命题形式必真的有(　　)。
A. ¬p   B. p∧q   C. p∨q   D. p→q
E. p↔q

22. 已知 p 为假, q 为假, 下列复合命题形式必真的有( )。
    A. ¬p   B. p∧q   C. p∨q   D. p→q
    E. p↔q

23. 已知 p 为假, q 为假, 下列复合命题形式必真的有( )。
    A. ¬p   B. p∧q   C. p∨q   D. p→q
    E. p↔q

24. 在真值函项逻辑中, 真值表可用于检验( )。
    A. 蕴涵式是否成立   B. 论证是否有效
    C. 真值函项是否等值   D. 真值函项是否是重言式
    E. 真值函项是否是矛盾式

25. 下列蕴涵式成立的有( )。
    A. ¬(p∨q)↔(¬p∧¬q)   B. (¬p∧¬q)↔¬(p∨q)
    C. ¬(p∧q)↔(¬p∨¬q)   D. (¬p∨¬q)↔¬(p∧q)
    E. (¬p∨¬q)↔¬(p∧¬q)

26. 下列论证形式有效的是( )。
    A. p→q, ¬p, ∴¬q   B. p→q, p, ∴q
    C. p→q, ¬q, ∴¬p   D. p∨q, ¬q, ∴p
    E. p∨q, p, ∴¬q

27. 下列论证形式无效的是( )。
    A. p→q, ¬p, ∴¬q   B. p→q, p, ∴q
    C. p→q, ¬q, ∴¬p   D. p∨q, ¬q, ∴p
    E. p∨q, p, ∴¬q

28. 下列真值函项等值式成立的有( )。
    A. (p↔q)↔((p→q)∧(q→p))
    B. (p∧(q∨r))↔((p∧q)∨(p∧r))
    C. (p→q)↔¬(p∧¬q)
    D. (p→q)↔(¬q→¬p)
    E. ((p∧q)→r)↔(q→(p→r))

29. 下列真值函项等值式成立的有( )。
    A. (p∨(q∨r))↔(q∨(p∨r))   B. p↔(p∧p)
    C. ¬(p∨q)↔(¬p∧¬q)   D. (p→q)↔(¬q→¬p)
    E. ((p∧q)→r)↔(q→(p→r))

30. 下列真值函项等值式不成立的有( )。
    A. (p∨(q∨r))↔(q∧(p∨r))   B. p↔(p∨¬p)

C. ¬(p∨q)↔(¬q∧¬p) D. (p→q)↔(q∨¬p)
E. ((p∧q)→r)↔(¬q∨(¬p∨r))

31. 下列真值函项是重言式的有(   )。
A. (A∧B)∨¬(A∨B) B. (G∨E)→(G∨E)
C. ¬F→(¬F∨D) D. ((X∨Y)∧¬(X∨Y))→¬W
E. ¬(C∧¬C)

32. 下列真值函项是重言式的有(   )。
A. (K∨J)↔(K∨J) B. (¬U∧¬W)→¬U
C. (A∧B)→(¬C∨¬¬C) D. ((X∨Y)∧¬(X∨¬Y))→W
E. ¬(C∧C)

33. 下列真值函项不是重言式的有(   )。
A. (A∧B)∨¬(¬A→B) B. (G∨E)→(¬G∧E)
C. (¬U∧¬W)→¬U D. ((X∨Y)∧¬(X∨Y))→¬W
E. ¬C∧C

34. 下列真值函项是矛盾式的有(   )。
A. (A∧B)∧¬(B∨A) B. ¬((D∨E)→(E∨D))
C. ¬(¬(¬A∧¬B)∨¬B) D. ¬(((A∨B)∧¬(B∨A))→C)
E. D∧¬D

35. 下列真值函项不是矛盾式的有(   )。
A. (A∧B)∧¬(B∨A) B. ¬((D∨E)→(E∨F))
C. ¬(¬(¬A∧¬B)∨¬C) D. ¬(((A∨B)∧¬(B∨A))→C)
E. D∧¬D

36. 下列真值函项既不是重言式也不是矛盾式的有(   )。
A. (A∧B)∧¬(B∨A) B. (A∨B)→(B∨A)
C. ¬(¬C∧¬D)∨¬D D. ¬(((A∨D)∧¬(B∨A))→C)
E. A→(B∨C)

37. 下列形式演绎中,括号处的规则应当是(   )。
(1) (A∧B)→(A→(D∧E))　　【前提】
(2) (A∧B)∧C　　【前提】
(3) A∧B　　(   )
(4) A→(D∧E)　　(   )
(5) A　　(   )
(6) D∧E　　(4)(5) MP
(7) E　　(6) ∧¯

A. 合取消去【∧⁻】　　　　　　B. 分离规则【MP】
C. 析取消去【∨⁻】　　　　　　D. 归谬法【RaA】
E. 二难论证【DIL】

38. 下列形式演绎中,括号处的规则应当是(　　)。
(1) (A→B)∧(C→D)　　　【前提】
(2) ¬B　　　　　　　　　【前提】
(3) A→B　　　　　　　　(　　)
(4) C→D　　　　　　　　(1) 合取消去
(5) ¬B∨¬D　　　　　　　(　　)
(6) ¬A∨¬C　　　　　　　(　　)

A. 合取消去【∧⁻】　　　　　　B. 析取引入【∨⁺】
C. 析取消去【∨⁻】　　　　　　D. 归谬法【RaA】
E. 二难论证【DIL】

39. 下列形式演绎中,括号处的规则应当是(　　)。
(1) (A∨B)∧¬(A∨B)　　　【前提】
(2) C→(A∨B)　　　　　　【前提】
(3) ¬C→D　　　　　　　　【前提】
(4) ¬(A∨B)　　　　　　　(　　)
(5) ¬C　　　　　　　　　(　　)
(6) D　　　　　　　　　　(　　)
(7) ¬C∧D　　　　　　　　(　　)
(8) (E∨F)∨(¬C∧D)　　　(　　)

A. 归谬法【RaA】　　　　　　　B. 逆分离规则【MT】
C. 分离规则【MP】　　　　　　D. 合取引入【∧⁺】
E. 析取引入【∨⁺】

40. 下列形式证明中,括号中的规则应当是(　　)。
(1) (K∧L)∨J　　　　　　【前提】
(2) J→L　　　　　　　　【前提】
(3) J∨(K∧L)　　　　　　(1) 交换律
(4) (J∨K)∧(J∨L)　　　　(3) 分配律
(5) J∨L　　　　　　　　　(4) ∧⁻
(6) ¬¬J∨L　　　　　　　(　　)
(7) ¬J→L　　　　　　　(　　)
(8) ¬L→¬J　　　　　　　(2) 假言易位

(9) ¬L→L　　　　　　　(8)(7) 假言三段论
(10) ¬¬L∨L　　　　　　（＿＿）
(11) L∨L　　　　　　　（＿＿）
(12) L　　　　　　　　（＿＿）

A．等值　　　B．双重否定　　C．重言　　D．输出
E．假言易位

41．下列形式证明中，括号中的规则应当是（　　）。
(1) (A→(B∧C))∧(¬(D∧B)→A)　　【前提】
(2) (A→(B∧C))∧(¬A→¬¬(D∧B))　（＿＿）
(3) (A→(B∧C))∧(¬A→(D∧B))　　(2) 双重否定
(4) A→(B∧C)　　　　　　　　　（＿＿）
(5) ¬A→(D∧B)　　　　　　　　（＿＿）
(6) A∨¬A　　　　　　　　　　（＿＿）
(7) (B∧C)∨(D∧B)　　　　　　　（＿＿）
(8) (B∧C)∨(B∧D)　　　　　　　(7) 交换律
(9) B∧(C∨D)　　　　　　　　　(8) 分配律
(10) B　　　　　　　　　　　　(9) ∧⁻

A．合取消去　　B．重言　　C．假言易位　　D．二难论证
E．德摩根定律

42．根据无效性简便证明方法，下列论证形式无效的有（　　）。
A．A→B, A∨C, ∴C　　　　　B．H∨I, J, ∴J→H
C．A→B, B→C, ¬A→D, ∴C∨B　D．B→C, D→B, D, ∴C
E．E→F, G∨¬F, ¬G, ∴¬E

三、判断题（共 36 题，对的打"√"，错误的打"×"）

1．从广义上讲，条件命题可分为充分条件命题、必要条件命题和充要条件命题。（　　）

2．复合命题可分为全称肯定命题、全称否定命题、特殊肯定命题和特称否定命题。（　　）

3．复合命题可分为否定命题、合取命题、析取命题、条件命题与等值命题。（　　）

4．否定命题又称为负命题。（　　）

5．"孙中山不是孙逸仙，那不是真的"是否定命题。（　　）

6．合取命题又称为联言命题。（　　）

7．合取命题又称为选言命题。（　　）

8. 合取命题的支命题被称为合取支。（   ）
9. 合取命题的支命题被称为析取支。（   ）
10. 合取论证又可被称为"联言论证"。（   ）
11. 析取命题又称为选言命题。（   ）
12. 析取命题又称为联言命题。（   ）
13. 析取命题的支命题被称为析取支。（   ）
14. 析取命题的支命题被称为选言支。（   ）
15. 析取命题的支命题被称为合取支。（   ）
16. 二难论证又称为假言选言论证。（   ）
17. 二难论证又称为假言联言论证。（   ）
18. 逻辑联结词被称为逻辑算子。（   ）
19. 逻辑算子包括否定、合取、析取、条件和二难。（   ）
20. 根据析取算子，只有当所有析取支为假，该命题才为假，其余情形都为真。（   ）
21. 根据合取算子，只有当所有合取支为假，该命题才为假，其余情形都为真。（   ）
22. 根据否定算子，真值规则是其真值恰好相反。（   ）
23. 根据否定算子，只有当前件真后件假时，它才为假，否则便为真。（   ）
24. 根据等值算子，只有当前件真后件假时，它才为假，否则便为真。（   ）
25. 我们通常所说的蕴涵是指实质蕴涵。（   ）
26. 我们通常所说的蕴涵是指逻辑蕴涵。（   ）
27. 我们通常所说的蕴涵是指严格蕴涵。（   ）
28. 我们通常所说的逻辑等值是指真值函项等值。（   ）
29. 重言式又称为永假式。（   ）
30. 矛盾式又称为永假式。（   ）
31. 形式演绎的最后一步是结论。（   ）
32. 在有效形式证明中，其证明过程是唯一的，不存在多条进路。（   ）
33. 无效性的简便证明法与演绎有效性无关。（   ）
34. 逻辑与计算机之间的关系是非常紧密的，因为电路图与真值函项形成了映射。（   ）
35. 简单电路图像逻辑算子"否定""合取"和"析取"一样发挥作用。（   ）
36. 在电路图中，"逻辑非""逻辑与"和"逻辑或"分别对应着逻辑算子"否

定""合取"和"析取"。（　　）

【主观题|线下作业】

一、识别下列论证的形式，若有必要，请改成标准形式，然后指出其是否有效。

1. 陈寅恪曾是中山大学教授，因为说他从未做过中山大学教授，这是不符合事实的。

2. 或信度，或自信；宁信度；因此，无自信也。

3. 如果一个人小时候聪明，那么长大以后未必怎么样；我想你小时候一定很聪明；因此，怪不得你现在不怎么样。

4. 如果这个道士真有长生不死之术，那么他自己就会长生不死；现在这个道士已经死了；可见，这个道士并没有长生不死之术。

5. 如果名不正，则言不顺；如果言不顺，则事不成；因此，如果事不成，则名不正。

6. 或为忠臣，或为孝子；现在我当了忠臣；因此，我成不了孝子。

7. 皇帝的灵魂或是上天堂，或是下地狱；现在由于皇帝把该上天堂的人杀得太多了，天堂已经住满了；因此，皇帝的灵魂一定下地狱。

8. 如果太后死后无知，那么就不应该要魏丑夫殉葬，因为毫无用处；如果太后死后有知，那么也不应该要魏丑夫殉葬，因为会触怒先王；太后死后或者有知，或者无知；所以，都不应该要魏丑夫殉葬。

9. 如果秤盘上是猫，那么肉就没了；如果秤盘上是肉的话，那么猫就没了；秤盘上或是猫，或是肉；因此，或者肉没了，或者猫没了。

10. 如果我打死这个妖怪，那么师父就会把我赶走；如果我不打死这个妖怪，那么，师父就会被妖怪吃掉；我或者打死妖怪，或者不打死妖怪；因此，或者师父把我赶走，或者师父被妖怪吃掉。

二、令"G"代表"广东宏远队赢得了这次比赛冠军"，"J"代表"吉林大禹队赢了上海东方队"，"Q"代表"前卫奥神队赢了江苏南钢队"，"Z"代表"浙江万马队赢了湖北美尔雅队"。假定G为假，J为假，Q为假，Z为假。请判定下列复合命题的真假。

1. 或者广东宏远队赢得了这次比赛冠军，或者吉林大禹队没有赢上海东方队。

2. 或者广东宏远队赢得了这次比赛冠军，并且前卫奥神队没有赢江苏南钢队，或者吉林大禹队赢了上海东方队。

3. 或者广东宏远队赢得了这次比赛冠军，并且或者前卫奥神队没有赢这场比赛或者浙江万马队赢了湖北美尔雅队。

4. 并非浙江万马队赢了湖北美尔雅队,除非吉林大禹队没有赢上海东方队。

5. 或者广东宏远队赢得了这次比赛冠军,并且前卫奥神队没有赢江苏南钢队,或者上海东方队和湖北美尔雅队都没有战胜对手。

三、令"S"代表"西班牙队战胜了美国队","B"代表"巴西队战胜了俄罗斯队","C"代表"中国队战胜了西班牙队","A"代表"阿根廷队战胜了立陶宛队"。假定 S 为真,B、C、A 均为假。请判定下列复合命题的真假。

1. 如果西班牙队战胜了美国队,那么中国队战胜了西班牙队。

2. 只有阿根廷队没有战胜立陶宛队,巴西队和中国队才战胜了各自对手。

3. 如果或者西班牙队战胜了美国队或者阿根廷队战胜了立陶宛队,那么中国队战胜了西班牙队。

4. 如果并非立陶宛队和俄罗斯队都战胜了对手,那么或者中国队战胜了西班牙队或者西班牙队战胜了美国队。

5. 如果阿根廷队没有战胜立陶宛队,那么如果中国队和美国队都没有战胜对手,那么巴西队就没战胜俄罗斯队。

四、构造下列复合命题的真值表。

1. $p \vee (p \wedge q)$ 2. $(p \wedge q) \to q$ 3. $p \leftrightarrow (\neg q \to \neg q)$
4. $\neg (p \wedge q) \vee (p \to q)$ 5. $p \to (q \to r)$

五、用真值表检验下列蕴涵是否成立。

1. "$(p \to q) \wedge (q \to r)$"蕴涵"$p \to r$"。

2. "$(p \to q) \wedge \neg q$"蕴涵"$\neg p$"。

3. "$\neg \neg p$"蕴涵"p"。

4. "p"蕴涵"$q \to p$"。

5. "p"蕴涵"$q \vee \neg q$"。

六、用真值表检验下列论证是否有效。

1. $p \wedge q, q, \therefore \neg p$ 2. $p \to q, \neg p, \therefore \neg q$
3. $p \to q, q \to r, \therefore \neg r \to \neg p$ 4. $p \vee q, \neg q, \therefore p$
5. $\neg (p \wedge q), \neg p, \therefore q$

七、用真值表检验下列命题是否等值。

1. "$p \to q$"和"$\neg (p \wedge \neg q)$"   2. "$\neg (p \wedge q)$"和"$\neg p \vee \neg q$"
3. "$q \to p$"和"$\neg p \to \neg q$"   4. "$\neg (p \vee q)$"和"$\neg p \wedge \neg q$"
5. "$p \vee \neg q$"和"$\neg p \to \neg q$"

八、用真值表检验下列命题是重言式、矛盾式还是两者都不是。

1. $((p \to q) \wedge \neg q) \to \neg p$ 2. $((p \to q) \wedge (q \to r)) \to (p \to r)$

3. $((\neg p \lor q) \land q) \to \neg p$
4. $((\neg p \to (q \land \neg p)) \land \neg(\neg q \lor p)) \to p$
5. $((p \to q) \land (p \to r) \land (\neg q \lor \neg r)) \to p$

九、请构造形式演绎来建立下列论证的有效性。

(1) $A \to (B \land C), A, \therefore B$　　　　(2) $A \to (B \land C), A \land C, \therefore B$

(3) $(A \land B) \to C, A, B, \therefore C$　　　　(4) $(A \land B) \to (C \land D), A, B, \therefore C$

(5) $E \lor F, E \to G, \neg F, \therefore G$　　　　(6) $G \lor \neg F, H \to F, \neg G, \therefore \neg H$

(7) $\neg M \lor \neg O, O \lor N, M, \therefore N$　　　(8) $\neg B \lor A, B, \therefore A$

(9) $\neg N \to V, \neg V, \therefore N$　　　　　(10) $H \to K, \therefore H \to (K \lor J)$

(11) $U \to C, L \lor U, \neg L, \therefore C$　　　(12) $X \to W, \therefore (X \land Y) \to W$

(13) $(A \land B) \to (C \land D), A \land C, B, \therefore D$

(14) $(H \to J) \land (I \to K), L, L \to (H \lor I), \therefore J \lor K$

(15) $\neg(M \land O), M \lor O, \therefore O \land \neg O$

(16) $\neg(M \land O), N \lor M, \neg O \lor \neg L, \therefore K \lor \neg L$

(17) $(\neg A \to D) \land (A \to I), A \lor \neg A, \therefore D \lor I$

(18) $X \to Y, (Z \land X) \lor (Z \land \neg Z), \therefore Y$

(19) $I \to (J \to K), \neg K \land I, \therefore \neg J$

(20) $D \lor (E \land F), (D \to G) \land (G \to F), \therefore F$

十、用间接方法证明下列论证的有效性。

(1) $\begin{array}{l}(A \lor B) \to D \\ \neg C \\ D \to C \\ \therefore \neg A\end{array}$　　(2) $\begin{array}{l}E \to \neg F \\ \neg F \to \neg G \\ H \lor G \\ \therefore G \to H\end{array}$　　(3) $\begin{array}{l}E \to \neg F \\ \neg F \to \neg G \\ D \lor G \\ \therefore \neg E \lor D\end{array}$

(4) $\begin{array}{l}(M \lor N) \to O \\ \neg S \\ \neg(O \land \neg S) \\ \neg M \to T \\ \therefore T\end{array}$　　(5) $\begin{array}{l}A \to B \\ C \to D \\ A \lor C \\ \therefore B \lor D\end{array}$　　(6) $\begin{array}{l}I \to J \\ K \to L \\ \neg J \land \neg L \\ \therefore \neg I \land \neg K\end{array}$

十一、用简便方法判定下列论证无效。

(1) $\begin{array}{l}X \to Y \\ Z \to Y \\ \therefore X \to Z\end{array}$　　(2) $\begin{array}{l}A \to B \\ C \to D \\ B \lor C \\ \therefore A \lor D\end{array}$　　(3) $\begin{array}{l}J \to (K \to L) \\ K \to (L \to M) \\ (L \lor M) \to N \\ \therefore J \to N\end{array}$

| T↔U | | X→Y |
| U↔(V∧W) | U∨V | |
(4) V↔(T∨X)   (5) ¬(U∧V)   (6) ¬(Y∧Z)
| T | V→(W∨X) | ∴X→¬Z |
| ∴X | ∴¬W→X | |

十二、以下列真值函项公式为基础设计电路图。
1. p∧q   2. ¬p∧q   3. ¬¬p
4. ¬¬p∧¬q   5. (p∨q)∨r   6. ¬(p∨q)∨r
7. (p∨q)∧(p∨q)   8. p∨¬(p∧q)   9. (p∨¬q)∧(¬p∨q)

十三、分析下列电路图并按照以下程序将其化归为较简单设计：(1)把电路图翻译成真值函项逻辑命题；(2)找到一个使用较少逻辑算子的逻辑等值命题；(3)基于那个等值命题写出新的简单逻辑电路设计。

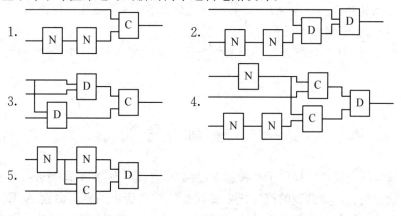

第五章 量化逻辑

> **【内容提要】** 量化逻辑,又称谓词逻辑,与命题演算一样,也是作为现代逻辑基础的两大演算之一。我们这里所讲的量化逻辑包括两个部分:一是一元量化理论或一元量化逻辑;二是一般量化理论或一般量化逻辑,又称为关系量化理论。其中,第1—6节讨论的是一元量化逻辑,并用一元量化逻辑来为直言命题逻辑进行辩护,第6节讨论的是一般量化逻辑。

第一节 量词符号化

逻辑学的现代进展提供了一种包含量词"所有"和"有些"的命题进行符号化的更准确方法。这类命题的符号化主要就是第三章所讲的直言命题 A、E、I、O 四种命题的符号化。涉及某个具体类"所有"的命题是借助于全称量化来符号化的;而涉及某个具体类"有些"的命题是借助于存在量化来符号化的。

一、存在量化

让我们首先来考虑这样一个命题:"有些律师是诚实的人。"根据量化逻辑,这个命题可以被读作"至少存在一个东西 x,使得 x 是一个律师且 x 是一个诚实的人"。其中变元"x"通常应当用小写字母斜体的 Times New Roman 英文字体。

我们在说"有些"时,我们是在小心地说至少存在"一个"东西。换句话说,当我们说"有些 S 是 P"时,只要 S 类中有一个成员,而且这个成员也属于 P 类,那么这个命题就是真的。从理论上讲,"至少有一个"可以多到"全部"。例如,"有些我们班同学是外国人"这个命题为真时,有可能"我们班所有同学都是外国人"。从第三章所讲的对当关系来看,当I命题为真,A命题可以为真可以为假。

在使用"x"时,我们对至少一个非特定具体个体保留一个开放空间。在这个意义上,这个"x"是一个变元。它给像律师张建中(曾为成克杰、远华案的辩护人)或张成茂(曾为佘祥林案的辩护人)之类的个体留下了开放空间。

为了把这个命题符号化,逻辑学家们引入了符号"($\exists x$)"来表示"至少存在一个东西 x 使得……"。这个符号被称为"存在量词",它管辖了这个命题的其余部分,即"(x 是一个律师且 x 是一个诚实的人)"。

我们说这个量词"管辖"命题的其余部分,意思是说,变元 x 的任意出现受量词的"约束"。也就是说,它们落到了这个量词的"辖域",而且像代词一样可以回指到量词。如果要完全表示这个命题,那么"有些律师是诚实人"这个命题应当被符号化为:

($\exists x$)(x 是一个律师且 x 是一个诚实的人)。

它可以读作"至少存在一个人 x 使得 x 是一个律师且 x 是一个诚实的人"。

下面这些命题本质上与"有些律师是诚实的人"是相同的,而且可以符号化为相同形式。

1. 存在一个东西使得他是一个律师而且是诚实的人。
2. 某个东西是律师且是诚实的人。
3. 有诚实的律师。
4. 存在诚实的律师。

思 考 题

将下列命题翻译成存在量化的符号形式。
(1) 有佛教徒是共产党员。
(2) 存在没有拿到博士学位的博士生。
(3) 有肆无忌惮的高级干部。

二、全称量化

请考虑命题"所有东西或者是大学生或者不是大学生"。用量化逻辑,这个命题可以读作"每一个东西 x 使得或者 x 是大学生或者 x 不是大学生"。在我们说"所有东西"时,我们的意思是"每个东西"或"任何一个东西"。这就是我们为什么可以把给定命题翻译成短语"每一个东西 x 使得……"的原因。

为了将指称"每个东西"或"任何一个东西"的命题符号化,逻辑学家们引入了符号"(x)",意思是,"每一个东西 x 使得……"。这个符号被称为"全称量词",它管辖着这个命题的其他部分,被表示为"(x 是大学生或者 x 不是大学生)"。有些逻辑学教科书用"$\forall x$"来作全称量词。

如果要完全表示这个命题,那么命题"所有东西或者是大学生或者不是大学生"就可以被符号化为"$(x)(x$ 是大学生 $\lor x$ 不是大学生)",读作"每个东西 x 使得或者 x 是大学生或者 x 不是大学生"。下列命题的意义基本相同,而且可以被符号化为相同形式。

1. 每个东西或者是大学生或者不是大学生。
2. 任何东西或者是大学生或者不是大学生。

注意:在具体量化命题中,"东西"这个术语的使用看起来可能有些奇怪,但是,在量化逻辑中,我们假定了"论域"(即所谈及的事物),因此从字面上涉及"任何东西"。当然,我们常常可以通过规定正谈及的"领域"是什么来"限制"论域。因而,将话语"限制"到"人""国家"等是可能的。在有些例子中,我们规定我们的论域会被限制到什么,而且这种做法大大简化了翻译和演绎的任务。

思 考 题

在不限制论域的情况下,将下列命题翻译成全称量化的符号形式。
(1) 所有东西或者是证人或者不是证人。
(2) 任何东西或者是罪犯或者不是罪犯。
(3) 每个东西或者是投票者或者不是投票者。

三、等值命题

如果我们既考虑到存在量化,又考虑到全称量化,并且利用否定符号,那么下列四个等值命题成立。

1. "有些东西是罪犯"等值于"并非所有东西都不是罪犯"。
$(\exists x)(x$ 是罪犯$)\leftrightarrow\neg(x)\neg(x$ 是罪犯$)$。
2. "每个东西都是消费者"等值于"并非至少存在一个东西,它不是消费者"。
$(x)(x$ 是消费者$)\leftrightarrow\neg(\exists x)\neg(x$ 是消费者$)$。
3. "并非每个东西都是热情"等值于"至少存在一个东西,它不是热情"。
$\neg(x)(x$ 是热情$)\leftrightarrow(\exists x)\neg(x$ 是热情$)$。
4. "并非至少存在一个东西,它是方的圆"等值于"每个东西都不是方的圆"。
$\neg(\exists x)(x$ 是方的圆$)\leftrightarrow(x)\neg(x$ 是方的圆$)$。

由于在量化理论中有等值命题,因此,这些量化等值可以用来"取代"一个包含量词的真值函项复合命题的一部分。

例 子

"如果某东西是烤箱,那么,并非所有东西都是冰箱",即"($\exists y$)(y 是烤箱)$\rightarrow \neg (x)(x$ 是冰箱)"可以被下列命题取代:"如果某东西是烤箱,那么至少存在一个东西,它不是冰箱",即:"($\exists y$)(y 是烤箱)$\rightarrow (\exists x) \neg (x$ 是冰箱)"。

分 析

在这个例子中,这个条件命题的后件被用其量化等值命题取代了。这意味着我们用一个量化等值命题既可以取代整个命题也可以只取代其部分命题。

要注意:这里的量词"有些"与"所有"指称不同的类,即"烤箱"和"冰箱"。为了使其更加清楚,我们用变元"y"涵盖"烤箱"这个类,用变元"x"涵盖"冰箱"这个类。

思 考 题

首先,将下列命题翻译成量化符号形式,然后,写出其等值式(不限定论域)。
(1) 有些东西是数学家。
(2) 并非任何东西都是数学家。
(3) 每个东西都不是数学家。
(4) 每个东西都是数学家。

第二节 直言命题符号化

有了量化符号这一形式工具,对构成逻辑方阵的直言命题进行更复杂的翻译便有了可能。在即将进行的 A、E、I、O 命题的符号化工作中,我们用类词项"四川人"和"攀枝花人"分别作为主项和谓项,并把论域限制到"人"。

一、A 命题量化

A 命题即"所有 S 都是 P"这种形式的命题。

现在,我们可以把"所有四川人都是攀枝花人"读作为"每个人 x 使得,如果 x 是四川人,那么,他就是攀枝花人"。换句话说,一个全称肯定命题现在可以读作"条件全称量化",其正确的符号化形式是"$(x)(Sx \rightarrow Px)$"。注意:其中,"S"和"P"作为谓词,都是用大写斜体表示。

二、E命题量化

E命题即是指"所有S都不是P"这种形式的命题。

现在,我们可以把"所有四川人都不是攀枝花人"读作"每一个人 x 使得,如果 x 是四川人,那么 x 就不是攀枝花人"。换句话说,一个全称否定命题可以被读作一个条件命题的全称量化,其中后件被否定。其正确的符号化形式是"$(x)(Sx \rightarrow \neg Px)$"。

三、I命题量化

I命题即是指"有些S是P"这种形式的命题。

现在,我们可以把"有些四川人是攀枝花人"读作"至少存在一个人 x 使得,x 既是四川人又是攀枝花人"。换句话说,一个特称肯定命题可以被读作一个合取命题的存在量化。其正确的符号化形式是"$(\exists x)(Sx \wedge Px)$"。

四、O命题量化

O命题即是指"有些S不是P"这种形式的命题。

现在,我们可以把"有些四川人不是攀枝花人"读作"至少存在一个人 x 使得,x 是四川人但不是攀枝花人"。换句话说,一个特称否定命题可以被读作一个合取命题的存在量化,其中,谓项被否定。其正确的符号化形式是"$(\exists x)(Sx \wedge \neg Px)$"。

总结:当我们把论域限制到人时,用"S"表示"是四川人","P"表示"是攀枝花人",我们针对逻辑方阵中的四个直言命题的量化翻译总结如下:

A	=	所有四川人都是攀枝花人	=	$(x)(Sx \rightarrow Px)$
E	=	所有四川人都不是攀枝花人	=	$(x)(Sx \rightarrow \neg Px)$
I	=	有些四川人是攀枝花人	=	$(\exists x)(Sx \wedge Px)$
O	=	有些四川人不是攀枝花人	=	$(\exists x)(Sx \wedge \neg Px)$

思 考 题

将下列命题翻译成量化符号形式(令"Cx"代表"x 是共产党员","Kx"代表

"x 是国民党员",并且论域被限制到人)。
  (1) 有些共产党员是国民党员。
  (2) 所有共产党员都不是国民党员。
  (3) 有些共产党员不是国民党员。
  (4) 所有共产党员都是国民党员。

第三节 论证有效性证明

  我们可以把量化的论证证明区分为涉及"一元量化"的证明和涉及"多元量化"的证明。前者是指大写字母后只跟随一个变元的证明,如"Dx""Ey""Sz"等形式。后者是指其大写字母后跟随多个变元的证明,如"Dxy""$E(x,y,z)$"等形式,这类命题将在第六节讨论。

一、归谬法

  在本书中,我们从演绎有效性标准(即"前提真则结论不可能为假")出发所给出的量化证明都是归谬法($Reductio\ ad\ Asbsurdum$),其任务是要导出形式"$p \wedge \neg p$"的矛盾式。
  为了做到这一点,我们的策略首先是列出所有前提的清单,然后再将结论的否定命题添加到前提清单之中,再根据这个命题集推导出矛盾式"$p \wedge \neg p$"。在包含一元量化的证明中,除了第四章所讲到的真值函项规则之外,我们还需要添加如下规则:
  1. 全称例示规则(UI)。
  2. 存在例示规则(EI)。
  3. 量化等值规则(QE)。
  当然,量化逻辑的规则还不止这些,比如,还有全称概括规则"$Ha, \therefore (x)Hx$"以及存在概括规则"$Ha, \therefore (\exists x)Hx$"。但我们这里不打算引入这些规则,因为就亚里士多德逻辑的现代逻辑辩护来讲,引入量化逻辑的全称例示、存在例示和量化等值规则就足够了。对这部分内容有兴趣的读者,可以拓展阅读其他现代逻辑教科书。

二、全称例示

全称例示规则(UI,即 Universal Instantiation)允许我们从某东西的所有情形推导出特殊情形。因此,如果所有律师都是诚实的人,我们就能推导出张建中是个诚实的人。这里的推演活动是从一个全称命题到它的"事例"。除了量词被移去,而且用名称如"a""b""c"之类的**小写正体字母**来代替变元的出现之外,一个事例正像一个量化命题。

因此,根据全称命题"每个东西都是诚实的人",我们可以推导出"a 是诚实的人",其符号化表达就是:"$(x)Hx$"能够推出"Ha"。

全称例示规则(UI):根据任何全称量化命题,我们可以有效地推导出其任何事例。

下面这些是全称例示的正确或不正确例子:

1. 我们能够从"$(x)Fx$"推导出"Fa""Fb""Fc",但不能推导出"Fy",因为 y 是一个变元,且我们的方法只能用例示推导出名称。请注意:这里的"y"是斜体,而前面的"a""b""c"均为正体。

2. 我们能够从"$(y)(Fy \rightarrow Gy)$"推导出"$Fa \rightarrow Ga$""$Fb \rightarrow Gb$""$Fc \rightarrow Gc$"等,但不能推导出"$Fy \rightarrow Ga$""$Fa \rightarrow Gy$""$Fb \rightarrow Gy$""$Fy \rightarrow Gy$"之类的命题,因为名称必须一致替代落入全称**量词辖域**内的变元的所有出现,例示出的结论不能带自由变元。

3. 我们能够从"$(x)(Fx \wedge (y)Gy)$"推导出"$Fb \wedge (y)Gy$",因为整个表达式是在全称量化命题之中的,并且我们只例示了"(x)"的辖域所涵盖的那部分约束变元。但是,我们不能从"$(x)(Fx \wedge (y)Gy)$"推导出"$Fa \wedge Gb$",因为全称量词"(y)"不在公式的最开头,也不能从"$(x)Fx \rightarrow p$"推导出"$Fa \rightarrow p$",因为命题"p"在量词的辖域之外,推论不能继续。但可以从"$(x)(Fx \rightarrow p)$"推导出"$Fa \rightarrow p$",因为加了括号之后,这意味着"p"在"(x)"的辖域之内。只有当量词出现在开头并且这个命题的其他所有部分都在辖域之内时,例示才能允许我们推导出结论。

思 考 题

给出从下列量化命题所推导出来的全称例示,建议选择名称时用"a""b""c"等。

(1) $(x)(Ax \rightarrow Cx)$ (2) $(y)Dy$ (3) $(z)(Gz \rightarrow (y)Hy)$

三、存在例示

存在例示规则(EI,即 Existential Instantiation)允许我们从一个存在量化命题推导出其至少一个具体事例。例如,如果"有些律师是诚实人"为真,那就一定存在某个人"a",他是个律师且是诚实人。可是,这项推演活动只有当我们推导出单个特定个体才是安全的,而在全称例示中可以选择任意个体。因此,我们能够从"$(\exists x)Fx$"推导出"Fa",但在论证中只有当那个名称在之前没有使用过才可以。

存在例示规则(EI):假如被引进事例的名称对于论证来说必须是新的,那么根据任意存在量化命题,我们可以有效推导出其任何事例。

思 考 题

给出下列这些存在量化命题的事例。
(1) $(\exists x)(Ax \wedge Bx)$ (2) $(\exists x)(Fa \wedge Jx)$ (3) $(\exists x)(Gy \to Hb)$

四、量化等值

这里,我们将介绍四个量化等值命题。

1. 一个形式为"$\neg(x)\cdots\cdots$"的否定全称量词可以用一个形式为"$(\exists x)\neg\cdots\cdots$"的存在量词来取代,反之亦然,即:$\neg(x) \leftrightarrow (\exists x)\neg$。例如:
$$\neg(x)(Fx \to Gx) \leftrightarrow (\exists x)\neg(Fx \to Gx)。$$

思 考 题

用其量化等值命题来取代下列命题。
(1) $(\exists x)\neg(Ax \to Cx)$ (2) $\neg(x)Bx$

2. 一个形式为"$\neg(\exists x)\cdots\cdots$"的否定存在量词可以用一个形式为"$(x)\neg\cdots\cdots$"的全称量词来取代,反之亦然,即:$\neg(\exists x) \leftrightarrow (x)\neg$。例如:
$$\neg(\exists x)(Fx \wedge Gx) \leftrightarrow (x)\neg(Fx \wedge Gx)。$$

思 考 题

用其量化等值命题来取代下列命题。
(1) $(x)\neg Cx$ (2) $\neg(\exists x)(Hx \to Lx)$

我们可以把前面这两个量化等值看作否定符号"穿过"量词的情形。

3. 任何一个包括全称量化析取式的命题都可以用这个全称量词管辖整个析取式来取代，反之亦然，即：$(x)\cdots\cdots\leftrightarrow(x)(\cdots\cdots)$。例如：

$$(x)(Ax \wedge \neg Ax) \vee (y)By \leftrightarrow (x)((Ax \wedge \neg Ax) \vee (y)By).$$

思 考 题

用其量化等值命题来取代下列命题。

(1) $(x)Cx \vee (\exists y)Dy$ (2) $(\exists x)(Hx \wedge Gx) \vee (x)Lx$

4. 任何一个包括存在量化析取式的命题都可以用这个存在量词管辖整个析取式来取代，反之亦然，即：$(\exists x)\cdots\cdots\leftrightarrow(\exists x)(\cdots\cdots)$。例如：

$$\neg(x)\neg Ax \vee (\exists y)(Cy \wedge \neg Cy) \leftrightarrow (\exists y)(\neg(x)\neg Ax \vee (Cy \wedge \neg Cy))$$

思 考 题

用其量化等值命题来取代下列命题。

(1) $(\exists x)(Gx \rightarrow Fx) \vee \neg(y)(Hy \wedge Ly)$

(2) $(\exists y)Hy \vee (x)(Ex \rightarrow \neg Ex)$

我们可以把后面这两个量化等值命题看作量词"被扩张"了。

五、证明的一般策略

涉及量化的证明需要利用第四章所讲的"真值函项规则"，以及本章所讲的量化规则、量化等值规则和归谬法。下面这些就是使用一元量化的形式演绎例子。所有例子都假定论域被限制到人。

(1) 所有人都必死。 $\leftrightarrow$ $(x)(Hx \rightarrow Px)$

苏格拉底是人。 $\leftrightarrow$ Ha

因此，苏格拉底必死。 $\leftrightarrow$ $\therefore Pa$

要注意，这里并不像直言命题那样要求谓项必须是名词。在这个论证中，第一个命题是全称肯定命题；第二个前提和结论都是指向一个具体个体，因此，我们用其名称来翻译它。

在这里，形式演绎的第一步是建立前提和结论的否定命题。

1. $(x)(Hx \rightarrow Px)$

2. Ha

3. $\neg Pa$

现在的任务是用归谬法演绎出一个矛盾式。首先，要例示全称量词。在做这一步时，由于名称"a"已经在问题中出现，因此我们应当使用"a"。虽然 UI 规则可以在任何时候采用任何名称,但如果在这里我们采取"b""c"之类的名称,无法与给定前提一起构造出形式演绎证明。

4. $Ha \rightarrow Pa$ 1 UI

现在,我们用真值函项规则中的分离论证得出"Pa"。

5. Pa 4,2 MP

再利用真值函项规则中的合取论证,我们就可以推导出具有"$p \wedge \neg p$"形式的矛盾式,从而使得证明得以完成。

6. $Pa \wedge \neg Pa$ 5,3 $\wedge^+$

上述演绎证明表明,我们从第1、2、3行推导出了矛盾式。这意味着,这些放在一起不能都为真,即必然导致矛盾。其中,第1、2行是前提,第3行是结论的否定命题。因此,换句话说,如果第1、2行命题为真,那么第3行一定是假的。这也就是说,我们开始的论证"$(x)(Hx \rightarrow Px), Ha, \therefore Pa$"是有效的。

(2) 所有蛇都是没有脚的。

你画的所有东西都是有脚的。

因此,你画的所有东西都不是蛇。

1. $(x)(Sx \rightarrow \neg Jx)$

2. $(x)(Dx \rightarrow Jx)$

3. $\neg(x)(Dx \rightarrow \neg Sx)$

注意:这里第3行是原来论证中结论的否定命题。

让我们从第3行的量化等值开始。

4. $(\exists x)\neg(Dx \rightarrow \neg Sx)$ 3 QE

现在,第4步是由存在量词管辖的。由于 EI 规则的限制,因此,只好首先从它开始例示,因为全称量词可以采用我们想要的任何名称进行例示。

5. $\neg(Da \rightarrow \neg Sa)$ 4 EI

现在,我们使用全称例示,并且采取字母"a",即在第5行中提出的字母。

6. $Sa \rightarrow \neg Ja$ 1 UI

7. $Da \rightarrow Ja$ 2 UI

目前的任务变成了使用真值函项规则演绎出一个矛盾式。

8. $\neg(\neg Da \vee \neg Sa)$ 5 等值

9. $\neg\neg Da \wedge \neg\neg Sa$ 8 德摩根定律

10. $Da \wedge Sa$ 9 双重否定(两次使用双重否定规则)

11. Da 10 $\wedge^-$

12. Ja 7,11 MP

13. Sa 10 $\wedge^-$

14. $\neg Ja$ 　　　　　　　　　　6,13 MP
15. $Ja \wedge \neg Ja$ 　　　　　　　　12,14 $\wedge^+$

(3) 所有政治家都是投票者。
或者有些投票者是政治家或者有些公民不是公民。
因此，有些公民是投票者。

1. $(x)(Px \to Vx)$
2. $(\exists x)(Cx \wedge Px) \vee (\exists y)(Cy \wedge \neg Cy)$
3. $\neg(\exists x)(Cx \wedge Vx)$ 　　（结论的否定命题）

首先，要注意，第二个前提并没有完全落入某单个量词的辖域之内，因而不能直接使用量化规则。同时这也就向我们展示，我们的证明应当从这里开始，我们要做的第一个工作就是前面的第四种量化等值。

4. $(\exists x)((Cx \wedge Px) \vee (\exists y)(Cy \wedge \neg Cy))$ 　　2 QE

下一步，我们就可以使用存在例示规则了。

5. $(Ca \wedge Pa) \vee (\exists y)(Cy \wedge \neg Cy)$ 　　　4 EI

为了处理第 5 行，我们还需要再次使用量化等值规则，即扩展量词以使得我们能再使用一次存在例示规则。

6. $(\exists y)((Ca \wedge Pa) \vee (Cy \wedge \neg Cy))$ 　　　5 QE

既然名称"a"已经在第 5 行被使用过了，那么这里我们不得不插入一个新的名称到下一个存在例示之中。

7. $(Ca \wedge Pa) \vee (Cb \wedge \neg Cb)$ 　　　6 EI

要注意，在第 7 行中的另一个析取支具有形式"$p \wedge \neg p$"，因此，我们可以引入用重言式"$\neg(p \wedge \neg p)$"去掉那个形式为"$p \wedge \neg p$"的析取支。

8. $\neg(Cb \wedge \neg Cb)$ 　　　　　　　重言规则
9. $Ca \wedge Pa$ 　　　　　　　　　　7,8 $\vee^-$

现在，我们把否定符号穿过第三个前提，然后用字母"a"借助 UI 规则对两个全称前提进行例示。

10. $(x)\neg(Cx \wedge Vx)$ 　　　　　　3 $\vee^-$
11. $Pa \to Va$ 　　　　　　　　　　1 UI
12. $\neg(Ca \wedge Va)$ 　　　　　　　10 UI

接下来的证明将是简单地使用真值函项规则演绎出矛盾式。

13. $\neg Ca \vee \neg Va$ 　　　　　　　12 德摩根定律
14. $Ca \to \neg Va$ 　　　　　　　　13 等值
15. Pa 　　　　　　　　　　　　　9 $\wedge^-$
16. Va 　　　　　　　　　　　　　11,15 MP

17. Ca 9 $\wedge^-$
18. $\neg Va$ 14,17 MP
19. $Va \wedge \neg Va$ 16,18 $\wedge^+$

证明一元量化论证有效通常需要经过以下程序：
1. 写出给定前提，并写出结论的否定命题作为最后一个"前提"。
2. 使用全称例示规则、存在例示规则和量化等值规则。
3. 使用真值函项规则。
4. 演绎出形式为"$p \wedge \neg p$"的矛盾式。

其中，在每个证明中，第 1 步和第 4 步是必不可少的，而第 2 步和第 3 步使用的顺序是可以改变的。

这里还有三条经验性方法：
1. 我们应当尽可能"例示"。
2. 我们常常会用量化等值（QE）和真值函项等值来决定做例示的位置。
3. 存在例示应当在全称例示之前进行。

第四节 直言命题论证有效性证明

在第三章中，我们已经给出了直言命题论证有效性的文恩图检验方法和规则检验方法。本节我们将使用刚才所讲到的一元量化证明来检验直言命题论证的有效性。

一、对当关系论证的有效性证明

例　子

用一元量化理论来证明 SAP⇒$\overline{\text{SOP}}$ 的有效性。

分　析

第一步要做的工作是将论证进行一元量化，即：

$$(x)(Sx \rightarrow Px)$$
$$\therefore \neg (\exists x)(Sx \wedge \neg Px)$$

第二步工作是将结论的否定命题添加到前提清单之中。

1. $(x)(Sx \rightarrow Px)$ p.
2. $(\exists x)(Sx \land \neg Px)$ p.

第三步工作是根据上述两个前提构造出矛盾式。

3. $Sa \land \neg Pa$ 2 EI
4. $Sa \rightarrow Pa$ 1 UI
5. Sa 3 $\land^-$
6. Pa 4,5 MP
7. $\neg Pa$ 3 $\land^-$
8. $Pa \land \neg Pa$ 5,7 $\land^+$

用同样的方法，我们不难构造出其他七种矛盾关系论证 $\overline{SAP} \Rightarrow SOP$、$SOP \Rightarrow \overline{SAP}$、$SOP \Rightarrow SAP$、$SEP \Rightarrow \overline{SIP}$、$\overline{SEP} \Rightarrow SIP$、$SIP \Rightarrow \overline{SEP}$ 以及 $\overline{SIP} \Rightarrow SEP$ 的演绎有效性形式证明。读者可以自己验证一下。

例　　子

用一元量化理论来证明 $SAP \Rightarrow SIP$ 的有效性。

分　　析

根据第三章的论述，蕴涵关系只有从存在观点来看才是成立的。这意味着，我们必须引入主项存在或谓项存在，即在前提中添加"$(\exists x)Sx$"或"$(\exists x)Px$"才能构造出相应的形式有效性证明。在构成 $SAP \Rightarrow SIP$ 的有效性证明时，我们需要引入主项存在预设，即"$(\exists x)Sx$"。

1. $(x)(Sx \rightarrow Px)$ p.
2. $\neg(\exists x)(Sx \land Px)$ p.（该前提为结论 SIP 的否定命题符号化形式）
3. $(\exists x)Sx$ p.（引入主项存在预设）
4. Sa 3 EI
5. $(x)\neg(Sx \land Px)$ 2 量化等值
6. $\neg(Sa \land Pa)$ 5 UI
7. $\neg Sa \lor \neg Pa$ 6 德摩根定律
8. $Sa \rightarrow \neg Pa$ 7 等值
9. $Sa \rightarrow Pa$ 1 UI
10. Pa 9,4 MP
11. $\neg Pa$ 8,4 MP
12. $Pa \land \neg Pa$ 10,11 $\land^+$

试设想一下，假如没有第 4 行，尽管第 8 行和第 9 行看起来蕴涵着矛盾，我们还是不可能推导出矛盾式。用同样的方法,我们还可以构造出 $\overline{SIP}\Rightarrow\overline{SAP}$、SEP⇒SOP、SOP⇒$\overline{SEP}$、SAP⇒$\overline{SEP}$、SEP⇒$\overline{SAP}$、SIP⇒SOP 和 $\overline{SOP}$⇒SIP 这七种从存在预设观点才能成立的对当关系论证。读者可以自己验证一下。

二、直言运算论证的有效性证明

首先,让我们用一元量化理论来构造换质法论证的形式有效性证明。

例　子

用一元量化理论来证明换质论证 SAP⇒$\overline{SEP}$ 的有效性。

分　析

1. $(x)(Sx\rightarrow Px)$ p.
2. $\neg(x)(Sx\rightarrow\neg\neg Px)$ p.(该前提为结论的否定命题符号化形式)
3. $(\exists x)\neg(Sx\rightarrow\neg\neg Px)$ 2 量化等值
4. $\neg(Sa\rightarrow\neg\neg Pa)$ 3 EI
5. $\neg(Sa\rightarrow Pa)$ 4 双重否定
6. $Sa\rightarrow Pa$ 1 UI
7. $\neg(\neg Sa\vee Pa)$ 5 等值
8. $\neg\neg Sa\wedge\neg Pa$ 7 德摩根定律
9. $Sa\wedge\neg Pa$ 8 双重否定
10. Sa 9 $\wedge^-$
11. Pa 6,10 MP
12. $\neg Pa$ 9 $\wedge^-$
13. $Pa\wedge\neg Pa$ 11,12 $\wedge^+$

其中,当证明进行到第 6 行时,第 7 行就已经可以直接根据第 6、5 行通过合取引入演绎出"$(Sa\rightarrow Pa)\wedge\neg(Sa\rightarrow Pa)$"的矛盾式,证明即可宣告结束了。用同样的方法,我们可以构造出 SEP⇒$\overline{SAP}$、SIP⇒$\overline{SOP}$ 和 SOP⇒$\overline{SIP}$ 三种换质法论证的形式有效性证明。

其次,让我们用一元量化理论来构造换位法的形式有效性证明。

例　子

用一元量化理论来证明换质论证 SEP⇒PES 的有效性。

分　析

1. $(x)(Sx \to \neg Px)$ p.
2. $\neg(x)(Px \to \neg Sx)$ p.（该前提为结论 PES 的否定命题）
3. $(\exists x)\neg(Px \to \neg Sx)$ 2 量化等值
4. $\neg(Pa \to \neg Sa)$ 3 EI
5. $Sa \to \neg Pa$ 1 UI
6. $\neg(\neg Pa \vee \neg Sa)$ 4 等值
7. $\neg\neg Pa \wedge \neg\neg Sa$ 6 德摩根定律
8. $Pa \wedge Sa$ 7 双重否定
9. Pa 8 $\wedge^-$
10. Sa 8 $\wedge^-$
11. $\neg Pa$ 5,10 MP
12. $Pa \wedge \neg Pa$ 9,11 $\wedge^+$

用同样的方法，我们可以构造出 SIP⇒PIS 的形式证明，但无法构造出 SAP⇒PIS 的形式证明。要想构造其形式证明，必须引入主项存在。这一点希望读者能够自行验证一下。

三、三段论的有效性证明

三段论有效性判定与存在观点和假设观点密切相关。从假设观点来看，三段论的四个格只有 15 个有效式，即：AAA-1、AII-1、EAE-1、EIO-1、AEE-2、EAE-2、EIO-2、AOO-2、AII-3、EIO-3、IAI-3、OAO-3、AEE-4、IAI-4 和 EIO-4。根据一元量化理论，我们很容易构造出这个论证的演绎有效性形式证明。

例　子

用一元量化理论来证明 EIO-1 的有效性。

分　析

1. $(x)(Mx \to \neg Px)$ p.
2. $(\exists x)(Sx \wedge Mx)$ p.
3. $\neg(\exists x)(Sx \wedge \neg Px)$ p.（该前提为结论的否定命题）
4. $(x)\neg(Sx \wedge \neg Px)$ 3 量化等值

5.	$Sa \land Ma$	2 EI
6.	$\neg(Sa \land \neg Pa)$	4 UI
7.	$\neg Sa \lor \neg\neg Pa$	6 德摩根定律
8.	$\neg Sa \lor Pa$	7 双重否定
9.	$Ma \to \neg Pa$	1 UI
10.	Sa	5 $\land^-$
11.	$\neg\neg Sa$	10 双重否定
12.	Pa	8,11 $\lor^-$
13.	Ma	5 $\land^-$
14.	$\neg Pa$	9,13 MP
15.	$Pa \land \neg Pa$	12,14 $\land^+$

用同样的方法，我们可以构造出其他三段论有效性的形式证明。

从存在观点来看，三段论的四个格共有 24 个有效式。换句话说，有 9 个式在假设观点下是无效的，它们是：AAI-1、EAO-1、AEO-2、EAO-2、AAI-3、EAO-3、AEO-4、EAO-4 和 AAI-4。其中，要想构成这些式的有效性证明，AAI-1、EAO-1、AEO-2、EAO-2 和 AEO-4 这五个式需要引入主项存在预设；AAI-3、EAO-3 和 EAO-4 这三个式需要引入中项存在预设；AAI-4 需要引入大项存在预设。

例　子

用一元量化理论构造 EAO-3 的有效性证明。

分　析

1.	$(x)(Mx \to \neg Px)$	p.
2.	$(x)(Mx \to Sx)$	p.
3.	$\neg(\exists x)(Sx \land \neg Px)$	p.（该前提为结论的否定命题）
4.	$(\exists x)Mx$	p.（中项存在预设）
5.	$(x)\neg(Sx \land \neg Px)$	3 量化等值
6.	Ma	4 EI
7.	$Ma \to \neg Pa$	1 UI
8.	$\neg Pa$	7,6 MP
9.	$\neg(Sa \land \neg Pa)$	5 UI
10.	$\neg Sa \lor \neg\neg Pa$	9 德摩根定律
11.	$\neg Sa \lor Pa$	10 双重否定

12. $Ma \rightarrow Sa$	2 UI
13. Sa	12,6 MP
14. $\neg\neg Sa$	13 双重否定
15. Pa	11,14 $\vee^-$
16. $Pa \wedge \neg Pa$	15,8 $\wedge^+$

用同样的方法，我们可以构造出其他8个式的有效性证明。

第五节　归谬法的其他应用

在本书中，我们所讲的归谬法是建立在"不可能前提真而结论为假"这一演绎有效性规则基础之上的，因此，其主要功能是通过构造形式证明来检验论证的有效性。在此，我们还可用这种方法来检验蕴涵式、重言式和矛盾式以及等值式是否成立的问题。

一、蕴涵检验

要检验一个命题是否蕴涵另一个命题，我们需要把第一个命题当作前提，而把另一个命题的否定命题当作另一个前提，然后看看它能否推导出矛盾式。如果能够推导出矛盾式，则该蕴涵成立；如果不能推导出矛盾，那该蕴涵不成立。

例　子

试证明"$(\exists x)Fx$"蕴涵"$(\exists x)(Fx \vee Gx)$"。

分　析

首先，把前一个命题作为第一个前提，而把后一个命题的否定命题当作第二个前提。

1. $(\exists x)Fx$	p.
2. $\neg(\exists x)(Fx \vee Gx)$	p.（后一命题的否定命题）

然后，我们用一元量化理论演绎出矛盾式"$p \wedge \neg p$"。

3. $(x)\neg(Fx \vee Gx)$	2 量化等值
4. $(x)(\neg Fx \wedge \neg Gx)$	3 德摩根定律
5. Fa	1 EI
6. $\neg Fa \wedge \neg Ga$	4 UI

7. ¬Fa	6 ∧⁻	
8. Fa∧¬Fa	5,7 ∧⁺	

思 考 题

试证明下列蕴涵成立。
(1) ¬(∃x)¬Gx 蕴涵 (x)Gx
(2) (x)(Fx→Gx) 蕴涵 (x)((Fx∧Hx)→(Gx∧Hx))

二、重言式与矛盾式检验

  要检验一个命题是否是矛盾式是非常简单的,即以该命题作为前提进行推导,看看能否推导矛盾"p∧¬p"。如果能,那么矛盾式成立;如果不能,矛盾式便不成立。

例 子

试证明命题形式"(y)Ay∧(∃x)¬Ax"是一个矛盾式。

分 析

  要想检验该命题形式是否矛盾式,只要把这个命题作为前提,看看能否直接推导出形式为"p∧¬p"的矛盾即可。

1. (y)Ay∧(∃x)¬Ax   p.
2. (∃x)¬Ax   1 ∧⁻
3. ¬Aa   2 EI
4. (y)Ay   1 ∧⁻
5. Aa   4 UI
6. Aa∧¬Aa   5,3 ∧⁺

要检验一个命题形式是否为重言式,只要否定这个命题,然后推导出矛盾即可。

例 子

试证明"(∃x)Cx∨(y)¬Cy"为重言式。

分 析

否定这个命题,然后演绎出矛盾。

1. $\neg((\exists x)Cx \vee (y)\neg Cy)$　　　　　p.
2. $\neg(\exists x)Cx \wedge \neg(y)\neg Cy$　　　　1 德摩根定律
3. $\neg(\exists x)Cx$　　　　　　　　　　2 $\wedge^-$
4. $(x)\neg Cx$　　　　　　　　　　　3 量化等值
5. $\neg(y)\neg Cy$　　　　　　　　　　2 $\wedge^-$
6. $(\exists y)\neg\neg Cy$　　　　　　　　　5 量化等值
7. $\neg\neg Ca$　　　　　　　　　　　6 EI
8. Ca　　　　　　　　　　　　　7 双重否定
9. $\neg Ca$　　　　　　　　　　　　4 UI
10. $Ca \wedge \neg Ca$　　　　　　　　　8,9 $\wedge^+$

思　考　题

用归谬法证明：

(1) $(y)((x)Hx \rightarrow Hy)$ 是一个重言式。

(2) $(x)(Gx \rightarrow Fx) \wedge (\exists y)(\neg Fy \wedge Gy)$ 是一个矛盾式。

三、等值式检验

要检验两个命题是否等值，需要检验两个命题是否相互蕴涵。

例　子

试证明"$(\exists x)Ax \vee (\exists x)Bx$"等值于"$(\exists x)(Ax \vee Bx)$"。

分　析

首先，让我们证明右边蕴涵左边，即："$(\exists x)(Ax \vee Bx)$"蕴涵"$(\exists x)Ax \vee (\exists x)Bx$"。

1. $(\exists x)(Ax \vee Bx)$　　　　　　　　p.
2. $\neg((\exists x)Ax \vee (\exists x)Bx)$　　　　　p.
3. $\neg(\exists x)Ax \wedge \neg(\exists x)Bx$　　　　2 量化等值
4. $\neg(\exists x)Ax$　　　　　　　　　3 $\wedge^-$
5. $\neg(\exists x)Bx$　　　　　　　　　3 $\wedge^-$
6. $(x)\neg Bx$　　　　　　　　　　　5 量化等值
7. $(x)\neg Ax$　　　　　　　　　　　4 量化等值
8. $Aa \vee Ba$　　　　　　　　　　　1 EI

9. $\neg Aa$ 7 UI
10. Ba 8,9 $\vee^-$
11. $\neg Ba$ 6 UI
12. $Ba \wedge \neg Ba$ 10,11 $\wedge^+$

其次,让我们证明左边蕴涵右边,即:"$(\exists x)Ax \vee (\exists x)Bx$"蕴涵"$(\exists x)(Ax \vee Bx)$"。

1. $(\exists x)Ax \vee (\exists x)Bx$ p.
2. $\neg(\exists x)(Ax \vee Bx)$ p.
3. $(x)\neg(Ax \vee Bx)$ 2 量化等值
4. $(x)(\neg Ax \wedge \neg Bx)$ 3 德摩根定律
5. $(\exists x)(Ax \vee Bx)$ 1 量化等值
6. $Aa \vee (\exists x)Bx$ 5 EI
7. $\neg Aa \wedge \neg Ba$ 4 UI
8. $\neg Aa$ 7 $\wedge^-$
9. $(\exists x)Bx$ 6,8 $\vee^-$
10. Bb 9 EI
11. $\neg Ab \wedge \neg Bb$ 4 UI
12. $\neg Bb$ 11 $\wedge^-$
13. $Bb \wedge \neg Bb$ 10,12 $\wedge^+$

上面我们既证明了第一个命题蕴涵第二个命题,又证明了第二个命题蕴涵第一个命题,因此,这两个命题是等值的。

第六节 一般量化理论

一元量化理论处理的是带一个变元命题的符号化。在自然语言中,有些语句是单句,但并不是陈述句,不能翻译成 A、E、I 或 O 命题形式。而反映两类对象之间关系的命题,被称为"关系命题"。

一、关系命题的符号化

1. 关系

一个关系把几个事情串在一起了。例如,"x 支持 y"是一种可以被符号化为 Sxy 的关系。例如,这里的意思既可以是指"美国支持巴基斯坦",又可以是指"巴基斯坦被美国支持",但或许对于巴基斯坦来说,重要的是这并不意味着"巴基斯坦支持美国"。因此,在关系中,一旦被指定,变元的次序变得相当重要。

在处理关系命题时,我们对一元量化理论进行扩充是必要的。现在,有一个量词落入了另一个量词的辖域内也是可能的。例如"某东西支持某东西"就是涉及两个存在量词之间的关系,它可以被翻译成为 $(\exists x)(\exists y)Sxy$。一个量词在另一个量词辖域之内的另一个例子是 $(x)(\exists y)Sxy$,其含义是"每个东西都支持至少某个东西"。要注意,这与 $(\exists x)(y)Sxy$ 是不同的。后者的意思是"至少存在一个东西 x,使得 x 支持每个东西 y"。由此可见,量词顺序影响着其意义的翻译。

要习惯这些翻译是需要花时间的,而在我们企图给出其精确符号化之前把握整个命题的意义是有帮助的。

2. 关系命题的符号化

假如我们只涉及国家,即把我们的论域限制到国家,那么,下列一般命题可以被看作典型的关系命题例子,而且这些关系可以被符号化为:

(1) 每个国家都支持每个国家。　　=　$(x)(y)Sxy$
(2) 某个国家支持某个国家。　　　=　$(\exists x)(\exists y)Sxy$
(3) 每个国家都支持自己。　　　　=　$(x)Sxx$
(4) 至少有一个国家支持自己。　　=　$(\exists x)Sxx$
(5) 某个国家支持每个国家。　　　=　$(\exists x)(y)Sxy$
(6) 每个国家都被某个国家支持。　=　$(y)(\exists x)Sxy$
(7) 某个国家被每个国家支持。　　=　$(\exists x)(y)Syx$
(8) 每个国家都支持某个国家。　　=　$(y)(\exists x)Syx$

翻译提示:

(1) 不同变元用来表达命题中提及的不同东西。例如,在第(3)个命题中只涉及一个国家,因而只能有一个变元;而在第(2)个命题中,首先说到了一个国家,然后说到了另一个国家,因此,需要使用两个变元。

(2) 在命题中,量词位置总是有一定次序的。例如,在第(5)个命题中,"某个国家支持每个国家"的符号化是"$(\exists x)(y)$",而不能是"$(y)(\exists x)$"。

思 考 题

令"Dxy"代表"x 保卫 y",并把论域限制到国家,然后,将下列命题进行符号化。

(1) 每个国家都保卫自己。

(2) 某个国家保卫每个国家。
(3) 每个国家都保卫某个国家。

如果我们不把论域限制到国家,那么我们的翻译就必须更加清楚,因此需要更加详细。例如,让我们考虑上述第(6)、(7)、(8)三个命题,其翻译过程如下:

首先,第(6)个命题"每个国家都被某个国家支持"的翻译过程。

步骤一:每个 y 使得,如果 y 是一个国家,那么,y 就被某个国家支持。

步骤二:$(y)(Cy \rightarrow y$ 被某个国家支持$)$。

步骤三:$(y)(Cy \rightarrow (\exists x)(x$ 是一个国家 $\wedge y$ 被 x 支持$))$。

步骤四:$(y)(Cy \rightarrow ((\exists x)(Cx \wedge Sxy))$。

其次,让我们来考虑第(7)个命题"某个国家被每个国家支持"的翻译过程。

步骤一:至少存在一个国家被每个国家支持。

步骤二:$(\exists x)(x$ 是国家 $\wedge x$ 被每个国家支持$)$。

步骤三:$(\exists x)(Cx \wedge (\exists y)(y$ 是一个国家 $\rightarrow x$ 被 y 支持$))$。

步骤四:$(\exists x)(Cx \wedge (\exists y)(Cy \rightarrow Syx))$。

最后,让我们再来考虑一下第(8)个命题"每个国家支持某个国家"的翻译过程。

步骤一:每个国家都支持至少一个国家。

步骤二:每个 y 使得,如果 y 是一个国家,那么 y 支持至少一个国家。

步骤三:$(y)($如果 y 是一个国家,那么 y 支持至少一个国家$)$。

步骤四:$(y)(Cy \rightarrow (\exists x)(Cx \wedge Syx))$。

思 考 题

根据刚才所讲的翻译过程,在不限制论域的情况下,将下列命题翻译成符号形式。

(1) 每个国家保卫自己。
(2) 某个国家保卫每个国家。
(3) 每个国家保卫某个国家。

甚至当我们假定了论域时,也最好根据上述过程进行翻译。特别是在处理含有量词的复合命题时,这非常有帮助。

例 子

如果每个国家都保卫自己,那么,如果中国遭到某个国家攻击,那么中国就会保卫自己(假定论域被限制到国家,令 $c=$ 中国,$Dxy = x$ 保卫 y,$Axy = x$ 攻击 y)。

分　析

每个国家都保卫自己	=	$(x)Dxx$
中国遭到某个国家攻击	=	$(\exists y)Aya$
中国保卫自己	=	Daa

既然这是一个用"$(x)Dxx$"作为前件而用$(\exists x)(Axa \to Daa)$作为后件的条件句，那么其符号化命题是：

$(x)Dxx \to ((\exists y)Aya \wedge Daa)$

二、一般量化演绎

涉及关系和在量词辖域内量词的形式演绎同样需要遵守前述一元量化理论中的规则。可是，在具体进行例示时，需要特别注意以下三点：

首先，全称例示和存在例示都必须总是涉及管辖了这个命题其他部分的量词。

其次，全称例示和存在例示都应当用一个名称来取代且只取代那些落入量词辖域内的变元出现。

最后，必须注意不要混合使用或用完证明中有用的字母。在考虑存在例示时这一点尤其重要。

例　子

请构造下列论证的形式证明。
$(\exists x)(y)(Cy \to Lxy)$
$(x)(y)(By \to \neg Lxy)$
$\therefore (x)(Cx \to \neg Bx)$

分　析

1. $(\exists x)(y)(Cy \to Lxy)$　　　　p.
2. $(x)(y)(By \to \neg Lxy)$　　　　p.
3. $\neg(x)(Cx \to \neg Bx)$　　　　p.（结论的否定命题）
4. $(\exists x)\neg(Cx \to \neg Bx)$　　　3 量化等值
5. $(\exists x)\neg(\neg Cx \vee \neg Bx)$　　　4 等值
6. $(\exists x)(\neg\neg Cx \wedge \neg\neg Bx)$　　　5 德摩根定律
7. $(y)(Cy \to Lay)$　　　　1 EI

8. $\neg\neg Cb \wedge \neg\neg Bb$	6 EI
9. $\neg\neg Cb$	8 $\wedge^{-}$
10. Cb	9 双重否定
11. $\neg\neg Bb$	8 $\wedge^{-}$
12. Bb	11 双重否定
13. $Cb \rightarrow Lab$	7 UI
14. Lab	13,10 MP
15. $(y)(By \rightarrow \neg Lay)$	2 UI
16. $Bb \rightarrow \neg Lab$	15 UI
17. $\neg Lab$	16,12 MP
18. $Lab \wedge \neg Lab$	14,17 $\wedge^{+}$

例　子

请构造下列论证的形式证明。

$(\exists x)(y)Sxy$

$\therefore (y)(\exists x)Sxy$

分　析

1. $(\exists x)(y)Sxy$	p.
2. $\neg(y)(\exists x)Sxy$	p.(结论的否定命题)
3. $(\exists y)\neg(\exists x)Sxy$	2 量化等值
4. $(\exists y)(x)\neg Sxy$	3 量化等值
5. $(y)Say$	1 EI
6. $(x)\neg Sxb$	4 EI
7. Sab	5 UI
8. $\neg Sab$	6 UI
9. $Sab \wedge \neg Sab$	7,8 $\wedge^{+}$

例　子

请构造下列论证的形式证明。

$(x)\neg Cax \vee Dbb$

$(\exists x)Cax$

$\therefore (\exists y)Dby$

分 析

1. $(x)\neg Cax \vee Dbb$ p.
2. $(\exists x)Cax$ p.
3. $\neg(\exists y)Dby$ p.(结论的否定命题)
4. $(x)(\neg Cax \vee Dbb)$ 1 量化等值
5. $(y)\neg Dby$ 3 量化等值
6. Cac 2 EI
7. $\neg Cac \vee Dbb$ 4 UI
8. $\neg\neg Cac$ 6 双重否定
9. Dbb 7,8 $\vee^-$
10. $\neg Dbb$ 5 UI
11. $Dbb \wedge \neg Dbb$ 9,10 $\wedge^+$

思考与练习

【客观题|线上作业】

一、单选题(共29题,下列每题有4个备选答案,其中一个为最佳答案,请挑选出最佳答案)

1. 现代逻辑有两个基础演算:一是命题演算,另一个是(　　)。
   A. 谓词演算　　B. 概率演算　　C. 数学演算　　D. 关系演算

2. 从量化逻辑角度来看,与"有些律师是诚实人"具有相同符号化形式的是(　　)。
   A. 有诚实律师
   B. 不存在诚实律师
   C. 某个东西是律师但不是诚实人
   D. 不存在一个东西使得它是一个律师而且是诚实人

3. 在量化逻辑中,下列与"所有东西或者是政治家或者不是政治家"具有相同符合化形式的是(　　)。
   A. 任何东西或者是政治家或者不是政治家
   B. 有些东西或者是政治家或者不是政治家
   C. 至少有一个东西或者是政治家或者不是政治家
   D. 有东西或者是政治家或者不是政治家

4. 在量化逻辑中,下列等值式不成立的是( )。
   A. $(\exists x)(\cdots\cdots) \leftrightarrow (x)\neg(\cdots\cdots)$
   B. $(x)(\cdots\cdots) \leftrightarrow \neg(\exists x)\neg(\cdots\cdots)$
   C. $\neg(x)(\cdots\cdots) \leftrightarrow (\exists x)\neg(\cdots\cdots)$
   D. $\neg(\exists x)(\cdots\cdots) \leftrightarrow (x)\neg(\cdots\cdots)$

5. 在量化逻辑中,下列等值式不成立的是( )。
   A. $(\exists x)(\cdots\cdots) \leftrightarrow \neg(x)\neg(\cdots\cdots)$
   B. $(x)(\cdots\cdots) \leftrightarrow \neg(\exists x)(\cdots\cdots)$
   C. $\neg(x)(\cdots\cdots) \leftrightarrow (\exists x)\neg(\cdots\cdots)$
   D. $\neg(\exists x)(\cdots\cdots) \leftrightarrow (x)\neg(\cdots\cdots)$

6. 在量化逻辑中,下列等值式不成立的是( )。
   A. $(\exists x)(\cdots\cdots) \leftrightarrow \neg(x)\neg(\cdots\cdots)$
   B. $(x)(\cdots\cdots) \leftrightarrow \neg(\exists x)\neg(\cdots\cdots)$
   C. $\neg(x)(\cdots\cdots) \leftrightarrow (\exists x)(\cdots\cdots)$
   D. $\neg(\exists x)(\cdots\cdots) \leftrightarrow (x)\neg(\cdots\cdots)$

7. 在量化逻辑中,下列等值式不成立的是( )。
   A. $(\exists x)(\cdots\cdots) \leftrightarrow \neg(x)\neg(\cdots\cdots)$
   B. $(x)(\cdots\cdots) \leftrightarrow \neg(\exists x)\neg(\cdots\cdots)$
   C. $\neg(x)(\cdots\cdots) \leftrightarrow (\exists x)\neg(\cdots\cdots)$
   D. $\neg(x)(\cdots\cdots) \leftrightarrow (\exists x)(\cdots\cdots)$

8. 在量化逻辑中,A 命题的正确符合化形式是( )。
   A. $(x)(Sx \rightarrow Px)$
   B. $(x)(Sx \rightarrow \neg Px)$
   C. $(\exists x)(Sx \wedge Px)$
   D. $(\exists x)(Sx \wedge \neg Px)$

9. 在量化逻辑中,E 命题的正确符合化形式是( )。
   A. $(x)(Sx \rightarrow Px)$
   B. $(x)(Sx \rightarrow \neg Px)$
   C. $(\exists x)(Sx \wedge Px)$
   D. $(\exists x)(Sx \wedge \neg Px)$

10. 在量化逻辑中,I 命题的正确符合化形式是( )。
    A. $(x)(Sx \rightarrow Px)$
    B. $(x)(Sx \rightarrow \neg Px)$
    C. $(\exists x)(Sx \wedge Px)$
    D. $(\exists x)(Sx \wedge \neg Px)$

11. 在量化逻辑中,O 命题的正确符合化形式是( )。
    A. $(x)(Sx \rightarrow Px)$
    B. $(x)(Sx \rightarrow \neg Px)$
    C. $(\exists x)(Sx \wedge Px)$
    D. $(\exists x)(Sx \wedge \neg Px)$

12. 根据任何全称量化命题,我们可以有效地推导出其任何事例。这条规则被称为( )。
    A. 全称例示规则
    B. 存在例示规则
    C. 量化等值规则
    D. 逻辑等值规则

13. 假如被引进事例的名称对于论证来说是新的,那么根据任意存在量化命题我们可以有效推导出其任何事例。这条规则被称为( )。
    A. 全称例示规则
    B. 存在例示规则
    C. 量化等值规则
    D. 逻辑等值规则

14. 一个形式为"$\neg(x)\cdots\cdots$"的否定全称量词可以用一个形式为"$(\exists x)\neg\cdots\cdots$"的存在量词来取代,反之亦然,即:( )。

A. ¬(x)↔(∃x)¬   B. ¬(∃x)↔(x)¬
C. (x)……↔(x)(……)   D. (∃x)……↔(∃x)(……)

15. 一个形式为"¬(∃x)……"的否定存在量词可以用一个形式为"(∃x)¬……"的全称量词来取代,反之亦然,即:(　　)。

A. ¬(x)↔(∃x)¬   B. ¬(∃x)↔(x)¬
C. (x)……↔(x)(……)   D. (∃x)……↔(∃x)(……)

16. 任何一个包括全称量化析取式都可以用这个全称量词管辖的整个析取式来取代,反之亦然,即:(　　)。

A. ¬(x)(Ax∨B)↔(∃x)¬(Ax∨B)
B. ¬(∃x)Ax∨B↔(x)¬(Ax∨Bx)
C. (x)Ax∨B↔(x)(Ax∨B)
D. (∃x)Ax∨B↔(∃x)(Ax∨B)

17. 任何一个包括存在量化析取式都可以用这个存在量词管辖的整个析取式来取代,反之亦然,即:(　　)。

A. ¬(x)(Ax∨B)↔(∃x)¬(Ax∨B)
B. ¬(∃x)Ax∨B↔(x)¬(Ax∨Bx)
C. (x)Ax∨B↔(x)(Ax∨B)
D. (∃x)Ax∨B↔(∃x)(Ax∨B)

18. 利用间接证明方法来证明一元量化论证有效的第一步是(　　)。
A. 写出给定前提,并写出结论的否定命题作为最后一个"前提"
B. 使用全称例示规则、存在例示规则和量化等值规则
C. 使用全称例示规则、存在例示规则和量化等值规则
D. 演绎出形式为"$p \land \neg p$"的矛盾式

19. 利用间接证明方法来证明一元量化论证有效的最后一步是(　　)。
A. 写出给定前提,并写出结论的否定命题作为最后一个"前提"
B. 使用全称例示规则、存在例示规则和量化等值规则
C. 使用全称例示规则、存在例示规则和量化等值规则
D. 演绎出形式为"$p \land \neg p$"的矛盾式

20. 下列证明应当是(　　)的形式证明。
(1) ¬(∃x)(Sx∧¬Px)   【前提】
(2) ¬(x)(Sx→Px)   【前提】
(3) (∃x)¬(Sx→Px)   (2)量化等值
(4) (x)¬(Sx∧¬Px)   (____)
(5) ¬(Sa→Pa)   (3)存在例示

(6) $\neg(\neg Sa \vee Pa)$ (5) 真值函项等值
(7) $\neg\neg Sa \wedge \neg Pa$ ( )
(8) $\neg(Sa \wedge \neg Pa)$ (4) 全称例示
(9) $\neg Sa \vee \neg\neg Pa$ ( )
(10) $\neg Sa \vee Pa$ (9) 双重否定
(11) $\neg\neg Sa$ ( )
(12) Pa (10)(11) 析取消去
(13) $\neg Pa$ ( )
(14) $Pa \wedge \neg Pa$ (12)(13) 合取引入

A. $\overline{SOP} \Rightarrow SAP$ B. $\overline{SAP} \Rightarrow SOP$ C. $SOP \Rightarrow \overline{SAP}$ D. $SAP \Rightarrow \overline{SOP}$

21. 下列形式演绎中,第 2 行是( )。

(1) $(x)(Sx \to Px)$ 【前提】
(2) $(x)(Sx \to \neg Px)$ 【前提】
(3) $(\exists x)Sx$ 【前提】
(4) Sa ( )
(5) $Sa \to \neg Pa$ ( )
(6) $Sa \to Pa$ ( )
(7) Pa ( )
(8) $\neg Pa$ ( )
(9) $Pa \wedge \neg Pa$ (7)(8) $\wedge^+$

A. 结论的否定命题   B. 主项存在预设
C. 谓项存在预设   D. 结论

22. 下列形式演绎中,第 3 行的功能是( )。

(1) $(x)(Sx \to Px)$ 【前提】
(2) $(x)(Sx \to \neg Px)$ 【前提】
(3) $(\exists x)Sx$ 【前提】
(4) Sa ( )
(5) $Sa \to \neg Pa$ ( )
(6) $Sa \to Pa$ ( )
(7) Pa ( )
(8) $\neg Pa$ ( )
(9) $Pa \wedge \neg Pa$ (7)(8) $\wedge^+$

A. 结论的否定命题   B. 主项存在预设
C. 谓项存在预设   D. 小项存在预设

23. 下列形式证明应当是（　　）的形式有效性证明。
(1) $(\exists x)(Sx \wedge Px)$　　　【前提】
(2) $\neg(\exists x)(Sx \wedge \neg\neg Px)$　　【前提】
(3) $(x)\neg(Sx \wedge \neg\neg Px)$　　(2) 真值函项等值
(4) $(x)(\neg Sx \vee \neg\neg\neg Px)$　　(3) 德摩根定律
(5) $Sa \wedge Pa$　　　　　　　(1) EI
(6) $\neg Sa \vee \neg\neg\neg Pa$　　　(4) UI
(7) Sa　　　　　　　　　　(　　)
(8) $\neg\neg\neg Pa$　　　　　　(　　)
(9) $\neg Pa$　　　　　　　　(　　)
(10) Pa　　　　　　　　　(　　)
(11) $Pa \wedge \neg Pa$　　　　　(　　)

A. SIP⇒SO$\bar{P}$　　B. SEP⇒SA$\bar{P}$　　C. SOP⇒SI$\bar{P}$　　D. SAP⇒SE$\bar{P}$

24. 下列形式证明应当是（　　）的形式有效性证明。
(1) $(\exists x)(Sx \wedge Px)$　　　【前提】
(2) $\neg(\exists x)(Sx \wedge \neg\neg Px)$　　【前提】
(3) $(x)\neg(Sx \wedge \neg\neg Px)$　　(2) 真值函项等值
(4) $(x)(\neg Sx \vee \neg\neg\neg Px)$　　(3) 德摩根定律
(5) $Sa \wedge Pa$　　　　　　　(1) EI
(6) $\neg Sa \vee \neg\neg\neg Pa$　　　(4) UI
(7) Sa　　　　　　　　　　(　　)
(8) $\neg\neg\neg Pa$　　　　　　(　　)
(9) $\neg Pa$　　　　　　　　(　　)
(10) Pa　　　　　　　　　(　　)
(11) $Pa \wedge \neg Pa$　　　　　(　　)

A. 换质论证　　　　　　　　B. 换位论证
C. 对当关系论证　　　　　　D. 三段论

25. 下列形式证明应当是（　　）的形式证明。
(1) $(x)(Sx \rightarrow Px)$　　　【前提】
(2) $\neg(\exists x)(Px \wedge Sx)$　　【前提】
(3) $(\exists x)Sx$　　　　　　【前提】
(4) $(x)\neg(Sx \wedge Px)$　　　(2) 量化等值
(5) $(x)(\neg Px \vee \neg Sx)$　　　(3) 德摩根定律
(6) Sa　　　　　　　　　　(　　)

(7) $\neg Pa \lor \neg Sa$　　　　　　(　　)
(8) $Sa \to Pa$　　　　　　　(　　)
(9) $\neg Pa$　　　　　　　　(　　)
(10) Pa　　　　　　　　(　　)
(11) $Pa \land \neg Pa$　　　　　(10)(9) $\land^+$

A. SAP⇒PIS　　B. SEP⇒PES　　C. SIP⇒PIS　　D. SAP⇒$\overline{SOP}$

26. 下列形式证明中,第三个前提的功能是(　　)的形式证明。
(1) $(x)(Sx \to Px)$　　　【前提】
(2) $\neg(\exists x)(Px \land Sx)$　　【前提】
(3) $(\exists x)Sx$　　　　　【前提】
(4) $(x)\neg(Sx \land Px)$　　(2) 量化等值
(5) $(x)(\neg Px \lor \neg Sx)$　　(3) 德摩根定律
(6) Sa　　　　　　　　(　　)
(7) $\neg Pa \lor \neg Sa$　　　　(　　)
(8) $Sa \to Pa$　　　　　　(　　)
(9) $\neg Pa$　　　　　　　(　　)
(10) Pa　　　　　　　　(　　)
(11) $Pa \land \neg Pa$　　　　　(10)(9) $\land^+$

A. 主项存在预设　　　　　　B. 大项存在预设
C. 小项存在预设　　　　　　D. 中项存在预设

27. 下列形式证明中,第二个前提的功能是(　　)的形式证明。
(1) $(x)(Sx \to Px)$　　　【前提】
(2) $\neg(\exists x)(Px \land Sx)$　　【前提】
(3) $(\exists x)Sx$　　　　　【前提】
(4) $(x)\neg(Sx \land Px)$　　(2) 量化等值
(5) $(x)(\neg Px \lor \neg Sx)$　　(3) 德摩根定律
(6) Sa　　　　　　　　(　　)
(7) $\neg Pa \lor \neg Sa$　　　　(　　)
(8) $Sa \to Pa$　　　　　　(　　)
(9) $\neg Pa$　　　　　　　(　　)
(10) Pa　　　　　　　　(　　)
(11) $Pa \land \neg Pa$　　　　　(10)(9) $\land^+$

A. 结论的否定命题　　　　　B. 结论
C. 主项存在预设　　　　　　D. 中项存在预设

28. 下列形式证明应当是（　　）的形式证明。

(1) $(\exists x)(Mx \land \neg Px)$　　　【前提】
(2) $(x)(Mx \to Sx)$　　　【前提】
(3) $\neg(\exists x)(Sx \land \neg Px)$　　　【前提】
(4) $(x)\neg(Sx \land Px)$　　　(3) 量化等值
(5) $(x)(\neg Sx \lor \neg\neg Px)$　　　(4) 德摩根定律
(6) $Ma \land \neg Pa$　　　(1) EI
(7) $Ma \to Sa$　　　(　)
(8) Ma　　　(　)
(9) Sa　　　(7)(8) MP
(10) $\neg Pa$　　　(　)
(11) $\neg Sa \lor \neg\neg Pa$　　　(　)
(12) $\neg Sa$　　　(　)
(13) $Sa \land \neg Sa$　　　(9)(12) $\land^+$

A. OAO-3　　B. OAO-1　　C. OAO-2　　D. OAO-4

29. 下列形式证明第4个前提的功能应当是（　　）。

(1) $(x)(Mx \to \neg Px)$　　　【前提】
(2) $(x)(Sx \to Mx)$　　　【前提】
(3) $\neg(\exists x)(Sx \land \neg Px)$　　　【前提】
(4) $(\exists x)Sx$　　　【前提】
(5) $(x)\neg(Sx \land \neg Px)$　　　(　)
(6) $(x)(\neg Sx \lor \neg\neg Px)$　　　(　)
(7) $(x)(\neg Sx \lor Px)$　　　(6) 双重否定
(8) Sa　　　(4) EI
(9) $\neg Sa \lor Pa$　　　(7) UI
(10) Pa　　　(9)(8) $\lor^-$
(11) $Sa \to Ma$　　　(　)
(12) $Ma \to \neg Pa$　　　(　)
(13) $Sa \to \neg Pa$　　　(　)
(14) $\neg Pa$　　　(13)(8) MP
(15) $Pa \land \neg Pa$　　　(10)(14) $\land^+$

A. 小项存在预设　　　　B. 大项存在预设
C. 中项存在预设　　　　D. 结论的否定命题

二、多选题(共21题,每小题有5个备选答案,请挑选出没有错误的答案,多选少选错选均不得分)

1. 从量化逻辑角度来看,与"有些律师是诚实人"具有相同符号化形式的是(　　)。

   A. 有诚实律师
   B. 存在诚实律师
   C. 某个东西是律师且是诚实人
   D. 存在一个东西使得它是一个律师而且是诚实人
   E. 存在一个东西使得它是一个律师但不是诚实人

2. 在量化逻辑中,"每个东西 x 使得或者 x 是政治家或者 x 不是政治家"可以用来表达(　　)。

   A. 所有东西或者是政治家或者不是政治家
   B. 每个东西或者是政治家或者不是政治家
   C. 任何东西或者是政治家或者不是政治家
   D. 任意东西或者是政治家或者不是政治家
   E. 没有一个东西或者是政治家或者不是政治家

3. 在量化逻辑中,下列等值式成立的是(　　)。

   A. $(\exists x)(\cdots\cdots) \leftrightarrow \neg(x)\neg(\cdots\cdots)$　　B. $(x)(\cdots\cdots) \leftrightarrow \neg(\exists x)\neg(\cdots\cdots)$
   C. $\neg(x)(\cdots\cdots) \leftrightarrow (\exists x)\neg(\cdots\cdots)$　　D. $\neg(\exists x)(\cdots\cdots) \leftrightarrow (x)\neg(\cdots\cdots)$
   E. $(x)(\cdots\cdots) \leftrightarrow (\exists x)\neg(\cdots\cdots)$

4. 在量化逻辑中,下列等值式不成立的是(　　)。

   A. $(\exists x)(\cdots\cdots) \leftrightarrow \neg(x)\neg(\cdots\cdots)$　　B. $(x)(\cdots\cdots) \leftrightarrow \neg(\exists x)\neg(\cdots\cdots)$
   C. $\neg(x)(\cdots\cdots) \leftrightarrow (\exists x)\neg(\cdots\cdots)$　　D. $\neg(\exists x)(\cdots\cdots) \leftrightarrow (x)\neg(\cdots\cdots)$
   E. $(x)(\cdots\cdots) \leftrightarrow (\exists x)\neg(\cdots\cdots)$

5. 利用间接证明方法来证明一元量化论证有效有四个步骤:①演绎出形式为"$p \wedge \neg p$"的矛盾式。②使用全称例示规则、存在例示规则和量化等值规则。③使用真值函项规则。④写出给定前提,并写出结论的否定命题作为最后一个"前提"。从顺序上看,下列步骤错误的做法是(　　)。

   A. ④③②①　　B. ④②③①　　C. ①②③④　　D. ①③②④
   E. ②③①④

6. 利用间接证明方法来证明一元量化论证有效有四个步骤:①演绎出形式为"$p \wedge \neg p$"的矛盾式。②使用全称例示规则、存在例示规则和量化等值规则。③使用真值函项规则。④写出给定前提,并写出结论的否定命题作为最后一个"前提"。从顺序上看,下列步骤正确的有(　　)。

A. ④③②①　　B. ④②③①　　C. ①②③④　　D. ①③②④
E. ②③①④

7. 下列形式证明中,括号内所使用的规则应当是(　　)。

(1) $\neg(\exists x)(Sx \wedge \neg Px)$　　　　【前提】
(2) $\neg(x)(Sx \to Px)$　　　　【前提】
(3) $(\exists x)\neg(Sx \to Px)$　　　(2) 量化等值
(4) $(x)\neg(Sx \wedge \neg Px)$　　　(　　)
(5) $\neg(Sa \to Pa)$　　　　(3) 存在例示
(6) $\neg(\neg Sa \vee Pa)$　　　　(5) 真值函项等值
(7) $\neg\neg Sa \wedge \neg Pa$　　　　(　　)
(8) $\neg(Sa \wedge \neg Pa)$　　　　(4) 全称例示
(9) $\neg Sa \vee \neg\neg Pa$　　　　(　　)
(10) $\neg Sa \vee Pa$　　　　(9) 双重否定
(11) $\neg\neg Sa$　　　　(　　)
(12) Pa　　　　(10)(11) 析取消去
(13) $\neg Pa$　　　　(　　)
(14) $Pa \wedge \neg Pa$　　　　(12)(13) 合取引入

A. 量化等值　　B. 合取消去　　C. 德摩根定律
D. 析取消去　　E. 全称例示

8. 下列证明应当是一个(　　)的形式证明。

(1) $\neg(\exists x)(Sx \wedge \neg Px)$　　　　【前提】
(2) $\neg(x)(Sx \to Px)$　　　　【前提】
(3) $(\exists x)\neg(Sx \to Px)$　　　(2) 量化等值
(4) $(x)\neg(Sx \wedge \neg Px)$　　　(　　)
(5) $\neg(Sa \to Pa)$　　　　(3) 存在例示
(6) $\neg(\neg Sa \vee Pa)$　　　　(5) 真值函项等值
(7) $\neg\neg Sa \wedge \neg Pa$　　　　(　　)
(8) $\neg(Sa \wedge \neg Pa)$　　　　(4) 全称例示
(9) $\neg Sa \vee \neg\neg Pa$　　　　(　　)
(10) $\neg Sa \vee Pa$　　　　(9) 双重否定
(11) $\neg\neg Sa$　　　　(　　)
(12) Pa　　　　(10)(11) 析取消去
(13) $\neg Pa$　　　　(　　)
(14) $Pa \wedge \neg Pa$　　　　(12)(13) 合取引入

A. 对当关系论证　　　　　B. 直言命题论证
C. $\overline{SOP} \Rightarrow SAP$　　　　　D. 复合命题论证
E. 直言命题变形论证

9. 下列形式演绎中,括号内所使用的规则应当是(　　)。
(1) $(x)(Sx \rightarrow Px)$　　　　【前提】
(2) $(x)(Sx \rightarrow \neg Px)$　　　【前提】
(3) $(\exists x)Sx$　　　　　　　【前提】
(4) Sa　　　　　　　　　(　　)
(5) $Sa \rightarrow \neg Pa$　　　　　(　　)
(6) $Sa \rightarrow Pa$　　　　　　(　　)
(7) Pa　　　　　　　　　(　　)
(8) $\neg Pa$　　　　　　　　(　　)
(9) $Pa \wedge \neg Pa$　　　　　　(7)(8) $\wedge^+$

A. 全称例示　　B. 存在例示　　C. 分离　　D. 二难论证
E. 假言易位

10. 关于下列形式演绎,这是(　　)的形式证明。
(1) $(x)(Sx \rightarrow Px)$　　　　【前提】
(2) $(x)(Sx \rightarrow \neg Px)$　　　【前提】
(3) $(\exists x)Sx$　　　　　　　【前提】
(4) Sa　　　　　　　　　(　　)
(5) $Sa \rightarrow \neg Pa$　　　　　(　　)
(6) $Sa \rightarrow Pa$　　　　　　(　　)
(7) Pa　　　　　　　　　(　　)
(8) $\neg Pa$　　　　　　　　(　　)
(9) $Pa \wedge \neg Pa$　　　　　　(7)(8) $\wedge^+$

A. 反对关系　　B. $SAP \Rightarrow \overline{SEP}$　　C. $\overline{SEP} \Rightarrow SAP$
D. 对当关系论证　E. 换位论证

11. 下列形式证明中,括号内所使用的规则应当是(　　)。
(1) $(\exists x)(Sx \wedge Px)$　　　　　【前提】
(2) $\neg(\exists x)(Sx \wedge \neg\neg Px)$　　【前提】
(3) $(x)\neg(Sx \wedge \neg\neg Px)$　　(2) 真值函项等值
(4) $(x)(\neg Sx \vee \neg\neg\neg Px)$　　(3) 德摩根定律
(5) $Sa \wedge Pa$　　　　　　　(1) EI
(6) $\neg Sa \vee \neg\neg\neg Pa$　　　　(4) UI

(7) Sa (___)
(8) $\neg\neg\neg Pa$ (___)
(9) $\neg Pa$ (___)
(10) Pa (___)
(11) $Pa \wedge \neg Pa$ (___)

A. 合取消去　　　B. 合取引入　　　C. 全称例示
D. 析取消去　　　E. 双重否定

12. 下列形式证明应当是(　　)的形式证明。
(1) $(\exists x)(Sx \wedge Px)$ 【前提】
(2) $\neg(\exists x)(Sx \wedge \neg\neg Px)$ 【前提】
(3) $(x)\neg(Sx \wedge \neg\neg Px)$ (2) 真值函项等值
(4) $(x)(\neg Sx \vee \neg\neg\neg Px)$ (3) 德摩根定律
(5) $Sa \wedge Pa$ (1) EI
(6) $\neg Sa \vee \neg\neg\neg Pa$ (4) UI
(7) Sa (___)
(8) $\neg\neg\neg Pa$ (___)
(9) $\neg Pa$ (___)
(10) Pa (___)
(11) $Pa \wedge \neg Pa$ (___)

A. $SIP \Rightarrow SO\overline{P}$　　B. 直言命题论证　　C. 换质论证
D. 三段论　　　　E. 对当关系论证

13. 下列形式证明中,括号内所使用的规则应当是(　　)。
(1) $(x)(Sx \rightarrow Px)$ 【前提】
(2) $\neg(\exists x)(Px \wedge Sx)$ 【前提】
(3) $(\exists x)Sx$ 【前提】
(4) $(x)\neg(Sx \wedge Px)$ (2) 量化等值
(5) $(x)(\neg Px \vee \neg Sx)$ (3) 德摩根定律
(6) Sa (___)
(7) $\neg Pa \vee \neg Sa$ (___)
(8) $Sa \rightarrow Pa$ (___)
(9) $\neg Pa$ (___)
(10) Pa (___)
(11) $Pa \wedge \neg Pa$ (10)(9) $\wedge^+$

A. 德摩根定律　　B. EI 规则　　　C. UI 规则　　　D. MP 规则

E．析取消去

14．下列形式证明应当是（　　）的形式证明。

(1) $(x)(Sx \to Px)$　　　　【前提】
(2) $\neg(\exists x)(Px \wedge Sx)$　　【前提】
(3) $(\exists x)Sx$　　　　　【前提】
(4) $(x)\neg(Sx \wedge Px)$　　(2) 量化等值
(5) $(x)(\neg Px \vee \neg Sx)$　　(3) 德摩根定律
(6) Sa　　　　　　　　(＿＿)
(7) $\neg Pa \vee \neg Sa$　　　(＿＿)
(8) $Sa \to Pa$　　　　　(＿＿)
(9) $\neg Pa$　　　　　　(＿＿)
(10) Pa　　　　　　　(＿＿)
(11) $Pa \wedge \neg Pa$　　　　(10)(9) $\wedge^+$

A．SAP⇒PIS　　B．限制换位论证　C．对当关系论证
D．直言命题论证　E．换质论证

15．下列形式证明中，括号内所使用的规则应当是（　　）。

(1) $(x)(Sx \to Px)$　　　　【前提】
(2) $\neg(\exists x)(Px \wedge Sx)$　　【前提】
(3) $(\exists x)Sx$　　　　　【前提】
(4) $(x)\neg(Sx \wedge Px)$　　(2) 量化等值
(5) $(x)(\neg Px \vee \neg Sx)$　　(3) 德摩根定律
(6) Sa　　　　　　　　(＿＿)
(7) $\neg Pa \vee \neg Sa$　　　(＿＿)
(8) $Sa \to Pa$　　　　　(＿＿)
(9) $\neg Pa$　　　　　　(＿＿)
(10) Pa　　　　　　　(＿＿)
(11) $Pa \wedge \neg Pa$　　　　(10)(9) $\wedge^+$

A．全称例示　　B．合取消去　　C．析取消去　　D．分离规则
E．输出规则

16．下列形式证明应当是（　　）的形式证明。

(1) $(\exists x)(Mx \wedge \neg Px)$　　【前提】
(2) $(x)(Mx \to Sx)$　　　【前提】
(3) $\neg(\exists x)(Sx \wedge \neg Px)$　【前提】
(4) $(x)\neg(Sx \wedge Px)$　　　（3）量化等值

(5) $(x)(\neg Sx \lor \neg \neg Px)$ (4) 德摩根定律
(6) $Ma \land \neg Pa$ (1) EI
(7) $Ma \rightarrow Sa$ (___)
(8) Ma (___)
(9) Sa (7)(8) MP
(10) $\neg Pa$ (___)
(11) $\neg Sa \lor \neg \neg Pa$ (___)
(12) $\neg Sa$ (___)
(13) $Sa \land \neg Sa$ (9)(12) $\land^+$

A. 三段论　　B. OAO-3　　C. OAO-1　　D. OAO-2

E. OAO-4

17. 下列形式证明中,括号内所使用的规则应当是(　　)。
(1) $(\exists x)(Mx \land \neg Px)$ 【前提】
(2) $(x)(Mx \rightarrow Sx)$ 【前提】
(3) $\neg(\exists x)(Sx \land \neg Px)$ 【前提】
(4) $(x)\neg(Sx \land Px)$ (3) 量化等值
(5) $(x)(\neg Sx \lor \neg \neg Px)$ (4) 德摩根定律
(6) $Ma \land \neg Pa$ (1) EI
(7) $Ma \rightarrow Sa$ (___)
(8) Ma (___)
(9) Sa (7)(8) MP
(10) $\neg Pa$ (___)
(11) $\neg Sa \lor \neg \neg Pa$ (___)
(12) $\neg Sa$ (___)
(13) $Sa \land \neg Sa$ (9)(12) $\land^+$

A. 量化等值　　B. 德摩根定律　　C. 全称例示

D. 假言三段论　　E. 双重否定

18. 下列形式证明应当是(　　)的形式有效性证明。
(1) $(x)(Mx \rightarrow \neg Px)$ 【前提】
(2) $(x)(Sx \rightarrow Mx)$ 【前提】
(3) $\neg(\exists x)(Sx \land \neg Px)$ 【前提】
(4) $(\exists x)Sx$ 【前提】
(5) $(x)\neg(Sx \land \neg Px)$ (___)
(6) $(x)(\neg Sx \lor \neg \neg Px)$ (___)

(7) $(x)(\neg Sx \lor Px)$　　　(6) 双重否定
(8) Sa　　　　　　　　(4) EI
(9) $\neg Sa \lor Pa$　　　　　(7) UI
(10) Pa　　　　　　　　(9)(8) $\lor^-$
(11) $Sa \to Ma$　　　　　(　　)
(12) $Ma \to \neg Pa$　　　　(　　)
(13) $Sa \to \neg Pa$　　　　(　　)
(14) $\neg Pa$　　　　　　(13)(8) MP
(15) $Pa \land \neg Pa$　　　　(10)(14) $\land^+$

A. 三段论　　　B. EAO-1　　　C. 直言命题论证
D. EAO-2　　　E. EAO-3

19. 下列形式证明中,括号内所使用的规则应当是(　　)。
(1) $(x)(Mx \to \neg Px)$　　　【前提】
(2) $(x)(Sx \to Mx)$　　　　【前提】
(3) $\neg(\exists x)(Sx \land \neg Px)$　　【前提】
(4) $(\exists x)Sx$　　　　　　【前提】
(5) $(x)\neg(Sx \land \neg Px)$　　(　　)
(6) $(x)(\neg Sx \lor \neg\neg Px)$　　(　　)
(7) $(x)(\neg Sx \lor Px)$　　　(6) 双重否定
(8) Sa　　　　　　　　(4) EI
(9) $\neg Sa \lor Pa$　　　　　(7) UI
(10) Pa　　　　　　　　(9)(8) $\lor^-$
(11) $Sa \to Ma$　　　　　(　　)
(12) $Ma \to \neg Pa$　　　　(　　)
(13) $Sa \to \neg Pa$　　　　(　　)
(14) $\neg Pa$　　　　　　(13)(8) MP
(15) $Pa \land \neg Pa$　　　　(10)(14) $\land^+$

A. 全称例示　　　B. 合取消去　　　C. 析取消去
D. 德摩根定律　　E. 真值函项等值

20. 下列形式证明中,括号内所使用的规则应当是(　　)。
(1) $(x)(Fx \to Gx)$　　　　　　　【前提】
(2) $\neg(x)((Fx \land Hx) \to (Gx \land Hx))$　【前提】
(3) $(\exists x)\neg((Fx \land Hx) \to (Gx \land Hx))$　(2) 量化等值
(4) $(\exists x)((Fx \land Hx) \land \neg(Gx \land Hx))$　(3) 真值函项等值

(5) $(Fa \land Ha) \land \neg(Ga \land Ha)$　　　　(___)
(6) $Fa \to Ga$　　　　(___)
(7) $Fa \land Ha$　　　　(___)
(8) Fa　　　　(7) $\land^-$
(9) Ga　　　　(5)(8) MP
(10) $\neg(Ga \land Ha)$　　　　(___)
(11) $\neg Ga \lor \neg Ha$　　　　(10) 德摩根定律
(12) $\neg Ha$　　　　(___)
(13) Ha　　　　(7) $\land^-$
(14) $Ha \land \neg Ha$　　　　(13)(12) $\land^+$

A. 双重否定　　B. 德摩根定律　　C. 量化等值
D. 合取消去　　E. 分配律

21. 下列形式证明中,括号内所使用的规则应当是(　　)。

(1) $\neg((x)(Px \to \neg Sx) \lor (\exists y)(\neg Sy \lor \neg \neg Py))$　　【前提】
(2) $\neg(x)(Px \to \neg Sx) \land \neg(\exists y)(\neg Sy \lor \neg \neg Py)$　　(___)
(3) $\neg(x)(Px \to \neg Sx)$　　(2) $\land^-$
(4) $(\exists x)\neg(Px \to \neg Sx)$　　(___)
(5) $(\exists x)(Px \land Sx)$　　(4) 真值函项等值
(6) $\neg(\exists y)(\neg Sy \lor \neg \neg Py)$　　(2) $\land^-$
(7) $(y)\neg(\neg Sy \lor \neg \neg Py)$　　(___)
(8) $(y)(\neg\neg Sy \land \neg\neg\neg Py)$　　(7) 德摩根定律
(9) $(y)(Sy \land \neg\neg\neg Py)$　　(___)
(10) $(y)(Sy \land \neg Py)$　　(___)
(11) $Pa \land Sa$　　(5) EI
(12) Pa　　(11) $\land^-$
(13) $Sa \land \neg Pa$　　(10) UI
(14) $\neg Pa$　　(13) $\land^-$
(15) $Pa \land \neg Pa$　　(12)(13) $\land^+$

A. 双重否定　　B. 德摩根定律　　C. 量化等值
D. 合取消去　　E. 分配律

三、判断题(共 36 题,对的打"√",错误的打"×")

1. 量化逻辑又称谓词逻辑或命题演算。(　　)
2. 等值式"$(\exists x)(x$ 是致公党员$) \leftrightarrow \neg(x)\neg(x$ 是致公党员$)$"成立。

( )
3. 等值式"$(x)(x$ 是致公党员$)\leftrightarrow\neg(\exists x)\neg(x$ 不是致公党员)"不成立。
( )
4. 等值式"$\neg(x)(x$ 是致公党员$)\leftrightarrow(\exists x)\neg(x$ 是致公党员)"成立。
( )
5. 等值式"$\neg(\exists x)(x$ 是致公党员$)\leftrightarrow(x)\neg(x$ 是致公党员)"成立。
( )
6. "所有S都是P"的量化符合形式是$(x)(Sx\to Px)$。( )
7. "所有S都是P"的量化符合形式是$(x)(Sx\wedge Px)$。( )
8. "所有S都不是P"的量化符合形式是$(x)(Sx\wedge\neg Px)$。( )
9. "所有S都不是P"的量化符合形式是$(x)(Sx\to\neg Px)$。( )
10. "有些S不是P"的量化符合形式是$(\exists x)(Sx\wedge\neg Px)$。( )
11. "有些S不是P"的量化符合形式是$(\exists x)(Sx\to\neg Px)$。( )
12. "有些S是P"的量化符合形式是$(\exists x)(Sx\wedge Px)$。( )
13. "有些S是P"的量化符合形式是$(\exists x)(Sx\to Px)$。( )
14. 根据全称例示规则,我们能够从"$(x)Fx$"推导出"Fa"。( )
15. 根据全称例示规则,我们能够从"$(x)Fx$"推导出"Fb"。( )
16. 根据全称例示规则,我们能够从"$(x)Fx$"推导出"Fy"。( )
17. 根据全称例示规则,我们能够从"$(x)Fx$"推导出"Fx"。( )
18. 根据全称例示规则,我们能够从"$(y)(Fy\to Gy)$"推导出"$Fa\to Ga$"。
( )
19. 根据全称例示规则,我们能够从"$(y)(Fy\to Gy)$"推导出"$Fy\to Gy$"。
( )
20. 根据全称例示规则,我们能够从"$(y)(Fy\to Gy)$"推导出"$Fa\to Gb$"。
( )
21. 根据全称例示规则,我们能够从$(x)(Fx\wedge(y)Gy))$推导出$Fb\wedge(y)Gy$。( )
22. 根据全称例示规则,我们能够从$(x)(Fx\wedge(y)Gy))$推导出$Fa\wedge Gb$。
( )
23. 根据全称例示规则,我们能够从$(x)Fx\to p$ 推导出 $Fa\to p$。( )
24. 根据全称例示规则,我们能够从$(x)(Fx\to p)$推导出$Fa\to p$。( )
25. $\neg(x)(Fx\to Gx)\leftrightarrow(\exists x)\neg(Fx\to Gx)$等值式成立。( )
26. $\neg(\exists x)(Fx\wedge Gx)\leftrightarrow(x)\neg(Fx\wedge Gx)$等值式不成立。( )
27. $(x)(Ax\wedge\neg Ax)\vee(y)By\leftrightarrow(x)((Ax\wedge\neg Ax)\vee(y)By)$等值式不成

立。( )

28. $\neg(x)\neg Ax \vee (\exists y)(Cy \wedge \neg Cy) \leftrightarrow (\exists y)(\neg(x)\neg Ax \vee (Cy \wedge \neg Cy))$ 等值式成立。( )

29. 下列形式证明中没有错误。( )

(1) $(\exists x)(Mx \wedge \neg Px)$ 【前提】
(2) $(x)(Mx \rightarrow Sx)$ 【前提】
(3) $\neg(\exists x)(Sx \wedge \neg Px)$ 【前提】
(4) $(x)\neg(Sx \wedge Px)$ (3) 量化等值
(5) $(x)(\neg Sx \vee \neg \neg Px)$ (4) 德摩根定律
(6) $Ma \rightarrow Sa$ (2) UI
(7) $Ma \wedge \neg Pa$ (1) EI
(8) Ma (7) $\wedge^-$
(9) Sa (6)(8) MP
(10) $\neg Pa$ (7) $\wedge^-$
(11) $\neg Sa \vee \neg\neg Pa$ (5) UI
(12) $\neg Sa$ (10)(11) $\vee^-$
(13) $Sa \wedge \neg Sa$ (9)(12) $\wedge^+$

【主观题|线下作业】

一、将下列命题翻译成量化符号形式(不限制论域)。

1. 每个东西或者是魔法师或者是麻瓜。
2. 某个东西不是魔法师。
3. 如果某个东西是魔法师,那么某个东西不是麻瓜。
4. 或者某个东西是纯血统或者某个东西不是纯血统。
5. 如果每个东西都或者是纯血统或者不是纯血统,那么某个东西是魔法师。

二、将下列命题翻译成量化符号形式并写出其等值命题(不限制论域)。

1. 每个东西都是 UFO。
2. 并非所有东西都是冰淇淋。
3. UFO 是存在的。
4. 某个东西是 UFO。
5. 某个东西不是 UFO。

三、将下列命题翻译成量化符号形式(令"Gx"代表"x 是共产党员","Kx"代表"x 是国民党员","Jx"代表"x 是九三学社党员","Ax"代表"x 是爱国人士","Bx"代表"x 是保守人士","Rx"代表"x 是激进人士",并且论域被限制到人)。

1. 有些国民党员是爱国人士,并且有些国民党员是保守人士。

2. 如果有些爱国人士是国民党员,那么,并非所有爱国人士都是共产党员。

3. 所有国民党员都不是共产党员,并且所有共产党员都不是国民党员。

4. 或者有些国民党员是保守人士,或者所有国民党员都是激进人士。

5. 如果有些国民党员是保守人士,那么并非所有激进人士都是共产党员。

6. 有些国民党员是保守人士,当且仅当,所有激进人士都是共产党员。

7. 并非所有共产党员和国民党员都是保守人士。

8. 或者有些国民党员是保守人士,或者所有共产党员和九三学社党员都是激进人士。

9. 如果有些国民党员是保守人士,那么所有共产党员都不是激进人士并且有些九三学社党员是共产党员。

10. 如果有些国民党员和有些共产党员是保守人士,那么所有共产党员都不是激进人士。

四、指出下列论证的前提并且给出不是前提的每一步的证成理由。

(1)

1. $(x)(Cx \to Dx)$
2. $\neg(x)(\neg Cx \lor Dx)$
3. $(\exists x)\neg(\neg Cx \lor Dx)$
4. $\neg(\neg Ca \lor Da)$
5. $Ca \to Da$
6. $\neg\neg Ca \land \neg Da$
7. $Ca \land \neg Da$
8. Ca
9. Da
10. $\neg Da$
11. $Da \land \neg Da$

(2)

1. $(x)(Cx \to Dx)$
2. $(\exists x)(Cx \land Ex)$
3. $\neg(\exists x)(Ex \land Dx)$
4. $(x)\neg(Ex \land Dx)$
5. $Cb \land Eb$
6. $Cb \to Db$
7. $\neg(Eb \land Db)$

8. $\neg Eb \lor Db$
9. Cb
10. Db
11. Eb
12. $\neg \neg Eb$
13. $\neg Db$
14. $Db \land \neg Db$

(3)
1. $(x)(Dx \land \neg Dx) \lor (y)Fy$
2. $\neg(x)(\neg Fx \to Ex)$
3. $(x)((Dx \land \neg Dx) \lor (y)Fy)$
4. $(\exists x)\neg(\neg Fx \to Ex)$
5. $(\exists x)\neg(\neg \neg Fx \lor Ex)$
6. $(\exists x)\neg(Fx \lor Ex)$
7. $(\exists x)(\neg Fx \land \neg Ex)$
8. $\neg Fa \land \neg Ea$
9. $(Da \land \neg Da) \lor (y)Fy$
10. $\neg(Da \land \neg Da)$
11. $(y)Fy$
12. Fa
13. $\neg Fa$
14. $Fa \land \neg Fa$

(4)
1. $(x)(Ax \to Bx)$
2. $(x)(Cx \to \neg Bx)$
3. $\neg(x)(Cx \to \neg Ax)$
4. $(\exists x)\neg(Cx \to \neg Ax)$
5. $\neg(Ca \to \neg Aa)$
6. $Aa \to Ba$
7. $Ca \to \neg Ba$
8. $\neg(\neg Ca \lor \neg Aa)$
9. $\neg \neg Ca \land \neg \neg Aa$
10. $Ca \land Aa$
11. Ca

12. $\neg Ba$
13. Aa
14. Ba
15. $Ba \land \neg Ba$

(5)
1. $(x)(Ax \to \neg Bx)$
2. $(\exists x)(Cx \land Ax)$
3. $\neg(\exists x)(Cx \land \neg Bx)$
4. $(x)\neg(Cx \land \neg Bx)$
5. $Ca \land Aa$
6. $\neg(Ca \land \neg Ba)$
7. $Aa \to \neg Ba$
8. $\neg Ca \lor \neg \neg Ba$
9. $\neg Ca \lor Ba$
10. Ca
11. $\neg \neg Ca$
12. Ba
13. Aa
14. $\neg Ba$
15. $Ba \land \neg Ba$

五、证明下列论证的有效性。

(1) $(x)Ax$
$\therefore (\exists x)Ax$

(2) $(x)Ax$
$\therefore (\exists x)(Ax \lor Bx)$

(3) $(x)Cx$
$\therefore (\exists x)(Cy \lor Dy)$

(4) $(x)Ex \land (y)Dy$
$\therefore (\exists x)(Ex \lor Gx)$

(5) $(x)((Ax \lor Bx) \to (Cx \land Dx))$
$\therefore (x)(Bx \to Cx)$

(6) $(\exists x)(\neg Kx \land \neg Hx) \lor (y)(Ly \land \neg Ly)$
$\therefore (\exists x)\neg Hx$

(7) $(\exists x)(Ax \land Bx)$
$\therefore (\exists x)(Cx \land Bx)$
$(x)(Ax \to Cx)$

(8) $(x)(Kx \to Lx)$
$(\exists x)(Mx \land Kx)$
$\therefore (\exists x)(Lx \land Mx)$

$(x)(\neg Vx \to Wx)$

(9) $(\exists x)(\neg Vx \land Yx)$ (10) $(x)((Ex \lor Gx) \to (Fx \land Hx))$

∴ $(\exists x)(Yx \land Wx)$ ∴ $(x)(Gx \to Fx)$

六、用一元量化理论构造下列直言命题论证的有效性证明。

1. $\overline{SEP} \Rightarrow SIP$ 2. $SEP \Rightarrow \overline{SAP}$
3. $SIP \Rightarrow S\overline{OP}$ 4. $SAP \Rightarrow PIS$
5. $SOP \Rightarrow \overline{P}OS$ 6. OAO-3
7. AEO-2   8. AAI-3
9. AAI-4   10. EAO-4

七、用归谬法证明下列关系成立。

1. $(x)(Sx \to \neg Px)$ 等值于 $(x)(Px \to \neg Sx)$。
2. $(x)(Sx \to Px)$ 等值于 $(\exists x)(\neg Sx \land \neg Px)$。
3. $(\exists x)(Sx \land Px) \land (y)(Sy \to \neg Py)$ 是矛盾式。
4. $(x)(Sx \to Px) \land (\exists y)(Sy \land \neg Py)$ 是矛盾式。
5. $(\exists x)(Sx \land Px) \lor (y)(Sy \to \neg Py)$ 是重言式。
6. $(x)(Px \to \neg Sx) \lor (\exists y)(\neg Sy \lor \neg \neg Py)$ 是重言式。
7. $(x)(Sx \to \neg Px)$ 蕴涵 $(\exists x)(Sx \land \neg Px)$。
8. $(\exists x)(Sx \land Px)$ 蕴涵 $(\exists x)(Px \land \neg \neg Sx)$。
9. $(x)(Mx \to Px) \land (x)(Sx \to Mx)$ 蕴涵 $(x)(Sx \to Px)$。
10. $(x)(Px \to \neg Mx) \land (\exists x)(Sx \land Mx)$ 蕴涵 $(\exists x)(Sx \land \neg Px)$。

八、假如我们把论域限制到国家,请将下列论证进行符号化。请用建议的字母来符号化具体命题。

1. 英国的朋友都是加拿大的朋友,美国是英国的朋友,因此,美国是加拿大的朋友(令 $Fxy = x$ 是 y 的朋友,$e=$英国,$c=$加拿大,$a=$美国)。

2. 无论谁攻击新加坡,它都只是在攻击一个小国,某个国家攻击新加坡,因此,新加坡是个小国家(令 $Axy=x$ 攻击 y,$s=$新加坡,$Sx=x$ 是个小国家)。

3. 大多数国家都喜欢爱好和平的国家,因此,如果日本不是爱好和平的国家,那么不是所有国家都喜欢日本(令 $Nx=x$ 是一个国家,$Px=$ 爱好和平的国家,$J=$日本,$Lxy=x$ 喜欢 y)。

4. 如果瑞士支持某个提议,那么,这个提议就是中立提议。只有爱好和平的国家才会支持中立提议。某个国家做出这个提议。瑞士支持这个提议。因此,存在着一个爱好和平的国家(令 $s=$瑞士,$Sxy=x$ 支持 y,$Nx=x$ 是中立提议,$Px=x$ 是爱好和平的国家,$Mxy=x$ 做出 y,$a=$ 这个提议,$Gx=x$ 是国家)。

九、构造下列论证的形式证明。

(1) $(x)(Fxe \to Fxc)$
    Fae
    $\therefore Fac$

(2) $(\exists x)(y) Jyx$
    $\therefore (y)(\exists x) Jyx$

(3) $(x)(y)((Ax \land By) \to Cxy)$
    Aa
    Bc
    $\therefore Cac$

(4) $(\exists x)(Sx \land (y)(Sy \to \neg Txy))$
    $\therefore (\exists x)(Sx \land \neg Txx)$

(5) $(\exists x)(Hx \land (y)(Iy \to Jxy))$
    $(x)(Hx \to Ix)$
    $\therefore (\exists y)(Iy \land Jyy)$

(6) $(x)(Ax \to (y)(By \to Cxy))$
    $(\exists x)(Ax \land (\exists y) \neg Cxy)$
    $\therefore (\exists x) \neg Bx$

(7) $(\exists x)(Nx \land (y)(Lxy \to Py))$
    $\therefore \neg Pb \to \neg (x)(Nx \to Lxb)$

(8) $(x)(Gx \to \neg Fxx)$
    $\therefore (y)((Gy \land (x)(Gx \to Fyx)) \to \neg Gy)$

(9) $(x)(Ax \to (y)(By \to \neg Cxy))$
    $(x)(Ax \to (\exists y)(Dy \land Cxy))$
    Aa
    $\therefore (\exists x)(Dx \land \neg Bx)$

(10) $(x)(\neg Ax \lor Bx)$
     $(x)((\exists y)(By \land Cxy) \to Dx)$
     $(\exists y)(Ey \land (\exists x)((Fx \land Ax) \land Cyx))$
     $\therefore (\exists x)(Dx \land Ex)$

第六章 归纳逻辑

> **【内容提要】** 从第三章到第五章,我们所讨论的论证都是演绎论证,并且所讨论的论证评价标准或方法都是针对演绎论证展开的。然而,现实生活中的好论证,除了不可能所有前提均真而结论为假的演绎论证之外,还有所有前提均真而结论可能为真的归纳论证。评价这类论证的好与坏,显然不能根据前述的演绎有效性标准来进行,因为这类论证无所谓有效或无效。评价归纳论证的标准是强与弱,我们称之为"归纳强度",也有少数逻辑学家称之为"归纳有效性"。本章首先介绍归纳法与可能性,然后简单讨论归纳概括、归纳类比、因果假设、数值概率、解释性假设等几种常见的归纳论证模式及其评价。

第一节 归纳法与可能性

在演绎论证中,如果所有前提均真并且论证形式正确,那么结论必然是真的。这通常被称为演绎论证的可靠性,简称"论证可靠性"。其中,论证形式正确是指论证形式有效。在归纳论证中,如果所有前提都是真的并且论证形式是正确的,那么结论可能是真的。那么,在归纳论证中,论证形式正确的含义又是什么呢?这正是本章所讨论的内容。

一、什么是归纳法

"归纳法"(induction)又称为"归纳推论"(inductive inference)、"归纳推理"(inductive reasoning)或"归纳论证"(inductive argument)。在归纳论证中,结论

被确证或反驳只是诉诸感觉经验的。而"deduction""abduction""conduction"分别对应的是"演算法""回溯法""协同法"。由于人的认识能力不同,感觉经验便存在着某种差异性。因而,对于一个好的归纳论证,其所有前提均真而结论为假也是可能的,而且结论为假只是通过诉诸经验来决定的。然而,在演绎论证中,结论是通过诉诸前提本身来确证或反驳的,因此,对于一个好的演绎论证,所有前提均真而结论为假是不可能的。

例　　子

判定下列论证是演绎论证还是归纳论证,并解释为什么。

从一个袋子里摸出来的第一个是红玻璃球,第二个是红玻璃球,第三个、第四个、第五个都是红玻璃球,因此,我认为袋子里所有球都是红玻璃球。

分　　析

这个论证涉及袋中所有球都是红玻璃球的可能性,它需要感觉经验来确证,因此,它是一个归纳论证。

思　考　题

判断下列论证是归纳论证还是演绎论证,并解释为什么。

(1) 如果今天是星期二,那就是何凤的生日,今天是星期二,因此今天是何凤的生日。

(2) 我在那家商店买过10瓶茅台酒,它们都是假的,因此,那家商店卖的所有茅台酒可能都是假的。

二、归纳强度

归纳强度(inductive strength),有时又称为"归纳有效性"(inductive validity),是衡量归纳论证好与坏的根本标准。一个论证是归纳上强的,当且仅当它是逻辑上正确的。从归纳逻辑的角度来看,一个论证逻辑上是正确的是什么意思呢?那就是指论证的结论正如论证所主张的那样可能真。如果不是,那么这个论证就是逻辑上不正确的。

例　　子

从归纳逻辑的角度来看,苏东坡的论证是正确的吗?

《警世通言》中有一则《王安石三难苏学士》的故事。有一天,苏东坡去拜访宰相王安石,恰好王出去了。苏在王的书桌上看到了一首咏菊诗的草稿,才写了开头两句:"西风昨夜过园林,吹落黄花满地金。"苏东坡心想,"西风"就是秋风,"黄花"就是菊花,菊花最能耐寒、耐久,怎么会被秋风吹落呢?说西风"吹落黄花满地金"是大错特错了。这个素来恃才傲物的翰林学士竟然提起笔来续了两句:"秋花不比春花落,说与诗人好细吟。"

分　　析

苏东坡的论证是:我见过的菊花都是只会枯萎而不会被风吹落瓣的,因此,天下所有的菊花都是只会枯萎而不会被风吹落瓣的。这个论证的结论显然不如论证所主张的那样可能真。后来苏东坡的经验也告诉我们这一点。在故事中,王安石回来之后,看了这两句诗很不高兴,为了教训一下苏东坡,把苏贬为黄州团练副使。苏东坡在黄州住了将近一年的时候正值九月重阳,这一天大风刚停,苏东坡邀请好友陈季常到后园赏菊。只见菊花纷纷落瓣,满地铺金。这时,他想起给王安石续诗的事,才知道原来是自己错了。

思　考　题

识别下列语篇中的归纳论证,并判定其是否是正确的。

(1) 一个旅行者走进了下野的有钱大官的书斋,看见有许多很贵重的砚石,便说中国是"文雅的国度"。

(2) 100多年前,在德国某小学低年级的一个班里,有几个孩子发出了喧闹声,因此,老师决定处罚他们一下。放学后,把几个孩子留下罚做算术题:从1加到100。正当别的孩子还在抓耳挠腮时,一个孩子向窗外望了望,便交了卷。老师一看,只好让他先走。第二天,老师兴致勃勃地问他怎么如此快就得出了答案。孩子机敏地回答说:"我想这道题目一定有个快做的好办法,我找到了一个。您知道,100加1是101,99加2也是101,这样一直加下去就有50个101,也就是$50 \times 101 = 5050$。"这个孩子就是后来的大数学家高斯。

三、可能性

巴特勒(Joseph Butler, 1692—1752)说:"概率或可能性是生活的真正指南。"生活充满着不确定性。但是,我们必须根据经验预先规划,预测什么可能发生,什么不可能发生? 在各行各业中,概率与风险评估都至关重要。比如,要预测销售额,计算保险需求与额外的费用,决定工程安全标准等。概率是一种用数学方法来刻画的可能性。可能性要求我们必须基于我们所拥有的经验来接受结论①。如果接受这个结论非常合理,那么这个结论就是非常可能的,否则,这个结论就是不大可能的。可能性是随着证据的变化而改变的。如果我们在前提集中添加了证据,那么结论可能变得更加可能,也可能变得更加不可能,当然也可能没有任何改变。

例　　子

在添加证据"说看到张三跑的同一个证人说看到张三正在追一个男孩"之后,结论变得是更加可能、更加不可能还是没有任何改变?

在防盗铃响之后不久,有人看见张三从那栋楼中跑出来,因此,我认为张三很可能就是盗贼。

分　　析

这个结论应当变得更不可能,因为现在似乎实际情况是张三正在追的那个男孩是真正的盗贼。

思　考　题

王佳芝的自行车被盗。她的自行车是一辆九成新的五羊牌自行车。昨天,她看到胡汉山骑了一辆与她的自行车非常像的自行车。于是,她便向校保卫处报案说"胡汉山偷了我的自行车"。现在,我们引入下列哪个证据会影响结论的可能性?

(1) 胡汉山的家庭经济条件很差。

(2) 王佳芝的自行车龙头上有一道痕迹,胡汉山骑的那辆自行车也有一道同样的痕迹。

第二节　归　纳　概　括

归纳概括是归纳论证或归纳推理中最常见、最典型的一种类型,其特征是:前提是关于特殊性的陈述,而且没有例外,而结论是关于一般性的陈述,也就是

---

① 这里的"可能性"与后面将要讲到的"概率"同源于英文术语"probability"。不过,"可能性"这一术语主要源于古希腊意义上的"plausibility",即"概然性""盖然性"或"似真性",这种性质当时并没有用精确的数值来计算。而"概率"是"可能性"的进一步精确化,是用数值来精确计算了可能性,因此,"概率"又被称为"数值概率"。

我们通常所说的从特殊到一般的思维进程。归纳论证有强弱之分,而且其前提对结论的支持强度越强越好。

一、什么是归纳概括

归纳概括是归纳论证结论中的一种,这种结论一定是一个一般性命题,通常是没有例外的全称命题,而且这个命题是基于具体观察做出的概括性陈述。例如,假如我早上起来发现几只长相奇怪的动物在我的前院里,所有这些动物看起来都属于同类;每个动物看起来一半像马一半像斑马(quagga);于是,我们就用一种不同的名称来标注这种动物,并把它们称为"斑驴"。其中,我的论证过程是:

> 到目前为止,已经被观察到的每一只动物 a、b、c 等都是斑驴而且是有斑纹的动物,而且没有观察到是斑驴但是没有斑纹的动物,因此,可能所有斑驴都是有斑纹的动物。

这个论证的形式是:

> a、b、c 等被观察到是 S 而且是 P。
> 没什么东西被观察到是 S 但不是 P。
> 因此,所有 S 都是 P。

一种极其相似的论证是统计概括。假如我们观察到 20% 的斑驴是雄性,用这个命题作为前提,我们就可以得出结论"20% 的斑驴都是雄性"。但这是否是一个归纳上强的概括呢?这仍然需要判定。

例　子

判定下列论证是否是归纳概括? 如果不是,请解释为什么;如果是,其结论是什么。

我观察到,铁岭的猪毛是黑色的,抚顺的猪毛是黑色的,沈阳的猪毛是黑色的,大连的猪毛是黑色的,丹东的猪毛是黑色的,因此,天下所有的猪毛都是黑色的。

分　析

我观察了许多地方的猪毛(a、b、c、……)(S)都是黑色的毛(P),因此,我的第一个前提具有下列形式:

a、b、c……每一个都被观察到是 S 而且是 P。

我从未观察到某个地方的猪毛(S)不是黑色的毛(P)，因此，我的第二个前提具有下列形式：

从未观察到是 S 但不是 P。

于是，我得出结论"天下所有的猪毛(S)都是黑色的(P)"，因而，我的结论具有如下形式：

因此，所有 S 都是 P。

因此，这是一个归纳概括。

思 考 题

判断下列论证是否是归纳概括？解释你的答案。

（1）所有政治人物都很虚伪，我有这种感觉，是因为我遇到过几个政治人物，他们每个都很虚伪，而且我知道我朋友张学友遇到的政治人物没有一个不虚伪。

（2）我生活在广州已经 10 多年了，我看见许多快递员来来去去，他们每个人都是那么准时而且诚实。我邻居的女儿刚刚成为快递员，因此，我认为她会很准时且诚实。

二、归纳概括的强弱

与其他所有归纳论证一样，归纳概括也有强弱之分。如果"所有 S 是 P"有一个好的可能性，那么这个归纳概括就是强的，反之就是弱的。在考虑归纳概括的强弱时，我们需要考虑以下五种因素。

1. **正相似性**。被观察的对象 a、b、c 等有多相像？一般说来，正相似性越大，a、b、c 等就越相像，这个论证就越弱。

例 子

请根据正相似性评价下列论证。

我查过百科全书，我前院的动物都是年幼的北美斑驴，而且来自那个地区的年幼斑驴的纹都很独特，因此，我得出结论："所有斑驴都是有斑纹的动物。"

分 析

这里，正相似性是非常强的。我观察到的每头斑驴都是来自同一个地方，而且年龄都差不多。既然我根据这些非常有限的证据做了一个关于所有斑驴的概括性结论,那么这个论证就是弱的。

2. **负相似性**。被观察到的个体 a、b、c 等有多大不同?总的来说,负相似性越大,a、b、c 等就越不相同,论证就越强。

例　　子

根据负相似性评价下列论证。

我查了一个更权威的百科全书,在前院的斑驴中,有些来自北美,有些来自南美,有些年幼,有些较老,有些是雄性,有些是雌性。它们每一个都是有斑纹的,因此,所有斑驴都是有斑纹的。

分　　析

这里的负相似性是很强的。我已观察了各种斑驴,而且它们每一个都是有斑纹的。既然我的论证已经考虑到斑驴中的诸多不同,因此,这个论证是强的。

3. **结论的特征**。结论断定了多少?这里结论断定有两种情形:一是主项断定的数量;二是谓项断定的数量。一般说来,主项断定的数量越多即越不具体,谓项断定的数量越少即越具体,全称概括就越具普遍性,而论证也就越弱。

例　　子

请根据结论的特征评价下列论证。

根据对三头斑驴的观察,我得出结论:"我前院里的所有斑驴(包括可能已看不见的那些)都是有斑纹的动物。"

分　　析

这个结论比"各地所有斑驴都是有斑纹的动物"这样的结论要更加可能,它甚至比"所有像马一样的动物都是有斑纹的动物"这样的结论更可能。因此,这个论证是相当强的。但如果大多数斑驴都是我的,而且它们仍然在外面,这个论证就被削弱了。

4. **被观察事例的数量**。被观察到的对象 a、b、c 等有多少?一般来讲,被观察到的事例数量越多,论证就越强。

例　　子

根据被观察到的事例数量评价下列论证。

我相信地球上有 3 000 头斑驴,根据我对 3 头斑驴的观察,我得出结论:"所有斑驴都是有斑纹的动物。"

分 析

与我们观察 1 500 头斑驴然后得出结论"所有斑驴都是有斑纹的动物"相比,这个论证是相当弱的。

5. **结论的主项与谓项的相关性**。在结论的主项 S 与谓项 P 之间存在一种关联有多大可能?一般来讲,主项与谓项越相关,论证就越强。

例 子

根据主项与谓项的相关性评价下列论证。

今天早晨我观察到的所有动物都是斑驴,而且它们都在我的前院,因此,所有斑驴都是站在我前院的动物。

分 析

既然斑驴可能与站在我的前院不相关,那么,这个结论是不合理的。

思 考 题

基于上面所讨论的五个因素评估下列论证。

(1) 某个单位的每个人都很友善且富有合作精神,他们来自全国 10 多个省市,而且有不同年龄段的男性和女性,因此,我相信这个单位的所有人都很友善且富有合作精神。

(2) 我晚上去过怡乐路很多次,每次都会遇到几个乞讨的年轻女子,因此,我认为,那条路上每个晚上都有年轻女子在乞讨。

三、归纳概括中容易出现的三种错误或谬误

在归纳概括中,容易出现三种错误或谬误。一个归纳论证是强的,必须避免这些谬误。

1. **健忘归纳**。这种谬误发生于我们忽视了我们在做出论证或评价论证时所拥有的某些相关信息,此时,如果结论是一个概括性命题,那么这个谬误就是**健忘归纳**。

例 子

下列论证是否犯了健忘归纳谬误?请解释。

在乘火车从悉尼到堪培拉的途中,我观察了 100 只动物,其中,20% 的动物都是袋鼠,因此,我得出结论,20% 的动物都是袋鼠。

分　析

　　这个论证确实犯了健忘归纳谬误,因为我在做出结论时忘了在澳大利亚以外地区,与其他动物的数量相比,袋鼠数量相对较少。

　　2. 轻率归纳。又称"轻率概括"或"以偏概括"。当针对归纳论证的证据非常少而我们却不正确地认为某事是相当可能的,这种谬误就会发生。在这种论证中,如果结论是一个概括性命题,那么它就犯了**轻率归纳或轻率概括谬误**。

例　子

　　下列论证是否犯了轻率归纳谬误?请解释。

　　中国人鞠实儿是逻辑学家,中国人梁庆寅是逻辑学家,中国人李小五是逻辑学家,中国人赵希顺是逻辑学家,因此,所有中国人都是逻辑学家。

分　析

　　这个论证确实犯了轻率归纳谬误。更具体地说,它犯了轻率概括谬误。上述列举出的人物只是中山大学的逻辑学教授,而且只是中国人的十四亿分之四,因此,基于这样的归纳显然是一种轻率归纳。

　　3. 懒散归纳。这种谬误发生在无视现有的相反证据,而仍然将恰当结论否定。

例　子

　　某政党的下列论证是否犯了偷懒归纳谬误?请解释。

　　尽管民意测验显示的群众支持率相当低,但本党仍然坚信我们的群众支持率相当高。

分　析

　　这个论证确实犯了懒散归纳谬误。从证据来看,这个政党的群众支持率是相当低的,但他们所得出的结论却是该党的群众支持率相当高。

思　考　题

　　判断下列论证是否犯了上述三个错误中的某一个。

　　(1) 在过去 1 年中,他已经出了 12 次交通事故,但他还是坚称自己是本公司最优秀的司机。

　　(2) 即使你举出一万个反例,我还是相信我是对的。

第三节 归纳类比

归纳类比常常简称"类比"(analogy)。有时,"类比"被当作一种不同于演绎和归纳的推理或论证类型。但是,在主流逻辑学教科书中,鉴于演绎论证被定义为一种根据所有前提均真结论不可能假的演绎有效性标准来评价其好坏的论证,而归纳论证被定义为一种根据所有前提均真结论可能真的归纳强度标准来评价其好坏的论证,因此,类比论证常常被划入归纳论证范围之内,相应地,类比就被称为归纳类比。

一、什么是归纳类比

归纳类比是归纳论证的一种形式,其论证是一个单称命题,而且这个命题为真是基于对其他相似东西的某些观察来判定的。假如我观察过中山大学校园内的所有乌鸦,而且它们的羽毛都是黑色的,又假如某教师观察到在华南师范大学校园内有一只乌鸦。因此,我推论:

在中山大学校园内观察到的每一只乌鸦 a、b、c 等的羽毛都是黑色的,华南师范大学校园内的那只鸟是乌鸦,因此,华南师范大学校园内的那只鸟的羽毛可能是黑色的。

这个论证的形式是:

a、b、c……每一个都被观察到是 S 且是 P。
k 是 S。
因此,k 是 P。

这个形式与归纳概括的结论非常相似。其主要区别在于归纳概括结论是一个全称命题,而归纳类比的结论是一个单称命题。

例　子

下列论证是否是一个归纳类比?

范爱默伦教授每次寄给我的礼物都是一本书,而且是他写或主编的书。到目前为止,无一例外。因此,范爱默伦教授寄给我的所有礼物都是他写或主编的书。

分　　析

这个结论不是一个单称命题,它包含的是一个全称概括。归纳类比的结论应当是单称命题,下列论证便是归纳类比。

范爱默伦教授每次寄给我的礼物都是一本书,而且是他写或主编的书。这个礼物是范爱默伦教授寄给我的而且是一本书,因此,范爱默伦教授寄给我的这个礼物肯定会是他写或主编的书。

思　考　题

判断下列论证是否是归纳类比?

(1) 李曦告诉我她每天晚上都要读一本书,我打赌她读的书一定是侦探小说,因为她每次读的书都是侦探小说。

(2) 李小五是共产党员,因此,他肯定曾是共青团员,因为我遇到过的每个共产党员都曾是共青团员。

二、归纳类比的好与坏

与归纳概括一样,一个好的或强的归纳类比也具有一个高可能性的结论。在归纳类比的评价中,除了在归纳概括中需要考虑的五个因素之外,还需要考虑下面这个因素,我们称为第六个因素:

新对象与以前被观察对象之间的相似度。

新对象 k 具有其他对象 a、b、c 等所不具有的性质吗?对象 a、b、c 等具有对象 k 所不具有的性质吗?如果其中一个答案是肯定的,那么,这个论证就不如它所主张的那样强;如果两个答案都是否定的,那么这个论证就是相当弱的。

例　　子

根据前面六个因素评价下列论证。

在淮南,有一种常绿乔木,树枝细,通常有刺,叶子为长卵圆形,果实为球形稍扁,果皮红黄色,它结的果是甜的,这种树被称为橘子树。在淮北,我们也发现一种常绿乔木,其树枝细,通常有刺,叶子为长卵圆形,果实为球形稍扁,果皮红黄色,但被称为枳子树。于是,我得出结论,这种树结的果一定是甜的。

分　　析

有一个著名的故事,说的是古代齐国的宰相晏子到邻国楚国访问,楚王有意要羞辱他的国家。于是在会见时，故意安排一个犯人到他面前，说是才抓到的一个盗窃犯，是齐国人。于是楚王借机问道：是不是齐国人都喜欢做"小偷"？晏子随即回答道：听说种在淮南的橘子味甜，一旦被移植种到淮北，长出来的就是大大地不同的枳子，虽然外形像橘子，但是味苦而不能吃，而今天居住在我们齐国的人都是良民，从来没有盗窃的倾向。这个故事已经告诉我们上例中的论证是很弱的。淮南与淮北的气候以及水里矿物质的含量都有所不同，这使得这两种看起来非常相像的树所结的果，味道不是完全相同的。

思 考 题

自 2004 年 3 月起至 2008 年 3 月 18 日止，×市接到了 100 余入室盗窃案。警方圈定了 6 名犯罪嫌疑人，且已抓获了 5 名嫌疑人。他们是职业盗窃团伙。一个普通的防盗门，职业盗窃团伙仅用 30 秒就可以轻松地打开，结构比较复杂的防盗门也不超过 1 分钟。该职业盗窃团伙人员分工明确，各负其责，有专门的小轿车作为运输工具；该团伙采取先敲门后进入盗窃的方式。3 月 20 日×市某派出所又接到一起入室盗窃案。公安机关得出结论，这起案件肯定是未抓获的那名犯罪嫌疑人干的。假如只考虑第六个因素，下列信息对公安机关的结论有何影响？

(1) 前面 100 余起案件都是通过打开防盗门入室的且防盗门完好无损，但 3 月 20 日这起入室盗窃案是破窗而入的。

(2) 前面 100 余起案件都留下不是用钥匙开防盗门的痕迹，且 3 月 20 日的这起案件也有类似痕迹。

第四节 因果假设

因果假设是一种特殊的归纳论证，其特殊表现为它是一种用来探求因果联系的逻辑方法。这种逻辑方法既不是亚里士多德提出的，也不是斯多葛逻辑学家们发明的，而是在弗朗西斯·培根提出的"三表法"基础上由弥尔给出的，因此如今逻辑学教科书中所介绍的求因果联系的五种方法又被称为"弥尔五法"。

一、什么是因果假设

在汉语中，"假设"有时又被称为"假说"。归纳论证的一种类型是其结论是关于"一个对象是另一个对象的原因"的假设。这个结论的形式是"x 引起 y"。

假如我轻轻地走近一个正在认真读《西游记》的小女孩,然后毫无同情心地挠她的痒痒,她马上开始哈哈大笑,而且总是笑个不停。如果我因此而得出结论,"挠她的痒痒是引起她哈哈大笑的原因",那么,这就意味着三件事,或者说,x 是 y 的原因的三个前提条件。

1. x 比 y 先出现。挠她的痒痒在先,然后才是哈哈大笑。在这里,我们必须注意不要假定正是因为 x 在 y 之前发生,因此 x 是引起 y 的原因。否则,就犯了"以先后定因果谬误",其拉丁文是 post hoc argo propter hoc。例如,如果第一天上了逻辑学导论课,第二天就感冒,那么,如果认为上逻辑学导论课是引起感冒的原因,那就错了。

2. x 是 y 的充分条件。挠小女孩的痒痒是使她哈哈大笑所做的全部,而且当我挠她的痒痒时她确实哈哈大笑了。

3. x 是 y 的必要条件。在这种情形下,如果不挠她的痒痒,她不会哈哈大笑。

例 子

判断下列假设是否是关于原因的合理假设,请解释理由。

每次地震临近之时,家畜都会变得极度不寻常的狂躁,因此,地震临近一定是引起家畜狂躁的原因。如果这样,我们就能够基于家畜的行为来预测地震了。

分 析

如果在这种情形下家畜总是做这样的动物行为是真的,那么,这个假设是非常好的假设。

思 考 题

针对下列论证,判断其结论是否是关于原因的一个合理假设。

(1) 每次我没钱时我就拿银行卡去自动取款机上取钱,因此,我没钱花了,我就可以拿银行卡去自动取款机上取钱。

(2) 山东半岛最东端的成山头被称为中国的好望角,史称天尽头。某高官曾去那里游览,回去不久就被免职了。于是,人们得出结论,当官的到了这个地方就意味着做官已到了尽头。

二、弥尔方法

弥尔(John Stuart Mill,1806—1873,严复译为"穆勒")是十九世纪英国哲学家。他提出了寻找原因的五种方法。这些方法对于我们寻找原因和评价关于原因的结论是非常有用的。

1. **求同法**。这种方法又被称为契合法。如果某一现象 P 出现在几种不同的场合,而在这些场合中只有一个条件 S 是相同的,那么,我们就断定这个相同的条件是产生这一现象的原因。这相当于,这个相同条件 S 是被研究现象 P 的充分条件。求同法的公式是:

场合	先行情况	被研究现象
(1)	S、B、C	P
(2)	S、D、E	P
(3)	S、E、G	P
……	……	……
∴	S	是 P 的原因

S 是否是 P 的原因,关键要弄清:S 是否是先行情况中唯一相同的条件。如果不是,那么,S 就未必是 P 的原因。

例　子

试用弥尔方法中的求同法判断下列材料中造成上海市地面沉降的原因。

1973 年,上海市水文地质队的同志们为了找到上海市地面沉降的主要原因,进行了广泛的勘察工作。在勘察中发现,东、西几个工业区地面沉降较为严重,那么,到底是什么原因造成的呢?这几个工业区的情况各不相同,比如工厂布局、地理条件等都是完全不同的。但后来他们发现,在情况各不相同的几个工业区里,有一个情况是共同的,即"纺织厂比较集中的地区沉降较大"。后来他们又进一步考察发现,虽然各个纺织厂的许多情况各不相同,但其中都存在一个共同的情况,也就是纺织厂"开凿深井多,地下水用量大"。最后,他们得出结论,这个共同情况是导致上海市地面下沉的主要原因。

分　析

这里,水文地质队的同志们使用了求同法。首先,找出了东、西几个工业区的许多不同情况,如工业布局、地理条件等,然后发现地面沉降严重的地区都有纺织厂。于是推断,纺织厂可能是导致地面下沉的原因。这用了一次求同法。但是,纺织厂为什么会导致地面下沉呢?他们又进一步进行勘察,发现这些纺织厂的许多情况是不同的,但又有一个共同点即"开凿深井多,地下水用量大"。第二次使用求同法,才找到了地面下沉的真正原因。

思 考 题

能否使用弥尔方法中的求同法解决下列问题?如果能,其答案是什么?

(1) 雨后天晴出现虹;太阳光线通过三棱镜也出现虹的各种颜色;晴天在瀑布的水星中,在船桨打起的水花中,都可以看到彩虹的颜色,都能观察到与虹相似的现象。在这些不同的场合中,只有一个情况是共同的,即光线通过球形或菱形的透明体。

(2) 敲锣发声时,用手指触锣面,会感到锣面在振动;用琴弓拉琴发声时,让纸条跟发声的弦接触,纸条会被弦推动得跳起来;人说话时,如用手去摸咽喉,也会觉得它在振动。根据这些事实,我们可以得出什么样的结论呢?

2. **求异法**。这种方法又被称为差异法。如果某一被研究现象 P 在一个场合中出现,而在另一个场合中不出现,这两个场合中只有一个条件 S 是不相同的,其余的条件都是相同的,那么,我们就断定这个不相同的条件 S 是产生这一被研究现象 P 的原因。从条件关系来讲,这个不相同的条件 S 实际上就是被研究现象 P 的必要条件。求异法的公式是:

场合	先行情况	被研究现象
(1)	S、B、C	P
(2)	—、B、C	—
∴	S	是 P 的原因

例　　子

试用弥尔方法判断下列材料中伤口愈合快的原因。

长期以来,人们都注意到一些动物受伤以后,往往躲在安静的地方反复用舌头去舔伤口。有人认为这是对疼痛的反应,有人认为动物用这种方法止血。为此,科学家们做了这样一个实验。把若干只小白鼠分为两组:一组是用手术切除了唾液腺的小白鼠,一组是正常的小白鼠,这两组小白鼠只有这个情况不同,其余情况都相同。然后把它弄伤。结果是,正常的小白鼠的伤口愈合比切除唾液腺的小白鼠的伤口愈合快得多。

分　析

在这个实验中,科学家使用的方法是求异法。他们把小白鼠分为两个组,即两个场合。在这两个场合中,其他情况都相同,只有一种情况不同,即一组是有唾液腺的,另一组则没有。结果,有唾液腺的那一组小白鼠伤口愈合得比较快。因此,受伤的动物用舌头舔伤口是为了使伤口早点愈合。

思 考 题

能否使用弥尔方法解决下列问题? 如果能,其答案是什么?

(1) 我国隋唐时期的医学家孙思邈(581—682)是世界上第一个记录脚气病并找出其病因和治疗方法的人。他发现,有钱人常得脚气病。脚气病的病因在何处呢? 他想,这可能与饮食有关,不是多吃了什么就是缺少点什么。富人吃荤腥细粮,而穷人吃素食粗粮。于是,他把粗粮和细粮两组相比较,发现精米、白面虽然好吃,但缺少了米糠、麸子。结果,他找出到富人患脚气病的病因是缺少米糠和麸子。然后,试着用这两种食物来治疗脚气病,结果很灵验。

(2) 有位在荷属东印度(今天的印尼)殖民军中服役的荷兰军医克里斯琴·爱克曼。1890 年的一天,他发现医院养鸡场的鸡突然得了病。这些鸡脚无力,不能行走,同人得脚气病的症状一样。他非常感兴趣,密切注视鸡的变化,过一段时间,鸡的病又好了。他发现:起初,饲养员用精米喂鸡,鸡得病。后来,新来的饲养员认为,用给病人吃的精米喂鸡太可惜,于是改用糙米喂鸡,结果,鸡的脚气病就好了。

3. 求同求异并用法。这种方法又称为契合差异并用法。如果一组场合出现某一被研究现象 P,另一组场合不出现现象 P,而且出现现象 P 的这组场合有且只有一个条件 S 是相同的,而这个唯一相同的条件 S 在现象 P 不出现的场合中不出现,那么,这个相同的条件 S 就是某一被研究现象 P 的原因。从条件关系角度来讲,这个相同现象既是被研究现象的充分条件,也是它的必要条件。其公式如下:

场合	先行情况	被研究现象
(1)	S、B、C	P
(2)	S、D、E	P
(3)	S、F、G	P
……	……	……

(1)	—、B、H	—
(2)	—、D、N	—
(3)	—、F、O	—
……	……	……
∴	S	是 P 的原因

4. 共变法。在被研究现象 P 发生变化的各个场合中,如果其中只有一个条件 S 是变化着的,而其他条件都是保持不变的,那么这个唯一变化着的条件 S 便是被研究现象 P 的原因。从条件关系来讲,"S 的变化"是"P 的变化"的充分条件。其公式如下:

场合	先行情况	被研究现象
(1)	S_1、B、C	P_1
(2)	S_2、D、E	P_2
(3)	S_3、E、G	P_3
……	……	……
∴	S	是 P 的原因

例 子

试用弥尔方法中的共变法进一步判断下列材料中上海市地面沉降的原因。

上海市水文地质队的同志在前面使用求同法弄清了上海市地面沉降的原因是"开凿深井多,地下水用量大"之后,他们又进一步对上海市挖深井和使用地下水的历史、现状进行了调查,为每口井建立了"档案"。上海市第一口井是在 1860 年开凿的,到 1949 年上海解放前夕,共有 708 口深井,每天出水量为 24 万吨。1948 年地面沉降达 35 毫米。在 1958—1960 年大跃进运动中,深井增加到 1 183 口,出水量每天达 56 万吨,地面沉降量也提高到每年 98 毫米。因此,我们可以得出结论:深井越多,地下水用量越多,地面沉降也就越快。

分 析

在上述例子中,几个简单的数字,把上海市开凿深井、使用地下水、地面沉降三者的关系清楚地反映出来了。深井开凿越多,地下水用得越多,地面沉降也就越快。从而得出了大量抽取地下水是造成上海市地面沉降的主要原因。

思 考 题

能否使用弥尔方法中的共变法解决下列问题？如果能，其答案是什么？

(1) 1917 年，美国生理学家雅克·洛布等人发现，在其他条件不变的情况下，在摄氏 26 度时，果蝇只能活 35—50 天；在摄氏 18 度时，可活 100 天；在摄氏 10 度时，可活 200 多天。

(2) 资本逃避动乱和纷争，其本性是胆怯的。这是真的，但还不是全部真理。资本害怕没有利润，或害怕利润太少。一旦有适当的利润，资本就胆大起来，如果有 10% 的利润，它就保证到处被使用；有 20% 的利润，它就活跃起来；有 50% 的利润，它就铤而走险；为了 100% 的利润，它就敢践踏一切人间法律；有 300% 的利润，它就敢犯任何罪行，甚至冒绞首的危险。

5. **剩余法**。已有 S、T、W 一起被认为是产生 P、Q、R 的原因，而且还知道 T 是 Q 的原因且 W 是 R 的原因，那么，我们就说 S 是 P 的原因。从条件关系来讲，如果 S、T、W 已经共同构成了 P、Q、R 的充分条件，已知 T 是 Q 的充分条件，W 是 R 的充分条件，那么 S 就是 P 的充分条件。其公式是：

场合	先行情况	被研究现象
(1)	S、T、W	是 P、Q、R 的原因
(2)	T	是 Q 的原因
(3)	W	是 R 的原因
∴	S	是 P 的原因

例 子

试用弥尔方法中的剩余法分析下列材料中镭元素和钋元素的发现过程。

1789 年，德国人克拉普罗兹利用一种黑色的沥青状的矿物做实验，得到一种外表非常像金属的带光泽的黑色物质，他认为这是一种新元素，将其命名为铀。后来，居里夫人和她的丈夫皮埃尔·居里(Pierre Curie)为了弄清一批沥青铀矿样品是否含有值得加以提炼的铀，通过实验对沥青铀矿样品的含铀量进行了测定。他们惊奇地发现，在抽炼完铀之后，这几块剩下样品的放射性甚至比纯铀的放射性还强得多。这意味着我们无法用其中含有铀元素来解释这种放射性现象。因此，其中一定含有另一种放射性元素。经过进一步研究，他们终于发现这一剩余部分的放射性是一种新的元素发出的，并从沥青铀矿中分离出了镭元素和钋元素。

分 析

居里夫人及其丈夫首先确定,沥青矿之所以具有放射性一定是因为其中含有放射性元素所致。已知其中含有的铀元素是沥青矿具有放射性的原因。可是,在他们提炼完所有铀元素之后,这批沥青矿仍然具有放射性,而且其放射性比纯铀还强。于是,他们推断其中一定含某种新元素是致使这批沥青矿还具有放射性的原因。经过进一步实验,他们发现两个新的放射性元素——镭和钋。

思 考 题

用弥尔方法中的剩余法分析下列材料。

(1) 1781年,天文学家们发现了太阳系的第七颗行星——天王星。此时,天王星被认为是太阳系的最后一个行星。可是,天文学家们注意到,天王星在运行过程中的位置总是与根据万有引力定律计算出来的结果不符,于是,有人开始怀疑万有引力定律的正确性。后来,经过天文学家们的观察发现,有几处地方速度减慢,是因为受到其他行星引力的影响。但是,还有一个地方的速度减慢不知道原因,于是,有人做出推论,这可能是受到另一颗尚未发现的行星所吸引的结果。1843年,年方23岁的剑桥大学学生亚当斯用引力定律和对天王星的观察资料,计算出了这颗未知行星的轨道。两年后,一位法国的青年天文学家勒维烈也从哥白尼太阳系学说所提供的数据,推算出这颗新行星在太空中的位置。1846年9月18日,勒维烈把新行星出现的时间和位置告诉了柏林天文台助理员卡勒,立即引起了卡勒的重视。在1846年9月23日晚上,柏林天文台果然观察到了一颗新行星,后来这颗行星被命名为海王星。

(2) 20世纪初,法国细菌学家尼科尔注意到,虽然城里流行斑疹伤寒,但是,医院里的工作人员却没有一个感染。然而医生、护士每天都接触斑疹病人,而且医院里很挤,为什么这种病在医院里反而没有传播呢?尼科尔仔细回忆病人入院后做了些什么?他想起,最突出的就是给病人彻底洗了澡,并换掉了病人带虱子的衣服。尼科尔便得出结论,体虱是传染斑疹伤寒的媒介。

第五节 数 值 概 率

数值概率是归纳逻辑现代化的基础。它是一种把古希腊意义上的可能性用现代数学——概率论方法进行精确描述后来评价归纳论证好坏的逻辑方法。如果从演绎主义观点或者狭义逻辑观点出发,这种方法不是一种逻辑方法。但从广义逻辑观点出发,数值概率是当代逻辑学中一种不可或缺的重要方法。

一、什么是概率

归纳论证结论的可能性总是与某种证据相关。相对于一些证据来讲,它可能具有高可能性,而相对于另一些证据来讲,它则可能具有低可能性。让我们回到前面所说的我前院的斑驴。由于它们全部都是有斑纹的,于是我得出结论,所有斑驴都是有斑纹的。如果所有已知斑驴都在我的前院出现过,那么这个结论是非常具有可能性的。但是,如果那些斑纹似乎很潮湿且发亮,并且看起来就像最近从我前院跑出去的小男孩手里拿的刷子上滴下的油漆一样的颜色,那么这个结论就极不具有可能性。

我们可以用符号来表达这种可能性。请考虑下列论证。

我前院的动物都被观察到属于斑驴且有斑纹。

没有一个斑驴被观察到是没有斑纹的。

因此,可能所有斑驴都是有斑纹的。

我们令"H"代表结论或假设。令"E"代表前提或证据,我们就可以把这个符号化为"H//E",读作"相对 E 来说,H 的可能性"。

二、可能度

1. **最大可能度**。"1"代表"最大可能度"。如果结论为真或假设为真,且其前提或证据也必定为真,那么这个论证的结论就具有最大可能度。假如论证的结论是"所有斑驴都是有斑纹的",而且前提是"没有一个无斑纹的东西是斑驴"。令 Q 代表前提,N 代表结论。我们可以把这个论证表示为:Q//N=1,或"相对于 N 为真来说,Q 为真的可能度是 1"。

2. **最小可能度**。"0"代表"最小可能度"。如果根据证据这个假设是矛盾的,即论证的所有前提都是真而结论是假的,那么这个论证的结论就具有最小可能度。假如我们的结论或假设是"所有斑驴都是有斑纹的",而且我们的前提或证据是"有些斑驴是纯棕色的"。令 Q 代表结论且 B 代表前提,那么,我们就可以把这个论证表示为:Q//B=0,或者,"相对于 B 为真来讲,Q 为真的可能度是 0"。

3. **在最大可能度与最小可能度之间的值都是中间的**。例如,我们的假设是"所有斑驴都是有斑纹的",这相对于证据"有些斑驴是有斑纹的"来说,它既不是演绎上确定的,即可能性＝1,也不是矛盾的,即可能性＝0。

在许多情况下,假设使得它们的可能度不能比较。让我们考虑下面两个假设:

1. 夏天大连下雨比下雪更加可能。
2. 佛教徒反对堕胎比赞成堕胎更加可能。

要去问这两个假设哪个更加可能是没有意义的,因为我们根本没有办法对它们二者进行比较。而在另外一些情况下,假设使得它们的可能性能够进行比较,这种情形最好放到数值概率语境下进行讨论。

三、数值概率

概率论出现之后,人们通常可以用概率来表示归纳论证结论可能性的大小。相应地,我们在这里便转向用"概率"来表达归纳论证结论的可能性大小了。通过用数值来表示论证的可能度,这样一来可能性就能够进行比较了。因此,使用数值等于说:

(1) 每个数值概率都可以与另外每个数值概率进行比较;
(2) 我们可以用"大于""小于"和"等于"来进行比较;
(3) 在这种比较中,我们能够进行诸如加法或减法等算术运算。

1. 数值概率的一般原则

在比较概率之前,我们需要知道如何计算一个事实或事件的数值概率。其计算公式是:

一个结果的数值概率＝相对那个结果可获得的结果数÷可能结果的总数。

例　子

从一副54张牌的标准扑克牌中一次抽到王的概率是多少?

分　析

首先,相对那个结果可获得的结果数＝扑克牌大小王数＝2。
其次,可能结果的总数＝扑克牌总张数＝54。
最后,数值概率＝相对于那个结果可获得的结果数(2)÷可能结果的总数(54)＝2÷54＝1/27。

思　考　题

使用刚才所讨论的公式计算下列每种情形的概率。

(1) 从一副 54 张牌的标准扑克牌中你已连续抽到了三张 A,而且抽出来的牌被放在一边,那么,从那堆还未抽的牌中,下一次能够抽到 A 的概率是多少?

(2) 从一副 54 张牌的标准扑克牌中,你已成功抽到了 12 张红桃,只剩下一张红桃了。那么,下一次抽取你能够抽到不是红桃的概率有多大?

2. 否定律

否定律把一个命题的概率与其否定命题的概率关联起来。我们令 p＝假设命题,q＝证据命题,¬p＝假设的否定命题,那么,计算假设命题的否定命题的概率公式是:

$$|¬p//q|=1-|p//q|$$

也就是说,一个命题不真的概率＝1－该题为真的概率。

例　　子

从一副 54 张牌的标准扑克牌中第一次抽取不是王的概率是多少?

分　　析

首先,我们计算出第一次抽到王的概率,即 $|p//q|=2/54=1/27$。
其次,再计算其否定命题的概率,即 $|¬p//q|=1-1/27=26/27$。

思　考　题

用否定律计算出下列每个问题的答案。

(1) 下周某一天你会收到一个礼物。送礼者将在星期一至星期天中的某一天给你送礼物来。请问你在星期三未收到礼物的概率是多少?

(2) 袋子里有 10 个编码从 1 至 10 的玻璃球,请问第一次从袋子里摸到编号为 9 的玻璃球的概率是多少?

3. 合取律

合取律告诉我们相对于证据来讲两个事实或事件都为真的概率。我们令"p"代表"第一个事实或事件为真的命题","q"代表"第二个事实或事件为真的命题","r"代表"证据",那么,计算这个合取命题概率的公式是:

$$|p∧q//r|=|p//r|×|q//r∧p|$$

或者说,相对于给定证据两个命题都为真的概率＝第一个命题为真的概率×在假定第一命题为真的情况下第二个命题为真的概率。

例 子

假如我们从一副54张的标准扑克牌中第一次抽出的那张牌不放回去,那么,前两次抽到两张A的概率是多少?

分 析

首先,第一个命题 p 的概率=第一次抽牌抽到四张A之一的概率=4/54=2/27。

其次,假如第一个已经为真,第二个命题 q 的概率=第二次抽到三张A之一的概率=3/53。

最后,$p \wedge q$ 的概率=2/27×3/53=6/1431。

要注意,在上述例子中,两个命题是互相依赖的,即 q 只可能具有如果 p 为真则它所具有的概率。如果这两个命题是独立的,合取律就简单了:相对证据来讲,第一个命题与第二个命题都为真的概率=第一个命题为真的概率×第二个命题为真的概率,其计算公式为:

$$|p \wedge q // r| = |p // r| \times |q // r|$$

例 子

我们把两副54张的标准扑克牌分开放成两堆,两副牌最上面那一张都为2的概率是多少?

分 析

首先,第一个命题 p 的概率=从第一副牌中抽到四张2之一的概率=4/54=1/27。

其次,第二个命题 q 的概率=从第二副牌中抽到四张2之一的概率=4/54=1/27。

最后,$p \wedge q$ 的概率=1/27×1/27=1/729。

思 考 题

用合取律计算出下列每个问题的答案。

(1) 在一个有28天的月份里,你会在其中任意两天分别收到两张汇款单,而且这两张汇款单不可能在一天收到,如果那个月有4个星期天,那么,这两张支票都在星期天收到的概率是多少?

(2) 在一个28天的时段内,你会收到一张汇款单,而在另一个28天的时段内,你会收到另一张汇款单。已知每个时段内都有 4 个星期天,那么,这两张支票都在星期天收到的概率是多少?

4. 析取律

析取律告诉我们,相对于证据,两个事实或事件至少有一个为真的概率。我们令"p"代表"第一个命题为真的命题","q"代表"第二个命题为真的命题","r"代表"证据",那么,计算这两个命题都可能为真的析取命题概率的公式是:

$$|p \vee q // r| = |p // r| + |q // r| - |p \wedge q // r|$$

或者说,相对于证据,这个析取命题的概率=第一个命题的概率+第二个命题的概率-这两个命题的合取命题的概率。

例　子

从星期天开始算起,在下一个 28 天中,你将收到两张汇款单。但不可能在同一天收到两张汇款单。你或者在星期天收到第一张汇款单或者在星期天收到第二张汇款单或者两张汇款单都在星期天收到的概率是多少?

分　析

首先,第一个命题 p 的概率=在下一个 28 天中四个星期天之一收到汇款单的概率=4/28=1/7。

其次,第二个命题 q 的概率=假定 p 为真,在余下 27 天的三个星期天之一收到另一张汇款单的概率=3/27=1/9。

再次,p 与 q 的合取命题的概率=1/7×1/9=1/63。

最后,析取命题 p∨q 的概率=
　　(1/7+1/9)-1/63=(9/63+7/63)-1/63=15/63。

在上述例子中,两个命题都为真。如果两个命题并不都为真,即两个事实或事件相互排斥,析取律就简单得多。相对于证据来讲,两个命题至少有一个为真且不可能都真的概率=第一个命题为真的概率+第二个命题为真的概率,其计算公式为:

$$|p \vee q // r| = |p // r| + |q // r|$$

例　子

从星期天算起,在下一个 28 天中,在星期天或者星期三收到一张汇款单的概率是多少?

分 析

首先，第一个命题 p 的概率 = 在 28 天的四个星期天之一收到汇款单的概率 = 4/28 = 1/7。

其次，第二个命题 q 的概率 = 在 28 天的四个星期三之一收到汇款单的概率 = 4/28 = 1/7。

最后，相对于证据来讲，或者 p 为真或者 q 为真的概率 = 1/7 + 1/7 = 2/7。

思 考 题

用析取律计算出下列每个问题的答案。

(1) 假如有 26 个乒乓球，我们在每个球上分别标上字母 A—Z。如果我们从中任意挑出一个球，请计算出它是标注 A 或者标注 A 到 F 之间某个字母（包括 A 和 F）的概率是多少？

(2) 假如有 26 个乒乓球，我们在每个球上分别标上字母 A—Z。如果我们从中任意挑出一个球，请计算出它标注为 A 或者标注为 J 的概率是多少？

第六节 解释性假设

解释性假设又称为"假说"，这是科学理论形成的最重要方法之一。从某种意义上说，科学理论的形成过程就是一种假说的提出—检验—修改的过程。由于假说提出的论证过程并不是一个必然得出的过程，因此，这种论证模式也只是一种非必然得出的论证模式，即是一种归纳论证模式。

一、什么是解释性假设

当我们检查一个归纳论证的结论（其结论为假设）的可能性时，我们也可以问这个假设是否是这个证据即前提或前提的合取命题的较好解释。如果我们认为这个结论作为假设为前提中的证据材料提供了最佳解释，那么我们就可以主张这个结论是相当可能的。

既然证据材料（前提）可以有多种解释方法，我们就可以找到一个最佳的且最可能的解释。如果这个解释与结论相匹配，那么，这个论证就是好的；如果存在一个解释比这个结论更好或更可能，那么这个论证就是弱的。

二、概率与解释力

一个好的解释具有高可能性和强大的解释力。既然我们通常要寻求某事的解释，因此那个对象是陌生的，是超乎寻常的或者与我们所想象的不相同，我们就需要通过把我们正在解释的事情与已经知道的事情联系一起，从而用解释来消除这种陌生感。因此，所谓解释力就是消除陌生感的能力。

三、解释性假设的评价步骤

在评价一个解释性假设有多好时，需要以下五个步骤。让我们把这五个步骤通过一个具体事例展现出来。

路易每天都坐在公园的长椅子上喂鸽子已经好几年了。他注意到，所有鸽子大小都差不多，而且似乎都是相同年龄段的。他想知道为什么从未看到过不同年龄段的鸽子。于是，他提出了两个假设：

假设一：他观察到的鸽子都是幼鸽子。成年鸽子毫无疑问要大些，而且待在人们的视线之外，因为没有人说过他看见过一只成年鸽子，而且成年鸽子发现，在城市小公园的雕像或草地上栖息是很难的。

假设二：他观察到的鸽子都是成年鸽子。幼鸽子躲在隐蔽巢里并由它们的父母定期喂食物。

第一步，指出被解释的事实或事件是什么，它为什么是个谜？

路易想知道他为什么从未看到不同年龄段的鸽子。既然其他大多数生物从非常年幼到非常年老的不同年龄段都可观察到，根据路易多年的观察，从未观察到不同年龄段的鸽子，这可是个谜。

第二步，想想尽可能给出的解释。相对那个事实或事件，它们看起来是似真解释吗？你是否考虑过几个不同的假设？

路易的前面两个假设都肯定是可能的，但它们是非常相似的。两个假设都不必须处理幼鸽子或成年鸽子的可能本质。路易或许已经考虑过自己以及环境，然后提出了另外两个假设。

假设三：路易一直投喂的食物专门吸引那些大小和年龄段相仿的鸽子。较大的鸽子到别的地方觅食去了，而且这些大鸽子十分无趣，因此没有人说过。

假设四：路易观察极不细心，错过了经常来公园的其他不同鸽子。

第三步，比较这些假设，看看哪个最有可能？

这里需要问三个问题：

1. 它是否与已知事实或已确证假设相冲突？

成年动物通常比年幼的更容易见到，这是既成事实。再者，可观察到的鸽子是成年鸽子，这已是得到很好确证的假设。因此，假设二比其他三个假设更经得起来这个检验。

2. 它已经通过观察严格检验过吗？

路易观察了多年。此时，他看到几只鸽子来来去去，而且他看到它们吃了几种食物。因此，假设三和假设四似乎是不可能的。再者，他观察到，在其他鸟类中幼鸟比成年鸟更难观察到。因此，假设二似乎最有可能。

3. 采用这个假设会使我们最简单的整个信念集的假设与已观察到的事实相一致吗？

这里的"最简单"有两层含义：（1）规律或规则的简单性；（2）根据假定最少的实体或过程的简单性。经过多年来对一个事实或事件的观察应当得出那个事件的规律性或潜在无规律性的合理见解。作为规则，幼鸟比成年鸟更不容易被观察到。如果存在一种较大的鸽子，它们不知何故要避开人们的观察，这似乎相当不合常规。因此，假设二仍然是最合理的。

再者，假设二要求最少的新实体或过程。从鸽蛋至成年鸽子之间的成长过程是最简单的解释。假设一要求添加鸽子成长的新阶段，即一个从未被观察到的阶段。假设三要求一种只专门吸引某种特定类型鸽子的食物，那么那种食物可能是什么呢？假设四要求路易的心智状态导致不知何故别人应当看到的东西他却看不到。

第四步，如何更好地解释竞争性假设？

对于每个假设，我们需要问两个问题：

1. 如果这个假设为真，那么它是如何解释事实或事件给我们带来的困惑的呢？

虽然其他幼鸟比幼鸽总是更容易观察，但假设二与事情通常的陈述是一致的。假设一留给我们的问题是：成年鸽子去哪里了？为什么没有人说见到过它们？如果我们正看到的东西是幼鸽，那么为什么我们从未看到它们在巢里呢？如果它们只是幼鸽，那么为什么长得如此之好呢？例如，它们能很好地飞以及保护自己，等等。假设三留给我们的问题是：哪种食物是专门吸引那些同样大小的鸽子？这似乎与"其他地方所有鸽子都倾向于喜欢这种食物"的观察相反。假设四留给我们的问题是：我们知道路易已经长期观察了如此多的鸽子，为什么还是错过了经常来公园的其他不同鸽子？这似乎与我们的日常经验不一致。

因此，假设二似乎是最佳的。

2. 这些假设使我们对事实或事件有了一个更深刻的把握而不仅仅是对它的一个平凡重述吗？

假设一、三、四需要我们解决比当前困惑更多的困惑。假设二则让我们相当满意。当然，作为假设，它们都不是一个极为平凡的重述，例如，我们没有看到不同大小的鸽子是因为这种鸽子无法观察到。

第五步，重新回到第二步，看看你能否想到其他任何可能的假设，然后使用第三步和第四步进行测试。

另一个假设可能是：

假设五：鸽子是永恒不变的，它们既不会变化也不会退化，因此，在成年鸽子与幼年鸽子之间没有区别。

这个假设确实与已知事实（第三步第1点）相冲突。正如其他生物一样，人们已经观察到鸟会长大。这个假设并不满足第三步第2点，它没有通过严格检验。它强迫我们发明一种永恒鸟，但这不能满足第三步第3点，因此，它比第四步第1点应当解释的证据材料更加令人困惑。当然，如果这个行动能够被第四步第2点证明，它或许能让我们对一个行动有更深入的理解。

思考与练习

【客观题｜线上作业】

一、单选题（共28题，下列每题有4个备选答案，其中一个为最佳答案，请挑选出最佳答案）

1. "归纳法"所对应的英文术语是（　　）。
   A. induction　　B. deduction　　C. abduction　　D. conduction

2. "演绎法"所对应的英文术语是（　　）。
   A. induction　　B. deduction　　C. abduction　　D. conduction

3. "回溯法"所对应的英文术语是（　　）。
   A. induction　　B. deduction　　C. abduction　　D. conduction

4. "协同法"所对应的英文术语是（　　）。
   A. induction　　B. deduction　　C. abduction　　D. conduction

5. "概率或可能性是人们生活的真正指南"出自（　　）。
   A. 巴特勒　　B. 帕斯卡　　C. 罗素　　D. 莱布尼茨

6. 归纳论证中最常见、最典型的类型是（　　）。
   A. 归纳概括　　B. 归纳类比　　C. 因果假设　　D. 数值概率

7. 归纳概括的结论通常是（　　）命题。
   A. 全称命题　　B. 一般性命题　　C. 特称命题　　D. 个别性命题

8. 正相似性越大，a、b、c 等就越相像，这个论证就越弱。这是从（　　）因素来评价归纳概括的强弱的。

    A. 正相似性　　　　　　　　B. 负相似性

    C. 结论的特征　　　　　　　D. 被观察事例的数量

9. 负相似性越大，a、b、c 等就越不相同，论证就越强。这是从（　　）因素来评价归纳概括的强弱的。

    A. 正相似性　　　　　　　　B. 负相似性

    C. 结论的特征　　　　　　　D. 被观察事例的数量

10. 主项断定的数量越多即越不具体，谓项断定的数量越少即越具体，全称概括就越具普遍性，而论证也就越弱。这是从（　　）因素来评价归纳概括的强弱的。

    A. 正相似性　　　　　　　　B. 负相似性

    C. 结论的特征　　　　　　　D. 被观察事例的数量

11. 被观察到的事例数量越多，论证就越强。这是从（　　）因素来评价归纳概括的强弱的。

    A. 正相似性　　　　　　　　B. 负相似性

    C. 结论的特征　　　　　　　D. 被观察事例的数量

12. 结论的主项与谓项越相关，论证就越强。这是从（　　）因素来评价归纳概括的强弱的。

    A. 结论的主项与谓项的相关性　　B. 负相似性

    C. 结论的特征　　　　　　　D. 被观察事例的数量

13. 人们忽视了我们在做出论证或评价论证时所拥有的某些相关信息，而结论却是一个一般性命题。这就犯了（　　）谬误。

    A. 健忘归纳　　B. 轻率归纳　　C. 懒散归纳　　D. 以偏概全

14. 无视现有的相反证据，而仍然将恰当结论否定。这就犯了（　　）谬误。

    A. 健忘归纳　　B. 轻率归纳　　C. 懒散归纳　　D. 以偏概全

15. 尽管根据民意测验某政党的群众支持率是相当低的，但该党仍然宣称他们的群众支持率相当高。这就犯了（　　）谬误。

    A. 健忘归纳　　B. 轻率归纳　　C. 懒散归纳　　D. 以偏概全

16. 过去世界石油有机生存学派中的某些人，根据个别国家从陆相地层没有开采出石油的事例，就得出一个一般性的结论：所有的陆相地层都不储藏石油。这就犯了（　　）谬误。

    A. 健忘归纳　　B. 轻率归纳　　C. 懒散归纳　　D. 完全归纳

17. 某甲考察美国后，某乙问："请问您这次美国考察有何感想？"某甲："美国人文化水平真高,大人小孩儿都会说英语。"某甲犯了( )谬误。

　　A. 健忘归纳　　B. 轻率归纳　　C. 懒散归纳　　D. 以偏概全

18. "范爱默伦教授每次寄给我的礼物都是一本书,而且是他写或主编的书。到目前为止,无一例外。因此,范爱默伦教授寄给我的所有礼物都是他写或主编的书。"这是一个( )论证。

　　A. 归纳概括　　B. 归纳类比　　C. 因果假设　　D. 解释性假设

19. "范爱默伦教授每次寄给我的礼物都是一本书,而且是他写或主编的书。这个礼物是范爱默伦教授寄给我的而且是一本书,因此,范爱默伦教授寄给我的这个礼物肯定会是他写或主编的书。"这是一个( )论证。

　　A. 归纳概括　　B. 归纳类比　　C. 因果假设　　D. 解释性假设

20. 如果某一现象P出现在几种不同的场合,而在这些场合中只有一个条件S是相同的,那么,我们就断定这个相同的条件是产生这一现象的原因。这种方法被弥尔称为( )。

　　A. 求同法　　　　　　　　B. 求异法
　　C. 求同求异并用法　　　　D. 剩余法

21. 如果某一被研究现象P在一个场合中出现,而在另一个场合中不出现,这两个场合中只有一个条件S是不相同的,其余的条件都是相同的,那么,我们就断定这个不相同的条件S是产生这一被研究现象P的原因。这种方法被弥尔称为( )。

　　A. 求同法　　　　　　　　B. 求异法
　　C. 求同求异并用法　　　　D. 剩余法

22. 如果一组场合出现某一被研究现象P,另一组场合不出现现象P,而且出现现象P的这组场合有且只有一个条件S是相同的,而这个唯一相同的条件S在现象P不出现的场合中不出现,那么,这个相同的条件S就是某一被研究现象P的原因。这种方法被弥尔称为( )。

　　A. 求同法　　　　　　　　B. 求异法
　　C. 求同求异并用法　　　　D. 剩余法

23. 在被研究现象P发生变化的各个场合中,如果其中只有一个条件S是变化着的,而其他条件都是保持不变的,那么这个唯一变化着的条件S便是被研究现象P的原因。这种方法被弥尔称为( )。

　　A. 求同法　　　　　　　　B. 求异法
　　C. 求同求异并用法　　　　D. 共变法

24. 已有S、T、W一起被认为是产生P、Q、R的原因,而且还知道T是Q的原因且W是R的原因,那么,我们就说S是P的原因。这种方法被弥尔称为

（   ）。

　　A．求同法　　　　　　　　　　B．求异法

　　C．求同求异并用法　　　　　　D．剩余法

25．在归纳论证中，当我们用数值概率来刻画可能性时，1代表（   ）。

　　A．最大可能度　　　　　　　　B．最小可能度

　　C．可接受　　　　　　　　　　D．真

26．在归纳论证中，当我们用数值概率来刻画可能性时，0代表（   ）。

　　A．最大可能度　　B．最小可能度　　C．可接受　　　D．真

27．在归纳逻辑中，数值概率否定律公式是（   ）。

　　A．|¬p//q|＝1－|p//q|

　　B．|p∧q//r|＝|p//r|×|q//r|

　　C．|p∨q//r|＝|p//r|＋|q//r|－|p∧q//r|

　　D．|p∨q//r|＝|p//r|＋|q//r|

28．评价解释性假设有五个步骤：①如何更好地解释竞争性假设？②指出被解释的事实或事件是什么，它为什么是个谜？③想想尽可能给出的解释。相对那个事实或事件，它们看起来是似真解释吗？你是否考虑过几个不同的假设？④重新回到第二步，看看你能否想到其他任何可能的假设，然后使用第三步和第四步进行测试，比较这些假设；⑤看看哪个最有可能？其正常评价顺序是（   ）。

　　A．②③①⑤④　　B．③④①⑤②　　C．⑤④②③①　　D．④②③①⑤

二、多选题（共14题，每小题有5个备选答案，请挑选出没有错误的答案，多选少选错选均不得分）

1．衡量归纳论证好坏的标准是（   ）。

　　A．归纳强度　　B．归纳有效性　　C．演绎有效性　　D．论证可靠性

　　E．推理可靠性

2．关于可能性，下列说法正确的是（   ）。

　　A．可能性要求我们必须基于我们所拥有的经验来接受结论

　　B．可能性会随着证据的变化而改变

　　C．如果在前提集中添加了证据，那么结论可能变得更加可能、更加不可能或无任何改变。

　　D．可能性不会随着证据的变化而改变

　　E．可能性不必基于我们所拥有的经验来接受结论

3．在评价归纳概括的强弱时，我们需要考虑的因素有（   ）。

　　A．正相似性　　　　　　　　　B．负相似性

　　C．结论的特征　　　　　　　　D．被观察事例的数量

E．结论中主项与谓项的相关性

4．下列属于归纳概括谬误的有(　　)。
A．健忘归纳　　B．轻率归纳　　C．懒散归纳
D．以偏概全　　E．轻率概括

5．当针对它的证据非常少而我们却不正确地认为某事是相当可能的。在这种论证中,如果结论是一个概括性命题,那么它就犯了(　　)谬误。
A．健忘归纳　　B．轻率归纳　　C．懒散归纳
D．以偏概全　　E．轻率概括

6．在归纳概括评价中,除了正相似性以外,还需要考虑的因素有(　　)。
A．新对象与以前被观察对象之间的相似度
B．负相似性
C．结论的特征
D．被观察事例的数量
E．结论的主项与谓项的相关性

7．在归纳类比的评价中,除了考虑新对象与以前被观察对象之间的相似度,还需要考虑的因素有(　　)。
A．正相似性　　　　　　　B．负相似性
C．结论的特征　　　　　　D．被观察事例的数量
E．结论的主项与谓项的相关性

8．在归纳概括的评价中,需要考虑的因素有(　　)。
A．正相似性　　　　　　　B．负相似性
C．结论的特征　　　　　　D．被观察事例的数量
E．新对象与以前被观察对象之间的相似度

9．事件 x 是事件 y 的原因,必须具有的前提条件有(　　)。
A．x 比 y 先出现　　　　　B．x 是 y 的充分条件
C．x 是 y 的必要条件　　　D．y 比 x 先出现
E．x 与 y 同时出现

10．弥尔方法包括(　　)。
A．求同法　　　　　　　　B．求异法
C．求同求异并用法　　　　D．共变法
E．剩余法

11．弥尔方法包括(　　)。
A．契合法　　　　　　　　B．差异法
C．契合差异并用法　　　　D．共变法

E. 剩余法

12. 在归纳逻辑中,数值概率规律有( )。
A. 否定律　　　B. 析取律　　　C. 合取律　　　D. 矛盾律
E. 排中律

13. 在归纳逻辑中,数值概率析取律公式有( )。
A. $|p\wedge q//r|=|p//r|\times|q//r\wedge p|$
B. $|p\wedge q//r|=|p//r|\times|q//r|$
C. $|p\vee q//r|=|p//r|+|q//r|-|p\wedge q//r|$
D. $|p\vee q//r|=|p//r|+|q//r|$
E. $|\neg p//q|=1-|p//q|$

14. 下列包括在评价解释性假设步骤之中的有( )。
A. 指出被解释的事实或事件是什么,它为什么是个谜?
B. 想想尽可能给出的解释。相对那个事实或事件,它们看起来是似真解释吗?你是否考虑过几个不同的假设?
C. 比较这些假设,看看哪个最有可能?
D. 如何更好地解释竞争性假设?
E. 重新回到第二步,看看你能否想到其他任何可能的假设,然后使用第三步和第四步进行测试。

三、判断题(共26题,对的打"√",错误的打"×")

1. 在归纳论证中,结论被确证或反驳只是诉诸论证形式的。( )
2. "归纳论证"又被称为"归纳法"或"归纳推理"。( )
3. 在归纳论证中,其结论越强越好。( )
4. 在评价归纳概括的强弱时,正相似性越大,a、b、c 等就越相像,这个论证就越弱。( )
5. 在评价归纳概括的强弱时,负相似性越大,a、b、c 等就越不相同,论证就越弱。( )
6. 在评价归纳概括的强弱时,主项断定的数量越多即越不具体,谓项断定的数量越少即越具体,全称概括就越具普遍性,而论证也就越强。( )
7. 在评价归纳概括的强弱时,被观察到的事例数量越多,论证就越弱。( )
8. 在评价归纳概括的强弱时,结论的主项与谓项越相关,论证就越强。( )
9. 类比一直是一种不同于演绎和归纳的第三种类型。( )
10. 衡量归纳论证好坏的标准是演绎有效性。( )

11. 衡量归纳论证好坏的标准是归纳有效性。（　　）
12. 衡量归纳论证好坏的标准是归纳强度。（　　）
13. 归纳类比是归纳论证中最常见、最典型的一种类型。（　　）
14. 归纳概括是归纳论证中最常见、最典型的一种类型。（　　）
15. 因果假设是归纳论证中最常见、最典型的一种类型。（　　）
16. 弥尔方法是归纳论证中最常见、最典型的一种类型。（　　）
17. "弥尔五法"即"穆勒五法"。（　　）
18. "弥尔五法"是建立在培根的"三表法"基础之上的。（　　）
19. 求同法即契合法。（　　）
20. 求同法即差异法。（　　）
21. 共变法说的是：已有 S、T、W 一起被认为是产生 P、Q、R 的原因，而且还知道 T 是 Q 的原因且 W 是 R 的原因，那么，我们就说 S 是 P 的原因。（　　）
22. 剩余法说的是：在被研究现象 P 发生变化的各个场合中，如果其中只有一个条件 S 是变化着的，而其他条件都是保持不变的，那么这个唯一变化着的条件 S 便是被研究现象 P 的原因。（　　）
23. 在归纳论证中，数值概率的一般原则是：一个结果的数值概率＝相对那个结果可获得的结果数÷可能结果的总数。（　　）
24. 在归纳论证中，否定律的公式只有 $|\neg p//q|=1-|p//q|$。（　　）
25. 在归纳论证中，合取律的公式只有 $|p \wedge q//r|=|p//r|\times|q//r \wedge p|$。（　　）
26. 在归纳论证中，析取律的公式只有 $|p \vee q//r|=|p//r|+|q//r|$。（　　）

【主观题｜线下作业】
一、识别下列语篇中的归纳论证，然后判断其是否是一个归纳上强的论证。
1. 今年广州的冬天肯定很冷，因为最近三年广州的冬天很暖和。
2. 大多数努力学习的高中生都会考上大学，某甲是一个学习努力的高中生，因此，某甲一定能考上大学。
3. 我的父亲和母亲都有过敏性鼻炎，我和我妻子也有过敏性鼻炎，因此，我的儿子长大以后可能也会有过敏性鼻炎。
4. 范本特姆教授每次来这里都会做一个动态认知逻辑的学术报告，因此，他这次来也肯定会做一个动态认知逻辑的学术报告。
5. 张文山是内蒙人而且很能喝酒，晏辉是内蒙人而且很能喝酒，特木勒是内蒙人而且很能喝酒，因此，内蒙人都很能喝酒。
二、某游客去了被誉为"仡佬之源、丹砂古县、银杏之乡"的贵州省务川仡佬族苗族自治县。他刚下车就遇到了五位穿着非常得体的年轻女子,并且非常热情友好地向他打招呼。基于这个经验,这位游客判定"务川人都是非常热情友好的"。根据下列变化,考虑这个推论的强弱变化。根据归纳概括的五个因素解释每个答案。

1. 假如被观察的这五位年轻女子穿着有所不同、个子高矮有所不同,分别来自该县丹砂街道、都濡街道、大坪街道、镇南镇、丰乐镇五个不同乡镇。

2. 假如他知道务川县人口有近44万人,是中国两个以仡佬族为主体民族的少数民族自治县之一。

3. 假如他得出结论"所有务川年轻女子都穿着非常得体"。

4. 假如他发现这五名年轻女子都是最近刚从学校放假回家的大学生。

5. 假如他后来又发现103名年轻女子都穿着非常得体。

三、根据归纳概括理论,判断下列论证中所犯的谬误。

1. 2004年在卡塔尔召开了亚奥理事会会议,确定2010年亚运会主办城市,参加这次会议的每个人都支持广州主办。因此,我确信大多数投票者也都会投广州的票。

2. 我同意你的观点,把这个飞车党的所有成员都以谋杀罪或恶意攻击罪投进监狱去,我也知道他们立誓要报复社会,但是,我仍然相信,一般来说,他们是一群应该被假释和给机会改正的好人。

3. 我看过安吉利娜·朱莉演的《古墓丽影》(Ⅰ、Ⅱ、Ⅲ),而且我都喜欢,因此,她演的所有电影我肯定都喜欢。

4. 从1979年第35届世乒赛到2007年第49届世乒赛,混双冠军都由中国人拿到,因此,中国的乒乓球混双都是非常优秀的。

四、下列科研活动中,使用了何种弥尔方法?可以得出什么结论?

1. 一位心理学家曾做过这样一项实验:他把一群生活条件相同、饲养方法相同的同种狗分为两组,对其中一组狗做手术,切除它的大脑皮质,另一组则不施行这种手术。心理学家发现,做了手术的那一组狗失去了条件反射,而另一组狗则有条件反射。

2. 19世纪,德国有机化学家李比希(Justus von Liebig, 1803—1873)到英国考察绘画颜料柏林蓝的制造过程。在工厂里,他看到工人用一根铁棍在装着配好的有机溶液的大锅里搅拌,搅拌时发出很大的声响,李比希觉得很奇怪。后来有位工人告诉他,搅得声音越大,柏林蓝质量越好。李比希认为搅拌声响的程度只不过是表面现象。通过进一步分析,他发现,搅得声音大,无非是用铁棍使劲蹭锅,把更多的铁屑蹭下来,使铁屑与有机溶液化合而制成柏林蓝。

3. 昆虫和蛆可以从腐烂的肉里生长出来,老鼠可以从霉烂的麦子产生出来。这种看法是根据实际观察得到的。但第一个用实验来验证这个说法的是意大利医生雷地(Francesco Redi, 1626—1697)。1668 年,他决意要看看蛆到底是不是烂肉变成的。他把一块块肉放在不同的容器里,有些容器上盖上细布,有些不盖,苍蝇能够自由出入那些不盖细布的容器里。结果表明,只有那些没盖细布的容器里的肉才生了蛆。

4. 1885 年,德国夫顿堡矿业学院的矿物学教授威斯巴克(Carl Auer Freiherr von Welsbach, 1858—1929)发现了一种新矿石。他首先请当时的著名化学家李希特(Hieronymus Theodor Richter, 1824—1898)对矿石做定性分析,发现其中含有银、硫和微量汞。后来,他又请化学家文克勒(Clemens Alexander Winkler, 1838—1904)做一次精确的定量分析。文克勒分析的结果,证明了李希特的已知成分按百分比加起来始终只有 93%,还有 7% 的含量找不到下落。文克勒认为,既然已知成分之和只有 93%,那么剩下的 7% 的成分必定是由矿物中含有的某种或某些未知元素所构成的。

5. 人们知道棉花能够保温,人造棉能够保温,积雪也能保持地面温度。棉花、人造棉和积雪的性质、形态等情况各不相同,是什么原因使这些不同的东西都具有保温性质呢?经过考察发现,这三种物质都有一个共同的情况,即都疏松多孔,有许多空气间隙。

五、分析题

1. 2008 年随着长征二号 F 型火箭将神舟七号飞船顺利托举上天,中国长征系列运载火箭已累计 109 次发射成功。到目前为止,长征二号 F 型火箭已经成功地将 4 艘神舟号无人飞船和 3 艘载人飞船送入太空预定轨道,发射成功率达到 100%。我国神舟八号飞船将于 2011 年用长征二号 F 型火箭发射。一般认为,这次用长征二号 F 型火箭发射飞船也会成功。根据下列信息,这个结论的可能性是否会被加强、减弱或保持不变?请根据归纳类比的六个因素解释你的答案。

(1) 前面 7 次分别是在早上、中午、下午和晚上发射的。

(2) 与以前 7 种型号不一样,神舟八号是无人目标飞行器,是为中国的空间站作对接准备。

(3) 神舟八号将于 2011 年发射的消息是神舟七号载人航天飞行代表团团长张建启于 2008 年 12 月 6 日在香港访问时发布的。

(4) 神舟八号发射目标飞行器(专门用于对接),而后续发射的神九将与神八留在空中的轨道舱实现中国航天器的首次无人对接。

(5) 神舟飞船将在八号基本定型,成为标准型空间渡船,其外形等基本要素都将保持不变。

(6) 这次发射肯定会成功,因为全球华人都希望它成功。
(7) 从成功概率来看,前面 7 次发布的成功率是 100%。
(8) 这次是无人飞船。
(9) 这次发射的运载火箭与前面 7 次发射所用的燃料是相同的。
(10) 这次发射距离上一次发射的间隔时间比前面几次的间隔时间都要短。

2. 中国福利彩票"双色球"(以下简称"双色球")是一种联合发行的"乐透型"福利彩票。采用计算机网络系统发行销售,定期电视开奖。你想知道它的中奖概率有多大吗?请使用前面所讲的方法计算出中一等奖、二等奖、三等奖、四等奖、五等奖和六等奖的概率。

"双色球"彩票投注分为红色球号码区和蓝色球号码区。游戏规则是:每注投注号码由 6 个红色球号码和 1 个蓝色球号码组成,其中,红色球号码从 1—33 中选择,蓝色球号码从 1—16 中选择。中奖规则是:(1)一等奖:7 个号码相符(6 个红色球号码和 1 个蓝色球号码)(红色球号码顺序不限,下同);(2)二等奖:6 个红色球号码相符;(3)三等奖:5 个红色球号码和 1 个蓝色球号码相符;(4)四等奖:5 个红色球号码或 4 个红色球号码和 1 个蓝色球号码相符;(5)五等奖:4 个红色球号码或 3 个红色球号码和 1 个蓝色球号码相符;(6)六等奖:1 个蓝色球号码相符(有无红色球号码相符均可)。

3. 关于月球的起源,有以下四个假说:

(1) 同源说:月球和地球一样,是在 46 亿年前由相同的宇宙尘云和气体凝聚而成的。

(2) 分裂说:月球系由地球抛离出去的,抛出点后来形成了太平洋。

(3) 俘获说:月球为宇宙中个别形成的星体,行经地球附近时被地球重力场捕获,而环绕地球。

(4) 人造说:月球是外星人造来监视地球人类的。

请根据以下证据判断那一个解释是最佳的。

证据一:地质结构不同。自从太空人登上月球,取回不少月球土壤,经化验分析知道月球成分和地球不同。地球是铁多矽少,月球是铁少矽多;地球钛矿很少,月球却很多。通过对"阿波罗 12 号"飞船从月球上带回来的岩石样本进行化验分析,人们发现月球要比地球古老得多。有人认为,月球年龄至少应在 70 亿年左右。

证据二:理论困惑。如果是其他地方飞来的星体,飞进太阳系后,太阳引力比地球引力大很多倍,照理讲月球应该受到太阳的引力而飞向太阳,而不是受到地球的引力而留在地球上空的。也有人指出,像月球这样大的星球,地球恐怕没有那么大的力量能将它俘获。

证据三：日、月、地球间的奇妙。著名科学家艾西莫夫曾说过："从各种资料和法则来衡量，月球不应该出现在那里。"他又说："月球正好大到能造成日食，小到仍能让人看到日冕，在天文学上找不出理由解释此种现象，这真是巧合中的巧合！"难道只是巧合吗？科学家谢顿（Willian R. Shelton）在《赢得月亮》一书中说：要使太空船在轨道上运行，必须以每小时 18 000 英里的速度在 100 英里的太空中飞行才可以达成平衡；同理，月球要留在现有轨道上，与地球引力取得平衡，也需有精确的速度、重量和高度才行。

证据四：不自然的卫星。火星直径 6 787 公里，有两个卫星，大的直径有 23 公里，是火星的 0.34％。木星直径 142 800 公里，有 13 个卫星，最大的一个直径 5 000 公里，是木星的 3.5％。土星直径 120 000 公里，有 23 个卫星，最大的一个直径 4 500 公里，是土星的 3.75％。地球直径 12 756 公里，卫星月球直径 3 467 公里，是地球的 27％。地球拥有一个大得"不自然"的卫星。

证据五：陨石坑太浅。科学家告诉我们，月球表面的坑洞是陨石和彗星撞击形成的。地球上也有些陨石坑，科学家计算出来，若是一颗直径 10 英里的陨石，以每秒 3 万英里的速度（等于 100 万吨黄色炸药的威力）撞到地球或月球，它所穿透的深度应该是直径的四到五倍。地球上的陨石坑就是如此，但是月球上的就奇怪了，所有的陨石坑竟然都"很浅"，月球表面最深的加格林坑（Gagrin Crater）只有 4 英里，但它的直径约有 186 英里宽！直径 186 英里，深度最少应该有 700 英里，但是事实上加格林坑的深度只是直径的 2％而已，这在科学上是不可能的。

证据六：不可能存在的金属。月球陨石坑有极多的熔岩，这不奇怪，奇怪的是这些熔岩含有大量的地球上极稀有的金属元素，如钛、铬、钇等，这些金属都很坚硬、耐高温、抗腐蚀。科学家估计，要熔化这些金属元素，至少得有两三千度以上的高温，可是月球是太空中一颗"死寂的冷星球"，起码 30 亿年以来就没有火山活动，因此月球上如何产生如此多需要高温的金属元素呢？而且，科学家分析太空人带回来的 380 公斤月球土壤样品后，发现竟含有纯铁和纯钛，这又是自然界的不可能，因为自然界不会有纯铁矿。这些无法解释的事实表示了什么？表示这些金属不是自然形成的，而是人为提炼的。那么问题就来了，是谁在什么时候提炼这些金属的？

证据七：地球上看不到的那一面。月球永远以同一面对着地球，它的背面直到太空船上去拍照后，人类才得以一窥其容颜。以前天文学家认为月球背面应和正面差不多，也有很多陨石坑和熔岩海。但是，太空船照片却显示大为不同，月球背面竟然相当崎岖不平，绝大多数是小陨石坑和山脉，只有很少的熔岩海。这种差异性，科学家无法给出解答。照理论言，月球是太空中的自然星体，不管是哪一面,受到太空中的陨石撞击的概率应该相同,怎会有内外之分呢?月球为何永远以同一面向着地球?

证据八:数百年来的怪异现象。1956年9月29日,日本明治大学的丰田博士观察到数个黑色物体,似乎排列成DYAX和JWA字形。1966年2月4日,苏联无人探测船月神9号登陆"雨海"后,拍到二排塔状结构物,距离相等,伊凡诺夫博士说:"它们能形成很强的日光反射,很像跑道旁的记号。"伊凡诺夫博士从其阴影长度估计,大约有15层楼高,他说:"附近没有任何高地能使这些岩石滚落到现在的位置,并且成几何形式排列。"另外,月神9号也在"风暴海"边缘拍到一个神秘洞穴,月球专家威金斯博士因为自己也曾在卡西尼A坑发现一个巨大洞穴,因此他相信这些圆洞通往月球内部。1966年11月20日,美国轨道二号探测船在距"宁静海"46公里的高空上,拍到数个金字塔形结构物,科学家估计高度是15至25公尺高,也是以几何形式排列,而且颜色比周围岩石和土壤要淡,显然不是自然物。1967年9月11日,天文学家组成的蒙特娄小组发现"宁静海"四周出现"呈紫色的黑云"。这些奇异现象,不是一般的外行人发现的,全是天文学家和太空探测器的报告,这意味着:月球上有人类未知的神秘!

证据九:月面上的不明飞行物(UFO)。1968年11月24日,太阳神8号太空船在调查将来的登陆地点时,遇到一个巨大的约10平方英里的大幽浮,但在绕行第二圈时,就没有再看到此物。它是什么?没人知晓。太阳神10号太空船也在离月面上空5万尺的地方,突然发现有一个不明物体飞升接近它,这次遭遇被拍了下来。1969年7月19日,太阳神11号太空船载着三位太空人奔向月球,他们将成为第一批踏上月球的地球人,但是在奔月途中,太空人看到前方有个不寻常物体,起初以为是农神4号火箭推进器,便呼叫太空中心确认一下,谁知太空中心告诉他们,农神4号推进器距他们有6 000英里远。太空人用双筒望远镜看,那个物体呈L状,阿姆斯壮说:"像个打开的手提箱。"再用六分仪去看,像个圆筒状。另一位太空人艾德林说:"我们也看到数个小物体掠过,当时有点振动,然后,又看到这较亮的物体掠过。"1969年7月21日,当艾德林进入登月小艇做最后系统检查时,突然出现两个幽浮,其中一个较大且亮,速度极快,从前方平行飞过后就消失,数秒钟后又出现,此时两个物体中间射出光束互相连接,又突然分开,以极快速度上升消失。在太空人要正式降落月球时,控制台呼叫:"那里是什么?任务控制台呼叫太阳神11号。"太阳神11号竟如此回答:"这些宝贝好巨大,先生……很多……噢,天呀!你无法相信,我告诉你,那里有其他的太空船在那里……在远处的环形坑边缘,排列着……他们在月球上注视着我们……"苏联科学家阿查查博士说:"根据我们截获的电讯显示,在太空船一登陆时,与幽浮接触之事马上被报告出来。"1969年11月20日,太阳神12号太空人康拉德和比安登月球,发现幽浮。1971年8月太阳神15号,1972年4月太阳神16号,1972年12月太阳神17号等的太空人也都在登陆月球时见过幽浮。科学家盖利曾说过:"几乎所有太空人都曾见过不明飞行物体。"第六位登月的太空人爱德华说:"现在只有一个问题,就是他们来自何处?"第九位登月的太空人约翰·杨格说:"如果你不信,就好像不相信一件确定的事。"1979年,美国太空总署前任通讯部主任莫里士·查特连表示"与幽浮相遇"在总署里是一平常事,并说:"所有太空船都曾在一定距离或极近距离内被幽浮跟踪过,每当一发生,太空人便和任务中心通话。"

证据十:月震仪的数据。登月太空人放置在月球表面的不少仪器,其中有"月震仪",专门用来测量月球的地壳震动状况,结果,发现震波只是从震中向月球表层四周扩散出去,而没有向月球内部扩散的波,这个事实显示月球内部是空心的,只有一层月壳而已!因为,若是实心的月球,震波也应该朝内部扩散才对,怎么只在月表扩散呢?

第七章 谬误

【内容提要】 谬误是指看起来令人相信但实际上并不是逻辑上可靠的推理或论证。谬误通常被分为形式谬误与非形式谬误。前者是形式逻辑考虑的内容,后者是非形式逻辑关注的主要对象之一。在此,我们根据论证的前提与结论以及它们之间的支持关系,把谬误区分为三类:(1)前提谬误;(2)相干谬误;(3)支持谬误。在非形式逻辑学家看来,传统上被当作谬误的许多论证模式实际上有时恰恰是合理的论证模式。

第一节 什么是谬误

在我国哲学教科书中,"谬误"通常被视为"真理"的对立面,即认为谬误是同客观事物及其发展规律相违背的认识,是对客观事物本来面目的歪曲反映,因此,"谬误"通常被用"错误"或"差错"来解释。但是,在逻辑学中,谬误是一种看起来令人相信但实际上并不是逻辑上可靠的推理或论证。谬误可分为前提谬误、相干谬误和支持谬误。

一、谬误的定义

根据维基百科全书的观点,在逻辑中,**谬误(fallacy)**就是指看起来令人相信但实际上并不是逻辑上可靠的推理或论证。当一个人提出的理由并不足以支持其所提出的主张时,我们就说他犯了谬误。因此,我们把**谬误定义为逻辑上有缺陷的、可以误导人们认为它是逻辑上正确的推理或论证**。在这里,谬误有三层次含义:(1)它是一种推理或论证;(2)这种推理或论证逻辑上是有缺陷的;(3)这种推理会误导人们认为其逻辑上是正确的。

例　　子

分析下列语篇中的谬误。

如果被告是助人为乐做好事,那么,他应该抓到撞倒原告的人;而现在被告没有抓到撞倒原告的人,因此,被告不是助人为乐。

分　　析

首先,这个论证似乎满足了演绎有效性标准,即采用了逆分离论证形式。但实际上,其论证形式是"$p \rightarrow Oq, \neg q, \therefore \neg p$",而不是"$p \rightarrow q, \neg q, \therefore \neg p$"。前一个论证形式显然不是演绎有效的。同时,这个论证并不满足可靠性标准,即第一个前提"如果被告是助人为乐做好事,那么,他应该抓到撞倒原告的人"并不必然为真。换句话说,前件并不真正是后件的充分条件。这个论证是一个逻辑上有缺陷的论证。因而,它犯了谬误。

根据传统的分类,谬误分为形式谬误与非形式谬误。其中,形式谬误源于不正确的逻辑步骤,如果论证者使用了前面所讲到的无效论证形式,那就是使用了不正确的逻辑步骤。而非形式谬误则不源于不正确的逻辑步骤,也就是说,与逻辑正确与否或与论证形式有效与否无关。

例　　子

分析下列语篇中的谬误。

如果天下雨,那么,我就不去;天没下雨,因此,我一定会去。

分　　析

这个论证不是一个演绎有效的论证,它采用了充分条件假言推理的否定前件式,这种论证形式显然是无效的,因此,它犯了形式谬误。

例　　子

分析下列语篇中的谬误。

以前有一个养鸡的农夫,被一个教徒骗了不少钱。于是,他觉得所有教徒都只是道貌岸然。有一天,一个传教士到农夫的养鸡场买鸡,他选了一只瘦不拉几的病鸡。农夫觉得奇怪,问他:"你为什么要买这只鸡呢? 这只一点都不好。"传教士说:"我就是要买这只鸡,然后把它挂在我家门口。告诉所有路过的人,这只鸡是从你的农场里买来的。大家就会觉得你这里的鸡都是这样的。"农夫听了就怒了:"我这明明有那么多好鸡,你凭什么因为一只鸡就说我的鸡不好呢?"传教士笑着说:"你不是也一样。"

分　析

一般说来,根据逻辑学经典划分,形式谬误可分为两大类:一类是演绎谬误,所有演绎无效的论证都犯了演绎谬误;另一类是归纳谬误,所有归纳上不强的论证都犯了归纳谬误。上述例子中,农夫不知不觉犯了归纳谬误中的轻率概括谬误。当然,那位传教士也犯了同样的谬误,不过他是故意而为之,其目的是要反驳农夫的论证。

二、谬误的分类

逻辑学的任务之一就是发现谬误以及掌握这些逻辑错误的具体形式。一个论证是好的,必须同时满足下列三个条件:

(1) **前提必须可接受**。"前提必须可接受"包括两层含义:一是每个前提必须均可接受;二是所有前提必须同时可接受,或者说,前提必须一致。违背这条规则的谬误有"不一致谬误""前提虚假谬误""预期理由谬误"等。

(2) **前提与结论必须相干**。"前提与结论相干"包括两层含义:一是前提与结论必须相干;二是结论与前提必须相干。违背这条规则的谬误被统称为相干谬误,如"稻草人谬误""人身攻击谬误""诉诸权威谬误""诉诸情感谬误""诉诸武力谬误""非黑即白谬误"等。

(3) **前提给结论提供充分支持**。其中,"支持"有两种:一是演绎支持;二是归纳支持。前者用演绎有效性标准来进行评价,后者用归纳强度标准来评价。除了前面所讲的各种形式谬误都属于违背这条规则之外,还有一些非形式谬误也属于这个范畴,如"乞题谬误""合成谬误""分解谬误"等。

不满足其任何一个条件就犯了谬误。关于谬误的分类,根据其分类标准之不同,我们可以将之分为不同类型。但在此我们关注的是根据上述三个条件作为分类标准,即论证评价标准,把谬误分为三大类:第一类是前提谬误;第二类是相干谬误;第三类是支持谬误。

后面我们将进一步分别详细讨论这三类谬误。

第二节 前提谬误

基于上述三个条件,我们给出了论证评价的 5 条规则。其中,前提谬误与评价论证好坏的规则 1—3 有关。

一、不一致谬误

规则 1:所有前提必须同时可接受。

换句话,由所有前提组成的前提集必须是一致集。违背这条规则的谬误被称为不一致谬误。一组不一致的前提必然会推导出不一致的结论。这种谬误论证的模式是:

1. p
2. $\neg p$
3. $p \vee q$ 1 析取引入(其中,q 是期望要得到的结论)
4. $\therefore q$ 2,3 析取消去

由于前提 1 和前提 2 是矛盾的,我们可以根据它们"证明"任何东西,但这实际上等于什么也没有证明。

如果论证的所有前提同时为真是不可能的,那么,这个论证的前提就是不一致的,即其前提集是一个不一致集。前提不一致有两种情形:(1)前提集里有两个相互否定的命题,即一个命题是另一个命题的否定命题;(2)同一个命题在前提中出现两次,但两个真值却不一样。第(1)种情形是一种极端情形,主要出现在基于"真假二值原则普遍有效"的演绎逻辑之中。第(2)种情形主要出现在归纳逻辑之中。

例   子

分析下列语篇中的谬误。

无论我们什么时候在一起,我们约定谁都不能与第三人跳舞。可是,今天我不得不跟刘德华跳舞,因为他是我的一个老朋友。因此,我和刘德华跳舞并不违背我们的约定。

分   析

第一个前提说的是,他们两个人在一起时都不得和第三人跳舞,而第二个前提说的是她不得不与第三人——刘德华跳舞。这两个前提显然不可能同时为

真,如果这两个前提同时为真,那就必须得出"对我来说,这样做是对的,但对于你来说,与那个陌生人跳舞是不对的"这样的结果。因此,这个论证包含了不一致的前提。

例 子

分析下列语篇中的谬误。

高老师是高中数学老师,他的教学理念很独特,曾说:"学好数学,得靠90%的天分和80%的努力。"

分 析

在日常生活中,我们通常是根据经典概率论来判定这种情形的。根据经典概率的互补律,即:$|\neg p|=1-|p|$,既然"天分"已占90%,那么"努力"至多只有10%了。反过来说,既然"努力"占了80%,那么"天分"至多也只有20%。高老师的论述中显然出现了对同一样事件出现的概率赋给了不同的概率值,也就是,对描述同一事件出现的命题赋给了不一致的真值。因此,高老师犯了不一致谬误。

思 考 题

如果把下列这些语句作为论证前提,是否会犯不一致谬误?
(1) 张三比李四高,李四比王五高,而王五比张三高。
(2) 教你们我都瘦了20多斤了,原来148斤,现在只有146斤了。

二、前提不可接受

规则2:每个前提必须均可接受。

违背这条规则的谬误被称为"虚假理由"或"虚假前提"谬误。罗素曾说:"从虚假的前提出发,狗屁都可以推出来。"从充分条件假言命题的真值表来看,当前件为假,不管后件的真值情况如何,该命题总是为真的。人们常说的"矛盾命题可以推出一切命题"也正是体现了这种思想。矛盾命题之所以可以推出一切命题,是因为当我们把所有前提看作充分条件假言命题的前件且把结论看作后件时,由于前提是矛盾的,即永远为假,那么,不管后件的真值如何,这个条件命题总是为真的。单个前提不可接受有三种情形:

(1) 前提所描述的事件与客观事实不相符,即前提虚假谬误;
(2) 前提的可接受性还有待被证实,即预期理由谬误;

(3) 前提是自我欺骗性语句,即前提自相矛盾谬误。

例　　　子

分析下列语篇中的谬误。

2003年3月20日,以美国和英国为主的联合部队正式宣布对伊拉克开战,澳大利亚和波兰的军队也参与了此次联合军事行动。当时的布什政府发动对伊拉克战争的理由是什么呢?其中一个重要理由就是美国认为伊拉克拥有大规模杀伤性武器。但事实上,美国搜遍了整个伊拉克,并没有找到大规模杀伤性武器。

分　　　析

事实证明,布什政府的"伊拉克拥有大规模杀伤性武器"这个理由是虚假的。实际情况还不止如此。2003年1月,布什为发动伊拉克战争制造舆论,在国情咨文中指责伊拉克试图从非洲购买铀以制造核武器。而前美国外交官威尔逊却于2003年7月初在报纸上发表文章披露,他曾在2002年应中情局之邀前往非洲就有关伊拉克试图从尼日尔购买铀的情报进行调查,并在总统发表国情咨文之前几个月就提交了调查结论,指出这份情报毫无根据。然而,布什仍将此事作为萨达姆政权的"罪状"之一,威尔逊就此指责布什政府为获得公众支持发动战争,不惜"使用虚假情报"。这更加充分说明了布什政府发动对伊战争的理由的虚假性。

例　　　子

分析下列语篇中的谬误。

用望远镜观察火星,可以发现上面有不少有规则的条状阴影,而这就是火星人开凿的运河,因此火星上是有人的。

分　　　析

这个论证就犯了预期理由的谬误。因为,他所提出的论据——火星上有规则的条状阴影是火星人开凿的运河,这个判断本身是否真实还未确定。在现实生活中,人们通常用"如果……,那么……"这样的条件句来作为预期理由。比如,明天肯定不会下雨,因为如果下雨,那就意味着我们的郊游不得不取消。

例　　　子

分析下列语篇中的谬误。

张女士打电话给李先生，李先生的小孩接电话。由于种种原因，李先生并不想接张女士的电话，故小声地对小孩说："告诉她说我不在"。小孩拿着话筒大声说："我爸说他不在家。"

分　析

在上述语篇中，小孩说的"我爸说他不在家"这个语句是一个自我欺骗性语句。"我爸说他不在"这句话本身表明了"李先生在家"，因此，这个语句作为前提是不可接受的，是一个自相矛盾的语句。说谎者语句"我在说的这句话是假的"之类的语句是这类语句的一种更极端的形式，这类语句的极端形式被称为"悖论性语句"。

思　考　题

分析下列语篇中是否犯了前提不可接受谬误？

(1) 某政府官员在被问及对一个批评其政府的电视节目有什么看法时说："这些是低级趣味的东西，我不想评论。"

(2) 明年房价肯定不会下降，因为如果明年房价下跌，这意味着我们现有的房子贬值了。

三、乞题谬误

规则3：前提的可接受性不得依赖于结论的可接受性。

乞题谬误来源于拉丁语"*Petitio Principii*"。其中，"*petitio*"指"请求"之意，"*principii*"指"基础"之意，从字面上这是指一个论点"证明其基础"，在英语中它被翻译为"begging the question"。在汉语中，乞题谬误正是来源于英语词组的翻译。乞题谬误又被称为循环论证，它是指这样一种谬误论证：其前提包括了主张结论为真，或者直接或者间接认为结论为真。循环论证有两种形式：

(1) 直接循环；

(2) 间接循环。

这种论证的模式是：

1. p
2. $\therefore p$

例　子

分析下列语篇中的谬误。

铁为什么能压延？回答是：因为铁有压延的本性。

分　　析

这种循环论证是一种直接循环，因为前提直接包含了结论。

例　　子

分析下列语篇中的谬误。
一个瘦子问胖子："你为什么长得胖？"
胖子回答："因为我吃得多。"
瘦子又问胖子："你为什么吃得多？"
胖子回答："因为我长得胖。"

分　　析

在这里，胖子的论证通过"我吃得多"间接地包括结论。

思　考　题

下列语篇中是否犯了乞题谬误？
（1）小明和小敏在走廊里追逐打闹，被老师叫到办公室。
老师："小明，你为什么追小敏？"
小明："因为小敏在跑。"
老师："小敏，你为什么跑？"
小敏："因为小明在追。"
（2）在法国著名的喜剧作家莫里哀的《无病呻吟》中有这样一段对白。剧中人医学学士阿尔冈申请参加全国医学会，医学博士们正对他进行口试。
博士："……学识渊博的学士，我十分崇敬的名人，请问你知道什么原因和道理，鸦片可以引人入睡？"
阿尔冈（学士）："高明的博士，承问什么原因和道理，鸦片可以引人入睡；我的答案是：由于它本身有催眠的力量。自然它会使知觉麻痹。"

第三节　相干谬误

相干谬误与规则4—5有关，违背规则4和5的谬误被称为相干谬误。相干谬误分为两类：一类是不相干结论；另一类是不相干前提。

一、不相干结论

规则 4：结论必须与前提相干。

不相干结论谬误来源于拉丁语"*Ignoratio elenchi*"。在英语中,通常被译为"irrelevant conclusion"(不相干结论)或"irrelevant thesis"(不相干论题)。不相干结论谬误有三种情形：

(1) 转移论题；
(2) 偷换论题(red herring)；
(3) 稻草人谬误(straw man)。

转移论题是指论证者本来应该论证命题 A 成立,结果**不知不觉地**去论证命题 A′成立,甚至论证 B 成立。这种情形在写作中被叫做"跑题"。**偷换论题**是指论证者本来应该论证命题 A 成立,但为了便于论证却**故意**去论证命题 A′成立,甚至论证 B 成立。"转移论题"与"偷换论题"的本质区别就在于：前者是不知不觉地转移到另一个结论上去,而后者是故意转移到另一个结论上去的。换句话说,在这两种情形下,论证者所论证的命题并不真正是他原来所要论证的结论。转移论题和偷换论题常常是论辩过程所采用的策略。

例　　子

分析下列语篇中的谬误。

在某场论辩赛中,正方的辩题是"大学教育应当是精英教育",结果在辩论时,正方去论证"大学教育是精英教育"。

分　　析

正方所要论证的结论是"大学教育应当是精英教育",结果在辩论中却论证"大学教育是精英教育"。虽然表面上看起来只有两字"应当"之差。但前一个命题是一个价值判断,而后一个命题是一个事实判断。两个命题之间相差很远。前一个命题用一个反例是驳不倒的,而后一个命题用一个反例足以驳倒它。这种情形属于论证 A′的情形,看起来论证者所论证的命题与要论证的结论没有差别,但两者毕竟不是同一或等值命题。这种从本应论证"大学教育应当是精英教育"而转向论证"大学教育是精英教育"的情形,如果论证者的主观意图是故意的,那就犯了偷换论题谬误；但如果论证者主观意图不是故意的,那么就犯了转移论题谬误。

例 子

分析下列语篇中的谬误。

在某场论辩赛中,正方的辩题是"美术是生活中必不可少的",结果在辩论时,正方去论证"生活中到处都有美"。

分 析

在这里,"美术是生活中必不可少的"与"生活中到处都有美",它们是两个完全不同的命题。

稻草人谬误与偷换论题谬误极其相似,甚至有认为稻草人谬误是偷换论题的一种表现形式。但实际上,**偷换论题谬误与稻草人谬误的主要区别在于**:前者通常是偷换自己的论题,而后者则是偷换对方的论题,即曲解对方的立场。稻草人谬误的基本形式是:

某甲有立场 A,而某乙却把 A′甚至 B 强加给某甲或把 A 曲解为 A′甚至 B,然后攻击 A′或 B,进而证明对方的立场 A 不可接受。

例 子

分析下列语篇中的谬误。

张教授:"形式逻辑乃逻辑之本。"

马教授:"你这话不对,谁说辩证逻辑没有用呀?"

分 析

张教授的立场是"形式逻辑乃逻辑之本",但马教授显然把"辩证逻辑没有用"这一论题强加给了张教授,因此,犯了稻草人谬误。

思 考 题

下列语篇中是否犯了不相干结论谬误?

(1)班主任:"个别同学对这个问题过于敏感。"某学生:"老师,不对!并不是所有同学对这个问题都过于敏感呀!"

(2)考生:"老师,我的考试分数已经上了中大公布的复试线,但我是最后一名,不知我今年是否有希望被录取?"老师:"要是指标够,录取没问题。"后来,这位考生未被录取,便来质问老师:"老师,上次你不是说我录取没有问题吗?为什么我没有被录取呢?"

二、不相干前提

规则5：前提必须与结论相干。

不相干前提谬误是指论证者提出来证明其结论的前提与其结论是不相干的。这类谬误很多，如：人身攻击谬误、诉诸权威谬误、诉诸情感谬误、诉诸无知谬误、诉诸传统谬误等。

(一) 人身攻击谬误

人身攻击谬误是针对人的论证的一种滥用形式。"针对人的论证"来源于拉丁语"*argumentum ad hominem*"，即英文的"argument against the person"。这种论证的基本策略是：

(1) 攻击做出主张的这个人的品格、境况或行为；

(2) 以这个攻击为证据来证明被攻击者的主张不成立。

但并非所有针对人的论证都是谬误，只有那些被滥用的针对人的论证才是谬误。换句话说，只有当被攻击的品格、境况或行为与所要反驳的结论不相关时，该论证模式才成为谬误。相对于被攻击的三个对象来讲，人身攻击谬误通常被分为辱骂型人身攻击（攻击论证者的品格）、境况型人身攻击（攻击论证者的境况）和"你也是"（*Tu Quoque*）型人身攻击（攻击论证者的行为）。其基本模式是：

1. 某甲A做出主张X；
2. 某乙B攻击了某甲A的品格、境况或行为；
3. 因此，某甲A的主张X是假的。

在这里，本来某乙攻击的对象应该是某甲的主张X不成立，但他并没有这样去做，而是攻击某甲这个人。

例　　子

分析下列对话是否有谬误？如果有，犯了什么谬误？

在法庭上，证人弗尔曼作证说："我在辛普森家的车道找到了血迹。"辩方律师说："弗尔曼是一个种族主义者，过去10年中作证经常使用'黑鬼'这个字眼。"

分　　析

在这个对话中，没有谬误。辩方律师采用的论证模式是针对人的论证。在法庭上针对证人证言，为了证伪证人证言的可靠性，律师会采用这种与证人证言的可接受性相关的论证形式,因此,针对人的论证通常是一个合理的且强有力的反驳形式。

例　　子

分析下列对话是否有谬误？如果有,犯了什么谬误？
比尔:"从道德上讲,我相信堕胎是错的"。
戴夫:"当然你会那样说,因为你是一个牧师。"
比尔:"我给出论证支持我的立场如何？"
戴夫:"那并不重要。如我所说,由于你是一个牧师,因此你不得不说堕胎是错的。再者,你正好是教皇的男仆,因此,我不会相信你的话。"

分　　析

在这段对话中,戴夫采用的针对人的论证形式,由于戴夫攻击比尔是个牧师从而认为比尔的立场不成立是不相干的,因此,这里犯了人身攻击谬误。这种人身攻击谬误被称为境况型人身攻击谬误。

例　　子

分析下列对话是否有谬误？如果有,犯了什么谬误？
某甲对某乙说:"你要抓紧对你儿子的教育,他最近总是逃学,和一些不三不四的人在街上转悠。"
某乙生气地说:"你儿子怎么样呢？前几天派出所的人不也来调查你儿子打群架的事吗？"

分　　析

某乙反驳某甲的指责不是指出某甲的指责根据是错误的,而是通过对某甲的相似指责来否认对自己的指责的合理性。

(二) 诉诸权威谬误

诉诸权威谬误是诉诸权威论证的一种滥用形式。"诉诸权威论证"来源于拉丁语"*argumentum ad verecundiam*"。诉诸权威谬误的通常表现形式有滥用权威、不相干权威、有问题的权威、不适当权威等。这种论证的基本模式是:

1. 某甲 A 是或被认为是某领域 S 的权威。
2. 某甲 A 做了关于 S 的主张 C。

3. 因此,C 是真的。

在现实生活中,这种论证模式运用得当与否是区别谬误与否的关键。换句话说,如果论证模式运用得当,它就不是谬误,否则就是谬误。那么,如何判断论证模式运用是否得当呢? 一个可操作的标准就是:需要问它是否是滥用权威、不相干权威、有问题的权威或不适当的权威? 如果都不是,那么,这个论证就是合理的。如果它属于上述四种形式的某一种,那就犯了前提相干谬误之诉诸权威谬误。

例　子

分析下列对话是否有谬误? 如果有,犯了什么谬误?

在"文化大革命"中,首都红卫兵召开批判陈毅万人大会。陈老总率先讲话。他说:请红卫兵小将跟我一起学习毛主席语录。请大家打开毛主席语录第271页跟我读:"陈毅是个好同志!"读完了,台下一片哗然,因为《红宝书》总共只有270页。于是,红卫兵们说:"《红宝书》没有第271页呀?"陈毅则说:"不信你们去问周总理。"红卫兵和周总理联系上以后,周总理立即赶来向红卫兵解释说"主席确实说过'陈毅是个好同志'这句话"。然后带着陈毅离开批斗大会会场。

分　析

陈毅在这里使用了两次诉诸权威,第一次是引证《红宝书》,但它犯了滥用诉诸权威谬误,因为《红宝书》根本没有第271页。第二次是引用周总理作为证据,周总理说"主席确实说过'陈毅是个好同志'这句话"。这里是合理的诉诸权威,没有犯诉诸权威谬误。但主席是否真的说过这句话呢? 查查历史看看吧。

例　子

分析下列对话是否有谬误? 如果有,犯了什么谬误?

2009年,著名影星林心如已经为"好太太"晾衣架做了多年广告,给人的印象是林心如是个好太太,但事实上林心如至2009年还未婚。

分　析

可以肯定,在 2009 年,如果把林心如看作一个好太太的话,那么这则广告正是使用的不相干或不适当权威。从论证角度来讲,商业广告邀请明星作代言人本身实际上就是一种不相干或不适当的权威。

(三) 诉诸情感谬误

诉诸情感谬误是诉诸情感论证的一种滥用形式。"诉诸情感论证"至少包括下列三种类型：诉诸公众、诉诸威力和诉诸怜悯。有时，人们把针对人的论证也列入诉诸情感论证之列。成功的广告在极大程度上都是精心编制的诉诸情感论证组成的。在许多政治辩论与论争中，以感情倾诉和忠诚为基础与纯粹地、冷静地推理起着同等重要的作用。

1. **诉诸公众谬误**。"诉诸公众论证"来源于拉丁语"argumentum ad populum"，其基本思想是：为了赢得对结论的认同而诉诸大众热情或公众情感的论证。这种论证通常有两种模式：

（1）大多数人或每个人都接受 A 是真的，因此，A 是真的。
（2）大多数人或每个人都不接受 A 是真的，因此，A 是假的。

例 子

分析下列语篇是否有谬误？如果有，犯了什么谬误？

1995 年，在辛普森案宣判之后，盖洛普公司进行了一项民意调查，有 56% 的人不同意辛普森案的判决，36% 的人同意，因此，辛普森案肯定判错了。

分 析

民意调查是诉诸公众的一种情形。这种形式显然并不总是谬误的。诉诸公众论证本身并不是一种必然性论证，即所有前提真结论不必然真。但是，如果我们把它当作一种必然性论证来处理，那就犯了诉诸公众谬误。在上例中，结论是"辛普森案肯定判错了"，即把这个论证当作必然性论证处理了，这是一种不适当的诉讼公众，因此，犯了诉诸公众谬误。

2. **诉诸威力谬误**。"诉诸威力论证"来源于拉丁语"argumentum ad baculum"。这一论证诉诸的是听者的恐惧感或畏惧感。"诉诸威力谬误"又被称为"诉诸武力谬误""诉诸威胁谬误"或"诉诸棍棒谬误"。诉诸威力谬误是诉诸威力论证的一种滥用形式。这种论证常常引用的例子就是暴力手段和打手队的运用。

例 子

分析下列语篇是否有谬误？如果有，犯了什么谬误？

一位副教授的妻子因生小孩被系里炒了鱿鱼，这位教师找系主任评理，说系里这样做是违法行为,如果坚持这样做,那么自己就会诉诸法律来解决。系主任说:"你今后晋升职称都还要系里去给校长介绍情况,我希望你认真考虑此事。"

分　　析

系主任为了说服这位副教授不要诉诸法律手段来解决,于是使用了诉诸威胁论证。但是,作为前提,它与结论并不相干,因此,系主任犯了诉诸威力谬误。但是,并不是所有的威胁都是谬误的。例如,在一些国家的法律中规定,要让人们深信酒后驾驶会受到严惩。虽然这种法律似乎确实规定诉诸武力或武力干涉的威胁,但人们并不认为这是不合理的。

3. **诉诸怜悯谬误**。"诉诸怜悯论证"来源于拉丁文"*argumentum ad misericordiam*"。诉诸怜悯是诉诸听众的同情心。这种情形并不总是谬误的。例如,2008年"5.12"汶川大地震之后,全国各地乃至世界各地都在纷纷为灾民募捐,这就是一种合理的诉诸怜悯。诉诸怜悯谬误是诉诸怜悯论证的一种滥用形式。如果所诉诸的怜悯与结论是不相干的,那就犯了诉诸怜悯谬误。

例　　子

分析下列语篇是否有谬误?如果有,犯了什么谬误?

学生说:"老师,我们学习《逻辑学概论》这门课程非常辛苦,每次课之后要花3—4个小时来做作业。而其他通识课程学起来就非常轻松,期末考试也大多数都是九十几分。再说,如果这门课程分数拿不到九十分以上,我的奖学金就拿不到了。"

分　　析

这位学生希望老师给她期末成绩不少于九十分,给出了三点理由:其一,学这门课程非常辛苦;其二,别的通识课程学起来很轻松且期末成绩分数很高;其三,如果这门课程拿不到九十几分,她的奖学金就拿不到了。其中,第一点和第三点理由都是采取诉诸怜悯方式。但是,这种诉诸怜悯与结论是不相干的,因此,这位学生犯了诉诸怜悯谬误。

(四) 诉诸无知谬误

诉诸无知谬误是诉诸无知论证的一种滥用形式。"诉诸无知论证"来源于拉丁语"*argumentum ad ignorantiam*"。这种论证的基本模式有:

(1) 不能证明或没有证明 A 为真,因此,A 为假。

(2) 不能证明或没有证明 A 为假,因此,A 为真。

这种论证模式并不总是谬误的。例如,在我国刑事审判中,根据无罪推定原则,对于被告人是否有罪采取"控方证明原则",即辩方无须证明自己无罪。换句话说,如果我把"被告人有罪"称为命题 A,那么,如果控方不能证明被告人有罪,那么其主张命题 A 不成立,即为假。在这种情形下,诉诸无知与论证结论是相干的,因此,没有犯诉诸无知谬误。只有当诉诸无知与论证结论不相干时,才犯了诉诸无知谬误。

例　　子

分析下列语篇是否有谬误?如果有,犯了什么谬误?
鬼是不存在的,因为没有人证明过鬼存在。

分　　析

这里,论证者使用了"没有人证明 A 为真,因此 A 为假"这种论证模式。实际上,其前提与结论是不相干的。如果这个论证可接受的话,那么,我们必须同样接受这样的论证:"鬼是存在的,因为没有人证明过鬼不存在。"

(五) 诉诸传统谬误

诉诸传统谬误是诉诸传统论证的一种滥用形式。这种论证模式通常是:

A 是旧的或传统的,因此,A 是正确的、好的或真的。

诉诸传统论证并不总是谬误的。例如,尊老爱幼是中华民族的传统美德,因此,在公共汽车、火车上应当主动给老人和小孩让座。这种诉诸传统显然与结论是相干的,因此,它没有犯诉诸传统谬误。但是,如果诉诸传统与结论不相干,那就犯了诉诸传统谬误。

例　　子

分析下列语篇是否有谬误?如果有,犯了什么谬误?
交警:"这里是单行道,你逆行了,因此,罚款 200 元。"
司机:"以前我这样走都没有问题呀?"

分　　析

在这里,司机诉诸的也是一种传统,即他以前这样走都没被罚过款。但是,这与"他违章但不应该被罚"的结论是不相干的,因此,犯了诉诸传统谬误。

不相干前提谬误不只这些,这里仅列举出几个具有代表性的典型情形。

思 考 题

下列语篇中是否犯了不相干前提谬误?如果有,它属于哪种类型?

(1) 法官啊,你不能判我死刑!如果我死了,家里三个孩子的生活就没着落了,这样你等于害了三条人命!

(2) 省委书记:"我们要把汽车工业作为我省的支柱产业来发展。"政协主席:"目前全国大多数省市都把汽车工业作为本省的支柱产业来发展,这样做可行吗?"省委书记:"关于这个问题,我请教过中山大学的某某教授。"政协主席:"请问这位教授是什么专业的?"省委书记:"他是逻辑学专业的。"

第四节 支持谬误

支持谬误与规则 6 有关,违背这条规则的谬误被称为支持谬误。支持谬误除了演绎无效和归纳上不强的谬误之外,还有合成谬误和分解谬误。

一、支持谬误概述

规则 6:前提必须给结论提供充分支持。

这种谬误来源于拉丁语"*non sequitur*",其含义就是"推不出"之意。根据主流逻辑观点,前提与结论之间的支持关系要么是演绎支持关系,要么是归纳支持关系。其中,演绎支持要求所有前提都真且结论必然真;归纳支持要求所有前提都真且结论正如论证所认为的那样真。如果前提与结论之间的支持关系既不是前述的演绎有效的支持关系,也不是归纳上强的支持关系,那么,这个论证就犯了"支持谬误"。换句话说,演绎无效的论证和归纳上不强的论证都犯了支持谬误。

例 子

下列语篇中论证的前提与结论之间的关系是演绎支持关系还是归纳支持关系?

所有蛇都是没有脚的,你画的东西是有脚的,因此,你画的东西不是蛇。

分　　析

在这个论证中,其前提与结论之间的关系是演绎支持关系。如果我们要抽取出其论证形式,这个论证的形式是:$(x)(Sx \rightarrow \neg Jx), (x)(Dx \rightarrow Jx), \therefore (x)(Dx \rightarrow \neg Sx)$。用前面所讲的谓词逻辑方法,要证明这个论证的前提与结论之间的关系是演绎支持关系是不难的。

例　　子

下列语篇中论证的前提与结论之间的关系是演绎支持关系还是归纳支持关系?

大多数学习努力的人都会考上大学,李四学习努力,因此,李四可能会考上大学。

分　　析

在这个论证中,其前提与结论之间的关系是归纳支持关系。在这个论证中,如果所有前提都真,那么结论可能为真。

除了前述演绎谬误和归纳谬误之外,还有一类涉及论证的支持谬误,如合成谬误、分解谬误、以先后定因果谬误等。这类谬误的特点是前提与结论相干,而且前提的可接受性不是问题,关键在于根据这些前提推导不出结论。

二、合成谬误

合成谬误有两种情形:

1. 一个关于整体的结论是以其构成要素的性质为前提推导出来的,而实际上以这些构成要素的性质为前提却推导不出这个关于整体的结论的。其论证模式是:

整体 X 的构成要素具有性质 A、B、C 等。
因此,整体 X 也肯定具有性质 A、B、C 等。

但是,并非所有具有这种模式的论证都是谬误。例如,人的身体的每个部分都是由物质构成的,因此,整个人也都是由物质构成的。这个论证就不是谬误。

例　　子

下列语篇中是否犯了合成谬误?

氯和纳都是有毒的,因此,由氯和钠组成的化合物氯化钠是有毒的。

分　析

氯是一种卤族化学元素,化学符号为 Cl,原子序数为 17。氯单质由两个氯原子构成,化学式为 Cl_2。气态氯单质俗称"氯气",液态氯单质俗称"液氯"。在常温下,氯气是一种黄绿色、刺激性气味、有毒的气体。氯气具有强烈的刺激性、窒息气味,可以刺激人体呼吸道黏膜,轻则引起胸部灼热、疼痛和咳嗽,严重者可导致死亡。因此,单纯的氯是有毒的。

钠是一种化学元素,它的化学符号是 Na,它的原子序数是 11。钠是一种质地软、轻、蜡状而极有伸展性的银白色碱金属元素。钠是人体中一种重要的无机元素,一般情况下,成人体内钠含量大约为 3 200(女)—4 170(男)mmol,约占体重的 0.15%,体内钠主要在细胞外液,占总体钠的 44%—50%,骨骼中含量也高达 40%—47%,细胞内液含量较低,仅 9%—10%。正常情况下,钠摄入过多并不蓄积,但某些情况下,如误将食盐当食糖加入婴儿奶粉中喂养,则可引起中毒甚至死亡。急性中毒,可出现水肿、血压上升、血浆胆固醇升高、脂肪清楚率降低、胃黏膜上皮细胞受损等。因此,单纯的钠是有毒的。

氯与钠的化合物——氯化钠是食盐的主要成分,化学式为 NaCl。氯化钠是海水中盐分的主要组成部分,也用于调味料和食物防腐剂。然而,氯化钠是无毒的。

这个论证属于上述论证模式。在上述论证中,前提是真的,但结论是假的,即前提真推导不出结论为真,因此,犯了合成谬误。

2. 一个关于对象类的结论是以其组成类的个体成员的性质为前提推导出来的,而实际上以这些个体成员的性质为前提是推导不出这个关于对象类的结论的。其论证模式是:

个体 F 事件具有性质 A、B、C 等。
因此,F 事件的整个类也具有性质 A、B、C 等。

但是,并非所有具有这种模式的论证都是谬误。例如,单个富人比单人穷人拥有更多财富,因此,富人这个类比穷人这个类拥有更多的财富。这个论证就不是谬误。

例　子

下列语篇中是否犯了合成谬误?

与一个人相比,一只老虎的食量要大,因此,作为一个类,老虎的食量比人的食量要大。

分　　析

这个论证的前提为真,其可接受性通常不会受到质疑。但是,作为一个类,老虎的食量比人的食量大,这个结论恐怕会受到许多质疑了。毕竟,老虎这个类的成员和人这个类的成员在数量上相比,其差距是大得惊人的。

思　考　题

下列语篇中是否犯了合成谬误?
(1) 这个乐队的每个成员都是全国一流的,因此,这个乐队是全国一流的。
(2) 大象的每个细胞都很小,因此,大象很小。

三、分解谬误

分解谬误与合成谬误是相对应的。这种谬误也有两种类型:

1. 一个关于其构成要素的结论是以这些要素所属整体的性质为前提推导出来的,而实际上以这个整体的性质为前提是推导不出这个关于构成要素的结论的。其论证模式:

　　整体 X 具有性质 A、B、C 等。
　　因此,整体 X 的部分也肯定具有性质 A、B、C 等。

但是,并非所有具有这种模式的推理或论证都是谬误。例如,我们从"桌子是由物质所构成的"可以推导出"组成桌子的部分也是由物质构成的"。这个论证并没有犯分解谬误。

例　　子

下列语篇中是否犯了分解谬误?
4 是偶数,1 和 3 是 4 的部分,因此,1 和 3 都是偶数。

分　　析

在上述论证中,1 和 3 显然都不是偶数而是奇数。其原因在于上述论证犯了分解谬误,即两个前提均真并不能必然推出结论为真。

2. 一个关于个体成员的结论是以其所属类的性质为前提推导出来的,而实际上以其所属类性质为前提是推导不出这个关于个体成员的结论的。其论证模式是：

作为一个集合体，类 X 具有性质 A、B、C 等。
因此，类 X 的个体成员也具有性质 A、B、C 等。

但是，并非具有这种模式的论证都是谬误。例如，所有猫都是哺乳动物，因此，每只猫都是哺乳动物。这个论证就不是谬误，而且它是合理的、好的。

例　子

下列语篇中是否犯了分解谬误？

中山大学教授有哲学教授、物理学教授、生物学教授、化学教授、文学教授、法学教授等，我是中山大学教授，因此，我既是中山大学的哲学教授，又是中山大学的物理学教授、生物学教授、化学教授、文学教授、法学教授等。

分　析

这个论证显然犯了分解谬误，其错误在于根据一个集合体"中山大学教授"的性质推导出了其个体成员我的性质。而这里的前提显然推不出结论。

思　考　题

下列语篇中是否犯了分解谬误？
(1) 这个球是蓝色的，因为它的每个原子都是蓝色的。
(2) 某甲住在广州，广州是个大城市，因此，某甲家的房子也很大。

四、以先后定因果谬误

以先后定因果谬误来源于拉丁语"*Post hoc , ergo propter hoc*"，其意思是"在此之后，因此，那是因为此"。这种谬误又被称为"虚假原因""有问题的原因""混淆偶然关系与原因"等。其论证模式是：

事件 A 发生在事件 B 之前。
因此，事件 A 是事件 B 的原因。

在因果关系中，"原因在先而结果在后"这是必要条件。但这并不意味着"在先事件"就一定是"在后事件"的原因。如果根据"事件 A 在事件 B 之前"就推导出"事件 A 是事件 B 的原因"，而实际上是推导不出来的，那么就犯了支持谬误中的以先后定因果谬误。

例　子

下列语篇中是否犯了以先后定因果谬误？

2001 年 7 月 13 日,在莫斯科举行的国际奥委会第 112 次全会上,国际奥委会投票选定北京获得 2008 年奥运会主办权。2008 年 5 月 12 日 14 时 28 分 04 秒,我国四川省发生 8.0 级大地震,震中在汶川县映秀镇,因此,被称为汶川大地震。因此,北京申办奥运会成功是汶川大地震的原因。

分　析

从时间上讲,北京申办奥运会成功与汶川大地震确实有时间上的先后关系,但是,我们能否根据"2001 年北京申办奥运会成功"与"汶川大地震"之间时间上的先后关系推导出前者是后者的原因呢？当然不能,因此根据这两者之间的先后关系推导不出它们之间具有因果关系。

思考与练习

【客观题｜线上作业】

一、单选题(共 33 题,下列每题有 4 个备选答案,其中一个为最佳答案,请挑选出最佳答案)

1. 在逻辑学中,谬误是(　　)。

A．一种看起来令人相信但实际上并不是逻辑上可靠的推理或论证

B．真理的对立面

C．同客观事物及其发展规律相违背的认识

D．对客观事物本来面目的歪曲反映。

2. 源于不正确的逻辑步骤的谬误被称为(　　)。

A．形式谬误　　B．非形式谬误　　C．前提谬误　　D．相干谬误

3. 传统上,谬误常常被称为(　　)。

A．形式谬误与非形式谬误　　B．逻辑谬误与非逻辑谬误

C．前提谬误、相干谬误和支持谬误　　D．语言谬误与形式谬误

4. 不是源于不正确的逻辑步骤的谬误被称为(　　)。

A．形式谬误　　B．非形式谬误　　C．前提谬误　　D．相干谬误

5. 与不一致谬误直接相关的规则是(　　)。

A. 所有前提必须同时可接受
B. 每个前提必须均可接受
C. 前提的可接受性不得依赖于结论的可接受性
D. 结论必须与前提相干

6. 与虚假理由谬误直接相关的规则是（　　）。
A. 所有前提必须同时可接受
B. 每个前提必须均可接受
C. 前提的可接受性不得依赖于结论的可接受性
D. 结论必须与前提相干

7. 与乞题谬误直接相关的规则是（　　）。
A. 所有前提必须同时可接受
B. 每个前提必须均可接受
C. 前提的可接受性不得依赖于结论的可接受性
D. 结论必须与前提相干

8. 与循环论证谬误直接相关的规则是（　　）。
A. 所有前提必须同时可接受
B. 每个前提必须均可接受
C. 前提的可接受性不得依赖于结论的可接受性
D. 结论必须与前提相干

9. 与不相干结论谬误直接相关的规则是（　　）。
A. 所有前提必须同时可接受
B. 每个前提必须均可接受
C. 前提的可接受性不得依赖于结论的可接受性
D. 结论必须与前提相干

10. 与不相干论题谬误直接相关的规则是（　　）。
A. 所有前提必须同时可接受
B. 每个前提必须均可接受
C. 前提的可接受性不得依赖于结论的可接受性
D. 结论必须与前提相干

11. 与人身攻击谬误直接相关的规则是（　　）。
A. 所有前提必须同时可接受
B. 每个前提必须均可接受
C. 前提的可接受性不得依赖于结论的可接受性
D. 前提必须与结论相干

12. "从虚假的前提出发,狗屁都可以推出来"出自(   )。
    A. 罗素   B. 亚里士多德   C. 莱布尼茨   D. 弗雷格

13. 论证者本来应该论证命题 A 成立,结果不知不觉地去论证命题 A′成立,甚至论证 B 成立。这就犯了(   )谬误。
    A. 转移论题   B. 偷换论题   C. 稻草人   D. 循环论证

14. 论证者本来应该论证命题 A 成立,但为了便于论证却故意去论证命题 A′成立,甚至论证 B 成立。这就犯了(   )谬误。
    A. 转移论题   B. 偷换论题   C. 稻草人   D. 循环论证

15. 某甲有立场 A,而某乙却把 A′甚至 B 强加给某甲或把 A 曲解为 A′甚至 B,然后攻击 A′或 B,进而证明对方论题不可接受。这就犯了(   )谬误。
    A. 转移论题   B. 偷换论题   C. 稻草人   D. 循环论证

16. 攻击论证者品格的人身攻击谬误被称为(   )。
    A. 辱骂型人身攻击谬误   B. 境况型人身攻击谬误
    C. "你也是"谬误   D. 诉诸权威谬误

17. 攻击论证者境况的人身攻击谬误被称为(   )。
    A. 辱骂型人身攻击谬误   B. 境况型人身攻击谬误
    C. "你也是"谬误   D. 诉诸权威谬误

18. 攻击论证者行为的人身攻击谬误被称为(   )。
    A. 辱骂型人身攻击谬误   B. 境况型人身攻击谬误
    C. "你也是"谬误   D. 诉诸权威谬误

19. 与刑事审判中的无罪推定原则密切相关的论证是(   )。
    A. 诉诸无知   B. 诉诸怜悯   C. 诉诸情感   D. 诉诸证言

20. 以先后定因果谬误的情形是(   )。
    A. "在此之后,因此,那是因为此"
    B. 一个关于对象类的结论是以其组成类的个体成员的性质为前提推导出来的,而实际上以这些个体成员的性质为前提是推导不出这个关于对象类的结论的
    C. 一个关于其构成要素的结论是以这些要素所属整体的性质为前提推导出来的,而实际上以这个整体的性质为前提是推导不出这个关于构成要素的结论的
    D. 一个关于个体成员的结论是以其所属类的性质为前提推导出来的,而实际上以其所属类性质为前提是推导不出这个关于个体成员的结论的

21. 不相干结论谬误源于拉丁语(   )。
    A. *Ignoratio elenchi*   B. *Petitio Principii*

C. *Argumentum ad hominem* D. *Argumentum ad verecundiam*
22. 乞题谬误源于拉丁语（ ）。
   A. *Ignoratio elenchi* B. *Petitio Principii*
   C. *Argumentum ad hominem* D. *Argumentum ad verecundiam*
23. 循环论证谬误源于拉丁语（ ）。
   A. *Ignoratio elenchi* B. *Petitio Principii*
   C. *Argumentum ad hominem* D. *Argumentum ad verecundiam*
24. 人身攻击谬误源于拉丁语（ ）。
   A. *Ignoratio elenchi* B. *Petitio Principii*
   C. *Argumentum ad hominem* D. *Argumentum ad verecundiam*
25. 诉诸权威谬误源于拉丁语（ ）。
   A. *Ignoratio elenchi* B. *Petitio Principii*
   C. *Argumentum ad hominem* D. *Argumentum ad verecundiam*
26. 诉诸公众谬误源于拉丁语（ ）。
   A. *Argumentum ad populum* B. *Argumentum ad baculum*
   C. *Argumentum ad misericordiam* D. *Argumentum ad ignorantiam*
27. 诉诸威力谬误源于拉丁语（ ）。
   A. *Argumentum ad populum* B. *Argumentum ad baculum*
   C. *Argumentum ad misericordiam* D. *Argumentum ad ignorantiam*
28. 诉诸武力谬误源于拉丁语（ ）。
   A. *Argumentum ad populum* B. *Argumentum ad baculum*
   C. *Argumentum ad misericordiam* D. *Argumentum ad ignorantiam*
29. 诉诸怜悯谬误源于拉丁语（ ）。
   A. *Argumentum ad populum* B. *Argumentum ad baculum*
   C. *Argumentum ad misericordiam* D. *Argumentum ad ignorantiam*
30. 诉诸无知谬误源于拉丁语（ ）。
   A. *Argumentum ad populum* B. *Argumentum ad baculum*
   C. *Argumentum ad misericordiam* D. *Argumentum ad ignorantiam*
31. 推不出谬误源于拉丁语（ ）。
   A. *Non sequitur* B. *Post hoc, ergo propter hoc*
   C. *Red herring* D. *Argumentum ad ignorantiam*
32. 以先后定因果谬误源于拉丁语（ ）。
   A. *Argumentum ad populum* B. *Argumentum ad baculum*
   C. *Argumentum ad misericordiam* D. *Argumentum ad ignorantiam*

33. 偷换论题谬误源于拉丁语( )。
   A．*Argumentum ad populum*   B．*Argumentum ad baculum*
   C．*Argumentum ad misericordiam*   D．*Argumentum ad ignorantiam*

二、多选题(共21题,每小题有5个备选答案,请挑选出没有错误的答案,多选少选错选均不得分)

1. 在逻辑学中,从论证评价视角来看,谬误的类型包括( )。
   A．前提谬误   B．相干谬误   C．支持谬误   D．人身攻击
   E．诉诸权威

2. 根据维基百科全书英文版的观点,谬误的含义包括( )。
   A．它是一种推理或论证
   B．这种推理或论证逻辑上是有缺陷的
   C．这种推理会误导人们认为其逻辑上是正确的
   D．谬误是同客观事物及其发展规律相违背的认识
   E．对客观事物本来面目的歪曲反映

3. 一般说来,形式谬误包括( )。
   A．演绎谬误   B．归纳谬误   C．类比谬误   D．似真谬误
   E．回溯谬误

4. 一个论证是好的,必须满足的条件是( )。
   A．每个前提必须可接受   B．所有前提同时可接受
   C．前提与结论必须相干   D．前提给结论提供充分支持
   E．论证形式必须演绎有效

5. 前提必须可接受,包括( )。
   A．每个前提必须可接受   B．所有前提同时可接受
   C．前提与结论必须相干   D．前提给结论提供充分支持
   E．论证形式必须演绎有效

6. "前提与结论相干"包括( )。
   A．每个前提必须可接受   B．所有前提同时可接受
   C．前提与结论必须相干   D．前提给结论提供充分支持
   E．论证形式必须演绎有效

7. "前提与结论相干"不包括( )。
   A．每个前提必须可接受   B．所有前提同时可接受
   C．前提与结论必须相干   D．前提给结论提供充分支持
   E．论证形式必须演绎有效

8. 在论证评价标准中,"前提给结论提供充分支持"中的"支持"可以是

( )。
A. 演绎支持　　B. 归纳支持　　C. 论辩支持　　D. 修辞支持
E. 实质支持

9. 下列与前提谬误有关的规则是( )。
A. 所有前提必须同时可接受
B. 每个前提必须均可接受
C. 前提的可接受性不得依赖于结论的可接受性
D. 结论必须与前提相干
E. 前提必须给结论提供充分支持

10. 下列与相干谬误有关的规则是( )。
A. 所有前提必须同时可接受
B. 每个前提必须均可接受
C. 前提的可接受性不得依赖于结论的可接受性
D. 结论必须与前提相干
E. 前提必须与结论相干

11. 在论证评价时,单个前提不可接受的情形包括( )。
A. 前提所描述的事件与客观事实不相符
B. 前提的可接受性还有待被证实
C. 前提是自我欺骗性语句
D. 已知前提为假
E. 前提是结论的重述

12. 在论证评价时,前提不一致的情形包括( )。
A. 前提集里有两个相互否定的命题
B. 同一个命题在前提中出现两次,但两个真值却不一样
C. 前提集有假命题
D. 结论为假
E. 前提与结论不相干

13. 不相干结论谬误包括( )。
A. 转移论题谬误　　　　　　B. 偷换论题谬误
C. 稻草人谬误　　　　　　　D. 跑题
E. 乞题谬误

14. 下列属于不相干前提谬误的有( )。
A. 人身攻击谬误　　　　　　B. 诉诸权威谬误
C. 诉诸情感谬误　　　　　　D. 诉诸无知谬误

E．诉诸传统谬误

15．下列不属于不相干前提谬误的有（　　）。
   A．转移论题谬误　　　　　　　B．偷换论题谬误
   C．稻草人谬误　　　　　　　　D．诉诸无知谬误
   E．诉诸传统谬误

16．人身攻击谬误包括（　　）。
   A．辱骂型人身攻击谬误　　　　B．境况型人身攻击谬误
   C．"你也是"谬误　　　　　　　D．诉诸权威谬误
   E．诉诸怜悯谬误

17．诉诸权威谬误的权威情形包括（　　）。
   A．滥用权威　　B．不相干权威　　C．有问题的权威
   D．不适当权威　　E．武力

18．诉诸情感谬误包括不当（　　）。
   A．诉诸公众　　B．诉诸威力　　C．诉诸怜悯　　D．诉诸传统
   E．诉诸经典

19．支持谬误包括（　　）。
   A．推不出谬误　　　　　　　　B．以先后定因果谬误
   C．分解谬误　　　　　　　　　D．合成谬误
   E．乞题谬误

20．合成谬误的情形包括（　　）。

   A．一个关于整体的结论是以其构成要素的性质为前提推导出来的，而实际上以这些构成要素的性质为前提是推导不出这个关于整体的结论的

   B．一个关于对象类的结论是以其组成类的个体成员的性质为前提推导出来的，而实际上以这些个体成员的性质为前提是推导不出这个关于对象类的结论的

   C．一个关于其构成要素的结论是以这些要素所属整体的性质为前提推导出来的，而实际上以这个整体的性质为前提是推导不出这个关于构成要素的结论的

   D．一个关于个体成员的结论是以其所属类的性质为前提推导出来的，而实际上以其所属类性质为前提是推导不出这个关于个体成员的结论的

   E．"在此之后，因此，那是因为此"

21．分解谬误的情形包括（　　）。

   A．一个关于整体的结论是以其构成要素的性质为前提推导出来的，而实际上以这些构成要素的性质为前提是推导不出这个关于整体的结论的

B. 一个关于对象类的结论是以其组成类的个体成员的性质为前提推导出来的,而实际上以这些个体成员的性质为前提是推导不出这个关于对象类的结论的

C. 一个关于其构成要素的结论是以这些要素所属整体的性质为前提推导出来的,而实际上以这个整体的性质为前提是推导不出这个关于构成要素的结论的

D. 一个关于个体成员的结论是以其所属类的性质为前提推导出来的,而实际上以其所属类性质为前提是推导不出这个关于个体成员的结论的

E. "在此之后,因此,那是因为此"。

三、判断题(共36题,对的打"√",错误的打"×")

1. 转移论题是指论证者本来应该论证命题A成立,结果故意去论证命题A′成立,甚至论证B成立。(　　)

2. 偷换论题是指论证者本来应该论证命题A成立,但为了便于论证却不知不觉去论证命题A′成立,甚至论证B成立。(　　)

3. 转移论题又叫跑题。(　　)

4. 偷换论题又叫跑题。(　　)

5. 偷换论题谬误主要是偷换自己的论题。(　　)

6. 稻草人谬误主要是偷换对方的论题。(　　)

7. 根据逻辑学的经典划分,形式谬误可分为演绎谬误与归纳谬误。(　　)

8. 根据逻辑学的经典划分,形式谬误可分为形式谬误与非形式谬误。(　　)

9. 否定前提前件谬误属于形式谬误。(　　)

10. 肯定后件谬误属于非形式谬误。(　　)

11. 健忘归纳属于演绎谬误。(　　)

12. 人身攻击属于形式谬误。(　　)

13. 以偏概全属于演绎谬误。(　　)

14. 以偏概全属于归纳谬误。(　　)

15. 循环论证即是前提直接包含了结论为真的论证。(　　)

16. 循环论证即是前提间接包含了结论为真的论证。(　　)

17. 循环论证包括直接循环论证和间接循环论证两种形式。(　　)

18. 偷换论题谬误与稻草人谬误的主要区别在于:前者通常是偷换自己的论题,而后者则是偷换对方的论题,即曲解对方的立场。(　　)

19. 论证模式"某甲A是或被认为是某领域S的权威,某甲A做了关于S的主张C,因此,C是真的"是人身攻击论证的基本模式。(　　)

20. 论证模式"某甲 A 做出主张 X,某乙 B 攻击了某甲 A 的品格、境况或行为,因此,某甲 A 的主张 X 是假的"是诉诸权威论证的基本模式。(　)

21. 诉诸公众的唯一模式就是"大多数人或每个人都接受 A 是真的,因此,A 是真的"。(　)

22. 诉诸无知论证有两个基本模式:(1)大多数人或每个人都接受 A 是真的,因此,A 是真的;(2)大多数人或每个人都不接受 A 是真的,因此,A 是假的。(　)

23. 诉诸传统论证的基本模式是:A 是旧的或传统的,因此,A 是正确的、好的或真的。(　)

24. 根据主流逻辑观点,前提与结论之间的支持关系要么是演绎支持关系,要么是归纳支持关系。(　)

25. 以先后定因果谬误的论证模式是"事件 A 发生在事件 B 之前,因此,事件 A 是事件 B 的原因"。(　)

【主观题|线下作业】

一、下列语篇中是否犯了形式谬误? 如果是,它犯了何种谬误?

1. 美国总统布什:要不站到恐怖主义一边,要不站到我们这边;你没有站到我们这边,因此,你站到了恐怖主义一边。

2. 我们班所有同学都是中国人,因此,所有中国人都是我们班的同学。

3. 有些逻辑学家不是哲学家,有些逻辑学家不是文学家,因此,有些哲学家不是文学家。

4. 张三或者是广东人,或者是贵州人;张三不是广东人,因此,他肯定是贵州人。

5. 如果张三是杀人犯,他就有作案时间;张三有作案时间,因此,张三是杀人犯。

二、下列语篇中是否犯了前提谬误? 如果是,犯了什么谬误?

1. 在春秋战国时期,有个既卖矛又卖盾的人。他首先举着他的矛夸口说:"我的矛是天下最锋利的,任何盾都戳得穿。"然后,他又举着他的盾夸口说:"我的盾是天下最坚固的,任何矛都戳不穿它。"有位过路人突然问:"那么,用你的矛来戳你的盾,结果会如何呢?"结果那个人哑口无言。

2. 我那个《家猪野猪论》和某某教育部长的几乎一样,他的叫《家兔野兔论》。我在 2016 年发表的,他的比我的晚 10 多年呢! (今天是 2019 年 8 月 23 日)。

3. 《圣经》说信赖神是信仰的根基,《圣经》上所说的都是对的,因此,信赖神是信仰的根基。

4. 先生(王阳明)曰:"人胸中各有个圣人,只自信不及,都自埋倒了。"乃顾于中曰:"尔胸中原是圣人。"于中起,不敢当。先生曰:"此是尔自家有的,如何要推?"于中又曰:"不敢。"先生曰:"众人皆有之,况在于中,却何故谦起来?谦亦不得。"于中乃笑受。

5. 明天肯定不会下雨,因为如果明天下雨,那就意味着我们去番禺湿地公园的计划不得不取消。

三、下列语篇中是否犯了相干谬误?如果是,它属于何种类型?

1. 我们对于外星人一无所知,这正好证明他们并不存在。

2. 一则商业广告:一个女人在沙发上睡着了,一会儿一个男人回来了,音乐响起,"好男人不会让心爱的女人受一点点伤",然后那个女人开始哭泣。随后显示广告语:"爱她就送她螨婷"。

3. 学生:"老师,如果这门课程不及格,我就拿不到毕业证和学位了。我父母都是下岗工人,还等着我拿工资养活他们呢!"

4. 老师:"你的硕士论文一个外文参考文献都没有,怎么能说你已掌握了国内外前沿动态呢?"学生:"我看过师兄师姐他们的硕士论文,他们也都是没有外文参考文献呀!"

5. 与地心说相比,哥白尼的日心说肯定是错的,因为地心说最初由古希腊学者欧多克斯提出,后经亚里士多德、托勒密进一步发展而逐渐建立和完善起来。

四、分析下列语篇中是否犯了支持谬误?如果有,它属于哪一种具体谬误?

1. 到2019年,中华人民共和国已70岁了,因此,每个中国公民已70岁了。

2. 2008年,海南省没有遇到重大自然灾害,因此,2008年中国没有遇到重大自然灾害。

3. 卢森堡是目前世界上最富有的国家,约根森是卢森堡人,因此,约根森是世界上最富有的人。

4. 一周以前,我去了一次贵阳,长了痘痘,因此,去贵阳会长痘痘。

5. 食盐是无毒的,食盐是由氯和钠两种元素组成的,因此,氯和钠都是无毒的。

主要参考文献

1. Anthony Weston, *A Rulebook for Arguments*, 5th edition, Hackett Publishing Company, 2017.
2. C. L. Hamblin, *Fallacies*, Vale Press, 1970/2004.
3. Douglas M. Walton, *Informal Logic: A Handbook for Critical Argumentation*, Cambridge University Press, 1989.
4. Frans H. van Eemeren & A. Franscisca Snoeck Henkemans, *Argumentation: Analysis and Evaluation*, 2nd edition, Routledge, 2017.
5. Frans van Eemeren, Rob Grootendorst & Francisca Snoeck Henkemans, *Argumentation: Aanalysis, Evaluation, Presentation*, Lawrence Erlbaum Associates, 2002.
6. http://en.wikipedia.org/wiki/Logic.
7. http://plato.stanford.edu.
8. http://www.wordiq.com/definition/Logic.
9. Irving M. Copi & Carl Cohen, *Introduction to Logic*, 9th edition, Macmillan Publishing Company, 1994.
10. Ralph H. Johnson & J. Anthony Blair, *Logical Self-Defense*, McGraw-Hill, INC., 1994.
11. S. F. 巴克尔著，田龙九、孚道译：《逻辑原理》，中国科学出版社，1988年版。
12. Stephen F. Barker, *The Elements of Logic*, 6th edition, McGraw-Hill, 2003.
13. 丁煌、武宏志：《谬误：思维的陷阱》，延边大学出版社，1990年版。
14. 范爱默伦、斯诺克·汉克曼斯著，熊明辉、赵艺译：《论证：分析与评价》，中国社会科学出版社，2018年版。
15. 梁庆寅主编：《传统与现代逻辑概论》，中山大学出版社，1998年版。
16. 苏天辅：《形式逻辑》，中央广播电视大学出版社，1984年版。
17. 武宏志、马永侠：《谬误研究》，陕西人民出版社，1996年版。
18. 袁正校主编，熊明辉、苏尚副主编：《逻辑学基础教程》，高等教育出版社，2007年版。

附录一：韦斯顿的 50 条论证规则

选自韦斯顿《论证规则手册（第 5 版）》英文版

01. 解决前提与结论问题。
02. 用自然顺序呈现你的想法。
03. 从可信赖的前提开始。
04. 要具体明了。
05. 要避免加载语言。
06. 要使用一致术语。
07. 请使用不止一个例子。
08. 请使用有代表性的例子。
09. 背景评估很关键。
10. 需要谨慎看待统计数字。
11. 请考虑反例。
12. 类比需要相关类似例子。
13. 请列出来源。
14. 寻找有信息量的来源。
15. 寻找无偏见的来源。
16. 请交叉检查来源。
17. 建立起互联网悟性。
18. 因果论证始于关联。
19. 关联也许有其他可替代解释。
20. 迈向最可能的解释。
21. 请预见复杂性。
22. 分离论证。
23. 逆分离论证。
24. 假言三段论。
25. 选言三段论。
26. 二难论证。
27. 归谬法。

28. 多步骤演绎论证。
29. 探讨议题。
30. 把基本思想用论证讲清楚。
31. 维护自己论证的基本前提。
32. 要预料反对意见。
33. 请探讨可替代选择。
34. 要开门见山。
35. 促成明确主张或提议。
36. 你的论证是你的大纲。
37. 请详述反对意见并应对之。
38. 请寻求反馈并利用它。
39. 谦虚点!
40. 请求聆听。
41. 要有满现场感。
42. 积极标出论证进程。
43. 砍掉论证的可视化部分。
44. 结语要别具风格。
45. 自豪地做论证。
46. 倾听,学习,影响。
47. 提供积极向上的东西。
48. 从共同根基开始。
49. 至少要说常人说的话。
50. 事后给听众留下反思余地。

附录二：语用论辩学的批判性讨论 10 规则
——选自范爱默伦、斯诺克·汉克曼斯著
《论证分析与评价》2018 年版

1. 自由规则：论辩双方不得彼此阻止对方提出立场，或者阻止对方质疑立场。
2. 证明责任规则：如果提出立场的一方被要求维护立场，他就负有辩护义务。
3. 立场规则：一方对对方立场的抨击必须与对方确实提出的立场有关。
4. 相干规则：只有提出了与立场相关的论证时，立场才得到了证成。
5. 未表达前提规则：一方不得错误地把对方未表达的东西当作前提来提出，或者否定对方未明确表达的前提。
6. 起点规则：论辩双方都不能错误地把前提当作公认起点，或者否认表达公认起点的前提。
7. 有效性规则：在论证中被作为逻辑有效提出来的推理不能包括逻辑错误。
8. 论证形式规则：在论证中被作为逻辑有效提出来的推理不能包括逻辑错误。
9. 结束规则：在立场证成失败后，正方不可再维持该立场，且在成功证成立场后，反方不可再维持其怀疑。
10. 用法规则：论辩双方均不得使用不太清晰或混乱不清的表述，且不能故意歪曲对方的表述。

附录三：部分练习题参考答案

第一章　引论

【客观题│线上作业】

一、单选题

1. A　2. A　3. A　4. A　5. A　6. B　7. A　8. A　9. A　10. C　11. A　12. A
13. A　14. A　15. A　16. B　17. A　18. C　19. D　20. B　21. A　22. A　23. B
24. B　25. A　26. A　27. B　28. A　29. C　30. A　31. B　32. A　33. B　34. A
35. D　36. C　37. D　38. C　39. A　40. A　41. C　42. A　43. A　44. A　45. A
46. B　47. A　48. A　49. A　50. C　51. A　52. C　53. B　54. C　55. A　56. A
57. C　58. A　59. B　60. C　61. A　62. C　63. B　64. A　65. A

二、多选题

1. ABC　2. ABC　3. ABC　4. ABCD　5. ABCD　6. ABCDE　7. AB　8. ABCDE
9. AB　10. BCDE　11. ABCD　12. ABCDE　13. ABCDE　14. ABCD　15. AB　16. CD
17. ABCD　18. AB　19. ABC　20. AB　21. ABC　22. ABC　23. ABC　24. BCDE
25. BCDE　26. BCDE　27. AB　28. AB　29. ABC　30. ABCDE　31. ABC　32. ABC
33. DE　34. ABCDE　35. ABE　36. ABE　37. AB　38. AB　39. ABCD　40. AB
41. ABC　42. ABC　43. AB　44. ABCDE　45. AB　46. ABCD　47. AB　48. CD
49. AB　50. AB　51. ABCDE　52. ABCDE　53. ABCD　54. ABCD　55. ABCD
56. ABE　57. ABCD　58. AB

三、判断题

1. ×　2. ×　3. ×　4. ×　5. √　6. ×　7. √　8. √　9. ×　10. √　11. √
12. ×　13. ×　14. √　15. √　16. √　17. √　18. √　19. ×　20. ×　21. ×
22. ×

【主观题│线下作业】

答案可以到书中查找，从略。

第二章　论证

【客观题│线上作业】

一、单选题

1. A　2. A　3. A　4. A　5. A　6. B　7. A　8. C　9. D　10. A　11. B　12. C　13. D
14. A　15. B　16. C　17. C　18. B　19. D　20. C　21. D　22. A　23. A　24. A

25. B 26. C 27. A 28. B 29. C 30. A 31. A 32. B 33. C 34. A 35. B
36. A 37. A 38. A 39. A 40. C 41. B 42. A 43. B 44. C

二、多选题
1. ABC 2. ABC 3. ABCDE 4. ABC 5. ABCDE 6. ABCDE 7. ABCDE 8. ABC
9. ABCE 10. BCD 11. AB 12. BD 13. AB 14. AB 15. ABC 16. ABCD
17. ABC 18. ABCD 19. ABC 20. ABCDE 21. BC 22. ABCDE 23. ABCDE
24. ABCE 25. ABE 26. ABCDE 27. ABC 28. DE 29. ABC 30. DE 31. ABCDE
32. ABC 33. ABC 34. ABCDE 35. ABCDE 36. ABCD 37. AB 38. ABCD
39. ABC 40. ABCD 41. ABC 42. ABCDE

三、判断题
1. × 2. × 3. × 4. √ 5. × 6. × 7. √ 8. √ 9. √ 10. × 11. ×
12. × 13. × 14. × 15. √ 16. × 17. × 18. √ 19. √ 20. √ 21. √
22. √ 23. × 24. × 25. × 26. √ 27. × 28. √ 29. ×

【主观题│线下作业】

一、下列语句是否是命题？提示：判断一个语句是否是命题的标准有两个：(1)必须是语法正确的字符串；(2)必须有真假可言。未满足其中任何一条标准都不是命题。

 1. 是命题。这是一个直陈句，有真假可言。

 2. 不是命题，因为这是一个祈使句，无真假可言。

 3. 是命题。虽然这是一个问句，但它是一个反问句，其含义是"爱一个人是没有错的"，有真假可言。

 4. 不是命题，因为一般疑问句没有做出任何断定，无真假可言。

 5. 是命题，因为这是一个直陈句，有真假可言。

 6. 是命题，这是一个条件命题，根据前件和后件的真假我们断定其真假。

 7. 是命题。这是一个否定命题，根据其支命题"司马光是清朝人"的真假我们可以断定这个命题的真假。

 8. 不是命题。这是一个语法不正确的字符串。

 9. 是命题。这是一个条件命题，根据前件和后件两个支命题的真假，我们可以断定这个条件命题的真假。

 10. 是命题。这是一个合取命题，根据其合取支"世有伯乐"和"有千里马"的真假我们可断定这个合取命题的真假。

二、识别下列命题是经验命题还是必然命题。提示：识别一个命题是经验命题还是必然命题的标准是看否它是否需要根据观察经验来判定其真假，如果需要，那就是经验命题，否则就是必然命题。

 1. 这是一个经验命题，因为它需要数字经验知识才能断定其真假。

 2. 这是一个必然命题，因为我们不需要观察经验就能够断定这个命题必然为真。

 3. 这是一个经验命题，因为它需要根据观察经验来判定其真假。

 4. 这是一个经验命题，因为它需要根据观察经验来判定其真假。

 5. 这是一个经验命题，因为它需要根据观察经验来判定其真假。

 6. 这是一个经验命题，因为它需要根据观察经验来判定其真假。

 7. 这是一个经验命题，因为它需要根据观察经验来判定其真假。

8. 这是一个经验命题,因为它需要根据观察经验来判定其真假。

9. 这是一个经验命题,因为它需要根据观察经验来判定其真假。

10. 这是一个经验命题,因为它需要根据观察经验来判定其真假。

三、下列语篇中是否包含有论证?如果有,请识别其论证结构。

提示:识别一个语篇是否是论证,首先看其中能否识别出前提与结论两个组成部分,如果能够,这个语篇就是论证,否则就不是;其次,结论是否是一种观点或主张,如果是,这就是论证,否则就不是论证。

1. 这个语篇不是论证,因为我们无法识别其前提与结论。

2. 这个语篇不是论证,因为它只是一个条件句,不是由前提与结论两个部分构成。

3. 这个语篇不是论证,因为这两个语句之间没有前提与结论的支持关系。

4. 这个语篇不是一个论证,而是一个解释。尽管其中有"因为"之类的标识词,但这种标识词并不必然就是论证标识词,有时是论证标识,有时却是解释标识词。

5. 这个语篇是一个论证,其结论是"我比城北的徐公美",前提是"我妻子是这样说的,我小老婆也是这样说的,我的客人也是这样说的"。这是个收敛结构型论证。

6. 这是一个论证,结论是"罗宾逊与本案无关",前提是"史密斯不是杀人真凶"以及"格雷格太太表现出悲伤只不过是为了掩盖左轮手枪被发现的一种策略"。这是一种闭合结构型论证。

7. 这是一个论证,其结论是"妥协的危机是存在的,但是能够克服",其余的语句都是前提。最后一句话明确表明这个论证结构是一个闭合型结构。

8. 在这段对话中,小林的话语包含了论证,其结论是"答案应该是'错误'",其前提是"前面小燕回答过'正确',但你没有让她坐下"。这个论证的结构是闭合型。

9. 小惠的话语包括了一个论证,其结论是"姑姑,你的脸好像水蜜桃哟",其前提是"上面都有细细的毛"。这个论证的结构是简单结构。

10. 甲的话语包括一个论证,其结论是"人家的文化水平就是高",前提是"人家大人小孩都会说英语"。这个论证的结构是简单结构。

四、下列语篇是否包含有论证?如果有,请识别其论证类型。

1. 这个语篇包含论证,其论证类型是演绎论证。

2. 这个语篇包含论证,其论证类型是演绎论证。

3. 这个语篇包含论证,其论证类型是演绎论证。

4. 这个语篇包含论证,其论证类型是演绎论证。

5. 这个语篇包含论证,其论证类型是演绎论证。

6. 这个语篇包含论证,其论证类型是演绎论证。

7. 这个语篇包含论证,其论证类型是演绎论证。

8. 这个语篇的最后一回合对话包含了论证,结论是"您小时候一定是聪明伶俐的了",前提是"小时聪明伶俐,长后大未必会怎么样",这里有一个省略前提"你现在不怎么样"。这是一个演绎论证。

9. 这个儿子的思维过程包括了一个论证,他使用的论证类型是归纳论证。

10. 王戎的回答包括了一个论证,其结论是"这必定是一棵苦味李树",前提是"李树长在路边却有许多果实"。这个论证有省略前提"凡李树长在路边有许多果实必定是一棵苦李树",补充了这个前提之后,这个论证就是一个演绎论证。

第三章 直言命题逻辑

【客观题 | 线上作业】

一、单选题

1. A 2. A 3. B 4. C 5. A 6. A 7. B 8. C 9. D 10. A 11. A 12. B 13. D
14. D 15. C 16. C 17. C 18. A 19. B 20. C 21. C 22. D 23. D 24. A
25. B 26. C 27. A 28. C 29. B 30. C 31. B 32. D 33. A 34. B 35. C
36. A 37. D 38. A 39. A 40. C 41. A 42. B 43. C 44. A 45. A 46. B
47. C 48. B 49. C 50. D 51. B 52. B 53. C 54. A 55. B 56. C 57. A
58. B 59. C 60. D 61. C 62. A 63. C 64. C 65. B 66. C 67. B 68. D
69. D 70. A 71. A

二、多选题

1. ABC 2. ABCD 3. ABCD 4. ABC 5. ABC 6. ABCDE 7. AB 8. CD 9. AB
10. CDE 11. ABCD 12. ABCD 13. AB 14. CDE 15. ABCDE 16. CD 17. AB
18. ABDE 19. ABCD 20. ABCDE 21. BC 22. AE 23. AB 24. CD 25. ABC
26. ABCDE 27. ABCDE 28. ABC 29. AC 30. BDE 31. ABCD 32. BCD 33. CDE
34. ABD 35. CE 36. AD 37. ACDE 38. ABCD 39. ABCD 40. BDE 41. ABC
42. BCDE 43. ABC 44. ABC 45. ABC 46. ABC 47. ABCDE 48. ABCDE
49. BCDE 50. ABC 51. ABC

三、判断题

1. √ 2. √ 3. × 4. √ 5. × 6. √ 7. √ 8. × 9. × 10. √ 11. √
12. √ 13. √ 14. √ 15. √ 16. √ 17. √ 18. √ 19. √ 20. √ 21. ×
22. √ 23. × 24. √ 25. √ 26. √ 27. √ 28. √ 29. √ 30. √ 31. ×
32. √ 33. √ 34. √ 35. × 36. ×

【主观题 | 线下作业】

一、判断下列命题是否是标准形式的直言命题？如果不是，解释为什么？如果是，请指出其名称、形式、量和质。

  1. 这是一个直言命题，但不是一个标准形式的直言命题，因为一个标准形式的直言命题的主项和谓项都必须是名词，而这个命题的谓项是形容词。

  2. 这是一个标准形式的直言命题，其名称是 O 命题，其形式是"有些 S 不是 P"，其质是"否定"，其量是"特称"。

  3. 这是一个直言命题，但不是一个标准形式的直言命题。首先，它缺乏量项和联项；其次，它的谓项并非一个名词。

  4. 这是一个标准形式的直言命题，其名称是 I 命题，其形式是"有些 S 是 P"，其质是"肯定"，其量是"特称"。

  5. 这不是一个标准形式的直言命题，因为标准形式直言命题的量项应该在最左边，而这个命题中的量项"所有"在中间。

二、判断下列命题是否是标准形式的直言命题？如果不是，解释为什么？如果是，请指出主谓项的周延情况，并画出相应的文恩图。

  1. 这是一个标准形式的直言命题，而且是一个 I 命题，这个命题的主项和谓项都是不周

延的,其文恩图表示如下:

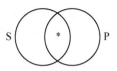

2. 这是一个标准形式的直言命题,而且是一个I命题,这个命题的主项和谓项都是不周延的。其文恩图表示如下:

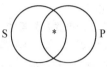

3. 这是一个标准形式的直言命题,而且是一个E命题,其主项和谓项都是周延的。其文恩图表示如下:

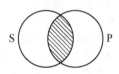

4. 这不是一个标准形式的直言命题,因为这个命题缺乏量项。
5. 这不是一个标准形式的直言命题,因为这个命题不仅缺乏量项,而且其谓项也不是一个名词。

三、从存在观点来看,根据对当方阵,判断下列(1)和(2)两个命题之间的逻辑关系。如果(1)为真,(2)的真值情况如何？如果(1)为假,(2)的真值情况如何？如果(2)为真,(1)的真值情况如何？如果(2)为假,(1)的真值情况如何？

1. 这两个命题是下反对关系。其真假情况是：如果(1)为真,则(2)真假不定；如果(1)为假,则(2)必定为真；如果(2)为真,则(1)真假不定；如果(2)为假,则(1)必定为真。

2. 这两个命题是矛盾关系。其真假情况是：如果(1)为真,则(2)必定为假；如果(1)为假,则(2)必定为真；如果(2)为真,则(1)必定为假；如果(2)为假,则(1)必定为真。

3. 这两个命题是蕴涵关系。其真假情况是：如果(1)为真,则(2)必定为真；如果(1)为假,则(2)真假不定；如果(2)为真,则(1)真假不定；如果(2)为假,则(1)必定为假。

4. 这两个命题是反对关系。其真假情况是：如果(1)为真,则(2)必定为假；如果(1)为假,则(2)真假不定；如果(2)为真,则(1)必定为假；如果(2)为假,则(1)真假不定。

5. 这两个命题是矛盾关系。其真假情况是：如果(1)为真,则(2)必定为假；如果(1)为假,则(2)必定为真；如果(2)为真,则(1)必定为假；如果(2)为假,则(1)必定为真。

四、从假设观点来看,在下列成对命题中,如果(1)为真,(2)的真值情况如何？如果(1)为假,(2)的真值情况如何？如果(2)为真,(1)的真值情况如何？如果(2)为假,(1)的真值情况如何？

1. 这两个命题是矛盾关系。其真假情况是：如果(1)为真,则(2)必定为假；如果(1)为假,则(2)必定为真；如果(2)为真,则(1)必定为假；如果(2)为假,则(1)必定为真。

2. 从假设观点来看,这两个命题的下反对关系不成立。

3. 从假设观点来看,这两个命题的蕴涵关系不成立。

4. 从假设观点来看,这两个命题的反对关系不成立。

5. 从假设观点来看,这两个命题的蕴涵关系不成立。

五、将下列命题翻译成与其逻辑等值的标准形式直言命题。

1. 所有语言都是符号系统。

2. 所有艺术都是模仿。

3. 所有照片都是与对象相似的图片。

4. 有些 X 光片不是相片。

5. 所有电影都不是值得一看的电影。

六、判断下列论证能否重构为标准三段论形式?如果能,请重构它并判定是否有效?

1. 我们将前提"有些影视作品是非表演"进行换质便可得"有些影视作品不是表演",这就构成了一个标准直言三段论,不过,这个三段论违背了规则"两个否定前提不能得出结论",因此,它是一个无效的三段论。

2. 我们将结论"所有困境都是难题"进行对换即可得"所有非难题都是非困境",这就构成了一个标准直言三段论,这个三段论是第一格的 AEA 式,它是无效的。

3. 在这个论证中,三个命题都不是标准形式的直言命题,因为它们都没有量词,但是,我们根据语境可以将三个命题都补充为全称命题,经过补充之后,就构成了一个标准直言三段论,但是,由于中项处于两个前提的谓项位置上,而 A 命题的谓项是不周延的,因此,这个三段论违背了"中项必须至少周延一次"规则。

4. 这不是一个标准形式的直言三段论,实际上它需要构成至少两个三段论才能得出结论。

5. 这不是一个标准形式的直言三段论,但我们可以通过构成两个以上直言三段论分析这个语篇。

七、指出下列命题(1)和(2)之间的关系。如果命题(1)为真,那么(2)的真值情况如何?如果(1)为假,那么(2)的真值情况如何?如果命题(2)为真,那么(1)的真值情况如何?如果(2)为假,那么(1)的真值情况如何?

1. 命题(1)和(2)分别是 $SA\overline{P}$ 和 SEP,其中,命题(1)通过换质即可得 SEP。由此可见,这两个命题是等值关系,因此,如果命题(1)为真,那么命题(2)也必定为真;如果命题(1)为假,那么命题(2)也必定为假;反之,如果命题(2)为真,那么命题(1)必定为真;如果命题(2)为假,那么命题(1)必定为假。

2. 命题(1)的形式是 SEP,命题(2)的形式是 $\overline{P}A\overline{S}$。我们通过对换法将命题(2)变形为 SAP,可知这两个命题是反对关系。也就是说,如果命题(1)为真,那么命题(2)必定为假;如果命题(1)为假,那么命题(2)真假不定;反之,如果命题(2)为真,那么命题(1)必定为假;如果命题(2)为假,那么命题(1)真假不定。

3. 命题(1)的形式是 $SO\overline{P}$,命题(2)的形式是 POS。命题(1)换质后便得 SIP,再换位得 PIS。由此可见,这两个命题是下反对关系,即:如果命题(1)为真,那么命题(2)真假不定;如果命题(1)为假,那么命题(2)必定为真;反之,如果命题(2)为真,那么命题(1)真假不定;如果命题(2)为假,那么命题(1)必定为真。

4. 命题(1)的形式是 SIP,命题(2)的形式是 $\overline{P}O\overline{S}$。命题通过对换可得 SOP。这样,命题(1)和命题(2)就是下反对关系,即:如果命题(1)为真,那么命题(2)真假不定;如果命题(1)为假,那么命题(2)必定为真;反之,如果命题(2)为真,那么命题(1)真假不定;如果命题(2)为假,那么命题(1)必定为真。

5. 命题(1)的形式是 $\overline{S}AP$,命题(2)的形式是 $\overline{SAP}$。命题(2)经过换质可得 $\overline{S}EP$。因此,这两个命题是反对关系,即:如果命题(1)为真,那么命题(2)必定为假;如果命题(1)为假,那么命题(2)真假不定;反之,如果命题(2)为真,那么命题(1)必定为假;如果命题(2)为假,那么命题(1)真假不定。

八、用什么方法可以使得你能从(1)推导出(2)？在回答时既要考虑对当方阵(从存在观点来看)又要考虑直言命题运算。

1. 命题(1)的形式是 $SA\overline{P}$,命题(2)的形式是 $PI\overline{S}$。首先,根据命题运算中的对换法,命题(1)对换后得 $PA\overline{S}$,然后再根据逻辑方阵中的蕴涵关系我们推导出命题(2)。

2. 命题(1)的形式是 $\overline{S}AP$,命题(2)的形式是 $\overline{P}IS$。根据命题运算,$\overline{S}AP$ 换质可得 $\overline{S}E\overline{P}$,再换位可得 $\overline{P}E\overline{S}$,再换质可得 $\overline{P}AS$,然后根据对当关系中的蕴涵关系即可推出命题(2)。

3. 命题(1)的形式是 $SA\overline{P}$,命题(2)的形式是 PES。根据命题运算,$SA\overline{P}$ 换质后得 SEP,再换位即得到命题(2)。

4. 命题(1)的形式是 SAP,命题(2)的形式是 $\overline{P}OS$。首先,根据命题运算,SAP 换质后得 $SE\overline{P}$,再换位得 $\overline{P}ES$;然后,根据对当关系中的蕴涵关系即可推导出命题(2)。

5. 命题(1)的形式是 SIP,命题(2)的形式是 $PO\overline{S}$。根据命题运算,SIP 换质后得 $SO\overline{P}$,再经过对换即推导出命题(2)。

九、指出下列三段论的格和式,并用文恩图检验下列三段论的有效性。

1. 这个三段论的形式是 MOP,MAS,$\therefore SOP$。这是三段论第三格的 OAO 式。其文恩图示如下:

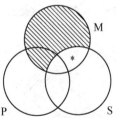

由这个文恩图示可知,我们能必然推导出 SOP,因此,这个三段论有效。

2. 这个论证形式是:MAP,SEM,$\therefore SAP$。这是三段论第一格 AEA 式。其文恩图示如下:

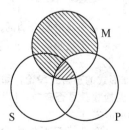

由该文恩图示可以但并不必然推导出 SAP,因此,这个三段论无效。

3. 这个论证的形式是:PIM,MAS,$\therefore SIP$。这是三段论第四格的 IAI 式。其文恩图示如下：

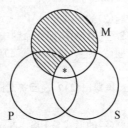

根据这个文恩图示可知，我们能必然推导出 SIP，因此，这个三段论有效。

4. 这个论证的形式是：MOP，MOS，∴SOP。这是三段论第三格的 OOO 式。其文恩图示如下：

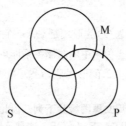

根据这个文恩图示可知，我们并不能必然推导出 SOP，因此，这个三段论无效。

5. 这个论证的形式是：MAP，SAM，∴SIP。这是三段论第一格的 AAI 式。其文恩图示如下：

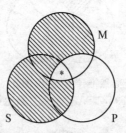

根据这个文恩图示可知，如果 S 是一个非空集合的话，我们必然能够推导出 SIP，因此，这个三段论是有效的。但是，如果 S 是一个空集的话，我们不能必然推导出 SIP，此时，三段论无效。

十、判定下列语篇是否是一个标准形式的直言三段论？如果不是，解释为什么？如果是，请指出它们的格和式，并用文恩图检验其是否有效。（说明：如果你认为它不是标准形式直言三段论，请将其转换成标准形式。）

1. 这是一个标准形式的直言三段论，其论证形式是：MAP，SIM，∴SIP。这是三段论第一格的 AII 式，其文恩图示如下：

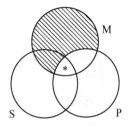

根据这个文恩图示可知,我们必然能够推导出 SIP,因此,这个三段论有效。

2. 这不是一个标准形式直言三段论,因为它的大前提和小前提的谓项都不是名词。但是,通过把大、小前提翻译成标准形式直言命题以及把大前提换质,我们可将其化归为标准形式直言三段论,即:"所有蛇都不是有脚的东西,你画的东西是有脚的东西,因此,你画的东西不是蛇。"这个论证形式是:PEM,SAM,∴SEP。这是三段论第二格 EAE 式,其文恩图示如下:

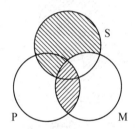

根据这个文恩图示可知,我们必然能够推导出 SEP,因此,这个三段论是有效的。

3. 这不是一个标准形式直言三段论,但是,通过把大、小前提翻译成标准形式直言命题,我们可将其化归为标准形式直言三段论,即:"所有和尚都是剃光头和穿法衣的人,我是剃光头和穿法衣的人,因此,我是和尚。"这是三段论第二格的 AAA 式,其论证形式是:PAM,SAM,∴SAP,其文恩图示如下:

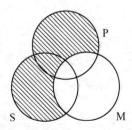

根据这个文恩图所示,我们显然不能必然推导出 SAP,因此,这个三段论无效。

4. 这不是一个标准形式直言三段论,因为它的大前提、小前提和结论都不是标准形式直言推理。但是,我们通过将这些命题翻译成标准形式直言命题使之变成一个标准直言三段论,即:"所有狗都是有八条腿的动物,总统是狗,因此,总统是有八条腿的动物。"这是三段论第一格的 AAA 式,其论证形式是 MAP,SAM,∴SAP,其文恩图示如下:

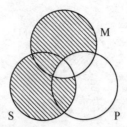

根据这个文恩图所示,我们可以必然推导出结论 SAP,因此,这个三段论有效。

5. 这不是一个标准直言三段论,因为其大前提、小前提的谓项都不是名词,而且大前提还缺乏量项,即不是标准形式直言命题。但是,我们可以通过将其翻译成标准直言命题使之变成标准直言三段论,即:"所有洋奴都是会说洋话的人,你是会说洋话的人,因此,你是洋奴。"这是三段论第二格的 AAA 式,其论证形式是:PAM,SAM,∴SAP,其文恩图示如下:

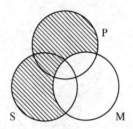

根据这个文恩图所示,我们显然不能必然推导出 SAP,因此,这个三段论无效。

十一、分别用文恩图和五条规则来检验下列三段论的有效性。如果你发现某三段论从存在观点来看是有效的,而从假设观点来看是无效的,请解释这种情形。

1. 这个三段论的论证形式是:PIM,SOM,∴SOP。从三段论规则来看,它违背了规则"在前提中不周延的项,在结论中不得周延",犯了大项扩大逻辑错误,因此,它是无效的。其文恩图示如下:

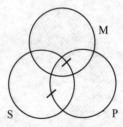

很显然,根据这个文恩图所示,我们无法必然推导出 SOP,因此,这个三段论无效。

2. 这个三段论的论证形式是:MAP,MES,∴SEP。从三段论规则来看,它违背了规则"在前提中不周延的项,在结论中不得周延",犯了大项扩大逻辑错误,因此,它是无效的。其文恩图示如下:

附录三：部分练习题参考答案　341

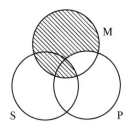

根据这个文恩图示，我们显然无法必然推导出 SEP，因此，这个三段论无效。

3. 这个三段论的论证形式是：MAP，SAM，∴SIP。这个论证需要考虑存在观点和假设观点。从存在观点来看，它并不违背三段论的四条基本规则，因此，它是有效的。但从假设观点来看，它违背了第五条规则"一个正确的三段论不能有两个全称前提和一个特称结论"，因此，它是无效的。其文恩图示如下：

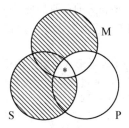

根据这个文恩图示可知，如果 S 是一个非空集合的话，我们必然能够推导出 SIP，因此，这个三段论是有效的。但是，如果 S 是一个空集的话，我们不能必然推导出 SIP，此时，三段论无效。

4. 这个三段论的论证形式是：PEM，SAM，∴SEP。从三段论规则来看，它并不违背三段论的任何规则，因此，它是有效的。其文恩图示如下：

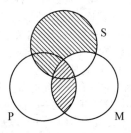

根据这个文恩图所示，我们必然能够推导出 SEP，因此，这个三段论有效。

5. 这个三段论的论证形式是：PAM，SEM，∴SEP。从三段论规则来看，它并不违背三段论的任何规则，因此，它是有效的。其文恩图示如下：

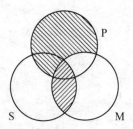

根据这个文恩图所示,我们必然能够推导出 SEP,因此,这个三段论有效。

十二、判断下列论证是否是三段论?如果是,请用五条规则来判定它是否有效。如果不是一个标准形式的三段论,请先改写成标准形式的。

1. 这是一个三段论,但不是一个标准形式直言三段论,因为它的大前提"所有美的东西都不是不可看见的"和小前提"所有听得见的东西都是不可看见的"都不是一个标准形式直言命题。但是,我们可以将这两个命题翻译成为标准直言命题,即分别为:"所有美的东西都不是不可看见的东西"和小前提"所有听得见的东西都是不可看见的东西"。这样,这个三段论的论证形式是:PEM,SAM,∴SEP。这个形式并不违背三段论的任何规则,因此它是有效的。

2. 这是一个三段论,但不是一个标准形式直言三段论,因为大前提、小前提和结论都不是标准形式直言命题。但是,我们可以通过将其翻译成为标准形式直言命题使之变成标准形式直言三段论,即:"所有外国人都是说中国不好的人,你是说中国不好的人,因此,你是外国人。"这个论证的形式是:PAM,SAM,∴SAP。这个论证形式违背了三段论规则"中项必须至少周延一次",因此犯了中项不周延的逻辑错误。

3. 这是一个三段论,但不是一个标准形式直言三段论,因为大前提、小前提和结论都不是一个标准形式直言命题,但我们可以通过将它们翻译成标准形式直言命题使之变成标准形式直言三段论,有两个可能的翻译:一是将结论中省略的量词翻译为全称量词,即:"甲是生疮的人,甲是中国人,因此,所有中国人都是生疮的人。"这个论证的形式是:MAP,MAS,∴SAP。这个论证形式违背了三段论规则"在前提中不周延的项,在结论中不得周延",犯了小项扩大的逻辑错误。二是将结论中的省略量词翻译为特称量词,即:"甲是生疮的人,甲是中国人,因此,有些中国人都是生疮的人。"这个论证的形式是:MAP,MAS,∴SIP。这是第三格的 AAI 式。从存在观点看来,它并不违背三段论四条基本规则中的任何一条规则,因此,它是有效的。但是,从假设观点来看,它违背了三段论的第五条规则"一个正确的三段论不能有两个全称前提和一个特称结论",因此,它是无效的。

4. 这不是一个直言三段论,因为它只有一个前提和一个结论,而且这个前提还不是一个标准形式直言命题。但我们可以把它看作是省略一个前提的三段论,通过补充其省略的前提"所有共产党员(M)都是应该起模范带头作用的人(P)"以及把现有前提翻译成"所有等同于你的人(S)都是共产党员(M)"以及把结论翻译成"所有等同于你的人(S)都是应当起模范带头作用之人(P)"使之成为标准形式直言三段论。经过补充和翻译之后,这个论证的形式是:MAP,SAM,∴SAP。这是第一格的 AAA 式,因此,它是有效的。

5. 这不是一个直言三段论,因为它只有一个前提和一个结论。但是,我们可以通过补充其省略的前提和翻译成标准形式直言命题使其变成一个标准形式直言三段论。首先,我们可以把它看作一个省略了前提"所有灵魂都是永远处于运动的对象",然后,把原来主项省略的量词补充为全称量词,再把原来两个命题的谓项补充上名词,即得到三段论"所有永远处于运动的对象都是不朽的对象,所有灵魂都是永远处于运动的对象,因此,所有灵魂都是不朽的对象"。这个论证的形式是：MAP,SAM,∴SAP。这是三段论第一格的 AAA 式,它并不违背三段论的任何规则,因此,它是有效的。然而,原来前提和结论的主项省略的量词也可以翻译为特称量词,当翻译成特称量词之后,情况如何呢?这留给学生自己去练习。

第四章　真值函项逻辑

【客观题｜线上作业】
一、单选题
1. A　2. C　3. A　4. A　5. A　6. A　7. B　8. C　9. D　10. A　11. B　12. C　13. D　14. B　15. A　16. A　17. A　18. A　19. A　20. D　21. C　22. A　23. D　24. A　25. A　26. A　27. D　28. D　29. A　30. A　31. A　32. A　33. A　34. A　35. A　36. A　37. A　38. A　39. C　40. A　41. A　42. D　43. A　44. A　45. A　46. A　47. A　48. A　49. A　50. A　51. A　52. A　53. A　54. A　55. A　56. A　57. C　58. A　59. C　60. A　61. A　62. D　63. A　64. A　65. A　66. A　67. A　68. A　69. A　70. A　71. A　72. A　73. C　74. D　75. D　76. B　77. C　78. D　79. A　80. A　81. A　82. B

二、多选题
1. ABCDE　2. ABCDE　3. ABCD　4. AB　5. ACDE　6. ABC　7. ABC　8. ABCD　9. ABCDE　10. ABCDE　11. AB　12. CDE　13. ABCDE　14. ABC　15. DE　16. BCDE　17. BCDE　18. ABDE　19. BCDE　20. BE　21. ACD　22. BC　23. ADE　24. ABCDE　25. ABCD　26. BCD　27. AE　28. ABCDE　29. ABCDE　30. AB　31. BCDE　32. ABC　33. ABE　34. ABCDE　35. ADE　36. DE　37. AB　38. ABE　39. ABCDE　40. AB　41. ABCD　42. ABC

三、判断题
1. √　2. ×　3. √　4. √　5. √　6. √　7. ×　8. √　9. ×　10. √　11. √　12. ×　13. √　14. √　15. ×　16. ×　17. √　18. ×　19. √　20. √　21. ×　22. √　23. ×　24. √　25. √　26. √　27. ×　28. √　29. √　30. √　31. √　32. ×　33. ×　34. √　35. √　36. √

【主观题｜线下作业】
一、识别下列论证的形式,若有必要,请改成标准形式,然后指出其是否有效。
  1. 这个论证的形式是：$\neg p, \therefore p$。这是否定论证的基本形式,因此,它是有效的。
  2. 这个论证的形式是：$p \lor q, p, \therefore \neg q$。这个论证形式是一个无效析取的论证形式。
  3. 这个论证的形式是：$p \to \neg q, p, \therefore \neg q$。这个论证形式具有条件论证的分离论证形式,因此,它是有效的。
  4. 这个论证的形式是：$p \to \neg q, q, \therefore \neg p$。这个论证形式具有条件论证中的逆分离论证形式,因此,它是有效的。
  5. 这个论证的形式是：$\neg p \to \neg q, \neg q \to \neg r, \therefore \neg r \to \neg p$。这个论证形式既然不具有任何基本有效论证形式,也不能被证明为有效形式,因此,它是无效的。
  6. 这个论证的形式是：$p \lor q, p, \therefore \neg q$。这个论证形式是个无效的析取论证形式。

7. 这个论证的形式是：$p \vee q, \neg p, \therefore q$。这个论证形式具有有效析取论证形式的否定肯定式，它是有效的。

8. 这个论证的形式是：$\neg p \rightarrow \neg q, p \rightarrow \neg q, p \vee p, \therefore \neg q$。这个论证形式是二难论证的简单构成式，它是有效的。

9. 这个论证的形式是：$p \rightarrow \neg q, q \rightarrow \neg p, p \vee q, \therefore \neg q \vee \neg p$。这个论证形式是二难论证的复杂构成式，它是有效的。

10. 这个论证的形式是：$p \rightarrow q, \neg p \rightarrow r, p \vee \neg p, \therefore q \vee r$。这个论证形式是二难论证的复杂构成式，它是有效的。

二、令"G"代表"广东宏远队赢得了这次比赛冠军"，"J"代表"吉林大禹队赢了上海东方队"，"Q"代表"前卫奥神队赢了江苏南钢队"，"Z"代表"浙江万马队赢了湖北美尔雅队"。假定G为假，J为假，Q为假，Z为假。请判定下列复合命题的真假。

1. 这个命题的形式是：$G \vee \neg J$。已知J为假，则$\neg J$为真。析取命题只要有一个析取支为真便为真，因此，这个命题是真的。

2. 这个命题的形式是：$(G \wedge \neg Q) \vee J$。已知Q为假，则$\neg Q$为真，前一个析取支是一个合取命题，由于已知G为假，合取命题只要有一个合取支为假便为假，因此，第一析取支为假，再加上已知J为假，因此，这整个命题为假。

3. 这个命题的形式是：$G \wedge (\neg Q \vee Z)$。已知G为假，这个命题的主算子是合取，而合取命题只要有一个合取支为假，整个命题即为假。

4. 这个命题的形式是：$J \rightarrow Z$。已知Z为假且J假，根据条件命题的性质，前件假后件假，整体条件命题为真。

5. 这个命题的形式是：$(G \wedge \neg Q) \vee (\neg J \wedge \neg Z)$。已知J为假且Z为假，则$\neg J$和$\neg Z$均为真，因此，第二析取支$\neg J \wedge \neg Z$为真，析取命题只要有一个析取支为真，整个命题便为真，因此，这个命题为真。

三、令"S"代表"西班牙队战胜了美国队"，"B"代表"巴西队战胜了俄罗斯队"，"C"代表"中国队战胜了西班牙队"，"A"代表"阿根廷队战胜了立陶宛队"。假定S为真，B、C、A均为假。请判定下列复合命题的真假。

1. 这个命题的形式是：$S \rightarrow C$。已知S为真且C为假，因此这个命题为假。

2. 这个命题的形式是：$\neg \neg A \rightarrow \neg (B \wedge C)$。已知A为假，则$\neg \neg A$为假。条件命题只要前提为假，整个命题总是为真，因此，这个命题为真。

3. 这个命题的形式是：$(S \vee A) \rightarrow C$。已知S为真，A、C为假，经过代入后会得出这个命题为假。

4. 这个命题的形式是：$\neg (\neg A \wedge \neg B) \rightarrow (C \vee S)$。已知S为真，析取命题只要有一个析取支为真，整个析取命题便为真，因此，这个命题的后件$C \vee S$为真。在条件命题中，只要后件为真，不管前件的真值如何，这个命题总是为真。因此，这个命题为真。

5. 这个命题的形式是：$(\neg A \rightarrow (\neg C \vee \neg S)) \rightarrow \neg B$。已知B假，故$\neg B$为真。条件命题只要后件为真，整个命题总是为真，因此，这个命题为真。

四、构造下列复合命题的真值表

1. $p \vee (p \wedge q)$

p	q	p∧q	p∨(p∧q)
1	1	1	1
1	0	0	1
0	1	0	0
0	0	0	0

2. $(p\wedge q)\to q$

p	q	p∧q	(p∧q)→q
1	1	1	1
1	0	0	1
0	1	0	1
0	0	0	1

3. $p\leftrightarrow(\neg q\to\neg q)$

p	q	¬q	¬q→¬q	p↔(¬q→¬q)
1	1	0	1	1
1	0	1	1	1
0	1	0	1	0
0	0	1	1	0

4. $\neg(p\wedge q)\vee(p\to q)$

p	q	p∧q	¬(p∧q)	p→q	¬(p∧q)∨(p→q)
1	1	1	0	1	1
1	0	0	1	0	1
0	1	0	1	1	1
0	0	0	1	1	1

5. p→(q→r)

p	q	r	q→r	p→(q→r)
1	1	1	1	1
1	1	0	0	0
1	0	1	1	1
1	0	0	1	1
0	1	1	1	1
0	1	0	0	1
0	0	1	1	1
0	0	0	1	1

五、用真值表检验下列蕴涵是否成立。

1. "(p→q)∧(q→r)"蕴涵"p→r"

p	q	r	p→q	q→r	(p→q)∧(q→r)	p→r
1	1	1	1	1	1	1
1	1	0	1	0	0	0
1	0	1	0	1	0	1
1	0	0	0	1	0	0
0	1	1	1	1	1	1
0	1	0	1	0	0	1
0	0	1	1	1	1	1
0	0	0	1	1	1	1

根据真假表可知,当(p→q)∧(q→r)在第1、5、7、8行为真,p→r必然为真,这说明蕴涵式成立。

2. "(p→q)∧¬q"蕴涵"¬p"。

p	q	p→q	¬q	(p→q)∧¬q	¬p
1	1	1	0	0	0
1	0	0	1	0	0
0	1	1	0	0	1
0	0	1	1	1	1

根据真值表可知,当(p→q)∧¬q 为真(只有第 4 行),¬p 必然为真,因此,这个蕴涵式成立。

3、4、5 题答案略。

六、用真值表检验下列论证是否有效。

1. p∧q,q,∴¬p

p	q	p∧q	¬q
1	1	1	0
1	0	0	1
0	1	0	0
0	0	0	1

一个论证是有效的,意思是说,当论证的所有前提均真时结论是否必然为真,如果必然为真,那么,这个论证有效,否则论证无效。从真值表可以看出,在这个论证中,当前提"p∧q"和"q"均真即第 1 行时,其结论¬q 却为假,因此,该论证无效。

2、3、4、5 答案略。

七、用真值表检验下列命题是否等值。

1. "p→q"和"¬(p∧¬q)"

p	q	p→q	¬q	p∧¬q	¬(p∧¬q)
1	1	1	0	0	1
1	0	0	1	1	0
0	1	1	0	0	1
0	0	1	1	0	1

我们现在需要观察第 3、6 列真值表,看它们是否同真或同假。如果每一行的真值都是相同的,那么这两个命题是等值的,否则就是不等值的。这两个命题显然是等值的。

2、3、4、5 答案略。

八、用真值表检验下列命题是重言式、矛盾式还是两者都不是。

1. ((p→q)∧¬q)→¬p

p	q	p→q	¬q	(p→q)∧¬q	¬p	((p→q)∧¬q)→¬p
1	1	1	0	0	0	1
1	0	0	1	0	0	1
0	1	1	0	0	1	1
0	0	1	1	1	1	1

构成真值表之后,我们检查最后一列真值表。如果最后一列真值表全部为真,这个命题就是重言式,如果全部为假,它就是矛盾式,否则就不是重言式也不是矛盾式。这个真值表最后一列全部为真,因此,这个命题是重言式。

2、3、4、5 答案略。

九、请构造形式演绎来建立下列论证的有效性。

(1) A→(B∧C),A,∴B

1. A→(B∧C)　　　前提
2. A　　　　　　　前提
3. B∧C　　　　　1,2 MP
4. B　　　　　　　3 合取简化

(14) (H→J)∧(I→K),L,L→(H∨I),∴J∨K

1. (H→J)∧(I→K)　　前提
2. L　　　　　　　　前提
3. L→(H∨I)　　　　前提
4. H∨I　　　　　　　3,2 MP
5. H→J　　　　　　　1 合取简化
6. I→K　　　　　　　1 合取简化
7. J∨K　　　　　　　5,6,4 二难论证复杂构成式

其余答案略。

十、用间接方法证明下列论证的有效性。

(1) (A∨B)→D　¬C　D→C　∴¬A

1. (A∨B)→D　　　前提
2. ¬C　　　　　　前提
3. D→C　　　　　前提
4. ¬¬A　　　　　前提(结论的否定)
5. A　　　　　　1 双重否定
6. ¬D　　　　　　3,2 MT
7. ¬(A∨B)　　　1,5 MT
8. ¬A∧¬B　　　　7 德摩根定律
9. ¬A　　　　　　8 合取简化
10. A∧¬A　　　　5,9 合取论证

2、3、4、5、6 答案略。

十一、用简便方法判定下列论证无效。

(1) X→Y
　　Z→Y
　　∴X→Z

X→Y　Z→Y　*　X→Z
　1　　　1　　　　0
1 1　　0 1　　　1 0

2、3、4、5、6 答案略。

十二、以下列真值函项公式为基础设计电路图。

1. p∧q

其余答案略

十三、分析下列电路图并按照以下程序将其化归为较简单设计:(1)把电路图翻译成真值函项逻辑命题;(2)找到一个使用较少逻辑算子的逻辑等值命题;(3)基于那个等值命题写出新的简单逻辑电路设计。

4.

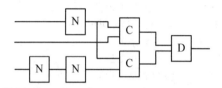

首先,我们需要把这个电路图翻译成真值函项公式,即(¬p∧q)∨(¬p∧¬r)。

其次,找出与上述命题等值的包含较少逻辑算子的命题,用双重否定和分配律,我们可得公式¬p∧(q∨r)。

最后,画出相应的电路图。

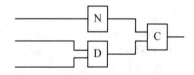

其余答案略

第五章 量化逻辑

【客观题|线上作业】

一、单选题

1. A 2. A 3. A 4. A 5. B 6. C 7. D 8. A 9. B 10. C 11. D 12. A 13. B
14. A 15. B 16. C 17. D 18. A 19. D 20. A 21. A 22. B 23. A 24. A
25. A 26. A 27. A 28. A 29. A

二、多选题

1. ABCD 2. ABCD 3. ABCD 4. CDE 5. CDE 6. AB 7. ABC 8. ABC 9. ABC
10. ABD 11. ABDE 12. ABC 13. BCDE 14. ABD 15. ABC 16. AB 17. ABCD
18. ABC 19. ABC 20. ABC

三、判断题

1. × 2. √ 3. √ 4. √ 5. √ 6. √ 7. × 8. × 9. √ 10. √ 11. ×

12. √ 13. × 14. √ 15. √ 16. × 17. × 18. √ 19. × 20. × 21. √
22. × 23. × 24. √ 25. √ 26. × 27. × 28. √ 29. ×

【主观题│线下作业】

一、将下列命题翻译成量化符号形式(不限制论域)。

1. $(x)(x$ 是魔法师$)\vee(x)(x$ 是麻瓜$)$
2. $(\exists x)\neg(x$ 是魔法师$)$
3. $(\exists x)(x$ 是魔法师$)\rightarrow(\exists x)\neg(x$ 是麻瓜$))$
4. $(\exists x)(x$ 是纯血统$)\vee(\exists x)(x$ 是纯血统$)$
5. $(x)(x$ 是纯血统者$\vee x$ 不是纯血统$)\rightarrow(\exists x)(x$ 是魔法师$)$

二、将下列命题翻译成量化符号形式并写出其等值命题(不限制论域)。

1. $(x)(x$ 是 UFO$)\leftrightarrow\neg(\exists x)\neg(x$ 是 UFO$)$
2. $\neg(x)(x$ 是冰淇淋$)\leftrightarrow(\exists x)\neg(x$ 是冰淇淋$)$
3. $(\exists x)(x$ 是 UFO$)\leftrightarrow\neg(x)\neg(x$ 是 UFO$)$
4. $(\exists x)(x$ 是 UFO$)\leftrightarrow\neg(x)\neg(x$ 是 UFO$)$
5. $(\exists x)\neg(x$ 是 UFO$)\leftrightarrow\neg(x)(x$ 是 UFO$)$

三、将下列命题翻译成量化符号形式(令"Gx"代表"x 是共产党员","Kx"代表"x 是国民党员","Jx"代表"x 是九三学社党员","Ax"代表"x 是爱国人士","Bx"代表"x 是保守人士","Rx"代表"x 是激进人士",并且论域被限制到人)。

1. $(\exists x)(Kx\wedge Ax)\wedge(\exists x)(Kx\wedge Bx)$
2. $(\exists x)(Ax\wedge Kx)\rightarrow\neg(x)(Ax\rightarrow Gx)$
3. $(x)(Kx\rightarrow\neg Gx)\wedge(x)(Gx\rightarrow\neg Kx)$
4. $(\exists x)(Kx\wedge Bx)\vee(x)(Kx\rightarrow Rx)$
5. $(\exists x)(Kx\wedge Bx)\rightarrow\neg(x)(Rx\rightarrow Gx)$
6. $(\exists x)(Kx\wedge Bx)\leftrightarrow(x)(Rx\rightarrow Gx)$
7. $\neg((x)(Gx\rightarrow Bx)\wedge(x)(Kx\rightarrow Bx))$
8. $(\exists x)(Kx\wedge Bx)\vee((x)(Gx\rightarrow Rx)\wedge(x)(Jx\rightarrow Rx))$
9. $(\exists x)(Kx\wedge Bx)\rightarrow(x)(Gx\rightarrow\neg Rx)\wedge(\exists x)(Jx\wedge Gx)$
10. $((\exists x)(Kx\wedge Bx)\wedge(\exists x)(Gx\wedge Bx))\rightarrow(x)(Gx\rightarrow\neg Rx)$

四、指出下列论证的前提并且给出不是前提的每一步的证成理由。

(1)
1. $(x)(Cx\rightarrow Dx)$ 前提
2. $\neg(x)(\neg Cx\vee Dx)$ 前提
3. $(\exists x)\neg(\neg Cx\vee Dx)$ 2 量化等值
4. $\neg(\neg Ca\vee Da)$ 3 EI
5. $Ca\rightarrow Da$ 1 UI
6. $\neg\neg Ca\wedge\neg Da$ 4 德摩根定律
7. $Ca\wedge\neg Da$ 6 双重否定规则
8. Ca 7 合取简化
9. Da 5,8 MP
10. $\neg Da$ 7 合取简化

11. $Da \land \neg Da$ 9,10 合取引入

其余答案略。

五、证明下列论证的有效性。

(5) $(x)((Ax \lor Bx) \to (Cx \land Dx))$
   $\therefore (x)(Bx \to Cx)$

1.	$(x)(Ax \lor Bx) \to (Cx \land Dx)$	前提
2.	$\neg(x)(Bx \to Cx)$	前提(结论的否定命题)
3.	$(\exists x)\neg(Bx \to Cx)$	2 量化等值
4.	$\neg(Ba \to Ca)$	3 EI
5.	$(Aa \lor Ba) \to (Ca \land Da)$	1 UI
6.	$\neg(\neg Ba \lor Ca)$	4 等值
7.	$\neg\neg Ba \land \neg Ca$	6 德摩根定律
8.	$Ba \land \neg Ca$	7 双重否定
9.	$\neg Ca$	8 合取简化
10.	$\neg Ca \lor \neg Da$	9 析取引入
11.	$\neg(Ca \land Da)$	10 德摩根定律
12.	$\neg(Aa \lor Ba)$	5,11 MT
13.	$\neg Aa \land \neg Ba$	12 德摩根定律
14.	$\neg Ba$	13 合取简化
15.	Ba	8 合取简化
16.	$Ba \land \neg Ba$	15,14 合取引入

其余答案略。

六、用一元量化理论构造下列直言命题论证的有效性证明。

(1) $\overline{SEP} \Rightarrow SIP$

1.	$\neg(x)(Sx \to \neg Px)$	前提
2.	$\neg(\exists x)(Sx \land Px)$	前提(结论的否定命题)
3.	$(\exists x)\neg(Sx \to \neg Px)$	1 量化等值
4.	$(x)\neg(Sx \land Px)$	3 量化等值
5.	$\neg(Sa \to \neg Pa)$	2 EI
6.	$\neg(Sa \land Pa)$	4 UI
7.	$\neg Sa \lor \neg Pa$	6 德摩根定律
8.	$\neg(\neg Sa \lor \neg Pa)$	7 等值
9.	$\neg\neg Sa \land \neg\neg Pa$	8 德摩根定律
10.	$\neg\neg Sa$	9 合取简化
11.	$\neg Pa$	7,11 析取消去
12.	$\neg\neg Pa$	9 合取简化
13.	Pa	12 双重否定
14.	$Pa \land \neg Pa$	13,11 合取引入

(9) AAI-4

1.	$(x)(Px \to Mx)$	前提
2.	$(x)(Mx \to Sx)$	前提

3. $\neg(\exists x)(Sx \wedge Px)$ 前提(结论的否定)
4. $(\exists x)Px$ 前提(大项存在预设)
5. $(x)\neg(Sx \wedge Px)$ 3 量化等值
6. Pa 4 EI
7. $\neg(Sa \wedge Pa)$ 5 UI
8. $\neg Sa \vee \neg Pa$ 7 德摩根定律
9. $Pa \rightarrow Ma$ 1 UI
10. $Ma \rightarrow Sa$ 2 UI
11. $Pa \rightarrow Sa$ 9,10 假言连锁论证
12. Sa 11,6 MP
13. $\neg\neg Sa$ 12 双重否定
14. $\neg Pa$ 8,13 析取消去
15. $Pa \wedge \neg Pa$ 6,14 合取引入

其余答案略。

七、用归谬法证明下列关系成立。

(1) $(x)(Sx \rightarrow \neg Px)$ 等值于 $(x)(Px \rightarrow \neg Sx)$

首先,我们需要证明左边蕴涵右边。

1. $(x)(Sx \rightarrow \neg Px)$ 前提
2. $\neg(x)(Px \rightarrow \neg Sx)$ 前提(结论的否定)
3. $(\exists x)\neg(Px \rightarrow \neg Sx)$ 2 量化等值
4. $\neg(Pa \rightarrow \neg Sa)$ 3 EI
5. $Sa \rightarrow \neg Pa$ 1 UI
6. $\neg(\neg Pa \vee Sa)$ 4 等值
7. $\neg\neg Pa \wedge \neg\neg Sa$ 6 德摩根定律
8. $\neg\neg Sa$ 7 合取简化
9. Sa 8 双重否定
10. $\neg Pa$ 5,9 MP
11. $\neg\neg Pa$ 7 合取简化
12. Pa 11 双重否定
13. $Pa \wedge \neg Pa$ 12,10 合取引入

其次,让我们证明右边蕴涵左边。

1. $(x)(Px \rightarrow \neg Sx)$ 前提
2. $\neg(x)(Sx \rightarrow \neg Px)$ 前提(结论的否定)
3. $(\exists x)\neg(Sx \rightarrow \neg Px)$ 2 量化等值
4. $\neg(Sa \rightarrow \neg Pa)$ 3 EI
5. $Pa \rightarrow \neg Sa$ 1 UI
6. $\neg(\neg Sa \vee \neg Pa)$ 4 等值
7. $\neg\neg Sa \wedge \neg\neg Pa$ 6 德摩根定律
8. $\neg\neg Pa$ 7 合取简化
9. Pa 8 双重否定
10. $\neg Sa$ 5,9 MP

11. $\neg\neg Sa$ 7 合取简化
12. Sa 11 双重否定
13. $Sa \land \neg Sa$ 12,10 合取引入

其余答案略。

八、假如我们把论域限制到国家,请将下列论证进行符号化。请用建议的字母来符号化具体命题。

1. $(x)(Fxe \to Fxc), Fae, \therefore Fac$
2. $(x)(y)(Axa \to (Axy \to Sy)), (\exists x)Axa, \therefore Sa$
3. $(\exists x)(Nx \land (y)(Lxy \to Py)), \therefore \neg Pj \to (x)(Nx \to Lxj)$
4. $(y)(Ssy \to Ny), (x)((\exists y)(Ny \land Sxy) \to Px), (\exists x)(Gx \land Mxa), Ssa, \therefore (\exists x)(Gx \land Px)$

九、构造下列论证的形式证明。

(10) $\quad (x)(\neg Ax \lor Bx)$
$\quad (x)((\exists y)(By \land Cxy) \to Dx)$
$\quad (\exists y)(Ey \land (\exists x)((Fx \land Ax) \land Cyx))$
$\quad \therefore (\exists x)(Dx \land Ex)$

1. $(x)(\neg Ax \lor Bx)$ 前提
2. $(x)((\exists y)(By \land Cxy) \to Dx)$ 前提
3. $(\exists y)(Ey \land (\exists x)((Fx \land Ax) \land Cyx))$ 前提
4. $\neg(\exists x)(Dx \land Ex)$ 前提(结论的否定)
5. $(x)\neg(Dx \land Ex)$ 4 量化等值
6. $(x)(\neg Dx \lor \neg Ex)$ 5 德摩根定律
7. $Ea \land (\exists x)((Fx \land Ax) \land Cax)$ 3 EI
8. $\neg Da \lor \neg Ea$ 6 UI
9. Ea 4 合取简化
10. $\neg\neg Ea$ 6 双重否定
11. $\neg Da$ 8,10 析取消去
12. $(\exists y)(By \land Cay) \to Da$ 2 UI
13. $\neg(\exists y)(By \land Cay)$ 12,11 MT
14. $(y)\neg(By \land Cay)$ 13 量化等值
15. $(y)(\neg By \lor \neg Cay)$ 14 德摩根定律
16. $(\exists x)((Fx \land Ax) \land Cax)$ 7 合取简化
17. $(Fb \land Ab) \land Cab$ 16 EI
18. $\neg Ab \lor Bb$ 1 UI
19. $(Ab \land Fb) \land Cab$ 17 交换律
20. $Ab \land (Fb \land Cab)$ 19 结合律
21. Ab 20 合取简化
22. $\neg\neg Ab$ 21 双重否定
23. Bb 18,22 析取消去
24. $\neg Bb \lor \neg Cab$ 15 UI
25. $\neg\neg Bb$ 23 双重否定

26. ¬Cab   24,25 析取消去
27. Cab   17   合取简化
28. Cab∧¬Cab   27,26 合取引入
其余答案略。

第六章　归纳逻辑

【客观题｜线上作业】
一、单选题
1. A　2. B　3. C　4. D　5. A　6. A　7. A　8. A　9. B　10. C　11. D　12. A　13. A
14. C　15. C　16. B　17. A　18. A　19. B　20. A　21. B　22. C　23. D　24. D
25. A　26. B　27. A　28. A
二、多选题
1. AB　2. ABC　3. ABCDE　4. ABCDE　5. BDE　6. BCDE　7. ABCDE　8. ABCD
9. ABC　10. ABCDE　11. ABCDE　12. ABC　13. CD　14. ABCDE
三、判断题
1. ×　2. √　3. ×　4. √　5. ×　6. ×　7. ×　8. √　9. ×　10. ×　11. √
12. √　13. ×　14. √　15. √　16. ×　17. √　18. √　19. √　20. ×　21. ×
22. ×　23. √　24. √　25. ×　26. ×

【主观题｜线下作业】
一、识别下列语篇中的归纳论证,然后判断其是否是一个归纳上强的论证。
　　1. 这是一个归纳论证,但它不是一个归纳上强的论证。这种归纳谬误常常被称为"赌徒谬误"。
　　2. 这是一个归纳论证,但它不是一个归纳上强的论证,因为它的结论断定过强。
　　3. 这是一个归纳论证,但它不是一个归纳上强的论证,因为前提对结论的支持强度不够。
　　4. 这是一个归纳论证,但它不是一个归纳上强的论证,因为其结论断定过强。
　　5. 这是一个归纳论证,但它不是一个归纳上强的论证,因为其结论断定过强。
二、某游客去了被誉为"仡佬之源、丹砂古县、银杏之乡"的贵州省务川仡佬族苗族自治县。他刚下车就遇到了五位穿着非常得体的年轻女子,并且非常热情友好地向他打招呼。基于这个经验,这位游客判定"务川人都是非常热情友好的"。根据下列变化,考虑这个推论的强弱变化。根据归纳概括的五个因素解释每个答案。
　　1. 由于这五位年轻女子来自不同乡镇,说明她们之间的负相似性很大,因此,论证强度增加了。
　　2. 现在知道了务川有近44万人口,这意味着这五位年轻女子只不过是四十四万分之五,因此,这个事实使得论证受到了削弱。
　　3. 这个结论显然不如他所主张的那样真,因此,这个结论相对是弱的。
　　4. 这会大大削弱论证的强度,因为受过高等教育可能是穿着得体的重要原因。
　　5. 这会使得论证强度得以加强。
三、根据归纳概括理论,判断下列论证中所犯的谬误。
　　1. 这个论证犯了健忘归纳谬误。在前提中,论证者提出"每个人都支持广州主办",而结

论却变成了"大多数投票者也都会投广州的票"。

2. 这个论证犯了懒散归纳谬误,因为论证者忘了自己在前提中提出的相反证据。

3. 这个论证犯了轻率归纳谬误,因为前提中给出的证据是相当少的,只有"少数高级干部",而结论却是针对整个政党的执政能力的。

4. 这个论证犯了轻率归纳谬误,因为结论中带有模态词"肯定",这个结论显然过强。

5. 这个论证没有犯谬误,是一个归纳上强的论证。

四、下列科研活动中使用了何种弥尔方法？可以得出什么结论？

1. 这里使用了求同求异并用法,可以得出"狗的大脑皮质是其有条件反射的原因"。

2. 这里使用了共变法,可以得出"铁屑是柏林蓝质量好的原因"。

3. 这里使用了求异法,可以得出"苍蝇在肉上爬是肉长蛆的原因"。

4. 这里使用了剩余法,可以得出"还存在一种未知的矿物质元素"。

5. 这里使用了求同法,可以得出"疏松多孔,有许多空气间隙是保温的原因"。

五、分析题

1.

（1）根据这个信息,结论的可能性会被加强,因为根据归纳类比的第二个因素"负相似性越大,论证就越强",这个论证的结论可能性会被加强。

（2）根据这个信息,结论的可能性会被减弱,因为根据归纳类比的第六个因素"新对象与以前被观察对象之间的相似度",这个论证的结论可能性会被减弱。

（3）这个信息不会改变论证结论的可能性,因为谁宣布与结论的可能性无关。

（4）根据这个信息,结论的可能性会被减弱,因为根据归纳类比的第六个因素"新对象与以前被观察对象之间的相似度",这个论证的结论可能性会被减弱。

（5）根据这个信息,结论的可能性会被加强,因为根据归纳类比的第六个因素"新对象与以前被观察对象之间的相似度",这个论证的结论可能性会被加强。

（6）这个信息不会改变论证结论的可能性,因为这个信息与结论的可能性无关。

（7）这个信息会使论证结论的可能性被加强,因为根据第四个因素"被观察的事例数越多,论证就越强"。

（8）根据这个信息,结论的可能性会被减弱,因为根据归纳类比的第六个因素"新对象与以前被观察对象之间的相似度",这个论证的结论可能性会被减弱。

（9）根据这个信息,结论的可能性会被加强,因为根据归纳类比的第六个因素"新对象与以前被观察对象之间的相似度",这个论证的结论可能性会被加强。

（10）这个信息不会改变论证结论的可能性,因为这个信息与结论的可能性无关。

2.

（1）一等奖(7个号码相符即6个红色球号码和1个蓝色球号码)的概率 $=\frac{1}{33}\times\frac{1}{32}\times\frac{1}{31}\times\frac{1}{30}\times\frac{1}{29}\times\frac{1}{28}\times\frac{1}{16}=\frac{1}{12759183360}$

（2）二等奖(6个红色球号码相符)的概率 $=\frac{1}{33}\times\frac{1}{32}\times\frac{1}{31}\times\frac{1}{30}\times\frac{1}{29}\times\frac{1}{28}=\frac{1}{797448960}$

（3）三等奖(5个红色球号码和1个蓝色球号码相符)的概率 $=\frac{1}{33}\times\frac{1}{32}\times\frac{1}{31}\times\frac{1}{30}\times\frac{1}{29}\times\frac{1}{16}=\frac{1}{455685120}$

(4) 四等奖(5 个红色球号码或 4 个红色球号码和 1 个蓝色球号码相符)的概率 $=\frac{1}{33} \times \frac{1}{32} \times \frac{1}{31} \times \frac{1}{30} \times \frac{1}{29} + \frac{1}{33} \times \frac{1}{32} \times \frac{1}{31} \times \frac{1}{30} \times \frac{1}{16} = \frac{1}{28480320} + \frac{1}{15713280} = \frac{1}{22096800}$

(5) 五等奖(4 个红色球号码或 3 个红色球号码和 1 个蓝色球号码相符)的概率 $=\frac{1}{33} \times \frac{1}{32} \times \frac{1}{31} \times \frac{1}{30} + \frac{1}{33} \times \frac{1}{32} \times \frac{1}{31} \times \frac{1}{16} = \frac{1}{982080} + \frac{1}{523776} = \frac{1}{752928}$

(6) 六等奖(1 个蓝色球号码相符)的概率 $=\frac{1}{16}$

3. 根据所提供的证据,"人造说"是最佳的。

第七章　谬误

【客观题｜线上作业】

一、单选题

1. A 2. A 3. A 4. B 5. A 6. B 7. C 8. C 9. D 10. D 11. D 12. A 13. A 14. B 15. C 16. A 17. B 18. C 19. A 20. A 21. A 22. B 23. B 24. C 25. D 26. A 27. B 28. B 29. C 30. D 31. A 32. B 33. C

二、多选题

1. ABC 2. ABC 3. AB 4. ABCD 5. AB 6. CD 7. ABE 8. AB 9. ABC 10. DE 11. ABCD 12. AB 13. ABCD 14. ABCDE 15. ABC 16. ABC 17. ABCD 18. ABC 19. ABCD 20. AB 21. CD

三、判断题

1. × 2. × 3. √ 4. × 5. √ 6. √ 7. √ 8. × 9. √ 10. × 11. × 12. × 13. × 14. √ 15. × 16. × 17. √ 18. √ 19. × 20. × 21. × 22. √ 23. √ 24. √ 25. √

【主观题｜线下作业】

一、下列语篇中是否犯了形式谬误？如果是,它犯了何种谬误？

1. 这里使用了析取论证形式,但是,其前提析取支是不穷尽的,因此,并不能必然得出"你站到了恐怖主义一边",故犯了析取论证无效的形式谬误。

2. 这里使用了换位法论证,但我们不能从 SAP 通过换位得到 PAS,因此,这个论证犯了不当换位形式谬误。

3. 这是一个三段论推理,其中中项"逻辑学家"没有周延一次,因此,它犯了中项不周延的形式谬误。

4. 这里使用了析取论证的否定肯定式,这是一个无效的析取论证形式,因此,它犯了形式谬误。

5. 这里使用了条件论证的肯定后件式,这是一个无效的条件论证形式,因此,它犯了形式谬误。

二、下列语篇中是否犯了前提谬误？如果是,犯了什么谬误？

1. 这里犯了前提谬误,即犯了不一致谬误。这种不一致谬误正是他被问得哑口无言的根源所在。

2. 这里犯了前提谬误,即犯了前提不可接受,因为从 2006 年到 2010 年只有 4 年,而说话者却说中间有 10 多年的差距,这显然是不可接受的。

3. 这里犯了前提谬误之乞题谬误,因为其前提的可接受性依赖于结论的可接受性。

4. 这里犯了前提谬误之乞题谬误或循环论证谬误。王阳明先用"于中心里有个圣人"(前提)来证明"人人心中都有个圣人"(结论);那么,凭什么说"于中心里有个圣人"呢? 理由是"众人心里都有个圣人"。

5. 这里犯了前提不可接受谬误之预期理由谬误,因为这个论证的前提是不可接受的。

三、下列语篇中是否犯了相干谬误? 如果是,它属于何种类型?

1. 这里犯了相干谬误之诉诸无知谬误。

2. 这里犯了相干谬误之不相干前提谬误。

3. 这里犯了相干谬误之诉诸情感谬误。

4. 这里犯了相干谬误之不相干前提谬误。

5. 这里犯了相干谬误之诉诸权威谬误。

四、分析下列语篇中是否犯了支持谬误? 如果有,它属于哪一种具体谬误?

1. 犯了支持谬误之分解谬误。

2. 犯了支持谬误之归纳支持谬误或轻率归纳谬误。

3. 犯了支持谬误之分解谬误。

4. 犯了支持谬误之以先后定因果谬误。

5. 犯了支持谬误之分解谬误。

图书在版编目(CIP)数据

逻辑学导论/熊明辉著. —2 版. —上海：复旦大学出版社，2020.2（2023.9 重印）
（复旦博学. 哲学系列）
21 世纪大学文科教材
ISBN 978-7-309-14674-5

Ⅰ.①逻… Ⅱ.①熊… Ⅲ.①逻辑学-高等学校-教材 Ⅳ.①B81

中国版本图书馆 CIP 数据核字（2019）第 245477 号

逻辑学导论（第二版）
熊明辉　著
责任编辑/陈　军

复旦大学出版社有限公司出版发行
上海市国权路 579 号　邮编：200433
网址：fupnet@fudanpress.com　　http://www.fudanpress.com
门市零售：86-21-65102580　　团体订购：86-21-65104505
出版部电话：86-21-65642845
江苏句容市排印厂

开本 787×960　1/16　印张 23.25　字数 408 千
2023 年 9 月第 2 版第 4 次印刷

ISBN 978-7-309-14674-5/B·711
定价：48.00 元

如有印装质量问题，请向复旦大学出版社有限公司出版部调换。
版权所有　侵权必究